西藏山南社会经济文化调查研究丛书

丛 书 主 编　苏发祥

丛书副主编　刘冬梅

山南红色文化

黄维忠　赵松山　象毛措等　编著

中国藏学出版社

西藏山南社会经济文化调查研究丛书编委会

总　序

西藏山南市，位于西藏自治区南部，与印度、不丹等国接壤，是我国西南重要边境地区。这里地势险峻，气候多样，自然资源丰富，民族文化独特，是文化爱好者、探险家、摄影师向往的地方。这片坐落于“世界屋脊”的神秘土地，以其独特的自然风光和深厚的文化底蕴吸引着无数人的目光。

在这片广袤的土地上，高耸入云的雪山、碧波荡漾的湖泊、辽阔无垠的草原和茂密繁盛的森林交织在一起，构成了一幅幅壮美的画卷。雅鲁藏布江穿境而过，孕育了这片土地的生机与活力。此外，山南还拥有丰富的矿产资源和野生动植物资源，为当地的经济发展提供了有力的支撑。

除了自然风光，山南的文化底蕴也让人叹为观止。这里是藏民族的发祥地之一，有着悠久的历史和灿烂的文化。古老的寺庙、神秘的藏戏、精美的唐卡、优美的民间舞蹈……这些都是山南文化的瑰宝。在这里，人们可以感受到藏民族深厚的文化底蕴和独特的艺术魅力。

然而，这片风光旖旎的土地，亦曾饱经风霜雨雪的洗礼。在往昔的悠悠岁月里，山南人民以坚韧不拔之志，在严酷的自然环境中砥砺前行，铸就了独属于该地区的绚烂历史与文化篇章。如今，随着社会经济的迅速发展，山南正展现出勃勃生机与无限活力。交通路网与通信设施的日臻完善，为山南的旅游业和特色产业注入了强劲动力；教育、医疗等公共服务体系的不断提升，更是让山南人民的生活如诗如画，幸福满溢。

山南的历史源远流长，早在石器时代，山南地区就有人类活动的迹象。考古学家在此发现了旧石器和新石器时代的遗址，证明了这片土地上的人类文明源远流长。先民们以狩猎和采集为生，逐渐发展出原始的农业和畜牧业。根据相关文献记载和民间传说，西藏第一块农田、第一位赞普、第一座城堡、第一个部落政权均产生于山南。

在公元 7 世纪的曙光初现时，松赞干布将青藏高原上星罗棋布的部落一一统合，从而建立了强大的吐蕃奴隶制王朝。松赞干布勘平内乱，迁都拉萨；征服象雄、苏毗，安抚四境；确立行政体制、军事和经济制度，制定法律、创制文字；对外以开阔的胸襟接纳各种文化，与远方的唐朝建立起文化和政治的桥梁，使得山南逐渐成为藏汉文化交流融合的重要场域。

以后的几个世纪，历史的车轮滚滚向前，山南历经了多个地方政权的兴衰更替。19 世纪中叶以后，随着西方帝国主义势力的渗透和侵略，山南地区也开始接触到一些西方的文化和科技，但传统的藏族文化和佛教信仰依然根深蒂固。

1951 年，西藏和平解放。1959 年，西藏迎来了划时代的民主改革春风，封建农奴制度如秋叶般凋零，广大农奴终于挣脱了千年的枷锁，获得了梦寐以求的自由与土地。山南地区同样在这场历史洪流中洗尽了旧日的尘埃，人民的生活如破晓的曙光，逐渐明亮起来，生活水平有了质的飞跃。

步入 21 世纪，山南社会的发展揭开了新的一页。随着交通网络的日益完善与通信技术的突飞猛进，山南地区与外界的隔阂逐渐消融，联系愈发紧密。旅游业的蓬勃发展，如同春风拂面，为这片古老的土地注入了新的生机与活力，不仅促进了经济的快速增长，更让世界各地的人们有机会亲临山南，领略其深厚的文化底蕴与独特的自然风光。

进入新时代，山南的社会经济发展开启了崭新的篇章。山南市以坚定的政治忠诚为基石，致力于推进社会治理体系和治理能力现代化，不仅推动了高质量发展的步伐，更在提升各族人民生活品质上不断取得新成就。同时，山南市还注重加强生态文明建设，以及强化边境建设、促进边境地区繁荣，力求在多个方面走在自治区的前列。这些努力使得山南地区的老百姓幸福感、获得感日益提升，生活更加美好。

山南承载着众多关于西藏地方与祖国紧密关系的珍贵历史记载和文物遗迹。它们如同一部厚重的史书，充分印证了习近平总书记的深刻论断："我们辽阔的疆域是各民族共同开拓的，我们悠久的历史是各民族共同书写的，我们灿烂的文化是各民族共同创造的，我们伟大的精神是各民族共同培育的。"山南与中原文明及其他周边文明交织出的千丝万缕的联系如同一根根坚韧的纽带，将山南紧紧地与祖国大家庭相连，共同见证了中华民族多元一体格局的历史进程。总之，山南的历史宛如一部波澜壮阔、充满传奇与变革的史诗巨著。站在新的历史起点上，山南正以其独特的魅力吸引着越来越多人的目光。

习近平总书记指出："我们党之所以历经百年而风华正茂、饱经磨难而生生不息，就是凭着那么一股革命加拼命的强大精神。"长期以来，一代又一代党员干部扎根西藏、建设边疆、奉献高原，孕育出了"老西藏精神""两路精神"、孔繁森精神。山南市广大党员和干部在革命、建设、改革、发展的火热实践中，也创造了"列麦精神""玉麦精神""沙棘精神""雅江治沙造林精神"等宝贵精神财富，是赓续共产党人精神血脉的伟大精神之中一颗颗熠熠闪光的明珠。

2020 年，在山南市主要领导同志的关心下，在山南市文化局领导的大力支持下，中央民族大学承担了“山南社会经济文化调查”课题。调查内容涉及山南的历史人物、节日文化、红色文化、碉楼文化、绘画艺术、产业文化、舞蹈文化、藏戏文化、山水文化、门隅珞隅文化和桑耶文化等，课题组成员除了中央民族大学藏学院的师生以外，还来自中国人民大学、北京市社会科学院、青海民族大学、青海师范大学、西南民族大学、西藏大学、西藏艺术研究所等高等院校和科研单位。最多的时候，山南地区的调查人数多达 50 余人。虽然有三年疫情的影响，但课题组成员不辞辛苦，团结奋战，按时撰写完成了 11 份调查报告，呈现在大家面前的就是在这些调查基础上撰写而成的著作。同时，经过此项目的锤炼，不仅加强了不同院校研究者之间的合作与联系，而且培养出了一大批优秀的博士和硕士研究生。在此，衷心感谢山南市各级领导的大力支持，感谢山南市文化局的通力配合，感谢课题组调查期间山南各地给予各种帮助的热心人士。最后祝愿山南的明天更美好！

苏发祥

2024 年元月 26 日

目　录

第一章　红色文化的内涵与外延

第一节　红色文化的概念

中华民族是一个历史文化悠久的民族，中国人的传统色彩观念，与中国历史一样源远流长，其影响不但支配了中国人的习性与嗜好，而且这种潜在的象征意识，早在尧舜之世，就已经成为中国人生活与信仰的基础。在这些传统色彩中，红色无疑是一种居于核心的色彩。

在中国的传统色彩中，红色是一种通称，亦称“朱色”。它的彩度最高，最鲜艳夺目，千百年来一直成为生活中的祥瑞色彩，代表着喜庆、吉祥、富贵、兴旺、快乐与热情。从色彩心理学来说，红色的强烈彩度具有一种兴奋特性，每当它一出现，所有人都会沉浸在一种喜悦的氛围中。从过农历春节开始，我们用红纸写春联、发红包；喜庆宴会时挂红灯、结红彩、发红帖；待嫁的新娘身穿红色凤冠霞帔，新郎身戴红彩结红花。可以说，红色所体现的处处充满着喜悦欢愉的气氛，成为中国人社会感情的重要法则。红色在我国的传统色彩中还是权势和忠诚的象征：我国的宫殿、庙宇建筑彩色均以大红色为主，感觉富丽堂皇，权高势大，长久下来，赤红占尽了所有优厚的地位；京剧脸谱中凡勾红脸者，大致皆赤胆忠心的人，沿用到现代，不但舞台上看到红色，就是在日常生活中看到红色都觉得此色忠诚可靠。红色早已深深地嵌入了中国人的灵魂，成为中华民族的文化图腾和精神皈依。

到了近代，红色与中国革命相结合，形成了红色革命。马克思早年曾在被问及“最喜爱的颜色”时，明确回答为“红色”。1864 年，第一国际成立，其标志的颜色是红色。红色也成为中国共产党领导人民革命的鲜艳色彩。譬如，组建的第一支军队命名为红军，开辟的第一个革命根据地瑞金称之为红都……还有南湖的红船，井冈山的红旗，长征的铁流，抗日的烽火……中国革命胜利后，我们的文艺工作者总以写红、唱红、演红而感到无上荣光。诸如：《红旗飘飘》《红旗谱》《红灯记》《红色娘子军》《红军想念毛泽东》《红岩》《太阳最红毛主席最亲》《红梅赞》《红星照我去战斗》，等等。在此基础上，我们可以将红色文化概括为：中国共产党在继承中国优秀传统文化的基础上，以马克思主义为理论指导，领导中国人民在革命实践过程中产生的，在社会主义建设和改革开放过程中不断发展着的具有中国特色的先进文化形态。它既是对传统文化的创造性继承，也是在现实斗争中逐步形成的具有先进性、民族性、实践性、斗争性、开放性和人民性特征的集体信仰。在中国特色社会主义新时代，红色文化是保证中国特色社会主义文化正确方向的不变基因，是坚定中国特色社会主义道路的思想武器，是实现“两个一百年”奋斗目标和中华民族伟大复兴的精神动力。

从传统到现今，红色文化所具有的象征意义对于中华民族而言是具有一致性的。概括起来，主要有以下四个方面。

一是红色代表权威。中国历代帝王虽然对颜色有着不同的爱好，但对红色则有着共同的喜好，红色是主色调。72 万平方米的北京紫禁城，建筑近千幢，房屋近万间，用得最多的是红、黄两种色彩。远眺故宫，最夺目的是红色宫墙、红色宫门；近看紫禁城，最醒目的是红色的大立柱、红色的门窗。红色给人强烈的视觉冲击，能衬托皇帝的权势和威严。明朝规定，给皇帝的奏章必须为红色，称为“红本”；清朝也有类似的制度，皇帝御批的本章统由内阁朱书批发，也称为“红本”。红色成为皇帝批发文书的专一颜色，称为“朱”批，具有无上的权威。今天我们重要的文件往往会印制“红头”，我们的国旗国徽依然是以红色统领。红色依然是国家权威的主要表征。

二是红色代表吉祥与喜庆。红色是自古至今老百姓最喜欢的颜色。在中国人眼里，红色是喜庆、吉祥之色。所以，只要是喜庆之事，都离不开红色；没有了红色，便没有了喜庆的气氛。

三是红色寓意着革命。近代的中国革命，红色成为革命的主导色，并由中国共产党人、先进分子和人民群众共同创造出了极具中国特色的红色文化，蕴含着丰富的革命精神和厚重的历史文化内涵。

四是红色代表着忠诚、勇气、成功与光荣。军人每每看到猎猎红旗，无不热血沸腾，英勇杀敌。中国的军事家和将领们深悟红色对战争的作用，所以他们用红旗凝聚军心，鼓舞斗志，激发勇气，召唤勇往直前，不畏牺牲的精神。电影插曲唱道：“为什么战旗美如画，英雄的鲜血染红了它；为什么大地春常在，英雄的生命开鲜花。”《中华人民共和国国歌》第一段中唱道：“把我们的血肉，筑成我们新的长城。”新中国的诞生，可以说是用烈士的鲜血换来的。

第二节　红色文化特征及其与相关文化形态的关系

一、红色文化的特征

特征是某事物区别于其他事物的标志。从事物的特征入手进行研究，能够加深对该事物的认识。从不同的角度分析，可以发现红色文化具有 6 个方面的鲜明特征。

政治性　红色文化是一种特定的文化形态，它是中国共产党领导全国各族人民在革命和建设中形成的具有无产阶级属性的文化，它体现着无产阶级在改造社会中凝聚的政治理想、政治价值和具体的政治观点与要求。在此过程中，为了改造世界，为了达到自己的政治目标，形成被世人所接受的独特文化。红色文化是近代中国人民革命和建设实践的产物，它和中华民族伟大复兴的历史进程相一致，同向同行，同频共振。这就要求我们面对红色文化必须摆正政治态度，坚定对历史的正确认识，把握正确的政治方向，强化政治鉴别力，提高政治敏感性，自觉践行中国共产党的宗旨。同时，红色文化的研究与建设必须围绕社会主义文化大发展、大繁荣和推进社会主义建设这个目标，努力反映人民群众的理想和愿望，满足人民群众的文化需求。

先进性　先进性是红色文化的首要特征。时代是思想之母，实践是理论之源。先进的思想总是随时代向前传承发展，落后的思想迟早要被时代淘汰。红色文化在革命、建设和改革开放的各个历史时期，纵使其表现形式不同，但代表本质的红色传统和红色基因一直得到很好传承，红色文化随着时代的发展散发出愈久弥新的旺盛生命力。红色文化的先进性根源于马克思主义的指导。马克思主义是被实践证明了的客观真理，代表了新生事物的发展方向。红色文化是马克思主义中国化的产物，其先进性源自马克思主义的先进性，体现为理论体系的科学性和真理性。在中国特色社会主义的新时代，必须利用好红色文化资源，发扬好红色文化传统，传承好红色文化基因，让红色文化在中国特色社会主义文化建设中引领方向。

民族性　民族性是红色文化的基本特征。党的十九大报告指出："发展中国特色社会主义文化，就是以马克思主义为指导，坚守中华文化立场，立足当代中国现实，结合当今时代条件，发展面向现代化、面向世界、面向未来的，民族的科学的大众的社会主义文化。"红色文化的民族性特征体现在两个方面：一是红色文化是马克思主义中国化过程中产生出的文化形态，是在中国人民的革命、建设和改革开放实践中产生和发展起来的，是在中国的土地上长出来的，是服务于中国社会实践的；二是红色文化是中华优秀传统文化创造性转化和创新性传承的结果，其精神内涵与中华优秀传统文化保持一致，具有鲜明的中国特色和中国气派。发展红色文化必须坚守中华文化的根本立场，立足本土，服务本土。

实践性　实践性是红色文化的突出特征。首先，红色文化的实践性具有坚实的思想理论基础。实践性既是马克思主义的理论品质，也是中华文化的重要特征。作为马克思主义和中华优秀传统文化交融、蝶变的产物，红色文化具有实践性特征。其次，红色文化是在实践中产生和发展起来的。红色文化的传统和基因是在中国的革命、建设和改革开放的实践中形成的，各种经典红色文化形态都是在特定历史阶段的社会实践中孕育出来并被实践中的人民所认同的。最后，红色文化只有在实践中才能不断发展。红色文化是指导中国人民进行革命、建设和改革开放的理论武器，是激励全国人民开辟革命、建设和改革开放事业的新境界的精神力量，它只有在社会实践中才能发挥作用。

开放性　开放性是红色文化的重要特征。从历史的视角来看，红色文化具有不断吸收多种文化成分的开放气度，在主导文化发展方向的过程中，通过汲取古今中外各种文化的精华而不断提升自身的文化品质。从革命、建设、改革开放，再到中国特色社会主义新时代，随着时代主题的转换，红色文化始终保持开放包容的传统，始终与时代发展相同步，内涵不断丰富、主题不断鲜明、形式不断创新，成为推进中国特色社会主义文化繁荣兴盛的助推器。以发展的眼光来看，红色文化的开放性决定了红色传统不断发扬、红色基因不断传承的可能性和必然性。随着时代的继续发展，红色文化的内涵及形式还会发生具有特定历史印记的变化。作为一个动态的、发展的文化体系，红色文化将随着马克思主义中国化理论成果的丰富而不断发展。在中国特色社会主义的新时代，红色文化必将以与时俱进的姿态，开放包容对待一切优秀文化形态和文化资源，不断增强自身的吸引力和影响力。

人民性　人民性是红色文化的根本特征。马克思主义认为，人民群众不仅是物质财富的创造者，也是精神文化的创造者。红色文化是人民群众创造的，始终保持着民族的、科学的、大众的传统本色。从红色文化孕育、形成、丰富和发展的全过程来看，其主题和任务是由人民群众在不同时代的社会实践活动中提出来的，其发展和创新是由人民群众在不同时代的社会实践活动中推动的，其弘扬和传承永远离不开人民群众的社会实践活动。红色文化的服务对象是人民群众自身和人民群众开创的社会主义事业。红色文化的人民性特征，决定了发展红色文化，必须坚定以人民为中心的根本立场，永远根植于社会、根植于人民、服务于人民，在人民群众的社会实践中汲取营养，开拓创新。

二、红色文化与相关文化形态的关系

全面理解红色文化，要将其放到中国特色社会主义文化的构成要素中，厘清其与中华优秀传统文化、革命文化，以及社会主义先进文化三种文化形态的关系。

（一）红色文化与中华优秀传统文化

中华优秀传统文化是中华民族在五千年历史长河中创造的宝贵财富。习近平总书记指出：“中华文明绵延数千年，有其独特的价值体系。中华优秀传统文化已经成为中华民族的基因，植根在中国人内心，潜移默化影响着中国人的思想方式和行为方式。”中国共产党高度重视中华优秀传统文化，在中国革命、建设和改革中，一贯继承、弘扬、提升中华优秀传统文化。红色文化是在马克思主义传入中国后，中国共产党领导中国人民在各个历史阶段，特别是在革命战争年代中创造的先进文化。党的十九大报告指出：“中国共产党从成立之日起，既是中国先进文化的积极引领者和践行者，又是中华优秀传统文化的忠实传承者和弘扬者。”红色文化是中华优秀传统文化注入马克思主义后发生的完美蝶变，它以中华优秀传统文化为“体”，以马克思主义为“魂”，开放包容对待外来文化，在中国革命、建设、改革开放各个历史时期的思想文化领域发挥着引领和主导作用，成为中国社会主义现代化建设的精神动力。在建设中国特色社会主义的新时代，红色文化既是中华优秀传统文化的重要组成部分，又是坚定社会主义先进文化前进方向的精神内核和不变基因。

（二）红色文化与革命文化

革命文化是在中国共产党领导广大人民的伟大斗争中孕育和发展出来的，体现了马克思主义主导下的中国近现代文化的发展及其成果，是社会主义新中国在文化上不可动摇的基石。红色文化与革命文化是两个既有联系又有区别的概念。红色文化是从文化特质、文化风貌方面对革命文化以及社会主义先进文化的总体描述。革命文化与中华优秀传统文化和社会主义先进文化处于并列地位，特指在革命战争年代孕育出的一种坚定信念、勇往直前、改天换地的文化形态。从相互联系的角度看，红色文化和革命文化都是在马克思主义传入中国后，特别是中国共产党成立后，在中国人民的革命事业中生长出来的，都是马克思主义中国化的重要文化成果、中国革命胜利的文化支撑和强大精神动力，以及中国特色社会主义文化建设的优质基因，且红色文化和革命文化的传统、基因都是在新中国成立前的革命岁月中锤炼出来的。从两者的区别来看，红色文化是不断发展的，在保持文化传统、文化基因不变的情况下，在革命、建设、改革开放和中国特色社会主义新时代会呈现出不同的文化形态；而革命文化具有特定的时段性，特指中国共产党成立到新中国成立这段革命岁月，其生成的土壤是中国人民的新民主主义革命事业。随着中国特色社会主义文化的不断发展，革命文化中的光荣传统、优秀基因将会更加发扬光大，开辟出红色文化的新境界。

（三）红色文化与社会主义先进文化

先进文化是符合人类社会发展方向、体现先进生产力发展要求、代表最广大人民根本利益、反映时代进步潮流的文化。先进文化在不同的历史时期有不同的表现形式和内容，因为“一定的文化（当做观念形态的文化）是一定社会的政治和经济的反映，又给予伟大影响和作用于一定社会的政治和经济；而经济是基础，政治则是经济的集中的表现”。在当代中国，社会主义先进文化是红色文化在社会主义建设和改革开放新时期的创造性转化。中国特色社会主义文化就是这个时代的先进文化，在多元文化交流、交融、交锋中发挥着主导作用。红色文化是先进文化的本源，涵盖了“五四”运动以来的革命文化和先进文化，其文化资源是发展新时代中国特色社会主义文化的重要资源，其文化传统在中国特色社会主义文化建设中应得到更好发扬，其文化基因应在新时代中国特色社会主义文化建设中得到更好传承。

第三节 红色文化的基本类型

作为一种文化形态，红色文化与其他文化形态一样，都具有一定的文化结构，具体可以从物质、制度和精神三个层次来剖析。物质层面是指革命、建设和改革以来的遗物、遗址、遗迹、纪念碑、纪念地、纪念堂、纪念馆等实物；制度层面是指路线、方针、政策、理论和纲领等一整套规范体系与行为模式；精神层面是指所凝结的信仰、知识、精神、价值、道德等。

一、物质层面的红色文化，也就是红色文化遗产

物质层面的红色文化既要有红色文化的内涵，也应该具备遗产的基本属性。遗产是指完成了代际传承，具有年代价值、珍稀性和代表性，需要人类施加保护性干预措施的、自然演进的遗留或人类创造的遗存。按照一代人习惯为至少 30 年的标准，遗产要有 30 年以上的时间距离，才具备遗产的资格。当代的创造物不能作为遗产。按照遗产必须完成代际传承的要求，红色文化遗产的上限起于新民主主义革命和中国共产党的成立，下限到社会主义建设初期，即 1978 年改革开放以前。不过，代际传承也是一个相对的时间概念。以上的定义只是从目前的时间阶段出发来考虑的，随着时间推移，在目前看来并不具备遗产资格的当代创造物，在若干年后完成了代际传承，并且满足了遗产的珍稀性和代表性，自然也属于遗产了。因此，红色文化遗产的下限也应该是动态发展的。物质层面的红色文化主要包括两部分。

1. 承载历史事件的历史遗迹。有革命伟人的故居或纪念堂，如韶山毛泽东故居、北京毛主席纪念堂、四川广安邓小平故居、仪陇朱德故居、浙江绍兴周恩来故居等；重要会议会址，如上海中共一大会址、贵州遵义会议会址、西柏坡会议会址等；重大战争或历史事件发生地，如井冈山革命纪念地、延安革命纪念地、西安事变旧址、辽沈

战役中的黑山阻击战、塔山阻击战旧地、平型关大捷发生地等；各种重要机构的办公地旧址，如八一南昌起义总指挥部旧址、山西武乡太行八路军总部旧址、延安杨家岭中共中央旧址、重庆红岩八路军办事处旧址、南京梅园等；革命烈士陵园，如南京雨花台烈士陵园、重庆歌乐山革命烈士陵园等；各类纪念馆和博物馆，如北京的中国人民革命军事博物馆、中国人民抗日纪念馆以及散布于全国各地的著名纪念馆等。

2. 承载革命故事的文艺作品。在中国共产党领导全国各族人民革命和建设的整个历史进程中，不论在多么艰苦的条件下都会有文艺工作者创作出大量的经典文艺作品来反映历史故事和弘扬先进精神。通过文艺作品的形式宣传和发扬革命精神。特别是在新民主主义时期，延安文艺创作的兴盛开创了红色文艺作品发展的新局面。延安文艺工作者通过建立文学社、话剧社、报刊、音乐队等多种形式弘扬党的革命精神。如文艺月会、延安新诗歌会、抗战剧团、延安青年大合唱团等。在社会主义建设时期，随着科技的进步，创作出了大量的弘扬革命和反映建设时期精神的电影和歌曲。如电影有反映战争事件的《上甘岭》《决战之后》等，歌颂先进人物的《董存瑞》《任长霞》等；歌曲有歌颂革命英雄的《十送红军》《红星照我去战斗》等，歌颂祖国繁荣发展的《走进新时代》等。

二、制度层面的红色文化

制度层面的红色文化具有时效性。这类红色文化类型主要有：第一，体现奋斗方向与目标的类型。如党的最高纲领和最低纲领，集中体现社会主义国家党和人民的共同目标与追求。第二，体现指导思想与旗帜的类型。如毛泽东思想、邓小平理论、“三个代表”重要思想、科学发展观等。这些都是党在对革命、建设、改革进程中进行长期摸索、长期实践而逐渐形成的适合中国建设发展的基本指导思想和根本指导方向，是党的集体智慧的结晶，是党治国兴国的根本依据。第三，基本原则与党风类型。比如党的四项基本原则、理论联系实际、密切联系群众、批评与自我批评、谦虚谨慎、艰苦奋斗、民主集中制的党风等，这些都是党员思想作风、传统习惯、工作方式、生产方式等方面的集中反映，是中国共产党优势的集中体现。第四，社会公德与道德类型。比如以“八荣八耻”为主要内容的社会主义荣辱观，尊老爱幼、五讲四美等社会主义核心价值观。这些都是对全体党员和人民进行德育的集中体现，是社会主义先进文化的具体类型。

三、精神层面的红色文化

精神层面的红色文化具有永恒性。体现为红色传统和红色基因，是建设社会主义先进文化所必须发扬和传承的。中国革命、建设、改革开放的事业每前进一步，中国红色文化的发展就会发展一步，红色文化的内容会越来越丰富。经过实践探索和抽象凝练，一些红色文化的具体形态获得广大人民群众高度认同，成为鼓舞全国人民进行社会主义现代化建设的精神力量。

2021 年 9 月 1 日出版的第 17 期《求是》杂志，刊登了习近平总书记的文章《党的伟大精神永远是党和国家的宝贵精神财富》（以下简称《宝贵财富》），这是总书记 2013 年 3 月至 2021 年 7 月期间讲话、指示、信函中有关伟大精神内容的节录。同期《求是》杂志上，还配发了新华社记者撰写的新闻综述《革命精神永放光芒》（以下简称《永放光芒》），记述了党如何构建起一系列伟大精神，共产党人如何用无形之精神创造有形之奇迹，革命精神在中华热土上为何传承百年依然朝气蓬勃，生动地阐释了总书记的讲话精神。9 月 29 日，经党中央批准，新华社正式发布了中国共产党人精神谱系第一批伟大精神。新华社在电文中说，这些精神，集中彰显了中华民族和中国人民长期以来形成的伟大创造精神、伟大奋斗精神、伟大团结精神、伟大梦想精神，彰显了一代又一代中国共产党人“为有牺牲多壮志，敢教日月换新天”的奋斗精神。

以新华社的电文为依据，结合 2021 年 9 月 1 日出版的第 17 期《求是》杂志上两篇文章，按照习近平总书记在七一讲话中将党的百年史划分成的四个历史时期，笔者对中国共产党人的精神谱系进行了以下梳理（依创建时间为序；未列入新华社电文的，另注出处）：

新民主主义革命和独立国家建设时期形成了建党精神、“五四”精神（《宝贵财富》）、红船精神（《宝贵财富》）、井冈山精神、老区精神、古田会议精神①、苏区精神、东北抗联精神、长征精神、遵义会议精神、照金精神、延安精神、西路军精神（《宝贵财富》）、抗战精神、南泥湾精神、张思德精神、太行精神（吕梁精神）、红岩精神、大别山精神、沂蒙精神、西柏坡精神（《永放光芒》）等。

在社会主义革命和工业化建设时期形成了抗美援朝精神、北大荒精神、兵团精神（《永放光芒》）、“南京路上好八连”精神②、“两路”精神、西迁精神、雷锋精神、红旗渠精神、大庆精神（铁人精神）、塞罕坝精神、焦裕禄精神、王杰精神、“两弹一星”精神、老西藏精神③等。

改革开放和小康社会建设时期形成了改革开放精神、特区精神、女排精神、孔繁森精神、抗洪精神、抗击非典精神、载人航天精神、劳模精神（劳动精神、工匠精神）、青藏铁路精神、抗震救灾精神、北京奥运精神④（《永放光芒》）等。

中国特色社会主义新时代和社会主义强国建设时期形成了脱贫攻坚精神、“三牛”精神、科学家精神、企业家精神、探月精神、新时代北斗精神、抗疫精神、丝路精神、中华体育精神⑤和“上海精神”⑥。

---

① 习近平：《把我党我军优良传统一代一代传下去（二〇一四年十月三十一日）》，中央军委政治工作部编：《习近平论强军兴军》，北京：解放军出版社，2017 年，第 125 页。

② 《春天的嘱托——习近平主席接见部分军队基层人大代表侧记》，《解放军报》2013 年 3 月 14 日。

③ 过去“老西藏精神”都是加引号的，这篇新华社电文中未加。

④ 新华社记者：《革命精神永放光芒》，《求是》2021 年第 17 期，第 39 页。

⑤ 《人民日报》评论员：《这就是中华体育精神》，《人民日报》2021 年 9 月 17 日，第 1 版。

⑥ 《习近平出席上海合作组织元首理事会第二十一次会议并发表重要讲话　强调上海合作组织应该高举“上海精神”旗帜　构建更加紧密的上海合作组织命运共同体》，《人民日报》2021 年 9 月 18 日，第 1 版。

以上这些精神均是红色文化的经典形态和宝贵精神财富。“这些宝贵精神财富跨越时空、历久弥新，集中体现了党的坚定信念、根本宗旨、优良作风，凝聚着中国共产党人艰苦奋斗、牺牲奉献、开拓进取的伟大品格，深深融入我们党、国家、民族、人民的血脉之中，为我们立党兴党强党提供了丰厚滋养。”①

第四节　红色文化的时代价值

红色文化是历史性的形成，具有历史的积淀和鲜明的时代主题，也有独特的价值地位。在当今世界一体化、经济全球化、价值多元化的时代，尤其具备不可替代的作用。它对抵御历史虚无主义泛滥、增强民族文化自信、彰显中国特色、提升国家认同具有不可取代的现实意义。

一、红色文化是保证中国特色社会主义文化正确方向的不变基因

中国红色文化具有传承中华优秀传统文化并用马克思主义创新文化传统的基本功能，是中国特定时代的一种文化创造，并在一定历史条件下转化为社会主义先进文化。红色文化代表了中国特色社会主义文化的正统，体现了中国特色社会主义文化的底色，是社会主义中国的国家记忆，是构建中华民族共同体的文化纽带。在社会转型阶段，意识形态领域斗争复杂，多元文化共生共存，如何在交流互鉴中坚守中华文化的根本立场，在开放包容中坚持先进文化的前进方向是中国特色社会主义文化建设的根本问题。在中国特色社会主义新时代，大力弘扬红色文化，一方面，能够在世界文明交流、互鉴中彰显新时代中国文化的特色，增强中华文化的吸引力。另一方面，能够在多元文明交流交融交锋中，让红色传统、红色基因创造性转化和创新性发展，确保中国特色社会主义文化始终在正确的道路上向前发展、永不变质。

---

① 习近平总书记2021年2月20日在党史学习教育动员大会上的讲话。

二、红色文化是坚定中国特色社会主义道路的精神武器

中国特色社会主义道路是马克思主义中国化的具体体现。这条道路是中国共产党成立以来，经过革命、建设和改革开放，经过若干代人艰辛努力，历经挫折和失败后才探索出来的成果，是实现中华民族伟大复兴，开创人民美好生活的正确道路。这条道路的成功选择离不开红色文化蕴含的理想信念、奋斗牺牲、创新开拓、不畏强敌、团结守纪、万众一心精神的保障和激励。红色文化是在革命文化的基础上产生但又超越了革命文化的新文化形态，既具有阶段性和流动性，又具有延续性和传承性，已经内化为中国共产党人代代相传的行动方式和意识理念，成为中国现代国家建构的基本价值和道德感召。在中国特色社会主义新时代，要强化红色文化在革命、建设、改革开放和新时代既一脉相承又各具特色的时代特征，坚定文化自信，将红色文化发扬好、发展好，使其成为坚定中国特色社会主义正确道路的信念之源和精神支撑。

三、红色文化是实现“两个一百年”奋斗目标和中华民族伟大复兴的精神力量

红色文化是社会主义先进文化凝心聚力的精神纽带，是激发共产党人内在价值自省的先进文化思想源泉。在中国特色社会主义新时代，红色文化既是宝贵的文化资源，又是迎接各种挑战、克服各种困难、跨越各种陷阱、防范各种风险的锐利思想武器。我们要坚定红色文化自信，“把红色资源利用好、把红色传统发扬好、把红色基因传承好”，“让红色基因代代相传”，为实现“两个一百年”奋斗目标和中华民族伟大复兴提供持续的精神动力。中国特色社会主义进入新时代，标志着中国特色社会主义站在了确立独立性、自主性、主体性和世界性的新的历史起点上。新的时代要我们进一步增强红色文化自觉，以高度的红色文化自信推进中国特色社会主义的道路自信、理论自信、制度自信和文化自信，加快实现“两个一百年”奋斗目标和中华民族伟大复兴。

第二章　中国共产党革命精神谱系

习近平总书记2013年在第十二届全国人民代表大会第一次会议上对中华民族精神的核心进行了概括："实现中国梦必须弘扬中国精神。这就是以爱国主义为核心的民族精神，以改革创新为核心的时代精神。这种精神是凝心聚力的兴国之魂、强国之魂。爱国主义始终是把中华民族坚强团结在一起的精神力量，改革创新始终是鞭策我们在改革开放中与时俱进的精神力量。全国各族人民一定要弘扬伟大的民族精神和时代精神，不断增强团结一心的精神纽带、自强不息的精神动力，永远朝气蓬勃迈向未来。"

一百年来，中国共产党的领导，是中华民族实现伟大复兴的根本力量。2021年七一，在庆祝中国共产党成立一百周年大会上，习近平总书记对党的精神谱系进行了论说："一百年前，中国共产党的先驱们创建了中国共产党，形成了坚持真理、坚守理想，践行初心、担当使命，不怕牺牲、英勇斗争，对党忠诚、不负人民的伟大建党精神，这是中国共产党的精神之源。一百年来，中国共产党弘扬伟大建党精神，在长期奋斗中构建起中国共产党人的精神谱系，锤炼出鲜明的政治品格。历史川流不息，精神代代相传。我们要继续弘扬光荣传统、赓续红色血脉，永远把伟大建党精神继承下去、发扬光大！"

民族精神和时代精神，永远是中华民族生生不息的精神动力。党的伟大精神永远是党和国家的宝贵精神财富。中华民族精神，是五千年来所有中华儿女共同铸就的。党的伟大精神，是一百年来我们的党在团结奋斗中共同构建的。中国共产党人的精神谱系具有非常丰富的内涵，同时也在与时俱进地发展。

第一节　中国共产党伟大精神谱系的丰富内涵

2021 年第 19 期《求是》杂志发表的中共中央总书记、国家主席、中央军委主席习近平的重要文章《用好红色资源、赓续红色血脉，努力创造无愧于历史和人民的新业绩》中强调："全党同志要用党在百年奋斗中形成的伟大精神滋养自己、激励自己，以昂扬的精神状态做好党和国家各项工作。要教育引导全党始终坚持推进自我革命。全党同志要增强忧患意识，以永远在路上的坚定执着将全面从严治党向纵深推进，严于律己，不断提高政治判断力、政治领悟力、政治执行力，始终做一名合格的共产党员，为把党建设得更加坚强有力作出应有的努力。"

以下我们重点介绍纳入第一批中国共产党人精神谱系的各种精神。

一、新民主主义革命和独立国家建设时期的精神

建党精神："一百年前，中国共产党的先驱们创建了中国共产党，形成了坚持真理、坚守理想，践行初心、担当使命，不怕牺牲、英勇斗争，对党忠诚、不负人民的伟大建党精神，这是中国共产党的精神之源。一百年来，中国共产党弘扬伟大建党精神，在长期奋斗中构建起中国共产党人的精神谱系，锤炼出鲜明的政治品格。历史川流不息，精神代代相传。我们要继续弘扬光荣传统、赓续红色血脉，永远把伟大建党精神继承下去、发扬光大！"（2021 年 7 月 1 日习近平总书记在庆祝中国共产党成立 100 周年大会上的讲话）

井冈山精神："井冈山是中国革命的摇篮。井冈山斗争的伟大实

践，对中国革命道路的探索和抉择、对中国共产党和人民军队成长具有关键意义。井冈山时期留给我们最为宝贵的财富，就是跨越时空的井冈山精神。井冈山精神，最重要的方面就是坚定信念、艰苦奋斗，实事求是、敢闯新路，依靠群众、勇于胜利。对弘扬井冈山精神，毛泽东同志、邓小平同志、江泽民同志、胡锦涛同志都提出了明确要求。今天，我们要结合新的时代条件，让井冈山精神放射出新的时代光芒。”（2016 年 2 月 3 日习近平总书记在江西考察工作结束时的讲话）

苏区精神：“是指土地革命战争中由赣南、闽西革命根据地的基础上发展起来的中央革命根据地（中央苏区）人民和革命战士，在党领导创建、发展和保卫苏区革命实践中培育形成的伟大革命精神。苏区精神的主要内涵：坚定信念、求真务实、一心为民、清正廉洁、艰苦奋斗、争创一流、无私奉献。”“井冈山精神和苏区精神，承载着中国共产党人的初心和使命，铸就了中国共产党的伟大革命精神。这些伟大革命精神跨越时空、永不过时，是砥砺我们不忘初心、牢记使命的不竭精神动力。”（2019 年 5 月 22 日习近平总书记在江西考察工作结束时的讲话）

长征精神：“长征这一人类历史上的伟大壮举，留给我们最可宝贵的精神财富，就是中国共产党人和红军将士用生命和热血铸就的伟大长征精神。

伟大长征精神，就是把全国人民和中华民族的根本利益看得高于一切，坚定革命的理想和信念，坚信正义事业必然胜利的精神；就是为了救国救民，不怕任何艰难险阻，不惜付出一切牺牲的精神；就是坚持独立自主、实事求是，一切从实际出发的精神；就是顾全大局、严守纪律、紧密团结的精神；就是紧紧依靠人民群众，同人民群众生死相依、患难与共、艰苦奋斗的精神。

伟大长征精神，是中国共产党人及其领导的人民军队革命风范的生动反映，是中华民族自强不息的民族品格的集中展示，是以爱国主义为核心的民族精神的最高体现。

人无精神则不立，国无精神则不强。精神是一个民族赖以长久生存的灵魂，唯有精神上达到一定的高度，这个民族才能在历史的洪流中屹立不倒、奋勇向前。伟大长征精神，作为中国共产党人红色基因和精神族谱的重要组成部分，已经深深融入中华民族的血脉和灵魂，成为社会主义核心价值观的丰富滋养，成为鼓舞和激励中国人民不断攻坚克难、从胜利走向胜利的强大精神动力。”（2016 年 10 月 21 日习近平总书记在纪念红军长征胜利 80 周年大会上的讲话）

遵义会议精神：“遵义会议作为我们党历史上一次具有伟大转折意义的重要会议，在把马克思主义基本原理同中国具体实际相结合、坚持走独立自主道路、坚定正确的政治路线和政策策略、建设坚强成熟的中央领导集体等方面，留下宝贵经验和重要启示。我们要运用好遵义会议历史经验，让遵义会议精神永放光芒。”（2015 年 6 月 16 日至 18 日习近平总书记在贵州调研时的讲话）

延安精神：“延安是革命圣地。延安时期是我们党领导的中国革命事业从低潮走向高潮、实现历史性转折的时期。老一辈革命家和老一代共产党人在延安时期留下的优良传统和作风，培育形成的以坚定正确的政治方向、解放思想实事求是的思想路线、全心全意为人民服务的根本宗旨、自力更生艰苦奋斗的创业精神为主要内容的延安精神，是我们党的宝贵精神财富。我在延川生活期间，对延安精神有切身感悟，当年每到一次延安，心里都充满崇敬和激动。这次再到延安，仍让我深受教育。今天，全面从严治党要继续从延安精神中汲取力量。”（2015 年 2 月 15 日习近平总书记在陕西考察工作结束时的讲话）

“党中央在延安 13 年，形成了伟大的延安精神。延安精神培育了一代代中国共产党人，是我们党的宝贵精神财富。要坚持不懈用延安精神教育广大党员、干部，用以滋养初心、淬炼灵魂，从中汲取信仰的力量、查找党性的差距、校准前进的方向。

要用延安精神净化政治生态。政治生态好，干部队伍就会风清气正、心齐气顺，社会风气就会积极向上、充满正能量。政治生态不好，各种歪风邪气就会冒出来。毛主席当年概括了延安的‘十个没有’[①]。‘延安作风’和‘西安作风’的巨大反差让许多民主人士感叹：‘中国的希望在延安’。”（2020 年 4 月 23 日习近平总书记在陕西考察工作结束时的讲话）

西路军精神：“新中国是无数革命先烈用鲜血和生命铸就的。要深刻认识红色政权来之不易，新中国来之不易，中国特色社会主义来之不易。西路军不畏艰险、浴血奋战的英雄主义气概，为党为人民英勇献身的精神，同长征精神一脉相承，是中国共产党人红色基因和中华民族宝贵精神财富的重要组成部分。我们要讲好党的故事，讲好红军的故事，讲好西路军的故事，把红色基因传承好。”（2019 年 8 月 19 日至 22 日习近平总书记在甘肃考察时的讲话）

抗战精神：“中国人民在抗日战争的壮阔进程中孕育出伟大抗战精神，向世界展示了天下兴亡、匹夫有责的爱国情怀，视死如归、宁死不屈的民族气节，不畏强暴、血战到底的英雄气概，百折不挠、坚忍不拔的必胜信念。伟大抗战精神，是中国人民弥足珍贵的精神财富，将永远激励中国人民克服一切艰难险阻、为实现中华民族伟大复兴而奋斗。”（2020 年 9 月 3 日习近平总书记在纪念中国人民抗日战争暨世界反法西斯战争胜利 75 周年座谈会上的讲话）

红岩精神：“重庆是一块英雄的土地，有着光荣的革命传统。毛泽东同志在这里进行了决定中国前途命运的重庆谈判，周恩来同志领导中共中央南方局在这里同反动势力展开了坚决斗争，邓小平同志在这里领导中共中央西南局进行了大量开创性工作。重庆涌现了大批大义凛然、高风亮节的共产党人，如信仰坚定、不怕牺牲的赵世炎等人，英勇善战、屡建功绩的王良等人，坚贞不屈、永不叛党的江竹筠、王朴、陈然等人，严守纪律、勇于牺牲的战斗英雄邱少云，等等。解放战争时期，众多被关押在渣滓洞、白公馆的中国共产党人，

---

① 延安时期“十个没有”：没有贪官污吏，没有土豪劣绅，没有赌博，没有娼妓，没有小老婆，没有叫花子，没有结党营私之徒，没有萎靡不振之风，没有人吃磨擦饭，没有人发国难财。

经受住种种酷刑折磨，不折不挠、宁死不屈，为中国人民解放事业献出了宝贵生命，凝结成“红岩精神”。重庆要运用这些红色资源，教育引导广大党员、干部坚定理想信仰，养成浩然正气，增强‘四个意识’、坚定‘四个自信’、做到‘两个维护’，始终在政治立场、政治方向、政治原则、政治道路上同党中央保持高度一致。”（2019 年 4 月 17 日习近平总书记在重庆考察工作结束时的讲话）

西柏坡精神：“西柏坡，一个永载中国革命史册的名字。从 1947 年 7 月 12 日中央工委在西柏坡正式成立，到 1949 年 3 月 23 日党中央离开西柏坡，一共 621 天。这 621 天，是中国革命的伟大历史转折时期。作为‘进入北平解放全中国的最后一个农村指挥所’，以毛泽东同志为核心的党中央在这个小山村领导了轰轰烈烈的土地改革运动，指挥了辽沈、淮海、平津三大战役，召开了具有伟大历史意义的七届二中全会。在这段波澜壮阔的革命实践中，孕育形成了以‘两个务必’为核心的西柏坡精神，主要体现为：为了人民、依靠人民的公仆精神，敢于斗争、敢于胜利的进取精神，政治协商、团结合作的民主精神，立规严纪、集中统一的看齐精神，谦虚谨慎、艰苦奋斗的赶考精神。”①（百度百科）

照金精神：“中国共产党在领导人民创建西北革命根据地的过程中，形成了伟大的西北根据地革命精神——照金精神，它是西北革命根据地得以存在和发展的精神动力。照金精神是中华民族精神的重要组成部分，是中国共产党的宝贵精神财富，是社会主义文化建设的精神资源，是加强西部大开发和建设西部经济强省的强大精神动力。”2015 年春节前夕，习近平总书记来到陕西铜川市照金镇，参观陕甘

① 编者说明：2021 年 9 月 29 日，经党中央批准，新华社正式发布了中国共产党人精神谱系第一批伟大精神。本书稿完成于 2021 年 11 月底。此时有关苏区精神、照金精神、东北抗联精神、南泥湾精神、太行精神（吕梁精神）、大别山精神、沂蒙精神、红旗渠精神、北大荒精神、老西藏精神（孔繁森精神）、西迁精神、王杰精神等相关介绍仅在百度百科等网络媒体中出现，因此本书加以引用。截至目前，仅《中国精神：传承与弘扬》一书（吴潜涛、唐立军著，人民出版社，2023 年 6 月版）对第一批精神有详细的介绍，感兴趣的读者可参阅该书。

边革命根据地照金纪念馆和革命旧址。他指出："以照金为中心的陕甘边革命根据地，在中国革命史上写下了光辉的一页。要加强对革命根据地历史的研究，总结历史经验，更好发扬革命精神和优良作风。"（百度百科、澎湃号）

东北抗联精神："东北抗联精神是中国共产党领导的东北抗日联军在14年抗击日本军国主义侵略的艰苦斗争中形成的，是东北抗联将士崇高精神风貌和高尚思想品格的集中体现，是中国抗日战争史上气贯长虹的英雄史诗，是中华民族自强不息、百折不挠革命精神的彰显，是人类为了正义事业挑战自身极限的传奇典范。"（百度百科）"加强干部作风建设，黑龙江有不少有利条件，东北抗联精神、北大荒精神、大庆精神、铁人精神激励了几代人。今天，我们仍然要用这些精神来教育广大党员、干部，引导他们发扬优良传统，在全社会带头弘扬新风正气。"（2016年5月25日习近平总书记在黑龙江考察工作结束时的讲话）

南泥湾精神："南泥湾精神，是以八路军第三五九旅为代表的抗日军民在南泥湾大生产运动中创造的，是中国共产党及其领导下的人民军队在困境中奋起、在艰苦中发展的强大精神力量。南泥湾精神是民族精神在特定历史条件下的具体体现，是激励无数仁人志士前赴后继、拯民于水火的精神源泉，是中国共产党和中华民族的宝贵财富和社会主义精神文明建设的重要支柱，在中国革命、建设和改革的过程中发挥了不可替代的重要作用，南泥湾精神具有重要的时代价值。"（百度百科）

太行精神（吕梁精神）："太行精神是国家和民族处于危亡的关键时刻，中国共产党人领导太行儿女展现的勇敢顽强、不畏艰难的革命英雄主义精神，是在极其艰苦的条件下展现的百折不挠、艰苦奋斗的精神，是为人民利益展现的勇于牺牲、乐于奉献的精神，是数千年来中华民族精神的积淀和延续。"（百度百科）"山西也是具有光荣革命传统的地方，是八路军总部所在地，是抗日战争主战场之一，建立了晋绥、晋察冀、晋冀鲁豫抗日根据地，平型关大捷、百团大战等闻名中外，太行精神、吕梁精神是我们党宝贵的精神财富。这些都要充分挖掘和利用，以丰富多彩的历史文化、红色文化资源为山西发展提供精神力量。”（2020 年 5 月 12 日习近平总书记在山西考察工作结束时的讲话）

大别山精神：“大别山精神是从中国共产党诞生到新中国成立，以大别山为中心的鄂豫皖三省交界地区，由中国共产党及其领导的武装力量和革命群众，为了实现共产主义理想、建立新中国而形成的革命精神。”2012 年 11 月 7 日，“大别山精神”研究组发布新闻，将“大别山精神”概括为“坚守信念、胸怀全局、团结奋进、勇当前锋”。（百度百科）

沂蒙精神：“沂蒙精神是临沂人民在长期的革命和建设实践中形成的先进群体意识，是中华民族优秀文化的重要组成部分，是临沂人民乃至全国人民宝贵的精神财富。”沂蒙精神要点为：“吃苦耐劳、勇往直前、永不服输、敢于胜利、爱党爱军、开拓奋进、艰苦创业、无私奉献。”（百度百科）习近平总书记：“我一来到这里就想起了革命战争年代可歌可泣的峥嵘岁月。在沂蒙这片红色土地上，诞生了无数可歌可泣的英雄儿女，沂蒙六姐妹、沂蒙母亲、沂蒙红嫂的事迹十分感人。沂蒙精神与延安精神、井冈山精神、西柏坡精神一样，是党和国家的宝贵精神财富，要不断结合新的时代条件发扬光大。”（2013 年 11 月 25 日习近平总书记在山东临沂考察时的讲话）

老区精神：“无论是革命战争年代还是改革开放新时期，老区人民为党和国家作出了巨大贡献。老区人民对党无限忠诚、无比热爱。老区精神积淀着红色基因。在今天奔小康的路上，老区人民同样展现出了强烈的奉献奋斗精神。”（2016 年 4 月 24 日习近平总书记在安徽考察时的讲话）

张思德精神：张思德（1915 年 4 月 19 日—1944 年 9 月 5 日），四川仪陇人，中国人民解放军的楷模，全心全意为人民服务的典范。2009 年 9 月 10 日，张思德被评为“100 位为新中国成立作出突出贡献的英雄模范人物”之一。“全心全意为人民服务是党的根本宗旨。

延安时期，毛泽东同志在追悼张思德同志时发表的《为人民服务》的演讲，深刻揭示了党群关系、干群关系、军民关系的真谛。”（2015 年 2 月 15 日习近平总书记在陕西考察工作结束时的讲话）

二、社会主义革命和工业化建设时期的各种精神

抗美援朝精神：“在波澜壮阔的抗美援朝战争中，英雄的中国人民志愿军始终发扬祖国和人民利益高于一切、为了祖国和民族的尊严而奋不顾身的爱国主义精神，英勇顽强、舍生忘死的革命英雄主义精神，不畏艰难困苦、始终保持高昂士气的革命乐观主义精神，为完成祖国和人民赋予的使命、慷慨奉献自己一切的革命忠诚精神，为了人类和平与正义事业而奋斗的国际主义精神，锻造了伟大抗美援朝精神。

伟大抗美援朝精神跨越时空、历久弥新，必须永续传承、世代发扬。”（2020 年 10 月 23 日习近平总书记在纪念中国人民志愿军抗美援朝出国作战 70 周年大会上的讲话）

“两弹一星”精神：“两弹一星”工程是中国于 20 世纪 50—60 年代组织实施的，以研制导弹、原子弹和科学试验卫星为主要内容的重大国防工程。“50 年前，‘东方红一号’卫星发射成功，我在陕北梁家河听到这一消息十分激动。当年，你们发愤图强、埋头苦干，创造了令全国各族人民自豪的非凡成就，彰显了中华民族自强不息的伟大精神。老一代航天人的功勋已经牢牢铭刻在新中国史册上。不管条件如何变化，自力更生、艰苦奋斗的志气不能丢。新时代的航天工作者要以老一代航天人为榜样，大力弘扬‘两弹一星’精神，敢于战胜一切艰难险阻，勇于攀登航天科技高峰，让中国人探索太空的脚步迈得更稳更远，早日实现建设航天强国的伟大梦想。”（2020 年 4 月 23 日习近平总书记给参与“东方红一号”任务的老科学家的回信）

雷锋精神：“雷锋是时代的楷模，雷锋精神是永恒的。实现中华民族伟大复兴，需要更多时代楷模。我们既要学习雷锋的精神，也要学习雷锋的做法，把崇高理想信念和道德品质追求转化为具体行动，

体现在平凡的工作生活中，作出自己应有的贡献，把雷锋精神代代传承下去。”（2018 年 9 月 25 日至 28 日习近平总书记在东北三省考察并主持召开深入推进东北振兴座谈会时的讲话）

焦裕禄精神：“焦裕禄同志是人民的好公仆，是县委书记的榜样，也是全党的榜样。亲民爱民、艰苦奋斗、科学求实、迎难而上、无私奉献的焦裕禄精神，过去是、现在是、将来仍然是我们党的宝贵精神财富，永远不会过时。生命有限，很多英雄模范人物崇高精神的形成过程也是有限的，但形成了一种宝贵精神财富，是一个永恒的定格。焦裕禄精神，同井冈山精神、延安精神、雷锋精神、红旗渠精神等都是共存的。任何一个民族都需要有这样的精神构成其强大精神力量，这样的精神无论时代发展到哪一步都不会过时。”（2014 年 3 月 18 日习近平总书记在河南省兰考县委常委扩大会议上的讲话）

大庆精神（铁人精神）：“60 年前，党中央作出石油勘探战略东移的重大决策，广大石油、地质工作者历尽艰辛发现大庆油田，翻开了中国石油开发史上具有历史转折意义的一页。60 年来，几代大庆人艰苦创业、接力奋斗，在亘古荒原上建成我国最大的石油生产基地。大庆油田的卓越贡献已经镌刻在伟大祖国的历史丰碑上，大庆精神、铁人精神已经成为中华民族伟大精神的重要组成部分。”（2019 年 9 月 26 日习近平总书记致大庆油田发现 60 周年的贺信）

红旗渠精神：“红旗渠动工于 1960 年，勤劳勇敢的 30 万林州人民，苦战 10 个春秋，仅仅靠着一锤，一铲，两只手，在太行山悬崖峭壁上修成了这全长 1500 公里的红旗渠。”“红旗渠精神的内涵是‘自力更生、艰苦创业、团结协作、无私奉献’，是在修建红旗渠的过程中形成的。”（百度百科）“红旗渠精神是我们党的性质和宗旨的集中体现，历久弥新，永远不会过时。”（十一届全国人大四次会议期间，习近平总书记在参加河南省代表团审议《政府工作报告》时的讲话）

北大荒精神：“北大荒精神，是黑龙江垦区的广大人民群众在六十多年的开发建设中，用青春与汗水、鲜血和生命，在特定历史条件和极其艰苦的环境下培育和锤炼出来的，是英雄的北大荒人的政治觉悟、精神境界、道德情操、意志品格、行为规范和工作作风的集中体现。”（百度百科）“北大荒建设到这一步不容易。当年这里是‘棒打狍子瓢舀鱼，野鸡飞到饭锅里’。共和国把这里作为战略基地、把农业作为战略产业发展起来。半个多世纪过去了，发生了沧桑巨变，机械化、信息化、智能化发展很了不起，令人感慨。北大荒为中国人真正解决温饱问题发挥了大作用。”（2018 年 9 月 25 日，习近平总书记在黑龙江考察时的讲话）

兵团精神：兵团源于人民军队。几代兵团人顽强拼搏、不懈奋斗、舍生忘死，凝聚成以“热爱祖国、无私奉献、艰苦创业、开拓进取”为主要内涵的兵团精神。“要弘扬民族精神和时代精神，践行胡杨精神和兵团精神，激励各级干部在新时代扎根边疆、奉献边疆。”（2020 年 9 月，习近平总书记在第三次中央新疆工作座谈会上的讲话）

塞罕坝精神：“55 年来，河北塞罕坝林场的建设者们听从党的召唤，在‘黄沙遮天日，飞鸟无栖树’的荒漠沙地上艰苦奋斗、甘于奉献，创造了荒原变林海的人间奇迹，用实际行动诠释了绿水青山就是金山银山的理念，铸就了牢记使命、艰苦创业、绿色发展的塞罕坝精神。他们的事迹感人至深，是推进生态文明建设的一个生动范例。”（2017 年 8 月习近平总书记对河北塞罕坝林场建设者感人事迹作出的重要指示）

“两路”精神：1954 年 12 月 25 日，康藏公路（川藏公路的前身）和青藏公路同时通车拉萨，结束了西藏没有现代公路交通的旧历史，开创了西藏公路交通事业的新篇章。2014 年 8 月 7 日，《人民日报》刊登报道《习近平总书记近日就川藏青藏公路通车 60 周年作出重要批示，要求进一步弘扬“两路”精神，助推西藏发展》。报道说：习近平指出，（川藏、青藏公路建成通车）60 年来，形成和发扬了一不怕苦、二不怕死，顽强拼搏、甘当路石，军民一家、军民团结的“两路”精神。习近平强调，新形势下，要继续弘扬“两路”精神，养好“两路”，保障畅通，使川藏、青藏公路始终成为民族团结之路、西藏文明进步之路、西藏各族同胞共同富裕之路。

老西藏精神（孔繁森精神）：“1950 年，以中国人民解放军十八军为主力，为解放深受封建农奴制压迫的百万农奴，拉开了进军西藏的帷幕。在进军途中以及之后破山修路、开荒生产、平叛和民主改革、自卫反击战、建设新西藏的岁月里，十八军进藏部队的军人和老一代进藏工作过的人们，展现了艰苦奋斗、吃苦耐劳、无私奉献的优秀品德。”在革命斗争的锤炼中，形成了“特别能吃苦、特别能战斗、特别能忍耐、特别能团结、特别能奉献”的“老西藏精神”。（百度百科）“广大干部特别是西藏干部要发扬‘老西藏精神’，缺氧不缺精神、艰苦不怕吃苦、海拔高境界更高，在工作中不断增强责任感、使命感，增强能力、锤炼作风。”（2020 年 8 月 28 日，习近平总书记在中央第七次西藏工作座谈会的讲话）

西迁精神：“‘西迁精神’是在 1956 年交通大学由上海迁往西安的过程中，生发出来的一种宝贵的精神财富。”（百度百科）“‘西迁精神’的核心是爱国主义，精髓是听党指挥跟党走，与党和国家、与民族和人民同呼吸、共命运，具有深刻现实意义和历史意义。要坚持党对高校工作的全面领导，坚持立德树人，建设高素质教师队伍，努力培养更多一流人才。”（2020 年 4 月 20 日至 23 日习近平总书记在陕西考察时的讲话）

王杰精神：王杰（1942 年 10 月—1965 年 7 月 14 日），山东省金乡县人，中国共产党党员。1961 年 8 月，王杰应征参加中国人民解放军，在济南军区装甲兵某部工兵一连当战士。1962 年 2 月加入中国共产主义青年团。1965 年 7 月 14 日，王杰在一次训练中为掩护民兵而英勇牺牲，被追认为革命烈士。2009 年 9 月 14 日，王杰被评为 100 位新中国成立以来感动中国人物之一。2019 年 9 月 25 日，入选“最美奋斗者”名单。（百度百科）“王杰‘在荣誉上不伸手，在待遇上不伸手，在物质上不伸手’，这‘三不伸手’是一面镜子，共产党员都要好好照照这面镜子。一不怕苦、二不怕死是血性胆魄的生动写照，要成为革命军人的座右铭。王杰精神过去是、现在是、将来永远是我们的宝贵精神财富，要学习践行王杰精神，让王杰精神绽放新的时代光芒。”（2017 年 12 月 13 日习近平总书记在视察第 71 集团军时的讲话）

三、改革开放和小康社会建设时期的各种精神

改革开放精神：“改革开放精神，是指中国共产党在改革开放实践、探索和发展中国特色社会主义事业这一特定的历史时期中所形成开拓创新、勇于担当、开放包容、兼容并蓄的精神品格。”（百度百科）“中国人民具有伟大梦想精神，中华民族充满变革和开放精神。几千年前，中华民族的先民们就秉持‘周虽旧邦，其命维新’的精神，开启了缔造中华文明的伟大实践。自古以来，中国大地上发生了无数变法变革图强运动，留下了‘治世不一道，便国不法古’等豪迈宣言。自古以来，中华民族就以‘天下大同’、‘协和万邦’的宽广胸怀，自信而又大度地开展同域外民族交往和文化交流，曾经谱写了万里驼铃万里波的浩浩丝路长歌，也曾经创造了万国衣冠会长安的盛唐气象。正是这种‘天行健，君子以自强不息’、‘地势坤，君子以厚德载物’的变革和开放精神，使中华文明成为人类历史上唯一一个绵延 5000 多年至今未曾中断的灿烂文明。以数千年大历史观之，变革和开放总体上是中国的历史常态。”“改革开放铸就的伟大改革开放精神，极大丰富了民族精神内涵，成为当代中国人民最鲜明的精神标识！”（2018 年 12 月 18 日，习近平总书记在庆祝改革开放 40 周年大会上的讲话）

特区精神：“经济特区要成为改革开放的试验平台。创办经济特区是我国改革开放的重要方法论，是经过实践检验推进改革开放行之有效的办法。先行先试是经济特区的一项重要职责，目的是探索改革开放的实现路径和实现形式，为全国改革开放探路开路。只有敢于走别人没有走过的路，才能收获别样的风景。经济特区要勇于扛起历史责任，适应国内外形势新变化，按照国家发展新要求，顺应人民新期

待，发扬敢闯敢试、敢为人先、埋头苦干的特区精神，始终站在改革开放最前沿，在各方面体制机制改革方面先行先试、大胆探索，为全国提供更多可复制可推广的经验。”（2018 年 4 月 13 日习近平总书记在庆祝海南建省办经济特区 30 周年大会上的讲话）

抗洪精神：“1998 年夏，我国江南、华南大部分地区及北方局部发生了有史以来的特大洪水，在这场抗洪抢险斗争中，形成了万众一心、众志成城，不怕困难、顽强拼搏，坚韧不拔、敢于胜利的伟大抗洪精神。”（百度百科）

抗击非典精神：“2002 年 11 月以来，我国一些地区发生了传染性非典型性肺炎疫情，面对非典型性肺炎这场突如其来的重大灾害，共产党员冲锋在前、勇挑重担；人民群众团结一致、相互支援；医务工作者舍生忘死、前仆后继；科技工作者夙兴夜寐、全力攻关。在党中央、国务院的坚强领导下，全国人民奋起抗击非典型性肺炎疫病。”在此基础上，形成“万众一心，众志成城，团结互助、和衷共济，迎难而上、敢于胜利”的抗击非典精神。（百度百科）

抗震救灾精神：2008 年“5．12”四川汶川发生特大地震，在抗震救灾中形成了“万众一心、众志成城，不畏艰险、百折不挠，以人为本、尊重科学”的抗震救灾精神。（百度百科）

载人航天精神：“空间实验室飞行任务启动以来，我们坚持自力更生、自主创新，突破了一大批核心和关键技术，首次实现我国航天员中期在轨驻留，为建设航天强国奠定了坚实基础。我们尊重和积极调动广大航天科技工作者的创造精神，锻炼和培养了一支能够站在世界航天科技前沿、勇于开拓创新的高素质人才队伍特别是青年才俊。我们注重传承优良传统，发扬特别能吃苦、特别能战斗、特别能攻关、特别能奉献的载人航天精神，彰显了坚定的中国特色社会主义道路自信、理论自信、制度自信、文化自信，为坚持和发展中国特色社会主义增添了强大精神力量。”（2016 年 12 月 20 日习近平总书记在会见天宫二号和神舟十一号载人飞行任务航天员及参研参试人员代表时的讲话）

劳模精神（劳动精神、工匠精神）：“大力弘扬劳模精神、劳动精神、工匠精神。‘不惰者，众善之师也。’在长期实践中，我们培育形成了爱岗敬业、争创一流、艰苦奋斗、勇于创新、淡泊名利、甘于奉献的劳模精神，崇尚劳动、热爱劳动、辛勤劳动、诚实劳动的劳动精神，执着专注、精益求精、一丝不苟、追求卓越的工匠精神。劳模精神、劳动精神、工匠精神是以爱国主义为核心的民族精神和以改革创新为核心的时代精神的生动体现，是鼓舞全党全国各族人民风雨无阻、勇敢前进的强大精神动力。”（2020 年 11 月 24 日习近平总书记在全国劳动模范和先进工作者表彰大会上的讲话）

青藏铁路精神：“青藏铁路是一条连接青海省西宁市至西藏自治区拉萨市的国铁Ⅰ级铁路，是中国新世纪四大工程之一，是通往西藏腹地的第一条铁路，也是世界上海拔最高、线路最长的高原铁路。青藏铁路分两期建成，一期工程东起青海省西宁市，西至格尔木市，于 1958 年开工建设，1984 年 5 月建成通车；二期工程，东起青海省格尔木市，西至西藏自治区拉萨市，于2001 年6 月29 日开工，2006 年 7 月 1 日全线通车。”“青藏铁路开工建设以来，1800 多个日日夜夜，5 度炎夏寒冬，十多万建设大军在“生命禁区”，冒严寒，顶风雪，战缺氧，斗冻土，以惊人的毅力和勇气，挑战极限，战胜各种难以想象的困难，攻克了“高寒缺氧、多年冻土、生态脆弱”三大难题，谱写了人类铁路建设史上的光辉篇章。青藏铁路建设者以敢于超越前人的大智大勇，拼搏奋斗，开拓创新，攀登不止，在雪域高原上筑起了中国铁路建设新的丰碑，也铸就了挑战极限、勇创一流的青藏铁路精神。”（百度百科）

女排精神：“1981 年，袁伟民率领中国女排在世界杯上首夺世界冠军，开启 5 连冠辉煌。她们在世界排球赛中，凭着顽强战斗、勇敢拼搏的精神，五次蝉联世界冠军，为国争光，为人民建功。女排精神是中国女子排球队顽强战斗、勇敢拼搏精神的总概括。她们的这种精神，给予全国人民巨大的鼓舞。国务院以及国家体委、共青团中央、全国青联、全国学联和全国妇联号召全国人民向女排学习。从此，女

排精神广为传颂，家喻户晓，各行各业的人们在女排精神的激励下，为中华民族的腾飞顽强拼搏。”（百度百科）

四、中国特色社会主义新时代和社会主义强国建设时期的各种精神

脱贫攻坚精神：“伟大事业孕育伟大精神，伟大精神引领伟大事业。脱贫攻坚伟大斗争，锻造形成了‘上下同心、尽锐出战、精准务实、开拓创新、攻坚克难、不负人民’的脱贫攻坚精神。脱贫攻坚精神，是中国共产党性质宗旨、中国人民意志品质、中华民族精神的生动写照，是爱国主义、集体主义、社会主义思想的集中体现，是中国精神、中国价值、中国力量的充分彰显，赓续传承了伟大民族精神和时代精神。全党全国全社会都要大力弘扬脱贫攻坚精神，团结一心，英勇奋斗，坚决战胜前进道路上的一切困难和风险，不断夺取坚持和发展中国特色社会主义新的更大的胜利！”（2021 年 2 月 25 日习近平总书记在全国脱贫攻坚总结表彰大会上的讲话）

抗疫精神：“在这场同严重疫情的殊死较量中，中国人民和中华民族以敢于斗争、敢于胜利的大无畏气概，铸就了生命至上、举国同心、舍生忘死、尊重科学、命运与共的伟大抗疫精神。”（2020 年 9 月 8 日习近平总书记在全国抗击新冠肺炎疫情表彰大会上的讲话）

“人无精神则不立，国无精神则不强。唯有精神上站得住、站得稳，一个民族才能在历史洪流中屹立不倒、挺立潮头。同困难作斗争，是物质的角力，也是精神的对垒。伟大抗疫精神，同中华民族长期形成的特质禀赋和文化基因一脉相承，是爱国主义、集体主义、社会主义精神的传承和发展，是中国精神的生动诠释，丰富了民族精神和时代精神的内涵。我们要在全社会大力弘扬伟大抗疫精神，使之转化为全面建设社会主义现代化国家、实现中华民族伟大复兴的强大力量。”（2020 年 9 月 8 日习近平总书记在全国抗击新冠肺炎疫情表彰大会上的讲话）

“三牛”精神：“牛”在中国文化中是勤劳的象征，它曾作为农

耕时代主要的生产力与人类一起创造了灿烂的农耕文明，可以说，牛一直是默默奉献、诚实守信的代表，也是认真尽职的代名词。（百度百科）“我们要深刻铭记中国人民和中华民族为实现民族独立、人民解放和国家富强、人民幸福而奋斗的百年艰辛历程，发扬为民服务孺子牛、创新发展拓荒牛、艰苦奋斗老黄牛的精神，永远保持慎终如始、戒骄戒躁的清醒头脑，永远保持不畏艰险、锐意进取的奋斗韧劲，在全面建设社会主义现代化国家新征程上奋勇前进，以优异成绩庆祝中国共产党成立100周年！”（2020年12月31日习近平总书记在全国政协新年茶话会上的讲话）

科学家精神：“科学成就离不开精神支撑。科学家精神是科技工作者在长期科学实践中积累的宝贵精神财富。新中国成立以来，广大科技工作者在祖国大地上树立起一座座科技创新的丰碑，也铸就了独特的精神气质。去年5月，党中央专门出台了《关于进一步弘扬科学家精神加强作风和学风建设的意见》，要求大力弘扬胸怀祖国、服务人民的爱国精神，勇攀高峰、敢为人先的创新精神，追求真理、严谨治学的求实精神，淡泊名利、潜心研究的奉献精神，集智攻关、团结协作的协同精神，甘为人梯、奖掖后学的育人精神。广大科技工作者要肩负起历史赋予的科技创新重任。”（2020年9月11日习近平总书记在科学家座谈会上的讲话）

企业家精神：“改革开放以来，一大批有胆识、勇创新的企业家茁壮成长，形成了具有鲜明时代特征、民族特色、世界水准的中国企业家队伍。企业家要带领企业战胜当前的困难，走向更辉煌的未来，就要弘扬企业家精神，在爱国、创新、诚信、社会责任和国际视野等方面不断提升自己，努力成为新时代构建新发展格局、建设现代化经济体系、推动高质量发展的生力军。要增强爱国情怀，把企业发展同国家繁荣、民族兴盛、人民幸福紧密结合在一起，主动为国担当、为国分忧，带领企业奋力拼搏、力争一流，实现质量更好、效益更高、竞争力更强、影响力更大的发展。要勇于创新，做创新发展的探索者、组织者、引领者，勇于推动生产组织创新、技术创新、市场创新，重视技术研发和人力资本投入，有效调动员工创造力，努力把企业打造成为强大的创新主体。要做诚信守法的表率，带动全社会道德素质和文明程度提升。要承担社会责任，努力稳定就业岗位，关心员工健康，同员工携手渡过难关。要拓展国际视野，立足中国，放眼世界，提高把握国际市场动向和需求特点的能力，提高把握国际规则能力，提高国际市场开拓能力，提高防范国际市场风险能力，带动企业在更高水平的对外开放中实现更好发展。”（2020 年 7 月 21 日习近平总书记在企业家座谈会上的讲话）

探月精神：“嫦娥五号任务的圆满成功，标志着探月工程‘绕、落、回’三步走规划圆满收官，是发挥新型举国体制优势攻坚克难取得的又一重大成就，是航天强国建设征程中的重要里程碑，对我国航天事业发展具有十分重要的意义。17 年来，参与探月工程研制建设的全体人员大力弘扬追逐梦想、勇于探索、协同攻坚、合作共赢的探月精神，不断攀登新的科技高峰，可喜可贺、令人欣慰。探索浩瀚宇宙是人类的共同梦想，要推动实施好探月工程四期，一步一个脚印开启星际探测新征程。要继续发挥新型举国体制优势，加大自主创新工作力度，统筹谋划，再接再厉，推动中国航天空间科学、空间技术、空间应用创新发展，积极开展国际合作，为增进人类福祉作出新的更大贡献。”（2021 年 2 月 22 日习近平总书记在会见探月工程嫦娥五号任务参研参试人员代表并参观月球样品和探月工程成果展览时的讲话）

新时代北斗精神：“北斗全球卫星导航系统是我国迄今为止规模最大、覆盖范围最广、服务性能最高、与人民生活关联最紧密的巨型复杂航天系统。参研参建的 400 多家单位、30 余万名科研人员合奏了一曲大联合、大团结、大协作的交响曲，孕育了‘自主创新、开放融合、万众一心、追求卓越’的新时代北斗精神。”（《人民日报》2020 年 8 月 1 日）

丝路精神：丝路精神系丝绸之路精神的简称。“丝绸之路作为人文社会的交往平台，多民族、多种族、多宗教、多文化在此交汇融合，在长期交往过程中各个国家之间形成了‘和平合作、开放包容、互学互鉴、互利共赢’，不同种族、不同信仰、不同文化背景的国家可以‘共享和平，共同发展’的丝路精神。”（百度百科）

第二节　西藏在构建党的伟大精神谱系进程中的特殊贡献

中华人民共和国成立前夕的 1949 年 9 月 3 日，新华社发表《决不容许外国侵略者吞并中国的领土西藏》的社论。社论指出：“西藏是中国的领土，西藏民族加入中国各民族的大家庭，与汉族及中国境内其他民族发生兄弟的关系，已有悠久的历史。”“西藏是中国的领土，绝不容许任何外国侵略；西藏人民是中国人民的一个不可分离的组成部分，绝不容许任何外国分割。这是中国人民、中国共产党和中国人民解放军的坚定不移的方针。”[①] 72 年来，我们党在西藏建立和发展了社会主义制度，与全国同步建成了小康社会，实现了西藏高原亘古未有的跨越，铸就了西藏地方治理的新篇章。两千年前，汉武帝为了建立不朽的功勋，下发《求秀才异等诏》，以若渴之心广泛征求贤才，其中说：“盖有非常之功，必待非常之人。”同样，盖有非常之人，必具非常之精神，在党中央的英明领导下，在全国人民的共同支持下，广大党员带领各族群众在创造历史奇迹的进程中，将西藏构建成为中华民族的一座精神高原。

1951 年 5 月 24 日，毛泽东在庆祝签订和平解放西藏办法协议（即《十七条协议》）宴会上的讲话中，对西藏和平解放之后迅速改变落后面貌，实现政治、经济、文化上的发展充满希望，他说：“这种团结（中国各民族之间的团结）是兄弟般的团结，不是一方面压迫另一方面。这种团结是各方面共同努力的结果。今后，在这一团结

① 中共中央文献研究室、中共西藏自治区委员会编：《西藏工作文献选编（一九四九—二〇〇五）》，北京：中央文献出版社，2005 年，第 1—2 页。

基础之上，我们各民族之间，将在各方面，将在政治、经济、文化等一切方面，得到发展和进步。”① 1954 年，十四世达赖喇嘛丹增嘉措和十世班禅额尔德尼·确吉坚赞联袂进京，参加全国人大和全国政协会议。达赖、班禅在京期间，毛泽东多次接见他们，进行了亲切谈话。10 月 9 日，毛泽东与达赖谈话时说：“少数民族的人口占全国人口的十五分之一到十四分之一，汉族十四个人帮助少数民族一个人，完全应该，完全可能。不是去剥削，而是去帮助。将来少数民族也可以帮助汉族，所以是互相帮助。你们那里广大得很，是个很好的地方，人也很聪明、勇敢。西藏民族很有希望，将来发展、进步了，也可以帮助汉族和其他少数民族。现在这个阶段是要我们来帮助你们。”② 邓小平和毛泽东一样，是伟大的马克思主义政治家，具有非凡的胆魄和远见，1987 年 6 月 29 日，他在会见美国前总统卡特时说：“西藏是人口很稀少的地区，地方大得很，单靠二百万藏族同胞去建设是不够的，汉人去帮助他们没有什么坏处。如果以在西藏有多少汉人来判断中国的民族政策和西藏问题，不会得出正确的结论。关键是看怎样对西藏人民有利，怎样才能使西藏很快发展起来，在中国四个现代化建设中走进前列。目前西藏情况有了明显的变化，西藏人民生活有了不小的改善，但总的讲还是处于落后状况，还有很多事情要做。……观察少数民族地区主要是看那个地区能不能发展起来。如果在那里的汉人多一点，有利于当地民族经济的发展，这不是坏事。看待这样的问题要着重于实质，而不在于形式。”③ 正像毛泽东和邓小平这两位伟人说的，和平解放以来，在党的坚强领导下，西藏军民团结奋斗，为构建党的精神谱系作出了卓越贡献。

---

① 中共中央文献研究室、中共西藏自治区委员会、中国藏学研究中心编：《毛泽东西藏工作文选》，北京：中央文献出版社、中国藏学出版社，2008 年第 2 版，第 43 页。

② 中央文献研究室、中共西藏自治区委员会、中国藏学研究中心编：《毛泽东西藏工作文选》，北京：中央文献出版社、中国藏学出版社，2008 年第 2 版，第 109—110 页。

③ 邓小平：《立足民族平等，加快西藏发展》，《邓小平文选（第三卷）》，北京：人民出版社，1993 年，第 246—247 页。

一、在社会主义革命和工业化建设时期，西藏军民推动形成了老西藏精神、孔繁森精神和“两路”精神以及“让高山低头，叫河水让路”的人定胜天精神和“一不怕苦、二不怕死”的战斗精神

老西藏精神，是西藏各种革命精神的集中体现。1991 年 5 月 22 日，《中共中央、全国人大常委会、国务院、中央军委庆祝西藏和平解放四十周年贺电》中，第一次不点名地提到了老西藏精神的精髓：“人民解放军驻藏部队和西藏武警部队是保卫祖国、献身人民的忠诚卫士……要继续发扬特别能吃苦、特别能忍耐、特别能战斗和模范执行‘三大纪律、八项注意’的革命传统。”① 1995 年 8 月 31 日，中央政治局委员、国务院副总理吴邦国在庆祝西藏自治区成立 30 周年干部大会上的讲话中，第一次以中央领导的身份正式提出了“老西藏”精神，概括为 6 个“特别”，他说：“大家（指西藏自治区的干部）担负着建设西藏、保卫西藏光荣而艰巨的重任，要以孔繁森同志为榜样，继续和发扬特别能吃苦，特别能忍耐，特别能战斗，特别能创业，特别能团结，特别能奉献的‘老西藏’精神，互相学习，互相帮助，互相爱护，带领全区各族人民团结奋斗，为建设西藏、保卫西藏作出新的贡献。”② 2001 年 6 月 25 日，中共中央总书记江泽民在中央第四次西藏工作座谈会上的讲话中，以“五个”特别概括了“老西藏”精神，他说：“特别能吃苦、特别能战斗、特别能忍耐、特别能团结、特别能奉献的‘老西藏’精神，实质就是艰苦奋斗、服务人民。西藏各级党组织和广大党员干部，都要继续发扬‘老西藏’精神，为西藏的繁荣发展和社会稳定再立新功。”③ 2020 年 8 月 28 日，习近平总书记在中央第七次西藏工作座谈会上指出：“广大干

① 中共中央文献研究室、中共西藏自治区委员会编：《西藏工作文献选编（一九四九—二〇〇五）》，北京：中央文献出版社，2005 年，第 440 页。

② 中共中央文献研究室、中共西藏自治区委员会编：《西藏工作文献选编（一九四九—二〇〇五）》，北京：中央文献出版社，2005 年，第 496 页。

③ 中共中央文献研究室、中共西藏自治区委员会编：《西藏工作文献选编（一九四九—二〇〇五）》，北京：中央文献出版社，2005 年，第 559 页。

部特别是西藏干部要发扬‘老西藏精神’，缺氧不缺精神、艰苦不怕吃苦、海拔高境界更高，在工作中不断增强责任感、使命感，增强能力、锤炼作风。”[①] 弘扬好“老西藏精神”，成为新时代党的治藏方略的重要组成部分。

1954 年 12 月 25 日，康藏公路（川藏公路的前身）和青藏公路同时通车拉萨，结束了西藏没有现代公路交通的旧历史，谱写了西藏公路交通事业的新篇章。两路通车影响深远，举国上下欢欣鼓舞，热烈祝贺。接着，国务院就西藏的交通运输问题作出了专门决定。交通部将康藏公路列为部管 4 条国道之一进行管理。[②] 2014 年 8 月 7 日，《人民日报》刊登《习近平总书记近日就川藏青藏公路通车 60 周年作出重要批示，要求进一步弘扬“两路”精神，助推西藏发展》报道。报道说：习近平总书记指出，（川藏、青藏公路建成通车）60 年来，形成和发扬了一不怕苦、二不怕死，顽强拼搏、甘当路石，军民一家、军民团结的“两路”精神。习近平总书记强调，新形势下，要继续弘扬“两路”精神，养好“两路”，保障畅通，使川藏、青藏公路始终成为民族团结之路、西藏文明进步之路、西藏各族同胞共同富裕之路。

1954 年，按计划是实现康藏公路通车的最后一年。进入波密地区施工的是第 53 师，5 月 8 日担任近龙段施工的该师第 157 团 6 连 2 排被突发的山洪泥石流淹没，副排长邬贵相和 9 名战士被江水吞噬，8 名战士负伤。山洪泥石流冲毁帕隆藏布的路基和桥梁 60 余处，水毁公路路基达 15 公里。53 师的指战员为抢回损失，实现 1954 年年底通车，决心不怕牺牲，吃大苦、耐大劳，把被洪水吞没的时间夺回来，提出“让高山低头，叫河水让路”的口号。4 年之后，毛泽东主席在中共八届二中全会上号召全党破除迷信、鼓足干劲时，谈到了这

---

① 新华社北京 2020 年 8 月 29 日电：《习近平在中央第七次西藏工作座谈会上强调：全面贯彻新时代党的治藏方略，建设团结富裕文明和谐美丽的社会主义现代化新西藏》。https：//www. gov. cn/xinwen/2020－08/29/content_ 5538394. htm

② 西藏自治区公路交通史志编写委员会：《西藏公路交通史》，北京：人民交通出版社，1999 年，第 97 页。

个口号。他说："让高山低头，叫河水让路"这句话很好，高山么，我们要你低头，你还敢不低头！河水么，我们要你让路，你还敢不让路！从此，"让高山低头，叫河水让路"这一口号传遍全党、全军、全国，成为鼓舞全国人民战胜困难的强大动力。① 虽然我们今天讲人与自然和谐，但是当年的共产党人、西藏军民这种人定胜天的革命英雄主义气概，是不应被抹杀的，"让高山低头，叫河水让路"所蕴涵的自力更生、艰苦奋斗精神任何时候都应当被发扬光大。

1962 年 10 月 20 日—11 月 21 日，由于印度政府不断制造边界冲突，蚕食中国领土，中国政府被迫进行了对印边境自卫反击战，这场"挑战后勤极限的高原反击战"的胜利，使中印边界得以维护一个较长期的安宁局面。② 1963 年 2 月 19 日，西藏自治区领导人张国华向毛泽东主席汇报中印自卫反击战的情况时，谈到西藏参战部队打胜仗，靠的就是一不怕苦，二不怕死。毛泽东说：我赞成这样的口号，叫一不怕苦，二不怕死。1965 年，总政治部向全军下发向王杰同志学习的指示，又提出此口号。1969 年召开的九届一中全会上，党中央再次肯定了这个口号。从此，"一不怕苦，二不怕死"就成为激励全国人民克服困难、不断向前的精神动力。③ 2014 年 10 月 31 日，全军政治工作会议在古田召开，习近平出席会议并发展重要讲话，他强调，要"着力抓好战斗精神培育。加强马克思主义战争观和我军根本职能教育，加强军事文化建设，发扬一不怕苦、二不怕死的精神，从难从严从实战要求出发摔打部队，注重发挥政策制度的调节作用，增强军事职业吸引力和军人使命感、荣誉感，培养官兵大无畏的英雄气概和英勇顽强的战斗作风"④。"一不怕苦，二不怕死"为核心的战

① 中共西藏自治区委员会党史研究室编著：《中国共产党西藏历史大事记（1949—2004）》（第一卷），北京：中共党史出版社，2005 年，第 75 页。

② 徐焰：《挑战后期极限的高原反击战》，《国家人文历史》2013 年第 20 期，第 29 页。

③ 中共西藏自治区委员会党史研究室编著：《中国共产党西藏历史大事记（1949—2004）》（第一卷），北京：中共党史出版社，2005 年，第 208—209 页。

④ 新华网 2014 年 11 月 1 日，《全军政治工作会议在古田召开 习近平出席会议并发表重要讲话》。https：//www. gov. cn/xinwen/2014 - 11/01/content_ 2773991. htm

斗精神，已经成为全党、全国人民的宝贵精神财富。

二、改革开放和小康社会建设时期，西藏军民推动形成了孔繁森精神、青藏铁路精神和“甘巴拉精神”①

原阿里地委书记孔繁森是进藏干部的优秀代表，1994 年 11 月 29 日在新疆考察期间以身殉职。1995 年 4 月 7 日，《人民日报》发表长篇通讯《领导干部的楷模——孔繁森》，并发表题为《向孔繁森学习》的社论。4 月 14 日，中组部、中宣部发出关于开展向孔繁森同志学习活动的通知。4 月 29 日，中共中央总书记江泽民说：孔繁森是我们全党的楷模。我们要像当年学习焦裕禄、学习雷锋一样，大力开展学习孔繁森事迹的活动。② 习近平同志 1998 年第一次进藏时，就对孔繁森精神给予充分肯定③。孔繁森精神的主要内涵是热爱人民、鞠躬尽瘁④。2018 年 12 月 18 日，党中央、国务院授予孔繁森“改革先锋”称号，颁授改革先锋奖章⑤。

2006 年 7 月 1 日，在青藏铁路通车庆祝大会上，胡锦涛总书记深刻总结了青藏铁路建设的重要经验，充分肯定了铁路建设者们的伟大创举，号召全党全国各族人民学习和弘扬挑战极限、勇创一流的青藏铁路精神。⑥ 青藏铁路全线建设历时近半个世纪，克服了多年冻土等世界性工程难题，今天，海拔 4000 多米的青藏高原上，这条钢铁天路已经安全运行十多年，每天呼啸而过的列车，用越来越快的速度刷新着高原铁路运行的世界纪录。⑦

习近平总书记曾经高度肯定，在长期实践中，人民空军铸就了

---

① 军委政治工作部编：《习近平谈强军兴军》，解放军出版社，2022 年，第 95 页。

② 中共中央党史研究室：《中国共产党新时期历史大事记（1978. 12—2008. 3）》，北京：中共党史出版社，2009 年第 2 版，第 309 页。

③ 张红：《1998 年，跟随习近平进藏》，《人民日报》2015 年 8 月 24 日，第 1 版。

④ 《无坚不摧是精神》，《人民日报》2018 年 8 月 10 日，第 4 版。

⑤ 《改革先锋、中国改革友谊奖章获得者名单》，《人民日报》2018 年 12 月 19 日。

⑥ 程越：《弘扬青藏铁路精神》，《写在工作之余——藏地识小》，北京：宗教文化出版社，2010 年，第 148 页。

⑦ 新华社记者：《革命精神永放光芒》，《求是》2021 年第 17 期，第 39 页。

“老航校精神”“空中铁拳精神”“神威导弹精神”“大漠神箭精神”“甘巴拉精神”。[①] “甘巴拉”，在藏语中意为不可逾越的山峰，属于喜马拉雅山脉，海拔5374米，是西藏山南市浪卡子县和贡嘎县的界山，甘巴拉雷达站就驻守在这座山峰上。自1965年10月建站以来，广大官兵在极端恶劣的自然环境中拼搏奉献，坚决履行使命职责，叫响“甘巴拉的确苦，甘愿为国苦”的口号，战胜冰雪严寒和高原缺氧，出色完成任务，以实际行动铸就了“甘愿吃苦、默默奉献、恪尽职守、顽强拼搏”的甘巴拉精神。[②]

三、中国特色社会主义新时代和社会主义强国建设时期西藏军民推动形成了“岗巴精神”[③] 和援藏精神[④]

西藏军区边防第二营常年驻守在喜马拉雅山麓北侧的岗巴县边防线上，这里平均海拔约4800米，最低气温－40℃，一年里8级以上大风有200多天。2016年，中共中央总书记、国家主席、中央军委主席习近平签署中央军委命令，授予该营“高原戍边模范营”荣誉称号。2021年9月14日的《人民日报》报道，习近平总书记回信勉励“高原戍边模范营”全体官兵。《环球时报》在9月28日第7版以《探访在“生命禁区”戍边的岗巴营》为题报道了这个营的英雄事迹。报道中说，“岗巴精神”就是“没有牺牲不得的己利、没有忍耐不住的寂寞、没有战胜不了的困难”，“以身为碑，以血筑界”是岗巴营官兵在特殊的斗争环境中练就的血性。“之所以有这样一种昂

---

① 新华社北京2019年11月7日电：《阳光照耀奋飞的航程——党中央、中央军委和习主席关心人民空军建设发展纪实》。

② 西部战区微信公众号：《西部战区特有精神之甘巴拉精神》，2020年11月20日，http：//www. 81. cn/bg/2020－11/20/content_ 9940013. htm。

③ 平均海拔约4800米，最低气温－40℃，一年里8级以上大风有200多天……在喜马拉雅山麓北侧的岗巴县边防线上，一支战功赫赫的英雄部队常年驻守于此——西藏军区边防第二营，《环球时报》2021年9月28日第7版《探访在“生命禁区”戍边的岗巴营》报道了他们的英雄事迹。

④ 《这在党和国家历史上是第一次——记习近平作为中共中央总书记、国家主席、中央军委主席到西藏庆祝西藏和平解放70周年并进行考察调研》，《人民日报》2021年7月25日，第2版。

扬的精神状态，是因为我们深知，越是没有勘界立碑，越是存在边界争议，就越要钉死在边境线上，一步也不能后退！因为今天能否站得住，意味着以后我们的国境线是向前还是向后一厘米，个人的后退就意味着国土的收缩，这个是绝对不能容许的！”① “岗巴精神”深刻地诠释了什么是新时代青藏高原上的爱国情操与斗争精神，诠释了怎样维护国家和人民的最高利益。

中华人民共和国成立以来，在各方面帮助西藏地方，就是一以贯之的政策。② 1994 年中央第三次西藏工作座谈会拉开了对口支援西藏的序幕。习近平总书记在中央第七次西藏工作座谈会上强调，中央支持西藏、全国支援西藏，是党中央的一贯政策，必须长期坚持，认真总结经验，开创援藏工作新局面。2021 年 7 月在西藏考察调研期间，习近平在接见援藏干部时指出：“援藏精神是中国共产党的一个崇高精神，是中国特色社会主义的一个显著优势。缺氧不缺精神，这个精神就是革命理想高于天。你们在高原上，精神是高于高原的。这个事情必须一茬接一茬、一代接一代干下去。一方面支援了西藏，集中力量办大事；一方面锻炼了干部、成长了队伍。援藏应该是你们一生中最宝贵的经历之一。”③ 援藏精神，是铸牢中华民族体共同意识的具体体现，是新时代党的治藏方略的重要组成部分。

第三节　继续在西藏构建中华民族的精神高原

2019 年 4 月 26 日，中国西藏网刊发的一篇文章《习近平总书记数次称赞这位干部　国务院曾为他破例》，缅怀了孔繁森的事迹，记

① 《人民日报》2021 年 9 月 14 日报道：《习近平总书记回信勉励“高原戍边模范营”全体官兵》。

② 西藏自治区人民政府办公厅、西藏自治区党委党史研究室：《全国支援西藏》，拉萨：西藏人民出版社，2002 年，第 2—3 页。

③ 《这在党和国家历史上是第一次——记习近平作为中共中央总书记、国家主席、中央军委主席到西藏庆祝西藏和平解放七十周年并进行考察调研》，《人民日报》2021 年 7 月 25 日，第 1 版。

述了习近平总书记在地方工作时多次对孔繁森作出的肯定。文章的结尾说：“西藏作为自然条件极为艰苦的高原，却在一代代对人民充满深厚情感的优秀党员干部们前赴后继的无私奉献中成为了精神高地，‘老西藏精神’‘两路精神’和孔繁森精神……如同一座座丰碑屹立在世界屋脊，鞭策后来者们带领西藏各族人民奋力拼搏，共同创造幸福美好生活。”

马克思、恩格斯在《德意志意识形态》中说：“人创造环境，同样，环境也创造人。”① 正是在血与火的严酷的革命斗争实践中，我们的党经受了考验，形成了以建党精神为源头的一系列革命精神。在高寒缺氧、高辐射、低气压、相对贫困落后的西藏高原，一代又一代共产党人怀着全心全意为人民服务的高尚理想，在改造自然、奉献社会的实践中，也在改造自己，在雪域高原塑造精神的丰碑。十八军的一位代表人物阴法唐曾说：“老西藏精神保证了解放西藏任务的圆满完成，反之，环境和任务也锻炼了部队、培养了人。西藏不仅出了一个孔繁森，还可以毫不夸张地说，孔繁森式的人物在西藏是不少的，而且有一个集体的孔繁森。”② 西藏自治区成立 40 周年时，中央电视台播放了大型文献电视片《新西藏》，其中有这样一段解说词：“每一年，每一天，高原都在书写着感动心灵的精神篇章。半个多世纪以来，千千万万个把青春与生命奉献在这块土地的人们不仅为自己的人生谱写了高尚的华彩乐章，为高原留下了看得见的业绩，更为后人积累了一笔无形而可贵的精神财富。”③ 这段深情的描述，既是《新西藏》编创人员写出的文字，更是众多西藏人的心声。

“喜马拉雅山再高也有顶哎，雅鲁藏布江再长也有源。”西藏军民 70 多年来创立一系列伟大精神的源头，就在于中国共产党的坚强

① 中共中央马克思恩格斯列宁斯大林著作编译局编译：《马克思恩格斯文集（第一卷）》，北京：人民出版社，2009 年，第 545 页。

② 阴法唐：《阴法唐西藏工作文集（下册）》，北京：中国藏学出版社，2011 年，第 728 页。

③ 中共中央文献研究室、中共西藏自治区委员会、上海文广新闻传媒集团：《新西藏》，北京：外文出版社，2005 年，第 214 页。

领导。党的领导，推动西藏建成了全面小康、走上了现代化的发展道路，为西藏各族人民带来了最大、最可持续的收益，西藏各族群众发自内心地热爱党、热爱祖国、热爱社会主义、热爱全党全国人民的核心习近平总书记。2015 年，习近平在中央第五次西藏工作座谈会上指出：在高原上工作，最稀缺的是氧气，最宝贵的是精神。长期以来，一代又一代共产党员舍弃常人所拥有的、放弃常人所享受的，扎根雪域高原，矢志艰苦奋斗。广大党员、干部要发扬优良传统，不断为“老西藏精神”注入新的时代内涵。

我们坚信，有中国共产党的坚强领导，有全国人民的热忱关怀，西藏各族干部群众一定会保持昂扬向上的良好精神状态，一定会坚定理想信念，扎根高原、甘于奉献、奋勇争先、开拓创新，全面贯彻新时代党的治藏方略，牢牢抓好稳定发展强边生态 4 件大事，谱写雪域高原长治久安和高质量发展新篇章，同时，继续在西藏构筑中华民族的精神高原，为党的精神谱系构建作出自己应有的贡献。

“人生天地间，长路有险夷。”世界上没有哪个党像我们党这样，遭遇过如此多的艰难险阻，经历过如此多的生死考验，付出过如此多的惨烈牺牲。一百年来，在应对各种困难挑战中，我们党锤炼了不畏强敌、不惧风险、敢于斗争、勇于胜利的风骨和品质。这是我们党最鲜明的特质和特点。在一百年的非凡奋斗历程中，一代又一代中国共产党人顽强拼搏、不懈奋斗，涌现出一大批视死如归的革命烈士、一大批顽强奋斗的英雄人物、一大批忘我奉献的先进模范，形成了井冈山精神、长征精神、遵义会议精神、延安精神、西柏坡精神、红岩精神、抗美援朝精神、“两弹一星”精神、特区精神、抗洪精神、抗震救灾精神、抗疫精神等伟大精神，构筑起了中国共产党人的精神谱系。我们党之所以历经百年风雨仍风华正茂、饱经磨难而生生不息，就是凭着那么一股革命加拼命的强大精神。

这些宝贵精神财富跨越时空、历久弥新，集中体现了党的坚定信念、根本宗旨、优良作风，凝聚着中国共产党人艰苦奋斗、牺牲奉献、开拓进取的伟大品格，深深融入我们党、国家、民族、人民的血脉之中，为我们立党兴党强党提供了丰厚滋养。

第三章 “老西藏精神”发展的独特历史传承

在2020年8月28日至29日召开的中央第七次西藏工作座谈会上，习近平总书记讲道：“广大干部特别是西藏干部要发扬‘老西藏精神’，缺氧不缺精神、艰苦不怕吃苦、海拔高境界更高，在工作中不断增强责任感、使命感，增强能力、锤炼作风。”① 习近平总书记的讲话为“老西藏精神”赋予了新生命和思想内涵，定义了全国广大干部是践行“老西藏精神”的主体，这里既包含长期在西藏工作的在藏干部，也包括始于20世纪90年代中央及各省的广大援藏干部，广大援藏干部是践行“老西藏精神”的重要力量。同时，为西藏发展坚守在雪域高原的各行业各部门干部群众也是不断完善丰富“老西藏精神”的主力军。

从西藏革命建设到改革开放时期，“老西藏精神”不断得到传承，已跨越了地域和时空，与井冈山精神、长征精神、延安精神等中国革命传统一起，汇入社会主义核心价值体系中。

---

① 习近平总书记在中央第七次西藏工作座谈会上的讲话，2020年8月28日至29日，北京。

第一节 “老西藏精神”产生的历史背景

西藏位于青藏高原西南部，海拔平均在4000米以上，土地面积约为120万平方千米，2019年末常住人口370万人。青藏高原是世界上隆起最晚、面积最大、海拔最高的高原，素有“世界屋脊、地球第三极”之称。西藏的历史发展是中华民族历史发展的重要组成部分，西藏正式纳入到中央统一管辖是元朝时期，藏传佛教萨迦派是沟通西藏与蒙古的桥梁，为西藏纳入中华民族体系作出了重要贡献。从吐蕃王朝统一西藏地区，再到宋、元、明、清、民国历代政权的统治管辖发展，充分体现了西藏历史的发展在中华民族发展史中的重要地位。

西藏是我国西南边疆的门户，是国家重要的安全屏障和生态安全屏障，战略地位十分重要。西藏自治区总面积约占全国的1/8，有边境县21个，边境乡104个，边境地区总面积34.35万平方千米，人口40余万。西藏同邻国及地区接壤的陆地边境线长3842千米，与缅甸、印度、不丹、尼泊尔等国以及克什米尔地区毗邻，地缘政治极为复杂，是保障国家安全的重要屏障。

综上，新中国成立初期，加上抗美援朝战争的因素，国家各项事业发展十分困难。针对解放西藏问题，中共中央态度是明确的，西藏自古是中国领土不可分割的一部分，在法理上、历史上都是中华民族发展的一部分。中国自古以来就是一个中央集权的统一的多民族国家，西藏自13世纪正式纳入中央政府行政管辖后，历代封建王朝统治者都采取中央集权的国家形式对西藏进行治理。但由于历史和封建王朝及国民党政府的阶级局限性，西藏民族问题一直没有解决好。这一时期，中央积极争取西藏上层人士的支持，自上而下采取措施，力争促使西藏尽快和平解放。同时，军事斗争与政治谈判两手准备工作都有序推进，经过昌都战役后，西藏地方政府于1951年在北京签订《十七条协议》，西藏和平解放。

1950年，在中国共产党的领导下，以中国人民解放军十八军为主力的部队，开始进军西藏，他们遇山开路，逢水架桥，经过了无数艰难险阻，为解放深受封建农奴制压迫的百万农奴抛头颅洒热血。在建设新西藏的历程中，十八军进藏部队和老一代进藏工作者，凭借着“特别能吃苦，特别能战斗，特别能忍耐，特别能团结，特别能奉献”的精神，在西藏这片土地上开荒生产，进行民主改革，进行自卫反击战，带领西藏人民创造了一个又一个奇迹。这便是老西藏精神的由来。经常有老一辈谈起自己在西藏的经历，或者有后来人侃侃而谈起听闻的“老西藏们”的故事。他们说，那个年代，祖国西南边陲的西藏高寒缺氧，是一个条件极为艰苦，环境极为恶劣的地区，加上物资匮乏，交通不便，如果没有“老西藏精神”的传承，许多人绝不可能坚持下来，这笔精神财富，无形中支撑着你。“老西藏精神”不是一句口号，更是一种凝聚人心的精神力量，是振奋人心的精神支柱。“老西藏精神”的产生正是在这种独特的历史发展背景基础上，中央一贯重视西藏的发展建设，这一战略思想充分反映了“治藏”在整个国家建设治理中的重要性和特殊性，而如何“稳藏”又是“治藏”的一个基本问题。在老一辈党和国家领导人审时度势的决策下，克服重重困难，实现了西藏地区的和平解放和民主改革，用伟大的“老西藏精神”为雪域高原的跨越式发展提供了精神源泉。

一、什么是“老西藏精神”

关于什么是“老西藏精神”，现在普遍认同的是“五个特别”，即“特别能吃苦，特别能忍耐，特别能战斗，特别能团结，特别能奉献”。西藏自治区原党委书记阴法唐同志在“五个特别”的基础上加上“长期建藏，两不怕；艰苦创业，守政纪”，即长期建藏，边疆为家（全心全意为西藏人民）；一不怕苦，二不怕死；自觉地遵守政策纪律；自力更生，艰苦创业。它是马列主义毛泽东思想、党的正确路线方针政策与西藏革命实践相结合的产物，是党的宗旨在西藏的具体化。特别能吃苦的精神，就是在执行任务中表现出来的艰苦奋斗、攻坚克难和苦中作乐的革命乐观主义精神，是爱国主义的具体体现。人只有发自内心地热爱自己的祖国，才能自觉地融入到建设祖国、保卫祖国的实践当中去，才会在恶劣环境中产生这种特别能吃苦的精神；特别能忍耐的精神，就是在高原地区长期高寒缺氧、条件艰苦、物资匮乏的情况下，“老西藏”们身上体现出来的坚韧不拔、以祖国大局为重的自觉忍耐精神；特别能战斗的精神，就是在捍卫国家主权与领土完整的使命中，体现出的深厚的爱国主义情感和英勇顽强、不怕牺牲、争取胜利的革命英雄主义精神；特别能团结的精神，就是在与西藏各民族各阶层相处的过程中，驻藏军民能够遵守党的民族政策与宗教政策，注重团结民众，具有坚强的组织纪律观念；特别能奉献的精神，就是在长期的驻藏援藏期间，一批批“老西藏”们表现出的公而忘私、甘于奉献的革命精神，它是无产阶级人生观、价值观的核心和精华。

然而，“老西藏精神”作为一种与时俱进的精神，内涵不仅仅是“五个特别”和以上这几条。它所蕴含的民族精神和时代精神，是中华民族源远流长的文明和智慧的结晶与传承，是我党我军解放思想、敢于探索、勇于创新的中国革命精神的实践成果。它发展了爱国主义、集体主义和社会主义精神，与伟大的改革开放精神一脉相承，是社会主义核心价值体系在西藏的具体体现。习近平总书记关于“老西藏精神”的重要论述，继承发展了“老西藏精神”在西藏七十年来丰富鲜活的理论与实践，科学回答了应该传承和弘扬什么样的“老西藏精神”，系统阐明了新时代“老西藏精神”的基本内涵：艰苦奋斗是其核心要义，全心全意为西藏人民服务是其根本宗旨，一不怕苦、二不怕死是其坚定信念，爱国守边、忠诚奉献是其实践品格。

二、“老西藏精神”的产生

“老西藏精神”产生于 20 世纪 50 年代初，不仅是历史的产物，更是时代的产物。“它不是从天上掉下来的，也不是头脑里固有的。”[①]“老西藏精神”是中国共产党在进军西藏的艰苦岁月中，以大无畏的革命精神，在雪域高原践行社会主义价值观理念而形成的精神形态；是中国共产党领导全国各族人民进行革命、建设、改革过程中的精神支撑；是进行社会主义精神文明建设的一种重要精神资源；是经过历史的积淀逐渐形成的红色资源品牌。

“老西藏精神”的产生源于党中央决定尽早解放西藏，而这一光荣的历史使命由中国人民解放军第十八军来执行。新中国成立初期，第十八军驻扎四川乐山市，正准备南进肃清川南的国民党残余反动势力和地方匪患，但是接到中共中央要求解放西藏的命令后，毅然决然地克服山川阻隔、高原缺氧等现实困难的同时，还要面对缺乏群众基础的问题。

“老西藏精神”诞生于解放西藏的途中，传承发扬于建设西藏的过程中，“老西藏精神”产生于20世纪50年代，具有鲜明的历史烙印，但是它随着时代的发展不断被赋予许多新的时代内涵。“老西藏精神”始终以民族为根，与时代同步，具有与时俱进的特征，集中地、具体地、生动地体现了社会主义核心价值观的根本要求。“老西藏精神”是一种在继承中弘扬并在新时期不断丰富和发展的民族精神。它继承了中国共产党在抗战时期形成的井冈山精神、延安精神等；它是我国现代化建设新时期“两弹一星”精神、“九八”抗洪精神、抗击非典精神、抗震救灾精神形成的源泉动力。“老西藏精神”具体地体现了马克思主义的指导思想，中国特色社会主义的共同理想，实事求是、敢闯新路、与时俱进的务实创新精神。同时，以“老西藏精神”为引领的西藏工作格局中不断延伸出具有新时代社会主义核心价值观精神的感人肺腑的好故事。

在庆祝西藏和平解放六十周年大会上，习近平总书记提出要坚持用“以艰苦奋斗为核心的‘老西藏’精神鼓舞全区各族干部群众斗

---

① 郭必选、拓锐平等著：《延安精神体系论纲》，西安：三秦出版社，1998年，第231页。

志”，持续、稳步推进西藏的社会主义现代化建设事业。艰苦奋斗作为新时代“老西藏精神”的核心要义，是建立在西藏特殊的自然地理环境和社会发展实际之上的。西藏位于青藏高原西南部，平均氧气含量稀薄，生态环境承受能力较差，生产力发展长期落后于我国中东部地区。在人民解放军进军西藏的时候，毛泽东主席就指明这是一项“光荣而艰苦的任务”，要坚持“精打细算，生产自给”的工作方针，一面解放西藏人民，一面开展生产建设。进入社会主义建设和改革时期后，西藏干部群众逐渐树立起“自力更生，艰苦创业”的发展方针，以艰苦奋斗、顽强拼搏的精神去干、去闯、去开拓进取，最终在“老西藏精神”的激励下，缔造了西藏社会跨越式发展的人间奇迹。历史和实践已然证明，艰苦奋斗的精神不仅是我们筚路蓝缕、开基创业的必备条件，也是我们承上启下、再铸辉煌的重要保证。

第二节 “老西藏精神”的独特内涵

从西藏革命建设到改革开放时期，“老西藏精神”不断得到传承，已跨越了地域和时空，与井冈山精神、长征精神、延安精神等一起，汇入了社会主义核心价值体系中。以“五个特别”为主要内容的“老西藏精神”和社会主义核心价值体系之间有什么样的关系呢？一方面，从本质属性来看，两者都隶属于社会主义价值观，这是它们两者在价值观的属性上具有内在一致性，这也必然导致两者在其他方面也具有一致性；另一方面，从产生的时代背景、各自的主体内容等方面来看，两者之间又具有明显的差异。从独特性方面来看，西藏既肩负与全国一道迈入小康社会的历史使命，也担负着与分裂分子的特殊斗争。一直以来，西藏的稳定工作是各方面工作的首要任务，特别是与境外“藏独”分裂势力之间的特殊矛盾。

辽阔壮丽的雪域高原，自古以来就承载着中华民族的文化交融与发展，在党和国家战略全局中居于重要地位。七十年砥砺奋进，西藏广大干部群众在中国共产党的领导下，扎根地方、埋头苦干，形成了独具特色的“老西藏精神”。党的十八大以来，习近平总书记立足中国特色社会主义新时代的新形势、新特点、新任务，从基本内涵、价值呈现和传承路径三大层面围绕“老西藏精神”展开一系列新的论述，强调西藏各族干部群众要“紧紧抓住历史机遇，大力弘扬‘老西藏精神’”，坚定不移走有中国特色、西藏特点的发展路子。习近平总书记关于新时代“老西藏精神”的重要论述，兼顾历史与现实、理论与实践、传承与创新的辩证思考，深化并发展了“老西藏精神”的科学内涵、历史价值、时代意蕴和实践指向，为新时代传承和弘扬“老西藏精神”提供了根本遵循，也为建设一个团结、富裕、文明、和谐、美丽的社会主义现代化新西藏强化了精神支撑，具有重要的理论价值和深远的实践意义。

习近平总书记在中央第七次西藏工作座谈会上指出，广大干部特别是西藏干部要发扬“老西藏精神”，缺氧不缺精神、艰苦不怕吃苦、海拔高境界更高，在工作中不断增强责任感、使命感，增强能力、锤炼作风。以“特别能吃苦、特别能战斗、特别能忍耐、特别能团结、特别能奉献”为主要内容的“老西藏精神”，是十八军进藏部队在西藏和平解放中孕育出来的，是驻藏部队与各族人民在西藏社会革命、建设、改革开放的伟大实践中发展起来的，是在藏部队官兵、干部、工人、知识分子和各族人民用生命和鲜血铸就的，是西藏各族干部群众在长期奋斗中凝结而成的。西藏各族人民对共产党的真挚感情最初源自“老西藏”们，是他们开创了党的西藏工作和培育了老西藏精神，他们是老西藏精神主要奠基人之一，也是老西藏精神集中体现者和杰出代表。

一、“老西藏精神”的传承脉络

“老西藏精神”的形成并非一朝一夕，而是与西藏的历史发展有着密切的联系，它是在西藏军民长期团结奋斗的实践、提炼、传承中逐渐孕育而成，反映了鲜明的时代特征。70 年前，中国人民解放军第十八军进藏，在生产力极其落后、物资极为匮乏的情况下，克服高原高寒缺氧环境，修路筑桥，发展生产，响应党的号召增强政治和纪律观念，自给自足，不拿群众一针一线。这一时期的“老西藏精神”突出表现为自觉遵守党的政策纪律，自力更生，艰苦创业。驻藏部队在平叛斗争中，发扬不怕苦与死的精神，消灭了帝国主义阴谋策动的西藏上层反动集团叛乱；在民主改革、社会主义革命和建设中，党逐渐意识到建设西藏是一个长期的过程，所以，这一时期发展的“一不怕苦、二不怕死”的英雄主义精神和长期建藏、边疆为家的爱国主义精神，逐渐成为“老西藏精神”的稳定内核。党的十一届三中全会以来，人民的物质文化丰富的同时，精神文化的需求也迫切增长，各种社会思潮文化和价值观随之涌入，西方某些国家趁机施行和平演变的策略，企图分裂祖国。全体驻藏官兵牢固树立“长期建藏、边疆为家、艰苦奋斗、无私奉献”的思想，经受住了各种诱惑，发挥了高度的政治使命感和责任感，升华了“老西藏精神”。一代又一代的对口援藏干部前赴后继，背井离乡，扎根雪域高原，不畏艰难困苦建设美丽西藏，坚定维护西藏军民团结反分裂，又不断地丰富了“老西藏精神”。

“孔繁森精神”是“老西藏精神”传承发展的典型代表。孔繁森精神的实质是“老西藏精神”发展传承的精髓，即：处处以共产党员的标准严格要求自己，自觉地锻炼了一种无限忠于党和人民的事业的宝贵品质，树立崇高的理想，自觉地把人生的价值追求与党的事业和实践联系起来，把党和人民的需要当做自己唯一需要。为边疆民族地区人民的幸福无私奉献，表现了一个共产党人特有的使命感，责任感。

1979 年，孔繁森第一次赴西藏工作，担任日喀则地区岗巴县委副书记。在岗巴工作 3 年，孔繁森跑遍了全县的乡村、牧区，与藏族群众结下了深厚的友谊。1988 年，山东省再次选派进藏干部，组织上认为孔繁森在政治上成熟又有在藏工作经验，便决定让他带队第二次赴藏工作。进藏后，孔繁森担任拉萨市副市长，分管文教、卫生和民政工作。到任仅 4 个月的时间，他就跑遍了全市 8 个县区所有的公办学校和一半以上的村办小学，为发展少数民族的教育事业奔波操劳；为了结束尼木县续迈等3个乡群众易患大骨节病的历史，他几次爬到海拔近5000米的山顶水源处采集水样，帮助群众解决饮水问题；了解到农牧区缺医少药的情况后，他每次下乡时都特地带一个医疗箱，买上数百元的常用药，工作之余就给农牧民群众认真地听诊、把脉、发药、打针，直到小药箱空了为止。这表现出孔繁森心甘情愿为人民服务。1992年底，孔繁森第二次调藏工作期满，西藏自治区党委决定任命他为阿里地委书记，这一任命意味着孔繁森将继续留在西藏工作。面对人生之路又一次重大选择，他毫不犹豫地服从了党的决定、人民的需要。

阿里地处西藏西北部，平均海拔4500米，被称为“世界屋脊的屋脊”。这里地广人稀，常年气温在零摄氏度以下，最低温度达零下40多摄氏度，每年7级至8级大风占140天以上，恶劣的自然环境、艰苦的生活条件使许多人望而却步。可是，1993年春天，年近50岁的孔繁森赴任阿里地委书记后，在不到两年的时间里，全地区106个乡他跑遍了98个，行程达8万多公里，茫茫雪域高原到处都留下了他深深的足迹。在孔繁森的勤奋工作下，阿里经济有了较快的发展。1994年，全地区生产总值超过1.8亿元，比上年增长37.5%。他为了制定把阿里地区的经济带上新台阶的规划，准备在最有潜力的边贸、旅游等方面下工夫。为此，他曾率领相关单位，亲自去新疆西南部的塔城进行边境贸易考察。1994年11月29日，他完成任务返回阿里途中，不幸发生车祸，以身殉职，时年50岁。

在孔繁森的葬礼上，悬挂着一副挽联，形象地概括了孔繁森的一生，也道出了藏族人民对他的怀念：“一尘不染，两袖清风，视名利安危淡似狮泉河水；两离桑梓，独恋雪域，置民族团结重如冈底斯山。”2009年9月10日，在中央宣传部、中央组织部、中央统战部、中共中央文献研究室、中央党史研究室、民政部、人力资源社会保障部、全国总工会、共青团中央、全国妇联、解放军总政治部等11个部门联合组织的“100位为新中国成立作出突出贡献的英雄模范人物和100位新中国成立以来感动中国人物”评选活动中，孔繁森被评为“新中国成立以来感动中国人物”之一。

孔繁森精神是老西藏精神的现代传承与发扬，一不怕苦、二不怕死的精神脉络表现得淋漓尽致。孔繁森身上是一种长期建藏的精神。长期建藏是我们党关于西藏工作的重要方针。西藏的发展、建设和进步，是一个长期的历史过程，西藏的长治久安也是一个长期的历史任务。习近平总书记指出：“西藏工作要坚持慎重稳进方针，谋百年大计、作长期打算，常抓不懈、久久为功。”长期建藏的方针被干部实际执行，就变成一种宝贵的政治品质。和平解放以来，一批批干部尽管深知生活条件的极端艰苦，但都以西藏为家，扎根边疆，为西藏的繁荣发展作出了不可磨灭的贡献。其中既有西藏当地的干部，也有从内地来藏工作或调藏的干部，还有对口支援的干部。孔繁森是一名援藏干部，他多次援藏，身上体现的就是一种边疆为家、长期建藏的精神。正如西藏老一辈所讲的那样：每一个进藏工作的同志，不论在藏时间长短，都不应有临时观点和做客思想，而应以主人翁的姿态，与西藏各族人民并肩战斗。

孔繁森践行和传承了“老西藏精神”。在新时代，西藏的各项工作也要继承孔繁森精神，传承“老西藏精神”，使之不断丰富，不断发扬光大，从而形成推进西藏在新时代开拓创新工作的强大精神力量和信仰源泉。

二、“老西藏精神”的新内涵

2017年，一封习近平总书记的回信，让西藏自治区山南市隆子县玉麦乡卓嘎、央宗姐妹与父亲桑吉曲巴走进了人们的视线，父女三人在艰苦条件下几十年如一日爱国守边的故事感动了全中国。在父女三人的影响和带动下，玉麦乡从一户三人发展到八户32人，在戍守边疆保家卫国的时代进程中，始终坚守“家是玉麦，国是中国”的信念，形成了“玉麦精神”。

“玉麦精神”属于一种后发展型精神，与我国社会主义建设时期形成的众多优秀精神一样，有其自身的精神渊源。它所体现的爱国守边、忠诚奉献、艰苦奋斗的内涵，实际上是“老西藏精神”和“两路精神”的生动缩影和时代呈现。它源于中华民族精神的西藏化延续，是“老西藏精神”和“两路精神”在新时代语境下的一种具体化，培育与弘扬“玉麦精神”，就是在丰富“老西藏精神”，为其注入新的内涵。一个时代有一个时代的主题，一代人有一代人的使命。肩负起时代赋予我们的使命任务，需要在接续历史中深入挖掘、培育和弘扬这些精神，利用现代化的手段传播学习，潜移默化，使“老西藏精神”充满生机活力和时代特色，这也是培育和弘扬“老西藏精神”，让其在新时代发扬光大的有效途径之一。

2021 年 10 月 28 日，新任西藏自治区党委书记王君正专程来到这里，看望边境一线各族干部群众。家是玉麦，国是中国。在新时代的伟大征程中，玉麦这个曾经的“三人乡”，已经建成为幸福美丽的小康乡，乡亲们的日子越过越红火。傍晚玉麦，细雨蒙蒙，寒气逼人。王书记说：“我刚到西藏工作，很久以前就听到了你们姐妹俩的故事，很受感动，今天专程来看望你们，你们的精神值得学习，感谢你们为边防巩固作出的贡献。”他指出，4 年前，习近平总书记亲自给隆子县玉麦乡牧民卓嘎、央宗姐妹回信，这是对包括卓嘎、央宗姐妹在内的广大边境群众的肯定和鼓励，是对全区各级党组织和西藏各族干部群众的期望与鞭策。用卓嘎、央宗姐妹的先进事迹教育更多人，激励全区各族干部群众像格桑花一样扎根在雪域边陲，听党话、感党恩、跟党走，把爱国守边的精神宣传好，传承好，争做神圣国土的守护者、幸福家园的建设者，切实把兴边固防的责任扛起来。鲜艳的国旗映雪峰，赤诚之心照玉麦，广大干部群众深受感染，广大西藏干部群众充分发挥爱国守边精神，守护好脚下的每一寸土地，让五星红旗在雪域边陲高高飘扬，将总书记关于强边的指示落实在一线。

习近平总书记在中央第七次西藏工作座谈会上指出，广大干部特别是西藏干部要发扬“老西藏精神”，缺氧不缺精神、艰苦不怕吃苦、海拔高境界更高，在工作中不断增强责任感、使命感，增强能力、锤炼作风。新时期新阶段，习近平总书记再提发扬“老西藏精神”，意蕴深刻。发扬“老西藏精神”，干部作风是内在精神的外在表现。党的十八大以来，在全面从严治党战略方针的指导下，西藏党员干部作风建设取得了重要成效，广大党员干部能以“老西藏精神”塑造自我，作风有了很大转变，风清气正的政治生态正在形成。发扬“老西藏精神”，广大党员干部认识上要有新境界。“老西藏精神”是西藏军民在解放西藏、建设西藏的实践中共同铸就的思想结晶，这一精神成果必然促进西藏进一步发展的实践。习近平总书记再提发扬“老西藏精神”，既是对西藏过去发展的高度肯定，也是对西藏今后发展的寄语。

再次审视“老西藏精神”，应着重在三个层面提升认识。一是要认识到“老西藏精神”永不过时。西藏独特的地理条件、深厚的民族文化、重要的战略地位不会变，“特别能吃苦、特别能战斗、特别能忍耐、特别能团结、特别能奉献”的精神必须长期坚持。二是要认识到“老西藏精神”有了新的内涵。改革开放40多年来，特别是中央第六次西藏工作座谈会召开以来，在党中央坚强领导下，在全国人民大力支持下，西藏各族干部群众团结一心、艰苦奋斗，解决了许多长期想解决而没有解决的难题，办成了许多过去想办而没有办成的大事，各项事业取得全方位进步、历史性成就。在这个过程中形成的“孔繁森精神”“玉麦精神”等，赋予了“老西藏精神”新的内涵。三是要认识到“老西藏精神”会随着时间的推移历久弥新。

三、“老西藏精神”的新时代发展

中央第七次西藏工作座谈会上，习近平总书记指出：缺氧不缺精神、海拔高境界更高，对和平解放以来的西藏各项工作给予了高度评价。并系统阐明了新时代“老西藏精神”的基本内涵：艰苦奋斗是其核心要义，全心全意为西藏人民服务是其根本宗旨，一不怕苦、二不怕死是其坚定信念，爱国守边、忠诚奉献是其实践品格。

党的十八大以来是西藏各项事业发展最快的时期，在以习近平同志为核心的党中央关心关怀下，在全国各兄弟省份的大力无私援助下，西藏实现了高质量的跨越式发展，特别是在基础设施建设方面，青藏、川藏、新藏公路完成了全年保通的历史任务，继2006年青藏铁路修通后，川藏铁路实现了林芝到拉萨的全线开通，预计2035年实现全线贯通。

1994年以来，全国支援西藏的格局形成，截至2021年以北京为代表的援藏省市，积极推进援藏工作，将西藏的发展视作自己省市的发展，不管是人力、物力还是财力，倾尽所能，让援藏的县区和项目高质量发展，特别是民生领域，解决了老百姓生活中的所盼所需。建立了一套有效机制、选派了一批优秀干部、建成了一批优质项目、编制了一批产业规划、实施了一批品牌活动、推出了一批文化产品、开展了一批公益活动，各项工作高质量完成，为西藏跨越式发展注入了活力，为西藏打赢脱贫攻坚工作提供了坚强的后盾。形成了“老西藏精神”的现代奋斗版“援藏精神”。人是需要有一点精神的，也是需要有所追求的。正是靠这种精神，一代又一代西藏建设者面对得与失、苦与乐、荣与辱、生与死的考验，不改初衷。

复旦大学教授钟扬是新时代“老西藏精神”的传承者，作为中组部第六、七、八批援藏干部，他将高原生态学的人才梯队真正建起来，将学科建设带到一个新的高度。16年坚持学术援藏，不畏艰险盘点“世界屋脊”的植物家底，寻找生物进化的真实轨迹。从藏北高原到喜马拉雅山区，从阿里“无人区”到波涛汹涌的雅鲁藏布江江畔，到处都留下了他忙碌的身影。他收集上千种植物的4000多万粒种子，填补了世界种质资源库没有西藏种子的空白。他是西藏学科“神话”推动者，但无限拉伸的皮筋竟也有它的极限——这位永远在路上的魁梧汉子，2017年9月25日，在内蒙古鄂尔多斯市出差途中不幸遭遇车祸，53岁的生命戛然而止。2018年3月29日，中央宣传部向全社会宣传复旦大学教授钟扬的先进事迹，追授他“时代楷模”称号。血汗洒边关，丰碑铸高原。中国共产党人和西藏各族人民铸就的“老西藏精神”，作为中华民族精神的有机组成部分和西藏社会主义核心价值体系建设的重要内容，具有强大、广泛、深刻的吸引力、凝聚力和感召力，同时具有永恒性。

有中央关心、全国人民支援，西藏各族人民在“老西藏精神”的鼓舞下，团结奋斗，砥砺前行，西藏社会实现了短短几十年、跨越上千年的人间奇迹。在新的历史起点上，西藏各族儿女正不断为“老西藏精神”注入新时代内涵，为推动新时代西藏长治久安和高质量发展奋发作为。

第三节 “老西藏精神”的时代价值

党的十九大报告指出：“意识形态决定文化前进方向和发展道路”，“要牢牢掌握意识形态工作领导权”。意识形态是社会意识诸形式中构成思想上层建筑的部分，具有相对独立性，它对社会的发展起巨大的能动作用。一个政权的瓦解往往是从思想领域开始的，政治动荡、政权更迭可能在一夜之间发生，但思想演化是个长期过程，思想防线被攻破了，其他防线就很难守得住。在开启全面建设社会主义现代化国家新征程的新的历史起点，要加快西藏全面建成小康社会的步伐，顺利推进西藏经济社会发展和长治久安，需要牢牢把握党在西藏意识形态领域的领导权、管理权、话语权。“老西藏精神”作为一种生根扎根于雪域高原的意识形态，在西藏军民中具有稳固的思想基础和强大的精神能动性。培育和弘扬“老西藏精神”，对于党和国家在西藏开展意识形态工作有不可取代的促进作用。

“老西藏精神”首先表现为热爱祖国，热爱西藏，全心全意为人民服务的思想和行动；其次表现为“一不怕苦，二不怕死”的革命乐观主义精神和英雄主义气概及自力更生、艰苦创业的精神。这种长期建藏思想，不怕苦与死，遵守政策纪律，艰苦创业的“老西藏精神”的实质，是马列主义毛泽东思想、党的正确路线方针政策与西藏的革命实践相结合的产物，是党的宗旨在西藏的具体化，是党的光荣传统包括井冈山、长征、延安等精神的继承和发展。它有机地把社会主义、共产主义的理想和“长期建藏，边疆为家”的决心结合起来，把爱国主义情操与热爱西藏、全心全意为西藏人民服务及反对分裂的思想结合起来，把既不怕苦也不怕死的革命英雄主义气概和慎重稳进的方针结合起来，把艰苦创业和模范执行政策、遵守纪律结合起来，把自力更生与争取国家和各族人民的支援结合起来。它完全符合西藏的实际情况，实践也证明它是有生命力的，随着时代的进步也不断地在进步。

“老西藏精神”的时代价值具体体现在以下四个方面：

一、培育和弘扬“老西藏精神”，是开展反分裂斗争，稳藏治藏兴藏的战略要求。

在西藏，意识形态领域是反分裂斗争的主战场和主阵地，所面临的斗争非常尖锐复杂。西藏地处青藏高原，外接南亚、东南亚，内连新疆和涉藏工作省区，是欧亚大陆的“制高点”，是国家的安全屏障，战略地位十分重要。“治国必治边，治边先稳藏”，稳定西藏，就是要稳定西藏军民的思想阵地，这是保证西藏安全、维护睦邻友好、促进边境经济文化往来的迫切需要，也是反对达赖集团进行分裂活动、维护边境社会稳定的必然要求。随着“一带一路”建设进入全面实施新阶段，西藏迎来了新的发展机遇。未来，西藏将成为我国与南亚连接的主要陆路交通要道，战略地位和作用不言而喻。挑战和机遇并存，社会稳定是前提，只有在西藏营造一个稳定的社会环境，才能抓住机遇、乘势而上、加快发展。因此要大力培育和弘扬“老西藏精神”，使其成为指引西藏各族人民在新形势新机遇面前保持团结奋斗、维护经济社会稳定秩序的思想武器。

二、培育和弘扬“老西藏精神”，是维护祖国统一、加强民族团结的有力保障。

维护祖国统一、加强民族团结是党和国家现阶段西藏工作的着眼点和着力点，这是从国家全局和整体上对西藏工作的战略定位和战略思考，关乎西藏经济社会的长远发展和稳定，关乎西藏各族人民的幸福安康。在现阶段培育和弘扬“老西藏精神”具有战略意义，它是新时代党的治藏方略在西藏顺利贯彻执行的有力保障。在全区培育和弘扬“老西藏精神”，如同吃饭穿衣，使之无处不在、无时不有，潜移默化到人民的日常行为中，深入到人民的头脑中，使之成为全区人民的共同价值追求和精神支柱，成为人民自觉遵守的行为准则。当这种精神被普遍认同后，就会转化为人民的自觉信念、理想和追求，决定着他们对生活道路的选择和对民族利益的关注。一旦祖国的统一和民族的团结受到威胁和破坏，他们就会自觉地加以维护。

三、培育和弘扬“老西藏精神”是促进西藏经济社会发展，实现全面建成小康社会目标的迫切需要。

早在18世纪，经济学巨匠亚当斯密在《道德情操论》中，就着重论述了“情感”对经济发展中社会和谐的实现所具有的不可替代的重要作用。表现出对道德伦理与人民经济行为之间的复杂关系的深切关注。19世纪，马克思和恩格斯从历史唯物主义和辩证唯物主义出发，指出了经济基础决定上层建筑，上层建筑反作用于经济基础的重要关系。“老西藏精神”作为上层建筑的组成部分之一，是推动西藏经济社会发展的强大精神动力。解放以后，一批批的“老西藏”充分培育和弘扬了“老西藏精神”，把西藏从经济条件落后，几乎与世隔绝的农奴制社会，跨越式发展到现代化的社会主义社会，在政治、经济、社会、民生等各方面发生了滔天巨变。这就是精神与物质之间辩证关系的生动体现。如今的西藏在党和国家的带领下，也已经进入全面建成小康社会决定性阶段，在保障和改善民生的前提下，推动西藏的经济社会飞跃式发展，任务很艰巨，特别需要强大的精神力量作为支撑。通过培育和弘扬“老西藏精神”的文化凝聚力，引导西藏各族人民树立正确的价值取向和新时代中国特色社会主义共同理想，坚定信念，充分发挥道德价值对利益关系的能动调动作用，积极地指导今天的实践，为实现小康社会的目标铺平道路。

四、培育和弘扬“老西藏精神”，是现阶段培育中华民族共同体意识的必经之路。

党的十九大报告提出，“深化民族团结进步教育，铸牢中华民族共同体意识，加强各民族交往交流交融，促进各民族像石榴籽一样紧紧抱在一起”。“铸牢中华民族共同体意识”等重大论断首次写进党代会报告，体现出了树立和巩固中华民族共同体意识对实现中华民族伟大复兴的重要意义。以“五个特别”为主要内容的“老西藏精神”是中华民族精神在实践中的具体体现，具备爱国、团结、融合等优秀的品质，而这些，正是铸牢中华民族共同体意识的思想基础。大力培育和弘扬“老西藏精神”，增进西藏各族人民对中华民族、中华文化和新时代中国特色社会主义的认同，充分发挥其民族团结力量、融合民族精神的作用，在全国范围内形成各族人民交往交流的浓厚氛围，民族之融合就顺理成章了。大家心连心、同呼吸、共命运，这对党关于民族工作的开展有着重要的作用，也是铸牢中华民族共同体意识的必经之路。在中央第七次西藏工作座谈会上，习近平总书记着重对“老西藏精神”的传承与发展进行了阐述和延伸，深刻体现了“老西藏精神”的实践与践行是新时期党的治藏方略的重要精神力量源泉和社会主义核心价值观在西藏的具体体现。

第四节 “老西藏精神”在“中国精神”系列中的地位

“老西藏精神”是中国共产党建党多年形成的伟大精神之一，是中华民族精神的重要组成部分，体现了当代中国人民的理想、信念和价值追求。以艰苦奋斗、无私奉献为主旋律的核心价值观，是西藏培育和践行社会主义核心价值观的典型样本，也是社会主义核心价值观在西藏的具体的生动实践。社会主义核心价值观作为一种社会意识，集中反映了社会的政治、经济、文化，代表着人们对社会生活的总体认识、基本理念和理想追求，是抽象的也是具体的。说它是具体的，因为“老西藏精神”是与井冈山精神、长征精神、延安精神一起都是在中国革命、建设和改革中涌现出来的时代精神。

“老西藏精神”是培育与践行社会主义核心价值观的光辉典范。从理论层面来看，已经深深扎根于中国这片沃土的“老西藏精神”，它的凝练、大众化、弘扬与践行、丰富和发展等都为培育和践行社会主义核心价值观树立了典范，为在新时代、新形势下培育和践行社会主义核心价值观提供了一个有效模式；从实践层面来看，由于两者的一致性和“老西藏精神”内涵的宽泛性，我们可以认为，弘扬与践行“老西藏精神”就是在全社会范围内培养和践行社会主义核心价值观，它是继承和弘扬社会主义核心价值观在全社会的具体体现。对我们培养和践行社会主义核心价值观具有良好的带动、示范作用。

进藏之初，老西藏们怀着对祖国的无限热爱，就喊出“吃大苦、耐大劳”“不怕困难、不怕牺牲”等口号，战严寒、抗缺氧、住野外、吃野菜、脚底板磨出了脓肿血泡和厚实的老茧，脸颊晒出了黧黑的“高原红”，毅然舍身忘死地完成党交给的进军、筑路、打仗、发动群众等各项任务，体现出实现祖国统一的爱国主义精神。这些都从本质上充分体现了社会主义思想道德的本质要求，充分展现了中国共产党人的光辉品格，承载着社会主义核心价值观的精髓和要义，具有深刻的价值内涵、广泛的群众基础和鲜明的时代特色。

一、“老西藏精神”在“中国精神”中的作用

首先，“老西藏精神”为凝练“中国精神”提供了精神资源。“中国精神”包括以爱国主义为核心的民族精神和以改革创新为核心的时代精神，而作为民族精神凝缩和时代精神展现的“老西藏精神”恰恰就隶属于社会主义价值体系范畴。20 世纪五六十年代的西藏，外有帝国主义和反动势力的侵略、破坏，内有分裂主义分子的捣乱，气候恶劣、交通落后、信息闭塞、生活条件艰苦，保卫祖国、巩固国防、建设西藏的任务极为繁重艰巨，老西藏们勇挑重担，在极为特殊的环境和复杂的情况下，带领西藏各族人民进行政治制度改革，开展

经济文化建设，创造了举世瞩目的伟大成就。

其次，“老西藏精神”为进一步发展和丰富“中国精神”提供了生生不息的精神资源。“老西藏精神”具有与时俱进的品格，它也在随着时代的发展、环境的变化而不断丰富和完善自己。同时，随着“两路精神”“玉麦精神”的形成，“老西藏精神”也不断地发展和丰富。

最后，从方法论的层面来看，“老西藏精神”为凝练、丰富和践行“中国精神”体系提供了方法论借鉴。作为“老西藏精神”凝练者、丰富者的老西藏理论工作者已经具备了相当的经验，并且有了方法论的自觉，这些凝练方法必然对“中国精神”体系的凝练、丰富、阐释具有借鉴意义。

二、“老西藏精神”在培育践行“中国精神”价值观中的体现

随着中国特色社会主义进入新时代，新的社会实践不断向前发展，既需要新的思想和理论来指导，又为新思想、新理论的出现奠定了现实基础。“老西藏精神”是在解放西藏、建设西藏的社会实践中形成和发展的，也只有在新的社会实践中才能被更好地诠释和弘扬。因此，传承新时代“老西藏精神”，就要在贯彻新时代治藏方略、开展反分裂斗争中加以弘扬。

党的十八大以来，党中央从西藏社会的发展实际出发，在继承、吸收历史经验和治理智慧的基础上凝练出新时代治藏方略，即必须坚持中国共产党领导、中国特色社会主义制度、民族区域自治制度等，开启了西藏经济快速发展、生活不断改善、社会持续稳定、保障愈加全面的新发展阶段。传承和弘扬新时代“老西藏精神”，就要结合好新时代治藏方略这个指导西藏工作的时代纲领。

其次，国家统一的和谐局面是中华民族五千年历史发展的常态，也是实现中华民族伟大复兴的前提和基础。基于特殊的地理位置和政治文化传统，西藏作为国家重要安全屏障和反分裂斗争主战场的地位是毋庸置疑的。“老西藏精神”具有爱国守边、忠诚奉献的实践品

格，始终致力于维护国家统一和民族团结。在当前复杂的国际背景下，面对边境有关地区的纷乱局势和国外达赖集团的分裂活动，必须进一步发扬爱国忠诚的新时代“老西藏精神”，强化西藏军民的思想阵地和民族情感，牢牢掌握反分裂斗争的主动权，形成一道维护统一、巩固团结的铜墙铁壁，坚决捍卫我国的主权和领土完整，保障好西藏和谐稳定的社会局面。

三、培育与践行社会主义核心价值观有利于“老西藏精神”与时俱进

“老西藏精神”产生于20世纪50年代，具有鲜明的历史烙印，但是随着时代的发展不断被赋予许多新的时代内涵。“老西藏精神”始终以民族为根，与时代同步，具有与时俱进的特征，集中地、具体地、生动地体现了社会主义核心价值观的“中国精神”根本要求。“老西藏精神”是一种在继承中弘扬并在新时期不断丰富和发展的民族精神。它继承了中国共产党在抗战时期形成的井冈山精神、延安精神等；它是我国现代化建设新时期“两弹一星”精神、“九八”抗洪精神、抗击非典精神、抗震救灾精神形成的源泉动力。“老西藏精神”具体地体现了马克思主义的指导思想，中国特色社会主义的共同理想，实事求是、敢闯新路、与时俱进的务实创新精神。以“三个倡导”为指引的社会主义核心价值观，是对社会主义核心价值体系的高度浓缩与概括，是以马克思主义为指导，以中国特色社会主义为共同理想，以民族精神和时代精神为依托，以社会主义荣辱观为标准，以实现中华民族伟大复兴的中国梦为最终目标的精神旗帜。社会主义核心价值观是我国社会主义精神文明建设的价值指南。

在当前全社会培育和践行“中国精神”的大环境下，弘扬与践行“老西藏精神”，必须与培育和践行社会主义核心价值观结合起来。这是因为，首先社会主义核心价值观涵盖了“老西藏精神”的精神实质，弘扬“老西藏精神”必须以培育和践行社会主义核心价值观为指南和目标；其次，“老西藏精神”的弘扬和发展，需要社会

主义核心价值观赋予其新的时代内涵。践行“中国精神”为“老西藏精神”的进一步发展提供了理论指导。在培育和践行“中国精神”的背景下弘扬“老西藏精神”，必须准确把握“老西藏精神”的时代内涵，正确认识“老西藏精神”的历史性与时代性，同时结合党和国家领导人对于“老西藏精神”的指示，深刻领会社会主义核心价值观的精神实质。新时期的“老西藏精神”，必须以社会主义核心价值观为统领，以中国特色社会主义现代化建设为目标，进一步丰富和发展“五个特别”的精神内涵。“老西藏精神”的发展，必须与马克思主义最新理论和社会主义现代化建设相结合，与中华优秀传统文化和人类文明优秀成果相承接。

2017 年 10 月，习近平总书记在十九大报告中指出，坚持社会主义核心价值体系。必须坚持马克思主义，牢固树立共产主义远大理想和中国特色社会主义共同理想，培育和践行社会主义核心价值观，不断增强意识形态领域主导权和话语权，推动中华优秀传统文化创造性转化、创新性发展，继承革命文化，发展社会主义先进文化，不忘本来、吸收外来、面向未来，更好构筑中国精神、中国价值、中国力量，为人民提供精神指引。“老西藏精神”的内核与社会主义核心价值观凝聚的实质内核具有高度一致性，是“中国精神”核心价值体系在西藏的具体化和西藏化，在培育和践行社会主义核心价值观的实践中，大力弘扬和践行“老西藏精神”，不仅有助于人们准确理解社会主义核心价值观的内涵，也有利于不同层面的人们准备理解社会主义价值观的含义，实现真正将社会主义核心价值观“内化于心、外化于行”。

第四章 “两路”精神

“两路”即川藏公路与青藏公路的简称。修筑“两路”对于新生的中国政府来说，存在着诸多意想不到的困难。既要面临复杂的国内外环境，也要面临极其艰险与恶劣的自然环境。在修筑“两路”的过程中，从国家到参与修筑“两路”的解放军战士，以及大量的汉藏族群众，在克服无数艰难险阻，修筑“两路”的施工建设中，“两路”精神也孕育形成。“两路”精神的形成是一个动态的发展过程，其形成于“两路”修建过程中，传承发展于改造养护“两路”的实践过程中，凝练升华于新时代。“两路”精神是由广大筑路官兵在克服众多艰难险阻而成功修筑“两路”的过程中产生的，在筑路大军中，战功彪炳的将军与普通士兵们同甘苦、共患难。尽管英雄已逝，但他们用实际行动所铸就的“两路”精神却像一座不朽的“丰碑”，不断地激励着后人。他们的名字值得后人铭记，他们的光荣事迹更值得后人传诵。习近平总书记将“两路”精神概括为“一不怕苦、二不怕死，顽强拼搏、甘当路石，军民一家、民族团结”。这是新时代党和国家最高领导人对“两路”精神所做出的重要批示，同时，也是新时代“两路”精神的内涵之所在。

“两路”精神是蕴含着中国共产党红色基因的精神，与红船精神、长征精神、延安精神等革命精神一脉相承，都是中国共产党红色精神的重要组成部分；同时，“两路”精神与新中国成立之后所形成的大庆精神、红旗渠精神、“两弹一星”精神等共同凝聚成中华民族实现伟大复兴中国梦的强大精神动力。当下，我国已全面建成小康社会，如期实现第一个百年奋斗目标，正朝着第二个百年奋斗目标努力前进，在这一过程中，我们更需要大力弘扬以“两路”精神为代表的诸多红色革命精神，以此来激励我们不断前行。无论时代怎样变化，曾经的红色文化精神永远不会褪色，其对当下的指导意义永远不会衰退。在新时代，用以“两路”精神为代表的红色文化精神指导当下的经济、文化等诸多领域的建设与发展，有助于我们较为深入地理解和把握“两路”精神的内涵与价值，同时，也会使以“两路”精神为代表的红色文化精神焕发新的生机与活力。

第一节 “两路”修筑的历史背景与具体情况

“两路”的修建是在极其特殊而又复杂的国内外局势之下进行的，就国内而言，新中国刚刚成立，百废待兴，国家没有任何的重工业基础，经济基础也极为薄弱；从国际局势来看，美英等西方国家对新生的中华人民共和国政府采取打压孤立的政策，同时，以美国为首的西方国家挑起朝鲜战争，并采取援助西藏分裂势力的行动，鼓动西藏分裂势力利用联合国进行分裂活动，企图把“西藏问题”国际化。在此复杂的国内外形势之下，充分考虑各方面的条件之后，中央政府审时度势，从长远考虑，就和平解放西藏做出了一系列战略部署与决策，其中，修筑康藏（川藏）、青藏公路就是诸多战略决策中的核心内容之一。“两路”修建之初，率先修建康藏公路，于 1950 年 4 月在雅安金鸡关破土动工，历时 4 年，全线于 1954 年 12 月建成通车，1954 年，西康省撤销建制，1955 年，交通部将康藏公路更名为“川藏公路”；青藏公路于 1954 年 5 月动工，同年 12 月建成通车。在“两路”通车之际，毛主席为“两路”通车题词：“庆祝康藏、青藏两公路的通车，巩固各民族人民的团结，建设祖国！”

一、国际背景

19世纪末，帝国主义列强不断在世界各地划分势力范围，此时期的清王朝极度腐败与衰落，但仍然做着“天朝上国”的美梦，对世界各国实力及其动向皆不了解。以英俄为首的帝国主义列强乘机对西藏展开争夺，尤以英国对西藏的渗透最为严重，尽管清政府及部分官员认识到了英国对西藏的野心，但因为清朝政府软弱、西藏偏远的地理位置以及英俄等帝国主义国家的相互勾结等诸多因素，英国对西藏的侵略越发肆无忌惮。自英国于1888年发动第一次侵略我国西藏的战争后，英国人就开始进入亚东，1894年亚东开关，[①] 英国开始在亚东派驻所谓的“商务代表”。在英国第一次侵略西藏的战争中，清政府软弱无能，“被迫于1890年与英国签订了《中英会议藏印条约》，后又于1893年12月5日签订《中英会议藏印续约》，使英国人通过这两个不平等条约，攫取了在我国西藏亚东自由通商，派驻官员租赁房屋，贸易免税5年，以及领事裁判等特权。1894年5月1日，亚东正式开放，英国派驻其地的商务委员为汪德尔(Waddle)”[②]。此后，英帝国主义又借口“通商”“边界”问题，于1903年11月发动了第二次侵略我国西藏的战争，以十三世达赖喇嘛为首的西藏僧俗百姓英勇还击，但藏军在顽强抵抗数月之后，被迫放弃自卫战。第二年，英帝国侵略并占领拉萨，并逼迫西藏地方上层签订了丧权辱国的“拉萨条约”。[③] 1906年4月27日，清政府被迫与英帝国再次签订《中英续订藏印条约》；1908年，英帝国派其驻印度总理外交事务大臣戴诺和清朝所派钦差大臣张荫棠在西姆拉会商修订通商章程，4月20日，双方在印度加尔各答签订了《中英修订藏印通

---

① 房建昌：《也谈英国在藏机构沿革及其活动概述》，《西藏研究》1995年第2期，第79页。

② 喜饶尼玛：《英国在藏机构沿革及其活动概述》，《中国藏学》1990年第4期，第47页。

③ 喜饶尼玛：《英国在藏机构沿革及其活动概述》，《中国藏学》1990年第4期，第47页。

商章程》；1909 年，英印政府又在我国西藏江孜南面年楚河左岸彭康地区租地修建营房，内有兵舍，最多时驻兵达 200 多人。[①]

1912 年，中华民国成立后，英国加紧了分裂西藏的阴谋活动，十三世达赖喇嘛逐渐看清了英帝国的狼子野心，毅然采取了一系列反英措施。[②] 中华民国成立的第二年，即 1913 年，英国反对中华民国政府派兵进入西藏，从此可以看出英帝国丑恶的列强嘴脸，其逼迫中华民国政府同意召开“西姆拉会议”，谈判解决所谓的“西藏问题”。在这非法的“西姆拉会议”背后，则是英帝国唆使、鼓动当时西藏地方少数人叫嚣“西藏独立”，英帝国借当时中国国内新旧权力交替之时的复杂局面而精心策划了这一场用心极其险恶的会议。1933 年，十三世达赖喇嘛逝世，1934 年，国民政府派出以参谋本部次长黄慕松为首的中央代表团，“进藏致祭”。这是自辛亥革命以来，中央政府派出的最高级别的代表团，其意义自然不仅仅在于“进藏致祭”这件事本身。[③] 国民政府借“进藏致祭”十三世达赖喇嘛圆寂之机而派出高级别代表团前往西藏，说明中央政府对当时西藏局势的重视，同时也意识到西藏的重要性。英印政府知道此事后，也采取了相应的行动，派出了英国驻亚东的所谓的商务代表前往拉萨，其目的则是监视国民政府派往西藏的高级别代表团。

第二次世界大战之后，英帝国并没有放弃借西藏干涉中国内政的企图，致使所谓的“西藏问题”国际化的危险越发严重，同时，国际国内局势使得相关问题更加复杂。早在 1934 年，热振活佛任西藏地方摄政之后，就采取了一系列措施加强西藏地方与中央政府的关系。而这自然是英帝国与其所支持的极少数妄图将西藏分裂出去的地方人士所不愿意看到的。1947 年，英国人黎吉生设计挑起热振活佛

---

① 喜饶尼玛：《英国在藏机构沿革及其活动概述》，《中国藏学》1990 年第 4 期，第 47—48 页。

② 喜饶尼玛：《英国在藏机构沿革及其活动概述》，《中国藏学》1990 年第 4 期，第 48 页。

③ 喜饶尼玛：《英国在藏机构沿革及其活动概述》，《中国藏学》1990 年第 4 期，第 48—49 页。

与其师傅达札的权利之争，并唆使达札派人拘捕热振活佛，之后，反帝爱国的热振活佛被迫害致死，而黎吉生却厚颜无耻地要求噶厦政府加强舆论宣传，并以此来鼓吹“西藏独立”。[①]

1949 年，在中国人民的解放战争即将取得最后胜利的紧要关头，英帝分子黎吉生却在忙着为英帝国的扩张而鼓动噶厦政府反对中国共产党。同年 7 月 8 日，西藏地方政府在英国人的煽动与唆使之下，以所谓的“防共”为名，致电蒙藏委员会，要求蒙藏委员会撤离驻藏办事处，并且派藏军包围了蒙藏委员会驻藏办事处，将办事处的官员及其眷属强制送往印度。[②]

由于英帝国在西藏渗透、侵略达半个世纪之久，因此，英帝国一直试图使所谓的“西藏问题”国际化；而在新中国成立不久，美国也介入所谓的“西藏问题”，并且支持少数西藏地方人士从事“西藏独立”活动，将“以藏制华”作为其对付新中国的一个战略筹码。[③]对于当时的新中国来说，越快解放西藏，对新生的中国将越有利，如果西藏能够在极短的时间内被解放，那以英、美为首的西方列强“以藏制华”计划就会破产，新中国也会有一个较为稳定的国内环境以进行国家建设。清政府与国民政府由于各方面条件的制约，并没有打通内地直通西藏的主要道路，使得内地与西藏的商贸、文化、经济等交流一直保持在一个极低的水平，加上外国势力的渗透与侵略，西藏与内地的交往并不密切。因此，对于当时的新中国来说，要想和平解放西藏，首先需要解决的就是内地进藏的交通问题。只要内地有直通西藏的交通道路，西藏与内地的人员、经贸以及文化就会进行双向的交流与互动，这对稳固新中国国内局势，维护边疆稳定具有极其重要的战略意义。

---

① 喜饶尼玛：《英国在藏机构沿革及其活动概述》，《中国藏学》1990 年第 4 期，第 52—53 页。

② 喜饶尼玛：《英国在藏机构沿革及其活动概述》，《中国藏学》1990 年第 4 期，第 53 页。

③ 王戎等著：《弘扬“两路”精神，加快建设交通强国》，北京：人民交通出版社股份有限公司，2020 年，第 17 页。

二、国内背景

历史上不同时期，生活在西藏地区的人们就通过不同的路径与周边国家和地区进行经济、文化以及贸易等方面的往来。近年来，随着考古发掘材料的出土，我们可以看出，西藏史前时期的石器与同时期周边地区以及中原地区的部分石器具有一定的联系，说明在石器时代，青藏高原上的人群已经与周边其他人群有过接触与往来，而此时期一定存在一些人员往来的交通路线。而在阿里地区发现的汉晋时期的丝绸制品则充分说明了当时生活在青藏高原地区的人群与内地的交往。唐朝时期，吐蕃与唐朝之间有战有和，在双方处于交战状态之时，吐蕃经常东出青海；而当双方处于停战状态，相互之间进行人员、经贸往来时，也是通过青海。唐朝文成公主、金城公主下嫁吐蕃赞普和亲之时，也是通过青海入藏。唐蕃之间的经济、政治以及文化方面的交流与交往多是通过青海入藏，后世将其称为“唐蕃古道”，该道路也被看作是茶马古道的三条主道之一；这条古老的道路起点在今天陕西西安（即唐朝时期的长安），沿途经过甘肃、青海，最后到达西藏拉萨，全长3000余公里。自唐代开始，从中原地区前往青海、西藏地区乃至尼泊尔、印度等国和周边地区，多走此路。① 唐宋时期，中原与藏族地区的茶马贸易促进了双方经贸以及文化的发展，在政治上也多有往来与沟通。元明清时期，历届中央政府皆修筑了从内地通往西藏的驿道，尽管部分路径有所不同，但多沿袭自唐宋以来双方进行经贸往来的道路；唐代内地与西藏的官方往来多从青海入藏，而到明代时，则规定西藏地方贡使只能由川藏道入贡，清代时，驻藏大臣往返，以及西藏地方土司觐见皆走川藏道。②

清朝末年，帝国主义列强掀起瓜分世界的狂潮，西藏因为其极为

① 王戎等著：《弘扬“两路”精神，加快建设交通强国》，北京：人民交通出版社股份有限公司，2020年，第12页。

② 王戎等著：《弘扬“两路”精神，加快建设交通强国》，北京：人民交通出版社股份有限公司，2020年，第11—12页。

特殊而又重要的战略地位被英、俄等帝国主义列强觊觎已久。清末有识之士早已指出西藏地理位置的重要性，也意识到其对清朝的重要性。在近代中国“开眼看世界”第一批有识之士中，姚莹对西藏及其周边国家和地区的风土人情以及当时西藏所面临的一些潜在威胁有着独到的见解。姚莹曾两次前往西藏，将其所见所闻加以整理、增补，于1846年底写成了《康輶纪行》一书。《康輶纪行》一书较之当时其他介绍边疆史和世界地理的著作，其突出成就主要有三点，[①]而介绍与我国西藏相邻诸国的地势情形，进而揭露英国侵略西藏的野心就是其成就之一。[②] “姚莹通过对英属孟加拉、东印度、廓尔喀（尼泊尔）、哲孟雄（锡金）等国家和地区的历史、地理、政治以及相互关系的研究，不仅了解到英、俄两国因争夺中亚和南亚产生的矛盾，而且察觉到英国在侵占印度和孟加拉后，又企图控制廓尔喀和哲孟雄，并进而侵略西藏的野心。”[③] 姚莹是近现代最早觉察和揭露英国“窥藏之心”的爱国者之一，其后，英国对西藏的一系列渗透与侵略行径，充分证明了姚莹在《康輶纪行》一书中所作的预判是正确的。姚莹与林则徐等人是近代中国“开眼看世界”的第一批人，尽管他们有很多极具预见性和建设性的意见，但无奈受时局所限，无法付诸实践。

除姚莹外，清朝多位驻藏大臣也意识到西藏的重要性，同时，也察觉到了英帝国在政治、经济、商贸以及文化等方面对西藏的渗透。英国通过武力先后控制了尼泊尔、不丹、哲孟雄等地之后，于1879年修通了从印度经哲孟雄（锡金）直到西藏边界的道路；同时，英印政府还于1881年将铁路修到了印度大吉岭产茶区，从而大大缩短

---

① 陈进忠：《姚莹与〈康輶纪行〉》，《四川师范大学学报》（社会科学版）1986年第1期，第75页。

② 陈进忠：《姚莹与〈康輶纪行〉》，《四川师范大学学报》（社会科学版）1986年第1期，第76页。

③ 陈进忠：《姚莹与〈康輶纪行〉》，《四川师范大学学报》（社会科学版）1986年第1期，第76页。

了从印度加尔各答到西藏边界口岸亚东的行程。[①] 英印政府在靠近西藏边界的周边地区进行公路、铁路的道路系统的升级改造与建设，并不仅仅是为了改善当地交通状况、发展所谓的经济贸易，而是为了开辟由印度直接通往我国西藏的商路，进而通过印度向我国西藏倾销商品、掠夺当地资源，同时对我国西藏进行文化、政治等方面的渗透，为其以后进行侵略做准备。1887 年，时任驻藏大臣文硕已意识到英印政府的上述企图，并就此事上奏清政府。英印政府先在靠近西藏的边界地区修路，之后倾销商品尤其是倾销茶叶，进而控制西藏与内地的交通路线，这引起了清政府的警觉。其实，清政府也认识到要想加强西藏与中央政府的联系，道路是极其重要的，也曾设想修筑一条从四川入藏的铁路，地方政府官员也曾派技术人员对部分路段进行过测绘。但我们知道，无论是从技术还是资金方面来考虑，当时的清政府根本无力进行川藏铁路的修建，即使到今天，川藏铁路仍然处于施工阶段，其修筑难度可想而知；加上后来清朝的灭亡，修筑从内地通往西藏的道路的事就此作罢。

1912 年，清政府垮台，中华民国建立。在中华民国政府时期，英印政府加紧了对西藏的渗透与侵略。经过多年的渗透，尤其是借助印度与西藏交通的便利，此时期，英国的商品货物在西藏贸易市场上占据了很大的份额。清政府意识到要想更好管理西藏，必须要进行道路建设，但因各方面原因，清政府最终并没有进行相关道路建设就垮台。国民政府时期，由于时局动荡，国内政局不稳，根本无暇顾及内地通往西藏交通道路建设的相关事宜。由于此时期内地通往西藏的交通道路极不便利，而从印度通往西藏的交通道路网络却极为完善，因此，国民政府官员前往西藏或者从西藏返回时，多借道印度。如 1929 年，国民政府派遣的特使刘曼卿入藏考察之后，回程时则取道

① 王戎等著：《弘扬“两路”精神，加快建设交通强国》，北京：人民交通出版社股份有限公司，2020 年，第 19 页。

锡金、印度；[1] 而1940年国民政府派遣的特使吴忠信入藏主持十四世达赖喇嘛的坐床典礼之时，也是取道印度进入西藏的；新中国成立之后，中央人民政府代表张经武前往西藏与西藏地方政府就和平解放西藏事宜进行磋商，代表团入藏之时的路线，是取道中国香港之后，经印度从西藏亚东入藏。[2]

从上述诸位学者的相关论述中可以看出，无论是清政府时期还是国民政府时期，从内地通往西藏的道路皆未修筑，这使得内地与西藏因为交通的不便，处于一种较为疏远的状态。相反的是，英印政府却修通了从印度到西藏的道路，既有铁路，又有公路，并依靠这些道路网络长期对西藏进行经济、文化等方面的渗透，进而进行政治方面的控制，长此以往，西藏地方的部分人士对中央政府的离心倾向加强。因此，当新中国成立之后，尽快解放西藏、稳定祖国边疆局势就成了中国共产党必须要着手解决的问题。“治国先治边，治边先稳藏”，边疆局势的稳定对于新中国的发展至关重要，而西藏因其特殊的地理位置与历史文化背景，对于当时的新中国来说具有极其重要的战略意义。历史的经验表明，要想顺利解放西藏，密切西藏与内地经济、文化以及政治等诸多方面的联系，就必须要修通内地通往西藏的交通道路，这不仅对于维护西藏的长治久安具有重要的价值，而且对于打击帝国主义列强的扩张野心，加强和巩固祖国的边防建设具有不言而喻的意义，同时，也将会改变西藏贫穷落后的面貌。因此，当新中国成立之后，毛泽东等党和国家领导人审时度势，做出了和平解放西藏、进军西藏、修筑青藏公路与康藏（川藏）公路的战略决策。

三、修筑“两路”的过程

康藏（川藏）公路与青藏公路是中国筑路史上最为艰巨的工程，

---

① 康欣平、王娜娜：《在国家和桑梓之间：刘曼卿进藏期间的心态分析》，《北方民族大学学报》（哲学社会科学版）2009年第4期，第38—42页；转引自王戎等著：《弘扬“两路”精神，加快建设交通强国》，北京：人民交通出版社股份有限公司，2020年，第21页。

② 王戎等著：《弘扬“两路”精神，加快建设交通强国》，北京：人民交通出版社股份有限公司，2020年，第22页。

尤其是在新中国刚刚成立之初，国家处于一穷二白的境地，既无大量的资金与设备支持，也没有相应的技术储备与人才，加上两条公路所跨越的自然地理环境与地质条件的复杂性，使得其修筑难度超乎想象。川藏公路与青藏公路皆于1950年破土动工。

康藏公路是1950年4月13日，从原西康省雅安市金鸡关破土动工修建。开始了原川藏公路雅安至玛尼干戈段公路的修复，这段公路是抗日战争前夕修筑的康青公路的一部分。1940年，曾一度通车到康定。由于年久失修，毁坏十分严重。1950年基本上是重建，当时由西南军区工兵纵队司令员谭善和领导工兵部队及进藏部队共1.8万人，突击抢修。当年9月下旬，公路修通到玛尼干戈。1951年3月，成立了康藏公路修建司令部，由进藏部队十八军参谋长陈明义任司令员，西南交通部副部长穰明德任政治委员，领导修筑康藏公路，并组织了600多人的勘测队伍，对康藏公路沿线进行了踏勘和设计。康藏公路是中国最险峻的公路。1950年初，解放军奉命进军西藏，完成祖国大陆统一的历史使命时，毛泽东主席指示进藏部队：“一面进军，一面修路”。11万人民解放军、工程技术人员和各族民工以高度的革命热情和顽强的战斗意志，用铁锤、钢钎、铁锹和镐头劈开悬崖峭壁，降服险川大河。康藏公路东起海拔499米的成都平原，向西南延伸，穿越整个横断山脉的二郎山、折多山、雀儿山、矮拉、雪齐拉、达马拉、夹皮拉、安久拉、色齐拉、米拉等14座大山，横跨岷江、青衣江、大渡河、雅砻江、金沙江、澜沧江、怒江、波斗藏布、卡达河、易贡河、东久河、巴河、尼洋河和拉萨河等众多河流。公路平均海拔3000米以上，河谷与山脊相对高差1000—2000米，线路起伏很大。康藏公路原以雅安为起点（1955年后改为从成都为起点），北线从甘孜州新都桥向北，经岗托、昌都至拉萨，全线2415公里；南线是1961年修筑的，从新都桥往南经巴塘、左贡、邦达与北线接路至拉萨，全长2136公里。1954年，西康省建制被撤销，1955年10月，交通部决定将康藏公路改名为川藏公路。

修筑康藏公路的基本过程：1950年4月，康藏公路在西康省省会雅安金鸡关破土动工，1950 年 5 月抢修二郎山工程，6 月 25 日，公路抢通至康定，8 月 25 日，公路抢通至甘孜；1951 年 5 月，马尼干戈至昌都段正式开工，该段工程首先需要攻克的就是海拔 5047 米的雀儿山（全线最高山），6 月 1 日，跨越芦山河的飞仙关大桥修建成功，6 月 4 日，跨越大渡河的泸定桥大桥修筑成功，两桥皆为钢索吊桥，7 月 5 日，雀儿山路段开始施工；1952 年 1 月 17 日，雀儿山全线路通车，6 月，公路修通至金沙江边的岗托；1953 年，昌都到拉萨从东西方向同时施工，6 月 23 日，公路修通至吉塘，11 月 1 日，怒江大桥建成通车，同年，工程由澜沧江、怒江流域延伸至雅鲁藏布江；1954 年，修建然拉根至敏拉段，11 月 27 日，康藏公路东西两段筑路大军在郎塞巴河会师，12 月 25 日，康藏公路正式通车。①

青藏公路的筹划开始于 1950 年初，当时第一野战军司令员彭德怀到青海检查进军西藏的准备工作时，指示青海省和青海驻军部队抢修西宁至黄河沿一段公路。1951 年中共西藏工委、中共西藏西北工委由青海进藏时，从香日德派工程人员实地踏勘修筑青藏公路的路线（根据中央的训令，当时公路方向是经玉树到拉萨）。他们历时 3 个多月，行程 1400 多公里，未能选到比较理想的线路。1953 年，西北运输总队奉命向西藏运粮食，发现从香日德往西行走格尔木方向的线路较平坦。同年，张国华、范明和慕生忠趁在北京开会之际，就修建青藏公路的问题先后向周恩来总理、彭德怀副总理作了汇报请示，得到中央的同意和支持。中共西藏工委组建了青藏公路修建指挥部，慕生忠任总指挥，任启明任副总指挥。1954 年 5 月 11 日，青藏公路格尔木至拉萨段在昆仑山下雪水河艾茇里沟破土动工。西宁至格尔木段的公路有一段是在解放前已废弃的青新公路的基础上修建的，由青海省和青海军区完成。青藏公路起于青海西宁翻越日月山、橡皮山、昆仑山、风火山、唐古拉山等 15 座大山，跨越分属于黄河水系、内陆

① 王戎等著：《弘扬“两路”精神，加快建设交通强国》，北京：人民交通出版社股份有限公司，2020 年，第 31—33 页。

水系、长江水系的香日德河、齐纳果勒河、楚玛尔河、通天河等十余条河流，特别是通过526公里的多年冻土地带，在世界公路史上罕见。沿线平均海拔4500米以上，全长2100公里。后经改建，全长1937公里。1956年后，国家多次对青藏公路进行了改建、扩建，成为一条铺有柏油路面的二级公路。

修筑青藏公路的基本过程：青藏公路于1954年5月11日破土动工，于7月18日在格尔木河上游建成青藏公路上的第一座桥梁——天涯桥（现称昆仑桥）；7月27日，公路修筑至位于可可西里的五道梁，9月3日，到达沱沱河，10月20日，青藏公路翻越唐古拉山，成功通过了海拔5231米的唐古拉山口；10月31日，到达安多，之后绕过海拔4800多米的申克里贡山，筑路大军于11月16日将青藏公路修筑至藏北的黑河，12月，到达羊八井，12月12日，筑路大军劈开了长达15公里的千年石峡羊八井；12月16日，康藏、青藏“两路”修筑大军会师于拉萨西郊东嘎，12月22日，青藏公路修抵拉萨，12月25日，康藏、青藏公路全线通车，通车典礼分别在拉萨、雅安与西宁举行。①

康藏公路与青藏公路是在毛泽东等党和国家领导人的亲切关怀之下修筑的，筑路大军克服了令人意想不到的困难，付出了巨大的牺牲，成功将公路修上了青藏高原。“两路”的建成通车，是新中国成立之初党的民族政策的伟大胜利，对于加强民族团结、支援西藏建设、繁荣边疆经济文化、维护边疆稳定、巩固和加强我国国防建设都具有极其重要的作用。“两路”的成功修建也带动了沿线部分地区的经济建设。如康藏公路沿线的新都桥、炉霍、札木、林芝等地，以前还是一些荒地，通车后当地一些基础设施得到明显改善，陆续建成为新兴的城镇；青藏公路经过的格尔木市，原先为一片较为荒凉的戈壁滩，随着青藏公路的建成通车以及后续的维护改造等工程，在几年内

---

① 王戎等著：《弘扬“两路”精神，加快建设交通强国》，北京：人民交通出版社股份有限公司，2020年，第33—36页。

已经发展为一座拥有几万人口的城市。

第二节 “两路”精神的发展历程及其内涵特质

一、“两路”精神的产生及其发展

今天的“两路”连接着过去的历史记忆，承载着现在的美好生活，通向未来的复兴梦想。在修筑“两路”的过程中，筑路大军所遇到的自然环境极其恶劣，地质条件异常复杂，而参与修筑“两路”的广大官兵所使用的工具又十分简陋，并且没有相关技术人才，绝大部分官兵都是第一次参加修路工作；此外，10 万多筑路大军在人烟荒芜的高山峡谷等地进行作业，其后勤补给就变得极为困难。广大官兵在修筑“两路”的过程中需要不断克服上述诸多困难，而在广大官兵克服困难的过程中，“两路”精神逐渐产生并不断发展，感染并激励着每一位参与修筑“两路”的工作人员。

2014 年 8 月 6 日，在川藏、青藏公路建成通车 60 周年之际，中共中央总书记、国家主席、中央军委主席习近平作出重要批示，要求进一步弘扬“两路”精神，助推西藏发展。习近平指出，今年是川藏、青藏公路建成通车 60 周年。这两条公路的建成通车，是在党的领导下新中国取得的重大成就，对推动西藏实现社会制度历史性跨越、经济社会快速发展，对巩固西南边疆、促进民族团结进步发挥了十分重要的作用。当年，10 万多军民在极其艰苦的条件下团结奋斗，创造了世界公路史上的奇迹，结束了西藏没有公路的历史。60 年来，在建设和养护公路的过程中，形成和发扬了一不怕苦、二不怕死，顽强拼搏、甘当路石，军民一家、民族团结的“两路”精神。习近平强调，新形势下，要继续弘扬“两路”精神，养好两路，保障畅通，使川藏、青藏公路始终成为民族团结之路、西藏文明进步之路、西藏各族同胞共同富裕之路。60 多年前，西藏和平解放后，中国人民解放军、四川和青海等省各族人民群众以及工程技术人员组成了 10 万多人的筑路大军，在极为艰苦的条件下奋勇拼搏，3000多名英烈捐躯高原，于1954年建成了总长4360公里的川藏、青藏公路，结束了西藏没有现代公路的历史，在“人类生命禁区”的“世界屋脊”创造了公路建设史上的奇迹，铸造了一不怕苦、二不怕死，顽强拼搏、甘当路石，军民一家、民族团结的“两路”精神。在改造、整治和养护过程中，一代代交通人秉承传统，以路为家，不断丰富和发展了“两路”精神，为西藏交通运输事业的发展注入了强大的精神动力。[①]

伟大的事业终将淬炼出伟大的精神，而伟大的精神在不断发展和完善的过程中，也将推动伟大事业的发展。“两路”精神在广大官兵修筑“两路”的过程中逐渐产生，当一位筑路官兵倒下之时，他舍生忘死的精神会感染和激励其身边的战友们，广大筑路官兵化悲痛为力量，充分发扬“一不怕苦、二不怕死”的精神，以“敢让高山低头，敢叫河水让路”的雄伟气魄，报着一心只想把公路修到拉萨的念头，夜以继日地工作，很多工程提前完工。广大官兵在修筑“两路”的过程中，喊出了“一不怕苦、二不怕死”的口号，克服一切艰难险阻，誓要把公路修到拉萨，可以说，“两路”精神是由广大筑路英烈用生命所立起的一座不朽“丰碑”。

“两路”修成通车之后，在半个多世纪里，无数的护路工人将自己的家安在了“两路”，有的甚至是两三代人一直坚守着“两路”。曾经的筑路官兵们用生命铸就了“两路”，而他们的后代从父辈手中接过“接力棒”，用青春和汗水守护着“两路”，现在守护“两路”的工人中，还有“路二代”，甚至是“路三代”。他们用实际行动践行和传承着父辈们用生命换来的伟大而又不朽的“两路”精神。

二、“两路”精神的内涵特质

“两路”精神诞生于1950年初中国人民解放军修筑康藏、青藏

① 习近平就川藏、青藏公路通车作重要批示，http://www.chinahighway.com/news/2014/860843.php。

公路的过程中，“两路”的修筑在加强西藏与内地的联系、发展繁荣西藏的经济文化事业、巩固祖国的边防事业、维护民族团结等方面具有极其重要的现实作用和价值。筑路部队不仅创造了世界公路建设史上的奇迹，在此过程中所形成的“两路”精神更是全国各族人民的精神财富，也是西藏乃至全国优秀红色文化的重要组成部分。

习近平总书记在川藏、青藏公路建成通车60周年之际，将“两路”精神概括为“一不怕苦、二不怕死，顽强拼搏、甘当路石，军民一家、民族团结”。这一概括既有对修筑“两路”的五年艰苦岁月的深切缅怀，也有对广大筑路官兵所做出的历史伟业的充分肯定，同时，对当下驻藏部队发展融洽的军民关系，加强民族团结等具有重要的指导作用。习近平总书记对“两路”精神的这一概括，实则指出了“两路”精神的内涵特质。王戎等学者在《论“两路”精神的内涵特质》一文中，在“一不怕苦、二不怕死，顽强拼搏、甘当路石，军民一家、民族团结”的基础之上，将“两路”精神内涵引申为五点，将“两路”精神的特质扩展为四点。其内涵具体为：“一不怕苦，二不怕死”的革命英雄主义；“顽强拼搏、甘当路石”的奋斗奉献和忠诚尽责精神；“军民一家，民族团结”的优良传统和互助精神；服务人民的根本宗旨和人民利益至上的执政理念；巩固边防的爱国情怀、祖国利益高于一切的理想信念。① 其特质具体为：“两路”精神是民族精神和革命精神的统一；“两路”精神是拼搏精神与科学精神的统一；“两路”精神是国防安全与民族团结的统一；“两路”精神是革命英雄主义与革命乐观主义的统一。② 上述对“两路”精神内涵与特质的引申与扩展当是十分恰当与全面的，我们可以看出，“两路”精神内涵中，包括了革命英雄主义、奋斗奉献与忠诚尽责精神、军民之间的友好互助精神，以及中国共产党的执政理念与广大干

① 王戎、罗婷、庞跃辉：《论“两路”精神的内涵特质》，《重庆交通大学学报》（社会科学版）2019年第2期，第9—12页。

② 王戎、罗婷、庞跃辉：《论“两路”精神的内涵特质》，《重庆交通大学学报》（社会科学版）2019年第2期，第12—14页。

部群众的爱国精神等；而其特质则可以概括为“四个统一”。

以上对“两路”精神内涵及其特质的把握和理解，是在习近平总书记对“两路”精神高度概括基础之上的进一步延伸，在新时代，我们需要不断为“老西藏精神”“两路”精神赋予新的时代内涵。西藏和平解放 70 年的历史，是一部中国共产党为西藏各族人民谋解放、谋幸福、谋发展的历史，在党的领导下，各族儿女为了建设美丽富强的新西藏，克服一切艰难险阻，努力奋斗。在这一发展历程中，先后形成了“两路”精神、“老西藏精神”等一系列精神，在巍巍高原铸就了共产党人的精神高地。可以说，在青藏高原上生活和工作，最稀缺的是氧气，最宝贵的是精神。在西藏大地上所诞生的以“两路”精神等为代表的一系列红色文化精神早已深深地融入到西藏各族人民的灵魂和血脉之中，成为凝聚各族群众共同团结奋斗、共同繁荣发展的强大精神力量。在我们迈向全面建设社会主义现代化新西藏的新征程中，我们要赓续红色精神的血脉，永远将伟大精神传承下去。①

在弘扬以“两路”精神为代表的红色文化精神时，我们需要格外关注的是“两路”精神是红色文化精神的重要组成部分，所以当我们在讨论“两路”精神的内涵及其特质之时，更需要发掘“两路”精神所蕴含的红色基因。“红色基因”一词是习近平新时代中国特色社会主义思想中的新命题，习近平总书记不仅提出了“让红色基因代代相传”的要求与命题，而且在多次重要讲话中对“红色基因”的内涵作出精辟的论述，“红色基因”也因此成为习近平新时代中国特色社会主义思想的重要组成部分。“红色基因”的基本内涵包括红色理论、先进政党、伟大实践和民族文化四个方面，因此，当我们在阐述“两路”精神中所蕴含的“红色基因”时，应当以此为准则。②从红色理论、先进政党、伟大实践与民族文化这四个角度对“两路”

① 《不断为“老西藏精神”“两路”精神赋予新的时代内涵——十论学习贯彻习近平总书记在西藏考察时重要讲话重要指示精神》，《西藏日报》2021 年 8 月 4 日，第 1 版。

② 王伟、陈学彬：《“两路”精神的红色基因——学习习近平新时代中国特色社会主义思想》，《重庆交通大学学报》（社会科学版）2019 年第 2 期，第 1—8 页。

精神所蕴含的“红色基因”进行深入解读与论述，不仅有助于我们更好地把握和理解“两路”精神的内涵与特质，也是对“两路”精神内涵与特质的进一步延伸，更是对这一精神的升华。同时，也是以实际行动贯彻落实习近平总书记所提出的“让红色基因代代相传”的重要思想。

综上所述，我们可以看出，“两路”精神诞生于中国人民解放军修筑“两路”过程中，这一精神与众多的红色文化精神一样，是中华民族不朽的精神财富。习近平总书记将其概括为“一不怕苦、二不怕死，顽强拼搏、甘当路石，军民一家、民族团结”。这一概括是我们研究、阐发“两路”精神内涵与特质的基础。在我们对“两路”精神的内涵及其特质进行论述的过程中，要深入发掘其所蕴含的“红色基因”，将“两路”精神的诞生与祖国大地上的其他红色文化精神相互联系起来，就各种不同红色文化精神中所蕴含的“红色基因”进行深入研究、高度凝练与升华，是未来研究以“两路”精神为代表的诸多红色文化精神的一个突破口。

第三节 “两路”精神与西藏其他红色文化精神的关系

“两路”精神历史地位的形成是一个动态的发展过程，在修建“两路”的过程中，当时国内各报刊对“两路”修建进度的报道，尤其是对修建“两路”的解放军官兵与参与修建“两路”的地方群众的先进个人事迹的报道，使得国内不同岗位上的人对其有了广泛的了解，在全国各族人民努力建设新中国的浪潮中，这些光荣事迹使得大家备受鼓舞，也成为各个岗位工作人员争相学习的榜样，同时，也是国内各宣传部门进行宣传的主要对象。在这样的背景之下，参与修建“两路”的解放军官兵与广大干部群众喊出了“一不怕苦、二不怕死”的伟大口号，而这也成为“两路”精神最早也是最核心的内容。

“两路”的终点都是拉萨，当“两路”成功修通至拉萨之后，广大筑路官兵们“一不怕苦、二不怕死”的大无畏精神也随着“两路”的修通而传到拉萨，这应当在拉萨以及西藏其他地方产生了不小的影响。在今天西藏山南市的各县、乡皆形成了极具地方特色的诸多红色文化精神。这些具有地方特色的精神与“两路”精神一样，都是红色文化精神的重要组成部分。其形成的过程以及内涵方面，与“两路”精神有诸多相似之处。从时间上来说，其形成过程与“两路”精神有重叠；从地域上来说，其与“两路”精神一样，皆形成于青藏高原；从人物来说，这些精神与“两路”精神一样，皆由各族人民共同创造；从文化性质来看，其与“两路”精神一样，皆属于红色文化精神序列，都是中华民族伟大精神财富的重要组成部分。

以西藏山南市隆子县为例，该县就形成了“爱国守边精神”“列麦精神”以及“沙棘精神”等具有地方特色的红色文化精神。[①] 这些精神与“两路”精神有诸多相似之处。

“爱国守边精神”形成于20世纪60年代，其核心内容可概括为“扎根边陲、守边固边、忠诚奉献”。桑杰曲巴老人带着自己的女儿卓嘎、央宗以放牧的方式守护着祖国的边疆。他们始终秉持着“家是玉麦，国是中国，放牧守边是职责”的坚定信念，几十年如一日地用抵边放牧巡逻的方式守护着祖国3000多平方千米的国土，用实际行动践行“再苦再累也要守好祖国的每一寸土地”的郑重承诺，谱写了爱国守边的动人故事和时代赞歌。2017年10月28日，习近平总书记给远在4000多公里外的玉麦乡村民卓嘎、央宗姐妹回信，鼓励她们要“继续传承爱国守边精神。带动更多农牧民群众像格桑花一样扎根在雪域边陲，做神圣国土守护者、幸福家园建设者”。国家最高领导人对“爱国守边精神”的高度肯定，是当地农牧民群众扎根雪域边陲，守护神圣国土的不竭动力。这是习近平总书记对“爱国守边精神”的高度肯定；同样的，在“两路”建成通车60周

① 本节关于山南市隆子县“爱国守边精神”“列麦精神”以及“沙棘精神”内容的介绍材料，由西藏自治区山南市委宣传部提供。

年之际，习近平总书记作出重要批示，并对“两路”精神进行了概括，对其历史地位进行了充分的肯定。“两路”精神与隆子县的“爱国守边精神”皆得到习近平总书记的高度肯定，这并非巧合。这充分说明这两种精神的重要性，更说明习近平总书记对产生于青藏高原的红色文化精神的高度重视。

“列麦精神”也形成于20世纪60年代，其核心内容可概括为“自力更生、艰苦奋斗、军民团结、守护国土、建设家园”。在当时，隆子县列麦乡与全国其他地方一样，农田受损极为严重，粮食短缺。1966年，时任列麦公社党支部书记的仁增旺杰，带领列麦乡干部群众开始在桑钦坝上（后改名为“革命坝”）开荒种粮。1967年冬，1100亩荒地全部开垦完成，开荒磨坏的藏犁、磨秃的十字镐和铁锹共计1000多件，老人和孩子们从荒地里拣出的石头近千立方米。“革命坝”海拔4200多米，比公社所在地还高出300多米，要在“革命坝”上种出粮食，引水灌溉成了一大难题。列麦乡人民凭借着骨子里的韧劲，不屈不挠、不畏艰险，从海拔5000多米的莫拉山上修渠引水，凭借着“一颗红心两只手”凿开了“铜钹岩”，修建了一条长达7公里的“幸福渠”，成功实现了引水灌溉，该水渠沿用至今。仁增旺杰老书记带领列麦人民战天斗地的事迹传遍了雪域高原，也传到了内地，感动了无数有志青年。1975年，倪慧康、李德详两名退伍军人给仁增旺杰和列麦乡写信，要求志愿到列麦乡当一名光荣的人民公社社员；1976年，清华大学教授孙海燕和清华大学工农兵学员冯建立、金顺玉、张勇等，怀着“立志边疆干革命”的豪情壮志，来到列麦公社一起为社会主义事业奋斗。

从以上记载中我们可以看出，“列麦精神”与“两路”精神一样，在全国范围内都引起了巨大反响。而“列麦精神”的诸多核心内容如“自力更生”“艰苦奋斗”等皆与“两路”精神的内容高度重合。这主要是因为产生这两种精神的很多客观条件都是一样的。从时间上来说，这两种精神都产生于20世纪五六十年代，当时全国各地都在进行建设，大的时代背景催生了这种精神。从产生这两种精神的现实物质条件来看，“两路”在修筑过程中需要克服无数复杂而又艰险的自然环境，更要克服生产工具短缺、落后的诸多现实物质条件，广大筑路官兵克服困难的过程即是“两路”精神产生的过程。而“列麦精神”也是在当地村民开垦荒地、凿山开渠引水的过程中产生的。无论是“两路”精神还是“列麦精神”，当时的参与者们皆发扬和秉持着“自力更生”与“艰苦奋斗”的精神，在今天看来，无形中将“两路”精神和“列麦精神”这两种红色文化精神连接在了一起。

“沙棘精神”的核心内容是“战天斗地、默默奉献、绿化家园、造福后代”。20 世纪 60 年代，在山南市隆子县隆子河谷流传着一句俗话，叫“聂巴阿贴组”，意思是“只要你说话，身上的沙土就会往下掉”，隆子县虽然是林业大县，但是全县林地分布极不均衡，林区基本集中在 5 个边境乡，而人口密度最大的隆子河谷，一年中有近 8 个月的风沙天气，晴天经常黄沙蔽日，雨天泥沙横流，干部群众苦不堪言。当地人都清晰地认识到，“隆子要想存，就得风沙停；要想风沙停，就要多栽树”。从 1966 年开始，一场关于绿色的战役正式在隆子河谷打响。郎宗带领新巴乡忙措村等地的群众开始在沙地上种植沙棘、银白杨等树木。1978 年，经过十多年的探索和坚持，沙棘长势良好，隆子河谷一带的风沙终于低下了头，新巴、扎果、加洛……一个又一个村子的沙滩得到了治理。经过几代人的努力，如今的隆子河谷已形成了长达 40 多公里，面积达 50.33 平方公里的沙棘林带，曾经风沙漫天的隆子河谷俨然成了一片绿洲。

当地百姓在恶劣的自然环境面前不低头，为了改善当地的生存条件，敢于“战天斗地”，经过几代人的不懈努力，曾经荒芜的沙滩变成了绿洲。在几代人努力改变恶劣自然环境的过程中，形成了具有地方特色的“沙棘精神”。困难面前不低头，艰苦奋斗的精神是中华民族优秀传统文化的重要组成部分，而“沙棘精神”所体现的正是这种精神文化。

“两路”精神产生于修筑“两路”以及养护“两路”的过程中，

产生这一精神的地域范围较为广阔，青藏、川藏公路分别从青海、四川起修，最终到达“两路”的终点——拉萨，因此，“两路”精神在拉萨以及西藏的意义就非比寻常。尽管拉萨是“两路”的终点，但却不是“两路”精神的终点，“两路”精神在拉萨以及西藏其他地区产生了很大的影响力，西藏各地方形成了具有地方特色的红色文化精神。距离拉萨不远的山南市各县就形成了诸多红色文化精神，以隆子县为例，该县的“爱国守边精神”“列麦精神”和“沙棘精神”等红色文化精神，与“两路”精神在本质上皆属于红色文化精神，皆具有“红色基因”。从时间、地域及内容等方面来看，西藏各地的红色文化精神大多都有相似之处。因此，当我们在讨论西藏的红色文化精神时，需要将各地方的红色文化精神进行相互比较，从多个角度对其进行探讨，以此深入发掘各红色文化精神中所蕴含的“红色基因”，使红色文化永不褪色。

第四节 “两路”精神的时代价值

当物质条件匮乏时，我们需要精神的支撑；当物质条件得到充分改善，我们享有充盈的物质资源时，我们更需要精神来滋养我们的内心世界，我们更需要像“两路”精神这样的红色文化精神来指引我们，使我们不至于在物欲横流的社会中迷失自我。

60 年来，国家先后投入 97 亿元对川藏、青藏公路进行大规模改造，公路建设者和科研工作者攻克了多年冻土公路、桥梁建设和养护等多项技术难题，实现了两路全部黑色化。西藏、四川、青海三省区和武警交通部队组建专门养护机构，保障了两路畅通。长期以来，国家调拨支援西藏经济建设 95% 的物资、支援西藏的重点工程和援建项目，以及抗震救灾、青藏铁路建设等重点工程的大型设备，都是通过公路运进西藏。党和政府十分重视西藏交通运输事业的发展，不断加大扶植力度，在人才、技术、项目、资金等方面给予重点倾斜，使西藏交通运输面貌发生了翻天覆地的变化。截至 2013 年底，西藏公路通车里程达到48678公里，墨脱公路通车，结束了全国最后一个县不通公路的历史；拉萨机场建成，为西藏与内地架起“空中金桥”；青藏铁路通车，雪域天路为藏家儿女送来吉祥安康。今天，以拉萨为中心，青藏铁路、5个机场以及20条国省道干线公路、74条专用公路和众多农村公路，让“进藏难”已经成为历史，“出行难”也得以缓解。交通运输部认真贯彻落实党中央关于西藏工作的方针政策，制定了《关于进一步推进西藏交通运输科学发展的若干意见》，加大对西藏交通运输跨越式发展的支持力度，明确到2020年西藏公路总里程将达到11万公里，国家三级及以上公路比重达到65%，县县通沥青（水泥）路，村村通公路；干线铁路网初步形成，铁路运营里程达到1300公里；干支结合的民航机场布局网络初步形成，旅客吞吐量达到700万人次，为西藏经济社会发展和藏族地区人民致富奔小康提供交通运输保障。

青藏公路和川藏公路的修建对于西藏社会经济的发展起到了巨大的推动作用，从修成之日起，川藏、青藏公路就体现出其极为重要的经济、战略价值。“两路”见证了西藏社会制度的历史变革，也镌刻着西藏与祖国的深情厚谊，更是连接祖国内地与西藏的大动脉，将中央的亲切关怀和全国各族人民的无私支援源源不断地输送到雪域高原。从宏观上说，“两路”的修筑对西藏社会经济诸多领域的发展具有巨大的推动作用，包括交通运输业、农业、工业、矿业乃至旅游业等多种行业。从物质层面看，这些都是“两路”对西藏社会经济发展所产生的实际效益。从精神文化方面说，“两路”精神对推动西藏、青海以及四川等省区交通运输事业的发展具有指导意义，大力弘扬“两路”精神，用实际行动践行“两路”精神，将推动西藏交通科学发展。坚持用“两路”精神和“老西藏”精神提神聚力、砥砺奋进，为西藏发展进步“铺路”，为边疆安定繁荣“搭桥”。[①] 此外，

① 西藏自治区人民政府：《弘扬“两路”精神，助力科学发展——学习习近平总书记关于川藏青藏公路建成通车60周年重要批示的体会》，《人民日报》2014年10月16日，第15版。

“两路”精神对于西藏自治区全体共产党员的先进性具有教育指导意义，尤其是对于全区交通战线广大干部职工而言，大力弘扬“两路”精神，可以永葆党的先进性。[①]

青藏公路起点为青海格尔木，全长1937公里，在青海省就有1386公里，占到整个青藏公路总里程的三分之二以上，其中，管养路段782公里。这条道路不仅仅是青藏高原发展的基础，更是汉藏一家亲、民族团结的象征。经过半个多世纪的发展与养护，如今的青藏公路已经实现了全年全线畅通。长期以来，青海交通人发扬“特别能吃苦，特别能战斗，特别能忍耐，特别能团结，特别能奉献”的精神，将“扎根高原、艰苦创业、献身交通、造福人民”的青海交通行业精神用于实际工作中，[②] 使得青藏公路的实际效用不断提高，这对于推动青海省高质量发展的重要性不言而喻。除青海外，四川涉藏地区也是“两路”精神的重要诞生地，对于四川来说，传承并弘扬“两路”精神，对于四川涉藏地区交通等事业的高质量发展将起到巨大推动作用。川藏公路的修筑过程中，有一批难度极大的工程皆在四川涉藏地区，如雀儿山隧道、大渡河大桥等。四川每年都在有计划、有步骤地谋划推进传承弘扬“两路”精神工作，这对推动四川涉藏地区交通高质量发展具有重要指导意义。

“两路”精神除了对新时代西藏、青海以及四川等省区交通运输事业的发展具有指导意义外，其诸多内容与社会主义核心价值观的核心内容也有相互重叠之处。社会主义核心价值观为“富强、民主、文明、和谐、自由、平等、公正、法制、爱国、敬业、诚信、友善”。“两路”精神的核心内容为“一不怕苦、二不怕死，顽强拼搏、甘当路石，军民一家、民族团结”。从其内容可以看出，“两路”精神具有丰富的思想内涵和鲜明的时代特征，它生动诠释了社会主义核

---

① 程晓红、王杰、冯骥：《弘扬“两路”精神，永葆党的先进性》，《西藏日报》2005年3月19日，第1版。

② 韩建华：《践行“两路”精神，推进青海交通运输事业提质增效》，《青海日报》2014年8月26日，第3版。

心价值观的内容，也充分体现了“治国必治边的要求”。“两路”精神与社会主义核心价值观是相统一的，既彰显了民族精神和时代精神，又体现了社会主义核心价值观的共性要素。可以认为，社会主义核心价值观是“两路”精神的内在灵魂，而“两路”精神也是社会主义核心价值观在西藏军民建设西藏、发展西藏的过程中的生动体现，二者具有内在的统一性。[①] 此外，我们也应该注意到，“两路”精神对于当代青年尤其是对于当代大学生来说，也是一笔宝贵的精神财富。弘扬“两路”精神对于加强大学生社会主义核心价值观教育具有重要的现实意义。弘扬“两路”精神有助于大学生坚定“中国梦”的理想信念，有助于培育大学生的爱国主义精神，有助于塑造大学生艰苦奋斗的坚强意志，有助于培养大学生甘于牺牲、乐于奉献的高尚品格。这可以看作是“两路”精神对当代大学生的现实意义，而将“两路”精神融入大学生社会主义核心价值观教育的重要途径主要有以下三个方面：将“两路”精神融入高校思想政治理论课中，将“两路”精神融入高校校园文化建设中，将“两路”精神融入大学生社会实践中。[②]“两路”精神是优秀的红色文化精神，当代大学生作为国家复兴的主力军，更应该了解“两路”精神，用以“两路”精神为代表的诸多红色文化精神来激励自己，不断为实现中华民族伟大复兴的“中国梦”贡献自己的青春力量。

从物质层面讲，“两路”的修筑对于西藏、青海以及四川等省区社会经济的发展起到了巨大的推动作用。从精神层面讲，修筑、维护“两路”的过程中所产生的“两路”精神对于各行业的指导意义并不亚于“两路”在物质方面所体现的作用与价值。尤其是在今天的中国，物质文化水平不断提高的过程中，我们更需要优秀的精神文化来滋养我们的内心，而以“两路”精神为代表的红色文化精神就起到

---

① 李文平：《“两路”精神彰显社会主义核心价值观》，《解放军报》2015 年 6 月 30 日，第 7 版。

② 庞丹丹：《弘扬“两路”精神加强大学生社会主义核心价值观教育》，《重庆交通大学学报》（社会科学版），2015 年第 4 期，第 9—11 页。

了这样的作用。

第五节 修筑、维护“两路”的英雄人物代表

在修筑“两路”的过程中，涌现出了一大批先进个人与英雄人物，他们之中既有普通士兵，也有战功彪炳的将军。无论是士兵还是将军，他们用和常人一样的血肉之躯，凭借强大毅力，克服了常人难以想象的困难，用极其顽强的意志力支撑着自己，成功将“两路”修通。当我们回顾“两路”的修筑历程与“两路”精神时，我们更需要关注修筑“两路”的广大解放军战士的生平。他们大多都是极其平凡的个人，很多人出生贫苦，但他们却用实际行动创造出人类筑路史上不可复制的奇迹，尽管英雄已逝，但他们的名字值得被后人铭记，他们的光荣事迹更值得被后人传诵。

1. 张国华①

1914 年生于江西永新。1929 年不满 15 岁的张国华参加工农红军，1931 年加入中国共产党，1933 年在红军大学学习。参加过中央根据地反“围剿”作战和长征，在抗日战争中，曾任冀鲁豫军区第九军分区司令员兼政委、地委书记。解放战争中，任第二野战军第十八军军长。新中国成立后，奉命率第十八军进军西藏。从 1951 年 9 月到 1952 年 6 月，以第十八军为主的中国人民解放军各路进藏部队，在没有现代交通设施的支持下，广大官兵仅靠两条腿、马匹和牦牛等十分原始的行军方式，克服一切艰难险阻，成功进驻拉萨、太昭、江孜、日喀则、山南、亚东、察隅以及改则等边防重镇。

---

① 王贵：《张国华率领第 18 军进军西藏》，《百年潮》2014 年第 10 期，第 18—26 页；吴肇贵：《保卫西藏边防的英雄战将张国华》，《党史文苑》2011 年 9 月上半月，第 34—36 页；魏希楠：《率军解放西藏的雪域名将张国华》，《党史博采》2017 年第 10 期，第 27—32 页；郭晓平：《张国华：军政两全的将军》，《党史文苑》2013 年 7 月上半月，第 25—27 页。

2. 慕生忠①

1910 年生于陕西省吴堡县。1930 年，上中学的慕生忠受到革命进步人士刘志丹的影响，投入到革命事业中；1933 年，加入中国共产党，1934 年任陕北红军红四团政委。

1951 年 8 月，慕生忠出任西藏工委常委、组织部部长兼进藏支队政委，他率领全队 1663 人，赶着两万多头背驮物资的牲畜，从青海香日德出发，前往西藏，同行的还有班禅行辕人员。经过 4 个月的艰苦跋涉，到达拉萨。

1953 年春天，按照党中央指示，西北局重新组建了西藏运输队，慕生忠担任运输总队政治委员，他率领驼工 2500 余人及 17000 多峰骆驼，执行紧急运粮任务，从西北各地向西藏运粮，极大地缓解了西藏缺粮的困难。

1954 年 5 月 11 日，他带领广大官兵和民工，向“世界屋脊”进发。筑路队伍在格尔木河畔、昆仑山口、楚玛尔河拉开战场。10 月 20 日，战胜天险唐古拉，在海拔 5300 米的冰封雪岭上修筑公路 30 公里。12 月 15 日，筑路大军跨过当雄草原，穿过羊八井石峡，抵达青藏公路的终点——拉萨。仅用 7 个月零 4 天的时间就打通了格尔木至拉萨的公路；同时，他们还打通了敦煌至格尔木的公路。在修筑青藏公路的过程中，慕生忠将军以身作则，将生死置之度外，他将“死”的伟大意义深深地刻在每一名战士的心中，并在一把铁镐上刻下了“慕生忠之墓”5 个字，以此来激励广大筑路官兵。1955 年，慕生忠担任在青海格尔木成立的青藏公路管理局局长兼党委第一书记。

1959 年冬，慕生忠将军离开了青藏公路。1982 年，72 岁的慕生

① 叶宏宁:《天路将军——慕生忠》，马卫东、白玛仁增主编:《汉藏一家亲》，拉萨:西藏人民出版社，2021 年，第 163—167 页；王宗仁:《“青藏公路之父”慕生忠》，《建筑》2016 年第 5 期，第 66—67 页；海西州委组织部、海西州委党校课题组:《青藏公路之父慕生忠将军开路精神（上）》，《柴达木开发研究》2018 年第 6 期，第 74—80 页；中共海西州委组织部、海西州委党校课题组:《青藏公路之父慕生忠将军开路精神》，《柴达木开发研究》2019 年第 1 期，第 74—80 页。

忠将军来到格尔木，爬上昆仑山，眺望青藏公路。1993 年 8 月，83 岁高龄的慕生忠再次来到格尔木，在将军楼前，他潸然泪下，这也是他最后一次前往青海。1994 年 10 月 18 日，慕生忠将军在兰州走完了他人生的最后一程；这位“天路将军”直至生命的最后一刻，依然眷恋着他和广大官兵付出巨大心血的青藏公路，并嘱咐家人将他的骨灰撒在青藏沿线。

3. 穰明德[①]

1912 年出生于江西莲花县坪里乡一户贫苦农民家庭，1931 年参加中国工农红军，历任红八军、红六军、红二军连政委、团政委，是贺龙的老部下。他参加了开创湘鄂渝川黔革命根据地的斗争和二万五千里长征。抗日战争中，任八路军一二九师新编第十旅政治部主任、政委。中国人民解放军挺进中原时，历任先遣支队队长、野战军直属队政委。1951 年 1 月至 1958 年 12 月，穰明德先后担任西南军政委员会交通部副部长兼公路管理局局长、党委书记。1951 年 5 月，成立川藏公路修建司令部，十八军后方部队司令员陈明义兼修建部司令员，穰明德临危受命任政治委员。是“党中央、毛主席派到西藏负责修路的全权代表”。为了筑路，穰明德吃住在工地，与战士们同甘共苦，在修筑川藏公路 4 年多的时间里，穰明德以身作则，带领广大官兵充分发扬“一不怕苦、二不怕死”的精神，攻坚克难、顽强奋战，成功修通川藏公路。穰明德与广大筑路官兵用实际行动践行和诠释着“两路”精神，他临危受命、勇于担当的奉献精神深深感染着广大筑路官兵；在筑路的过程中，他奉行严谨求实、勤学善思的科学精神；同时，也践行着身体力行、同甘共苦的顽强拼搏精神。

---

① 李红秀：《穰明德与川藏公路——怀念重庆交通大学创始人穰明德校长》，《重庆交通大学学报》（社科版）2009 年第 3 期，第 20—23 页；王戎、李琪：《穰明德与“两路”精神》，《兰台世界》2015 年 12 月上旬，第 91—92 页；尚婷、唐伯明：《世界屋脊筑天路，重庆交大奠基人——缅怀川藏公路政委穰明德》，《重庆交通大学学报》（自然科学版）2016 年增刊 1，第 86—92 页；西藏自治区党委党史研究室：《穰明德与康（川）藏公路》，《西藏日报》2020 年 3 月 7 日，第 2 版。

4. 张福林

1925 年出生于河南省扶沟县林宋村一个贫苦农民家庭。1948 年家乡解放时，张福林参加了中国人民解放军，成为一名光荣的炮兵战士，1950 年加入中国共产党。在修筑川藏公路的过程中，雀儿山路段的地质条件极为复杂，自然环境也十分恶劣，1951 年初冬，共计 1.2 万人的筑路大军投入到雀儿山路段的“攻坚战”中。时任十八军五十三师一五九团三连炮班班长的张福林及所在部队由炮兵变成工兵，投入到修筑康藏（今川藏）公路的战斗中，在海拔 5300 多米的雀儿山安营扎寨。张福林主动到工兵团学习经验，改进了爆破方法，极大地提高了施工进度。但是繁重的任务加上恶劣的气候，使得他的身体出现了严重的问题，日渐消瘦，体力不支，即使这样，他依然坚持着。1951 年 12 月 10 日中午收工后，部队正在集合准备吃饭，张福林在检查炮眼时，被松动的石块砸到了右腿和腰部，不幸牺牲。在他的日记里，除了记载工作情况、爆炸数据和施工总结外，还写着他的人生格言：“忘掉自己。为人民，由民兵改炮兵，由炮兵改工兵，这是党的需要，听党的话。”当年参加打通雀儿山战役的老兵们都能背出一个顺口溜：“住的是 5000 米的高度，睡的是斜坡 30 度，气温是零下 30 度，开水是沸点 70 度，可我们的劳动热情却到了 100 度!”而每个讲述这场战役的人，除了能背诵这首顺口溜之外，他们都会想到筑路英雄——张福林。

5. 杨海银

1951 年，参军 7 年的杨海银跟随部队来到青藏高原，参加修筑康藏公路的工作，在海拔 5000 多米的雀儿山上，没有任何的大型机械，全靠战士们用大锤、钢钎、铁镐等较为原始、简陋的工具打炮眼，碎山石。陆续有战士因为高寒缺氧体力不支，很多战士情绪波动较大。在这种情况下，时任十八军工兵第八团五连班长的杨海银迎难而上，抡起 7 斤多重的铁锤打了 1000 多锤，被战友们赞为“千锤英雄”，这极大地鼓舞了广大筑路官兵的士气。在川藏公路修成通车之后的表彰大会上，杨海银受到了表彰，他所在的班积极学习他“顽强拼搏、甘当路石”的精神，在筑路工作中始终保持着全连工作效率最高的荣誉，这也激励与鼓舞着其他连队的战士。

6. 顿珠

西藏自治区交通厅公路管理局青藏公路当雄公路段党支部书记。1959 年 4 月，年仅 16 岁的顿珠，光荣地加入了养路工人队伍。45 年来，他先后在海拔 4000 米以上的青藏公路东巧段、雁石坪段、当雄段工作，在平凡的岗位上实现了一名普通共产党员的人生价值。1995 年 8 月，由他捐助的“顿珠希望小学”开学了。几年来，顿珠不仅担负着学校的一切费用开支和老师的工资，而且还承担了学校的改扩建工作。他说：“我办这所学校算不了什么，只是想为家乡教育的发展尽些微薄之力，若是人人都来关心下一代的读书，我们社会主义祖国的现代化建设事业就会多一些人才，草原的明天一定会更加美好。”

7. 陈德华

四川省甘孜藏族自治州公路管理局雀儿山五道班班长，自 1983 年参加养路工作以来，21 年如一日，坚持战斗在川藏公路上海拔最高、终年积雪、空气稀薄、草木不生的雀儿山上，克服常人难以想象的困难，带领藏汉工人精心养护路面，排除道路险情，救助抛锚车辆，取得了连续多年雀儿山冬季无翻车、无死亡、无事故、无纠纷的好成绩，谱写了一曲艰苦奋斗、爱岗敬业、乐于助人、无私奉献的人生之歌，为保障川藏公路的畅通，促进民族地区的政治稳定、经济发展、社会进步和民族团结做出了重要贡献，成为全国公路职工的楷模。他先后荣获“全国劳动模范”“全国优秀共产党员”“全国交通系统十佳养路工”“全国五一劳动奖章”等荣誉称号。

8. 胡国治

1959 年 8 月，胡国治从重庆公路工程学校（重庆交通学院前身）一毕业，满腔热血的他没有回到在万县的家，而是义无反顾地踏上了支援西藏的征程。那一年，他 20 岁。这一去，他就在西藏公路系统干了 43 年，其中在基层 36 年。1960 年，胡国治总工参加了西藏第一支藏族公路工程队的组建，并带领一个中队参加了泽当至江孜段、班戈湖等公路的修建和拓宽，以及拉萨大桥、东嘎桥、羊八井至当雄段公路桥涵的修建。他经历了西藏从军用急造公路、沙石土路到黑色油路的发展变化，在这一漫长而又艰苦的过程中，他献出了青春，献出了知识。

9. 刘红春

武警交通四支队五中队中队长。来到五中队后，他忍着高寒缺氧，冒着生命危险，在盘旋崎岖的120公里养护路段上，走了300多个来回，相当于绕地球5圈。刘红春上任5年来，这120公里道路哪里有个坑、哪里有道坎，他心里都清清楚楚。在此基础上，他探索出“季节性病害防治方法”“冬季路面雪毁的防护与治理措施”等养护保通方法，首创了“石栏技术治理山体滑坡”等7项科研成果，受到专家们的好评。在刘红春的带领下，五中队管养的路段创造了年通车11个月以上的历史纪录。他本人荣立二等功1次、三等功4次。而且，他刚刚被武警部队评选为第七届“中国武警十大忠诚卫士”。

在修筑“两路”的过程中，共有3000多名官兵光荣牺牲，还有很多官兵患上了高原病。可以说，“两路”是广大筑路官兵用鲜血、生命和汗水所修筑的，这一艰苦卓绝的筑路历程也铸就了伟大的“两路”精神。遗憾的是，很多牺牲官兵的姓名以及生平已经无法考证，在川藏线上，有修筑“两路”牺牲的无名烈士的纪念碑。无论是将军还是士兵，无论是有名可考者，还是无名可证者，他们都是修筑“两路”的英雄，今天的我们不能忘记广大筑路官兵们所经历过的那段艰苦岁月。当“两路”修成之后，又有大批的工作人员投入到了对“两路”的维护与保养工作中来，筑路难，护路亦难。自“两路”建成通车之后，对于“两路”的维护就一直没有停止，养护工人们所付出的努力不应被忘记。我们应当铭记修筑、养护“两路”的官兵以及工人们的光荣事迹，以此来激励自己不断前行。

“两路”的修筑是在复杂的国内外形势之下进行的，“两路”的修筑在维护祖国边疆稳定、加强西藏地方与内地的联系、发展西藏地方社会经济文化、挫败外国势力破坏西藏和平稳定发展等方面都具有重要的战略意义。“两路”精神则诞生于修筑“两路”、养护“两路”的过程中，从“两路”的诸多现实意义来看，“两路”精神具有独特的内涵与特质。习近平总书记将“两路”精神概括为“一不怕苦、二不怕死，顽强拼搏、甘当路石，军民一家、民族团结”，在此基础之上，我们可以看出，“两路”精神本身就具有一种爱国主义的性质，同时，“两路”精神与其他红色文化精神一样，皆具有独特的“红色基因”。而“两路”精神与西藏其他地方的红色文化精神具有紧密的联系，可以说形成了一种相辅相成的关系，可将它们都纳入红色文化精神的序列之中。对于今天的我们来说，当物质条件已经有了很大的改观，因此，我们更需要像“两路”精神这样优秀的红色文化精神来滋养我们的内心世界，尤其是对于当代青年大学生来说，更需要了解、学习“两路”精神的内涵，并将此优秀的红色文化精神传承下去。“两路”精神的出现并非偶然，广大筑路官兵在修筑“两路”的过程中所表现出来的舍生忘死的精神，感动和激励着身边的每一位战友。在“两路”修成之后，广大工作人员又投入到养护“两路”的任务中，很多人默默奉献，甘当路石，他们的名字值得被后人铭记，他们的光荣事迹更值得被后人传诵。

平凡的人可以成就不平凡的事业，不平凡的事业可以淬炼出永垂不朽的精神。修筑、养护“两路”的绝大多数人都是极其平凡的，直到今天，我们依然无法考证大多数人的生平，但是他们所成就的事业却造福了民族与国家。在此基础上形成的“两路”精神具有独特“红色基因”，与其他具有“红色基因”的红色文化一样，都是中华民族永远的精神财富！

第五章　孔繁森精神

孔繁森精神是由援藏干部孔繁森的人生经历升华的一种精神。孔繁森于 1979 年至 1994 年间两度援藏，曾在岗巴、拉萨、阿里三地任职。他用“咱是党的人”的忠诚担当，“青山处处埋忠骨，一腔热血献高原”的高昂斗志，用“爱的最高境界是爱人民”的人生境界，为西藏的建设与发展添砖加瓦，为西藏人民送去了温暖，带来了关爱。他是西藏人民的好儿子，将自己的一生奉献给了西藏。直到殉职，他的遗物也仅有 8 元 6 角钱，与一张彻夜编写的、关乎阿里地区发展的十二条建议。孔繁森精神的形成背景是多样的。学生阶段，齐鲁大地中华民族传统文化的浸润，形成他“修齐治平”的人生态度。参军阶段，部队的革命熔炉，让他看到了榜样的力量，学到了先进的科学理论，形成他“听党话，跟党走”的思想积淀。工作阶段，孔繁森用十多年的时间在雪域高原上坚守理想信念，默默耕耘，形成他“爱的最高境界是爱人民”的至高境界。孔繁森精神的内涵包含 5 个方面，即忠诚精神、奉献精神、务实精神、斗争精神、革命精神。这 5 种精神是对孔繁森的工作实践、生活实践的高度总结。它们不仅是当时社会的需要，更是民族复兴伟业所呼唤的伟大精神。孔繁森精神与其他革命精神息息相关，他的精神是对老西藏精神、焦裕禄精神、雷锋精神的升华与发展。同时，他的精神又承上启下：当下，在雪域高原上，还有无数“孔繁森”在续写孔繁森精神。孔繁森精神的历史地位与时代价值十分丰富。无论是个人角度、革命事业角度，还是时代背景的角度，孔繁森精神都有他的可取之处，人们皆能从中得到力量。进入中国特色社会主义新时代以来，孔繁森精神仍有极高的价值。中国特色社会主义新时代是全面深化改革的新时代，是召唤知难而进、知难而上精神的时代，是呼吁为民服务、为民谋利的时代。孔繁森精神完全符合新时代对党员干部精神境界的要求，是党员干部在精神境界上看齐的标准。现在，党团结带领中国人民踏上了实现第二个百年奋斗目标新的赶考之路，如何继承孔繁森精神的历史经验，也是我们党走好新时代赶考路所应思考的问题。

第一节　孔繁森精神的形成

孔繁森精神的形成背景是孔繁森的人生轨迹与人生经历。他的人生轨迹大致可划分为三个阶段。一是学生阶段。孔繁森吸收了中华民族传统文化的精华，得到了淳朴乡风的关爱，并接受了家风家教的教育，这形成了他“修齐治平”的人生态度。二是军人阶段。孔繁森看到了榜样的力量，学习了先进科学的科学理论，并以之指导实践，形成了他“听党话，跟党走”的思想积淀。三是工作阶段。孔繁森30余年的工作经历中，有三分之一的时间奉献在西藏这片广袤的土地上，他曾在岗巴、拉萨、阿里任职。每到一处，他都竭尽全力，为西藏人民奉献自己的血和热，形成了“爱的最高境界是爱人民”的至高境界。

一、孔繁森的成长经历

孔繁森的成长经历，与齐鲁大地的潜移默化、乡村生活的亲身体验与家风家教的言传身教有关，三者共同构成了他“修齐治平”的人生态度。

（一）齐鲁大地的潜移默化

孔繁森出生于山东聊城武训县的五里墩村，他是孔子第 74 代孙。在这里，孔繁森受到了“忠君爱国”与“香草美人”两种传统文化的影响。

孔繁森的“忠君爱国”品质，与家乡聊城的历史背景有关。聊城古时又称“东昌”，它不仅是梁山好汉宋江攻打之处，也是以好官刘墉为主角的小说《刘公案》的背景地。同时这里也是“千古奇丐”武训的家乡。武训行乞 38 年，建 3 处义学，教育了无数穷家子弟，是中国历史上唯一以乞丐身份被载入正史的名人。在这里，修身治国平天下的远大抱负、忠君爱国的坚定信念、温柔敦厚的诗教传统，都深深刻在人们的灵魂中，构成了齐鲁子弟的人生底色。

孔繁森很小就能背诵《前后出师表》，诸葛亮对蜀国的忠诚令他震撼。据说，孔繁森平时喜欢吟诵诗句，比如“只解沙场为国死，何须马革裹尸还”“先天下之忧而忧，后天下之乐而乐”。历史上的大英雄岳飞、文天祥更是他的“偶像”。见贤思齐，幼年孔繁森就是在这些历史故事中，学习了中华优秀传统文化。古代先哲强调“知行合一”，孔繁森也在日后的生活中，将这种忠君爱国的品质运用于自己的实践中。他懂得，西藏是中国神圣领土不可分割的一部分，守护西藏、建设西藏、发展西藏，就是在现实生活中做到忠诚、爱国的具体表现。孔繁森在日记中写下张居正的名言“治政之道在于安民，安民之道在于体察民之疾苦”，告诫自己，守护西藏的前提是让西藏人民安定团结，为百姓解忧是他作为人民公仆的责任，这才是对中华传统文化“忠君爱国”的实践。

孔繁森“香草美人”的精神品质，与儒家文化的谦恭有礼有着密切的关系。屈原在《离骚》中斥责奸臣小人谄媚惑主，言其“虽信美而无礼”，可见礼义在传统文化中的重要地位。齐鲁大地是中华民族主流文化的发源地，也是声名远扬的礼仪之邦。在聊城，有一座明代的光岳楼，大匾上书“兴礼”二字，代表着当地百姓的价值观念。这种谦恭有礼的观念，一直是孔繁森对自己的要求。这表现在两个方面。

一方面，即使工作取得成就，孔繁森依旧谦逊待人。孔繁森每次坐车回家，距村子很远便下车步行进村，跟遇到的每一位乡亲都主动打招呼，嘘寒问暖。他没有一点官架子，也从不向党要待遇。在聊城地区工作时，他常常骑着一辆"除了铃铛不响，其他零件都响"的破自行车走村串户，和群众一起摸爬滚打。无论是老百姓，还是乡镇干部，孔繁森都能融入其中，甚至时常有新来的工作人员认不出孔繁森这位县委副书记的事情发生。楚霸王项羽曾说："富贵不归故乡，如锦衣夜行"，但是，即使孔繁森取得了一定的成就，他也从未大张旗鼓，这是他品质高贵的表现。

另一方面，孔繁森对待不同的宗教文化，能够给予足够的尊重与理解。进入西藏工作，孔繁森接触到与内地完全不一样的藏族生活方式。他并没有固步自封，而是以积极的心态去了解藏族文化、融入西藏人民的生活。他穿藏袍，学吃风干牛羊肉，喝酥油茶，特意请教他人学藏语。在拜访活佛时，孔繁森也足够尊重活佛的信仰、习惯，能够耐心等待，并按照宗教礼仪向活佛献哈达。在问及活佛对属地发展的看法时，孔繁森虚心求教，认真听讲，尽快落实，从不拖泥带水，给予活佛应有的尊重。他的所作所为，对加强民族联系、促进民族间交流大有裨益，是促进民族团结的模范做法。

（二）乡村生活的亲身体验

孔繁森是农民的儿子，他自小生长在农村。乡村生活的点滴，在他的人生志向、生活态度与思想格局上都留下了特有的印迹。

首先，乡村的淳朴民风，让孔繁森立下了"为父老乡亲、为国家出力"的远大志向。五里墩村土地贫瘠，盐碱涝洼，地广人稀[①]。孔繁森的家庭更是困难：他从小是亲戚、邻里凑一把米、借一个鸡蛋才养活的。[②] 面对村民的帮助与厚爱，孔繁森学会了感恩与善良，他

① 程继峰：《论孔繁森的忧患意识》，载于《孔繁森精神研究》，黄河出版社，1997年，第82页。

② 完颜亮：《共和国脊梁之孔繁森：领导干部的楷模》，《党史博采》2012年第7期，第4—9页。

对农村、农民也有朴素的亲近之情。于是，小孔繁森会学着乡亲们的样子，热心帮助他人，回报乡亲。他时常去照看孤寡老人，在学校保护弱小同学，以此报答乡亲们的恩德。他更是下定决心："一定要争气，学好本领，长大为父老乡亲、为国家出力！"①

其次，农村人特有的顽强坚韧，让孔繁森形成了坚实刚毅的生活态度。作为家中最小的孩子，他感受到父母面对生活重担的顽强品格。他的父亲为了一家人的生计，农忙时没日没夜地劳作，农闲时又想尽办法做小生意以补贴家用。母亲作为农家妇女，昼耕夜织，凭借单薄的身板和灵巧的双手支撑家庭。面对生活的苦难，孔繁森的父母没有一味抱怨，而是坚定向前，毫不退却。这种生活态度，对孔繁森产生了极大的影响："好活赖活总得往下活，有路没路总得朝前走。"② 这种态度，成为孔繁森面对问题时的坚硬铠甲。

最后，农业技术落后的事实，让孔繁森意识到知识技术的重要性，为他的思想打开了新格局。1958 年，14 岁的孔繁森考入堂邑农业中学。那个年代，学生也和社员一样，需要承担繁重的劳动任务。孔繁森不叫苦不叫累。他意识到，先进的技术对于生产效率至关重要，遂萌生了学电工的想法："我要想办法学电工，用电来发动机器，让家乡实现电气化！"③ 1959 年，孔繁森如愿考入山东省聊城专员公署技工学校学习电业知识，成为五里墩村的第一个中专生。④ 为了早日实现愿望，他抓住一切学习"电"的机会，可谓如痴如醉。无论是上课听讲，还是课后自习，他都竭尽所能搜集关于"电"的知识，并学懂弄会，最终以优异的成绩毕业。

（三）家风家教的言传身教

孟子曰："天下之本在国，国之本在家，家之本在身。"家风作为社会风气的重要组成部分，对人的世界观、人生观、价值观的形成

① 孔繁森同志纪念馆编写：《孔繁森》，江苏凤凰教育出版社，2017 年，第 2 页。
② 孔繁森同志纪念馆编写：《孔繁森》，江苏凤凰教育出版社，2017 年，第 6 页。
③ 孔繁森同志纪念馆编写：《孔繁森》，江苏凤凰教育出版社，2017 年，第 7 页。
④ 孔繁森同志纪念馆编写：《孔繁森》，江苏凤凰教育出版社，2017 年，第 7 页。

起到巨大作用。这在孔繁森身上有着明显的表现。孔家家风的“正直”“忠厚”“好施”三个方面，为孔繁森塑造了至真、至善、至美的生命底色。

孔家的“正直”家风，塑造了孔繁森正直坦荡的至真人品。孔繁森的父母文化程度不高，但是他们时常教诲孔繁森“老老实实干事，清清白白做人”[①]，做事要对得起自己的良心与责任。这不仅是父母的嘱托，渐渐也成为孔繁森的行事准则。在孔繁森看来，赴藏工作是党和国家赋予他的职责与使命：“书记这个称号不仅是一个职务，一份履历，而是一份责任，一副担子。”[②] 他必须一心为民，清廉行政，不能因私伤公，更不能以权谋私。这份觉悟，让孔繁森得到了藏族群众的爱戴，也失掉了许多属于个人的难忘回忆。孔繁森任职阿里期间，长女孔静为了能让父亲参加自己的婚礼，将婚期一改再改。但最终，孔繁森在处理阿里的突发情况与参加女儿的婚礼中选择了前者。他能够将每个月 500 多元的援藏补贴资助给阿里的藏族群众，却舍不得给自己买一块香皂，换一件新衣。而在教导子女方面，孔繁森不仅以身作则，而且要求更为严格。他曾严厉地批评制止儿子用公家的笔记本写作业，也曾在与儿子一起下乡时要儿子结算自己的食宿费。[③] 1994 年 6 月，孔繁森最后一次回乡探亲，临别之际，他还语重心长地叮嘱三个孩子“要严格要求自己，千万不要借用我的名义到处谋求方便”[④]。这种正直家风，形成了孔繁森坦荡、认真的人品底色。

孔家的“忠厚”家风，促成了孔繁森忠厚善良的至善人性。“自

---

① 刘青、梁兴英：《试论孔繁森的成长道路》，载于《孔繁森精神研究》，黄河出版社，1997 年，第 190 页。

② 卢培琪：《既当官，又做人——论孔繁森精神的永恒魅力》，载于《孔繁森精神研究》，黄河出版社，1997 年，第 29 页。

③ 吴汝努：《试论孔繁森的家庭伦理道德教育》，载于《孔繁森精神研究》，黄河出版社，1997 年，第 109 页。

④ 吴汝努：《试论孔繁森的家庭伦理道德教育》，载于《孔繁森精神研究》，黄河出版社，1997 年，第 106 页。

古忠孝难两全”，而忠孝家风，却给了孔繁森面对家国选择时无限的支持。孔繁森接受组织再次带队入藏工作的任务时，家中并非没有困难：家中老母已经瘫痪多年，妻子日夜操劳，体弱多病，家中儿女尚幼，无人照顾。但是，孔繁森接受入藏任务，他的母亲与妻子都未反对阻拦。分别之际，孔繁森叩拜母亲。老母亲说：“那你就去吧，俺知道公家的事儿误了不行，多带些干粮、衣裳，路上可别喝凉水。”[①]简单质朴的话语，既饱含着一位母亲对儿子的慈爱，更饱含她对儿子的无声嘱托：家国面前，为国尽忠也是尽孝，更是一种大孝、至孝。在亲人一如既往的支持下，孔繁森慷慨地说：“不得为忠，安得为孝？我不能舍大家而顾小家。”[②] 对待老母，孔繁森总心怀愧疚，他的《忆母》诗更是写得令人动容：“自古忠孝难两全，每忆老母涕泗流。”[③] 孔繁森将自己对母亲、妻儿的情感与责任，全部倾注到藏族同胞，特别是藏族孤寡老人的身上。他为突发肺病的老人口对口地吸痰，用胸口为聋哑老人暖脚，甚至在零下 20 度的严寒中把毛衣毛裤脱下送给藏族老阿妈。仅在拉萨任职期间，孔繁森就走访了 48 个敬老院，这约占当地养老院总数的 86%。可以说，孔繁森对藏族老人的付出与关爱，远超他对家乡母亲的照顾。对此，孔繁森说出了自己的心声：“党的温暖，不靠我们这些党的干部送到人民群众中去，靠谁？我看到这些孤寡老人，就像看到我 90 多岁的老母亲。孝敬好这些老人，也算忠孝两全吧！”[④] 孔繁森善待、孝敬藏族孤寡老人的行动，既是他超越民族大爱的精神形成起点，也是他在忠厚家风下形成的至善人性本色的外在表现。

---

① 完颜亮：《共和国脊梁之孔繁森：领导干部的楷模》，《党史博采》2012 年第 7 期，第 4—9 页。

② 杨政：《谈孔繁森成长的文化根基》，载于《孔繁森精神研究》，黄河出版社，1997 年，第 184 页。

③ 转引自吴汝努：《试论孔繁森的家庭伦理道德教育》，载于《孔繁森精神研究》，黄河出版社，1997 年，第 106 页。

④ 转引自程继峰：《论孔繁森的忧患意识》，载于《孔繁森精神研究》，黄河出版社，1997 年，第 83 页。

孔家的“好施”家风，成就了孔繁森无私奉献的至美人格。少年时期，孔繁森家的日子过得十分拮据。但是，在他人上门寻求帮助时，只要手头有，他的父母都会慷慨相助。[①] 这种家风，让孔繁森自小养成了乐于助人的好习惯，特别是在别人遇到困难但难以言说时，他总会在照顾他人尊严的前提下挺身而出。比如，在贫困战友的家庭因急病雪上加霜时，他用自己的补贴与借款，默默将钱汇到战友家，以解燃眉之急。事后，孔繁森又矢口否认这件好事是自己所为。这让战友十分感动，与他相拥痛哭。[②] 对孔繁森而言，帮助别人是一件幸福、快乐的事情。他在昌龙扎西村检查工作恰遇麦收，便直接地帮藏族群众收割青稞，接连两天，直到收割完才回去休息，他的双手已经磨出了很多血泡。在羊日岗乡察看地震灾情时，孔繁森更是毫不犹豫地收养了三名藏族遗孤。他不仅将三个孩子接到拉萨亲自抚养，还竭尽所能给孩子们提供良好的生活条件，甚至不惜献血换取营养费以补贴孩子们[③]的生活。在孔繁森无微不至的关照下，孩子们都有了光明的未来[④]。孔繁森对藏族同胞无私奉献，也对驻藏官兵施以援手。在担任岗巴县委副书记的第一年春节，孔繁森来到边防三连看望战士们。当看到战士们因缺少取暖牛粪而断火时，他心疼得留下了眼泪，旋即回县城，把县里分给他自己的取暖牛粪全部运回连里。从此以后，孔繁森不仅动员县里的同志节约用牛粪以援助部队，还在下乡时积极了解取暖牛粪情况，并把信息提供给边防驻军。在他的带动下，藏族群众开始自发为部队运送“拥军粪”，军民情谊越来越浓厚。[⑤]

---

① 孔繁森同志纪念馆编写：《孔繁森》，江苏凤凰教育出版社，2017 年，第 2 页。

② 孔繁森同志纪念馆编写：《孔繁森》，江苏凤凰教育出版社，2017 年，第 16 页。

③ 孔繁森收养的三个孤儿分别是时年 12 岁的曲尼，7 岁的曲印与 5 岁的贡桑。因孔繁森抚养三个孩子实在困难，时任拉萨市市长洛桑顿珠收养了 12 岁的曲尼。孔繁森献血补贴的孩子是曲印与贡桑。资料引自孔繁森同志纪念馆编写：《孔繁森》，江苏凤凰教育出版社，2017 年，第 71 页。

④ 曲印从部队复员后，被分配到拉萨电视台工作。贡桑从南京大学历史系毕业后，回到西藏，考入那曲地区文化局，后调入西藏自治区文化厅工作。资料引自孔繁森同志纪念馆编写：《孔繁森》，江苏凤凰教育出版社，2017 年，第 73 页。

⑤ 孔繁森同志纪念馆编写：《孔繁森》，江苏凤凰教育出版社，2017 年，第 20 页。

除此以外，孔繁森还时刻关注战士们的家庭情况与个人成长情况。据统计，仅在拉萨工作的4年间，孔繁森就为家中有困难的战士寄钱共计1500元，所送课本、文具、笔记本、材料折合人民币200余元，到战士家中看望时所带礼品价值已无法计算。连队中凡考上军校的战士，都曾得到过孔繁森的帮助。[①] 孔繁森曾这样定义“幸福”：“什么是最大的幸福？组织信任，群众拥护，工作顺利，能为他人解决点困难和痛苦，我认为这是最大的幸福。”可以说，在“好施”家风的言传身教下，孔繁森是一个幸福的人，这也形成了他人格的至美底色。

二、革命熔炉带来的思想积淀

1961年，孔繁森经学校推荐应征入伍，进入济南军区总医院的警通排通讯班，成为一名后勤兵。在部队的7年时间，孔繁森光荣加入中国共产主义青年团和中国共产党，曾被评为“济南军区学习毛主席著作先进分子”，赴京参加中华人民共和国成立15周年观礼活动。他连续6年被评为“五好战士”，还曾被评为“特等射手”。在部队生活中，孔繁森遇到了对他人生有重大影响的良师：时任济南军区总医院医务处副主任徐诚和济南军区法院院长马从炘。他们都是老革命，资历老，职位高，但是他们对自己的要求十分严格，时时处处以部队利益为重，一心一意为党工作，从不计较个人得失。在他们的耳濡目染下，孔繁森的思想和情操得到不断升华。除此以外，孔繁森亦自强自立，他不仅认真学习理论知识，还热衷阅读红色书籍、听英烈故事。这让他培养了强烈而直接的革命热情。随着学习的深入，孔繁森开始以理论指导实践，为日后成为一名党的优秀干部奠定了良好的思想基础，也为自己培养了关心部队、关爱战士、心系国防建设的军旅情怀。

---

① 孔繁森同志纪念馆编写：《孔繁森》，江苏凤凰教育出版社，2017年，第18页。

（一）向榜样看齐

入伍的第一个晚上，孔繁森便在日记本上写下了这样一段话：“走进军营中，我就是一名光荣的中国人民解放军战士了。在这里，无论首长让我干什么工作，都要尽百分之百的力干好，当不了董存瑞、黄继光那样的英雄，也要当一个真正的好兵！”① 董存瑞、黄继光一直是他的榜样。在他们身上，孔繁森对“为谁当兵，为谁扛枪”的问题，有了感性而直观的答案，那就是为了保家卫国，甘愿舍生取义。如果不能舍生取义，那就从工作的点滴小事做起，听党话，跟党走。这就是孔繁森对“军人”身份的最初认识。因此，进入部队的孔繁森总是一刻不闲。他会积极主动地为战友服务，为病人服务，热情周到地当一颗螺丝钉，干着本职范围外的工作。

随着时间的推移，孔繁森成为徐诚和马从炘这对革命伴侣的勤务员。他机灵勤快，热心活泼，很快融入了两位领导的生活。两位首长都是老革命。其中，徐诚首长的人生经历令人起敬。徐诚年轻时为革命理想，长途跋涉来到延安，先后进入陕北公学和延安八路军卫生学校学习，成为八路军总医院外科和妇产科的医生。她医术精湛，服务热情，深得同志们信任，获得了“军内一把刀”“士兵的好大姐”“孩子们的再生妈妈”等光荣称号。在延安期间，她曾把无数小生命迎接到人间，其中包括刘伯承、贺龙、胡耀邦等老一辈革命家的孩子，在军中获得了很高的知名度。但是，她从未居功自傲。中华人民共和国成立后，她不计较职务军衔，跟随丈夫马从炘由北京调到济南工作，担任济南军区总医院的医务处副主任，成为当时济南军区军衔最高的女性。② 首长以身作则，严格要求自己，一心一意为党工作。他们平易近人，没有官架子，对待孔繁森这个热爱学习的小战士，两位首长还为他提供鼓励与帮助，徐诚首长更是把一套医学书籍赠给孔繁森，并悉心指导他学习基本医学常识。很快，孔繁森掌握了一些常

---

① 孔繁森同志纪念馆编写：《孔繁森》，江苏凤凰教育出版社，2017 年，第 11 页。

② 孔繁森同志纪念馆编写：《孔繁森》，江苏凤凰教育出版社，2017 年，第 13 页。

见病的治疗方法。她又教孔繁森听诊和注射。这些技能在相对发达的内陆地区只是孔繁森的兴趣，但是等到他援藏时，它们却成了解决当地民众病痛的好方法。两位首长的革命态度，让孔繁森的精神面貌发生了深刻的变化，他对“当兵”意义的认识又进了一步，他对革命理想与实践的关系有了直观的感受。

除此以外，孔繁森服役期间，正值全军开展学习伟大的共产主义战士雷锋的高潮期。学习期间，孔繁森深受雷锋精神鼓舞，他处处以雷锋为榜样，干一行爱一行。从通讯兵到勤务兵，从勤务兵到警卫员，再到退伍后的公务员，孔繁森干一行，爱一行，并且都干得很出色。而且，孔繁森本身性格的忠厚善良，又与雷锋无私奉献的精神不谋而合，这也成了孔繁森积极帮助战友、服务群众的不竭动力。战友生病了，孔繁森衣不解带地照顾，几天几夜不合眼。一位小战士甚至因为孔繁森的照顾急得哭了出来：“我不能再住院了，再住下去，我的病好了，孔班长就要熬出病来了。”[①] 战友家突遇难关，孔繁森匿名汇款，解战友燃眉之急。[②] 即便是战友退伍，孔繁森也会将曾经共同服务群众的理发工具赠送留念，并嘱咐战友，“一生要为人民服务”。军队的良好氛围，让孔繁森逐渐意识到，无论从事什么职业，都要“把有限的生命，投入到无限的为人民服务中去”。这种正确的人生观，成为孔繁森在人生道路上健康成长的保证。

无论是以英烈为榜样，还是以首长为榜样，亦或是以年龄相仿的同志为榜样，孔繁森在部队中，他的世界观与人生观都找到了正确的方向，那就是向榜样看齐，全心全意为人民服务。这种思想，让他对党的宗旨、信念认识有了更高的人格升华，这也是他“爱的最高境界是爱人民”的境界基础。而且，这段部队的经历也成为他在工作中不断鞭策自己前进的“工具”。他在给时任西藏军区政委胡永柱同志的信中写道，作为“60 年代培养起来的一名共产党员，同时也是

---

① 孔繁森同志纪念馆编写：《孔繁森》，江苏凤凰教育出版社，2017 年，第 13 页。

② 孔繁森同志纪念馆编写：《孔繁森》，江苏凤凰教育出版社，2017 年，第 15—16 页。

部队帮助成长起来的干部，不管困难多大，我要给党、给进藏工作的同志、给军区的领导争光。在此干一天，就要干好一天。‘青山处处埋忠骨，一腔热血献高原’”①。可见，军队榜样的力量，一直是孔繁森人生道路的指明灯，为孔繁森的人生印下了军人底色。

（二）理论结合实践

青年时期，孔繁森身在部队，他是在党的培养、马列主义与毛泽东思想共同教育下成长起来的。这段经历，给了孔繁森系统学习先进思想理论的机会。他如饥似渴地学习毛主席著作，特别是《为人民服务》《纪念白求恩》等名篇，他读得深，记得住，领会得透，被授予“学习毛主席著作标兵”称号。1966 年，孔繁森在部队入党。部队学习理论的经历，让孔繁森养成了自觉学习理论的好习惯。他能做到认真学，经常用。

党的十一届三中全会以来，孔繁森认真学习邓小平同志建设中国特色社会主义理论。他在繁忙的工作中，还考取了中央党校函授学员班，用点点滴滴的业余时间系统学习理论知识。经过长期坚持不懈地刻苦学习，孔繁森具备良好的马克思主义理论功底。他逐渐认识了社会发展规律，能用马克思主义的立场、观点、方法分析问题，明辨真伪，始终站在党和人民的立场上。② 在援藏工作中，孔繁森扎实的理论基础，也是他能够带领西藏人民谋发展的重要原因。

《孔繁森札记》收录了孔繁森的多篇政论文章，对党的政策有十分精准的解读。其中，《中央关心西藏　全国支援西藏　西藏怎么办》就是典型代表。这篇文章是在中央第三次西藏工作座谈会和区党委四届六次全委扩大会议召开后，孔繁森对“怎样把西藏的潜在资源优势逐渐变为现实的经济优势”这个重要课题提出了多项措施。在孔繁森的论述中，他紧密结合我国经济体制改革的目标，即建立社

① 中共中央组织部研究室、中共山东省聊城地委编：《孔繁森札记》，党建读物出版社，1996 年，第 146 页。

② 杨炳祥：《孔繁森伟大人格的生成探析》，载于《孔繁森精神研究》，黄河出版社，1997 年，第 234—235 页。

会主义市场经济体制，结合十四届三中全会所涉及的基本框架，提出，“要以是否有利于发展社会主义社会的生产力，是否有利于增强社会主义国家的综合国力，是否有利于提高人民生活水平”为标准，大胆实践、开拓创新。在此理论之上，孔繁森提出了具体的实践举措，比如，要以市场为导向、效益为中心、科技为依托，调整产业结构，因地制宜，发展乡镇企业、多种经营，积极培育市场，搞活流通，发展商品经济。要发展第二产业，为第三产业的发展提供物力、财力和人力，创造广阔的市场。要加强现有企业的技术改造，努力建设有西藏特色的民族工业体系等举措。① 理论脱离实际，便是“空中楼阁”。而孔繁森在坚持理论学习的同时，又能让其与实践紧密结合，真正做到知行合一。这种学习精神与实践相结合的意识，与青年孔繁森在部队期间所形成的学习习惯不无关系。

三、孔繁森参加工作的实践淬炼

孔繁森一生有两段在家乡工作的经历，三段在西藏工作的经历。1968 年，孔繁森从部队复员回到聊城，先后担任了聊城技工学校革委会副主任、共青团聊城地委常委等职务。1979 年，孔繁森报名入藏，担任中共岗巴县委副书记。1981 年，他回到聊城，先后担任中共莘县县委副书记，聊城行署办公室副主任、党组成员，聊城地区林业局局长、党组书记，聊城行署副专员、党组成员等。1988 年，孔繁森再次赴藏，任拉萨市人民政府副市长、党组副书记。1992 年底，孔繁森服从安排，赴任阿里地委书记。1994 年 11 月 29 日，孔繁森在完成对新疆西南部塔城的边境贸易考察后返回阿里，途中不幸遭遇车祸，以身殉职。②

在西藏期间的工作经历，在孔繁森的生命中留下了浓墨重彩的一笔。孔繁森努力工作，让西藏地区的建设发展、西藏人民的生活水平

① 中共中央组织部研究室、中共山东省聊城地委编：《孔繁森札记》，党建读物出版社，1996 年，第 68—72 页。

② 资料来自孔繁森同志纪念馆编写：《孔繁森》，江苏凤凰教育出版社，2017 年。

都有了极大飞跃。同时，他的人格特色、理论基础都得到了实践的淬炼，让孔繁森的理想信念、工作能力与人生境界获得了巨大的提升。可以说，孔繁森为西藏奉献了自己的一生，在西藏的工作经历也成就了孔繁森的人生。

（一）报名援藏，奔赴岗巴

1979 年，孔繁森来到西藏。他本被选调来任日喀则地委宣传部副部长，后来服从组织安排，就任岗巴县委副书记。岗巴是一个艰苦的地方，这里平均海拔 4700 米以上，高原丘陵地貌占据了岗巴总面积的 70%，空气十分稀薄，含氧量不足海平面的 50%。“寒冷”也是岗巴县的常态，这里长冬无夏，春秋相连，年平均气温只有 1.5 摄氏度，还多伴随大风和扬沙天气。这里也是一个重要的地方，它是西藏边境县之一，与印度、尼泊尔、不丹交界。孔繁森在这里工作，既要克服高原的艰苦环境，又要深思熟虑，面面俱到，照顾好岗巴每一个人的生活。据与孔繁森共同在岗巴奋斗过的盛洪江和胡帮权，以及与孔繁森有过多次接触的盛洪江的妻子周华清回忆，孔繁森在岗巴工作有三大特点。

第一，他非常关心战士与群众。盛洪江是孔繁森的邻居，他在岗巴独立营驾驶排当副排长，孔繁森时常告诫他：“当一个排长要了解每一个战士的情况。”据他回忆，孔繁森曾经冒雪来部队联系车子拉运慰问品，车队跟他去，直到晚上 10 点多钟才回来。孔繁森自掏腰包，让战士们“去喝两杯暖暖身子”。在岗巴，蔬菜可是“稀罕物”。但是，孔繁森总是将妻子寄来的一包包干菜，拿到部队上送给战士，自己却舍不得吃一点。妻子给他寄来的毛衣、鞋子，他也转手送给了生活困难的藏族同胞。盛洪江感慨地说：“繁森大哥关心战士和群众胜过关心自己百倍。”①

第二，孔繁森为了岗巴的富裕和安全，甚至可以献出自己的生

① 逸西：《静化心灵的清风——孔繁森在岗巴的日子》，《党史纵横》1996 年第 4 期，第 44—45 页。

命。胡帮权曾任西藏军区岗巴情报站副站长。据他回忆，孔繁森与他认识不久，便来到情报站看望慰问。孔繁森深情地说："老胡呀，你们的责任重大，把好国门不容易哟。"之后，孔繁森便常常去情报站，了解当地民众生活和边境情况。每次下乡走访，孔繁森都没有官架子，藏族人民喝的酥油茶他一喝就会。为了融入西藏人民生活，他更是花了一个月学藏语。岗巴条件艰苦，全县只有一辆吉普车，孔繁森就骑马下乡，一去短则也要半个月。他吃住都在牧民家里，亲身体验牧民生活，设身处地为他们解决困难。有一次，孔繁森骑马前往海拔 5300 多米高的边防哨卡了解情况，路过冰滩，马儿打滑，他被摔出十几米远，被一位藏族群众救了回来。[①] 孔繁森说"我的命是藏族老百姓捡回来的"，他与岗巴人民的感情就这样紧密联系在了一起。

第三，孔繁森是真正的两袖清风。盛洪江的妻子周华清说，孔繁森是她见过的最好的国家干部。她对孔繁森邀请二人在岗巴县委宿舍吃饭这件事记忆深刻。"一进孔繁森在县委的家，家里只有一张办公桌，一床一椅，外加一个洗脸盆，几条板凳"，就连吃饭用的锅和碗都是去外面借的。后来，她才听说，孔繁森从不寄钱回家，每月的工资基本都给了藏族朋友，有时甚至还把钱寄往贫穷的战士家里，一律以战士的名义，这让周华清感动不已。她动情地说："我不轻易崇拜任何人，但我崇拜孔繁森，他是真正的两袖清风。"[②]

孔繁森在岗巴任职只有两年，但是岗巴的事、岗巴的人，都牵动着他的心。岗巴援藏结束后，孔繁森在写给岗巴同事郭辛文的信中，还在询问岗巴的变化。对于援藏干部们的生活，他也十分关心。他写道："我身为老大哥，为你们的艰苦生活而担忧，希望你们注意以下几点：一是注意身体，要吃好、睡好、穿好……二是要和藏族干部、群众搞好团结，不光是和他们多接触，更主要是从思想上尊重他们，

---

① 逸西：《静化心灵的清风——孔繁森在岗巴的日子》，《党史纵横》1996 年第 4 期，第 44—45 页。

② 逸西：《静化心灵的清风——孔繁森在岗巴的日子》，《党史纵横》1996 年第 4 期，第 44—45 页。

这是做好工作、搞好生活的保证。三是要抓好自身的学习，要千方百计挤时间学习……总之，希望你们要互相体贴，互相帮助，共同前进。”① 除了为岗巴的同志提供工作指导，孔繁森更是在生活中做实事，他在信中询问郭辛文“过几天想给你们邮点红枣花生米，还想给你们寄点书，不知要什么样的？胶卷要不要？”② 语气亲切，犹如亲兄弟。

“君子敬而无失，与人恭而有礼，四海之内，皆兄弟也。”孔繁森在岗巴的工作经历，正是这句话的真实写照。

（二）服从安排，任职拉萨

1988 年，孔繁森第二次调藏工作，担任拉萨市副市长，分管文教、卫生和民政工作。在此期间，孔繁森对拉萨的学生、拉萨的老人，以及拉萨的战士，都给予极大的关怀。以心换心，孔繁森在拉萨获得了极高的威信。

对于教育工作，孔繁森十分用心，他写下了很多与之相关的文字。首先，孔繁森将拉萨的教育事业作为加强民族团结的枢机之处，“把教育事业当成战略重点来抓”，并制定了相关规划。其次，孔繁森肯定了教育事业的重要地位，他提出，“西藏要从封闭型经济向开放型经济发展，要从供给型经济向经营型经济发展，从自然经济向商品经济发展，非抓教育不可”③。再次，他强调了拉萨师资队伍的建设方向。他要求教师要重视双语教学，特别是基层的藏语文教育，要实事求是地提出双语教学的方法。另外，他极为重视各民族学生的交流活动。孔繁森曾代表学生家长与拉萨人民，向培养拉萨学生的重庆市西藏中学教师表示感谢。他更是嘱托在那里学习的藏族学生：“努力，努力，再努力，学习，学习，再学习，……要身体好，学习好，

① 中共中央组织部研究室、中共山东省聊城地委编：《孔繁森札记》，党建读物出版社，1996 年，第 142 页。

② 中共中央组织部研究室、中共山东省聊城地委编：《孔繁森札记》，党建读物出版社，1996 年，第 142 页。

③ 中共中央组织部研究室、中共山东省聊城地委编：《孔繁森札记》，党建读物出版社，1996 年，第 35 页。

努力成才，开发建设美丽的西藏。”① 最后，孔繁森从实际出发，倡导多层次搞好教育，办好各种形式的专业技术学校。在孔繁森任职拉萨期间，拉萨的适龄儿童入学率从45%提高到80%，升入大中专院校的学生逐年增加，全市考入内地院校的藏族学生已达2000多名，居全国各自治区之首。除此以外，拉萨地区的师资队伍也得到了充实和加强，师资培训基地相继建立，拉萨市还成立了第一所职业学校。②

对于卫生、民政工作，孔繁森也同样投入。为了结束尼木县续迈等三个乡群众易患大骨节病的历史，他多次爬到海拔将近5000米的山顶水源处采集水样，帮助群众解决饮水问题。他带领专家实地勘探，化验水质，并带病陪同专家到达海拔最高的水源处获取最理想的水样。检测结果一出，孔繁森便主持起草了《综合防治大骨节病方案》，并向自助区财政厅申请资金援助，帮助牧民完成了搬迁和打饮水井的工作。在他的努力下，这里的人们彻底告别了易患大骨节病的历史。

在拉萨，孔繁森做了一件大事，那就是收养了三名地震遗孤。1992年，拉萨市墨竹贡卡等县发生地震，时任拉萨市副市长孔繁森赶赴灾区。在那里，他收养了12岁、7岁和5岁的三名孤儿曲尼、曲印和贡桑。最终曲印和贡桑留在了孔繁森身边。如前所述，孔繁森曾卖血挣钱为孩子们买营养品，这令人感动。但是，在孔繁森殉职前7天写给中组部领导同志的最后一封信中，他对三个孩子的安排，更是令人震撼。他在信中写道：

> 今年9月份，山东省的领导和省委组织部一行14人来西藏联系援藏的问题，曾提出让我调回山东。我从来没跟组织提出调回山东工作的问题，作为一个入党多年的老同志，

① 中共中央组织部研究室、中共山东省聊城地委编：《孔繁森札记》，党建读物出版社，1996年，第49页。

② 孔繁森同志纪念馆编写：《孔繁森》，江苏凤凰教育出版社，2017年，第56页。

服从组织安排是第一位的。我有一个想法，如果组织上让我继续留在西藏，我打算把家属调拉萨工作几年，一来可相互照顾一下，二来我收养的两个藏族孤儿可让家属给他们做做饭。如果让我调回山东，我准备把两个孩子也带回去。[①]

这是老党员孔繁森第一次向党组织提出要求。他没有为自己谋利益，没有为亲生子女谋利益，却一心想为这两位孤儿创造更好的生活条件。对待自己的亲生子女，孔繁森鲜少陪伴，但对待这两位藏族孤儿，孔繁森却不离不弃。在他看来，两名孤儿并非是他“爱的施舍对象”，他们之间是一种相互的爱，抱团取暖般的爱。孔繁森的妻子王庆芝曾说，在孔繁森最苦的时候，只有这两个孩子陪着他。[②] 这不仅是孔繁森对拉萨的奉献，更是孔繁森超越一切世俗的人性大爱。

（三）殚精竭虑，献身阿里

1992年底，西藏自治区党委决定任命他为阿里地委书记，这意味着孔繁森将继续留在西藏工作。面对人生之路又一次重大选择，他毫不犹豫地服从党的决定，服从人民的需要。1993年，孔繁森进藏工作期满，但他继续留在西藏，担任阿里地委书记。阿里地处西藏自治区西北部，平均海拔4500米，被称为“世界屋脊的屋脊”。阿里的面积相当于两个山东省，而人口仅有6万，地广人稀，这里长年气温零度以下，最低温度达零下40多度，每年7至8级大风占140天以上，恶劣的自然环境，艰苦的生活条件使许多人都望而却步。但是，孔繁森却说：“组织分配我到这个地方，我就应该尽力去干好，只要不病倒，就得想办法把工作干好！”[③] 他说到做到。到达阿里的前两个月，孔繁森就跑了7个县的部分乡镇和边防连队，这让他对阿

① 中共中央组织部研究室、中共山东省聊城地委编：《孔繁森札记》，党建读物出版社，1996年，第154—155页。

② 王文杰：《电视连续剧〈孔繁森〉导演阐述》，《中国电视》1996年第2期，第45—46页。

③ 中共中央组织部研究室、中共山东省聊城地委编：《孔繁森札记》，党建读物出版社，1996年，第148页。

里的面积与工作难点有了直观的认识。他在给时任西藏军区政委胡永柱的信中写道："由于这个地区面积大，30 多万平方千米，有的乡要骑四五天的马才能到达。加上 1000 多公里的边防线，和印度的争议地区又多，工作起来比较困难。"[①] 这种亲身前往的调查研究，是孔繁森一贯的工作风格。据同事回忆，孔繁森下乡有"四必到"：必到贫困户家中，必到敬老院，必到学校，必到边防哨卡。他常说："人民公仆的办公室在基层，在牧民的土屋和帐篷里。"不到两年的时间，他跑遍了阿里 106 个乡中的 98 个，和 5000 多名干部群众进行过交流座谈。

经过深入的走访调查，孔繁森主持制定了阿里"北联新疆，南拓边贸，因地制宜，分类指导，建设 3 个不同类型又互为补充的区位经济开发区"的发展规划。在他的争取和努力下，阿里防抗灾基地、狮泉河排水工程、五县住房改造工程被列入西藏自治区成立 30 周年大庆建设项目。一大批服务民生的项目相继实施。山羊绒梳绒厂、鱼骨粉加工厂、硼矿脱水厂、水泥厂等拔地而起，为阿里的经济建设添砖加瓦。孔繁森任职一年的时间里，阿里地区生产总值比上年增长了 37.5%，居民收入比上年增长了 6.7%。他曾在日记中写道："阿里的贫穷是我们的耻辱，带领群众致富是我们的天职。"他生命的最后十天，还在为阿里的发展而奔波，办成了十件大事。就在牺牲的头天晚上还写下了《阿里亟待解决的十二个问题》，成为留在雪域高原的绝笔。

除此以外，孔繁森依然热心于帮助农牧民的生活。他还是一如既往，在下乡途中为农牧民看病，常常累得连胳膊都抬不起来。时间一久，群众们的心和孔繁森贴得更近了，他们亲切地喊他"书记，康不机呀咕嘟"[②]。他还是用自己的工资接济农牧民，甚至在赴阿里之前，他拿走了家中全部的 3 万元存款。但是，轮到他自己及家人，他

① 中共中央组织部研究室、中共山东省聊城地委编：《孔繁森札记》，党建读物出版社，1996 年，第 146 页。

② 孔繁森同志纪念馆编写：《孔繁森》，江苏凤凰教育出版社，2017 年，第 69 页。

却是要靠借钱才能勉强凑齐病妻返乡的路费，靠卖掉老家仅有的棉花才勉强攒够女儿结婚的花销。在孔繁森车祸牺牲后，人们在他的身上找到的现金只有 8 元 6 角，而家人从西藏拉回他的遗物中，最值钱的也仅仅是个日立牌的电视机。此情此景，使得无数人落泪。

在孔繁森的葬礼上，有这样一副挽联："一尘不染，两袖清风，视名利安危淡似狮泉河水；两离桑梓，独恋雪域，置民族团结重如冈底斯山。"这是孔繁森一生的真实写照。"青山处处埋忠骨，一腔热血献高原"，孔繁森用自己的行动，兑现了曾经的诺言。

时光荏苒，孔繁森一直为人民所怀念，他的事迹广为流传。"全国民族团结进步先进个人"① "全国先进工作者"② "100 位'新中国成立以来感动中国人物'之一"③ "改革先锋" "党员领导干部的楷模"④ ……这些党和人民赋予孔繁森的称号，正是对他的人品、他的精神的最高褒奖。

第二节　孔繁森精神的内涵特质及发展历程

习近平总书记曾号召学习孔繁森同志"爱的最高境界就是爱人民"的境界感，他称赞孔繁森是"领导干部的好榜样"，要向焦裕禄、孔繁森、郑培民等英模人物学习，"做一个亲民爱民的公仆，做一个忠诚正直的党员，做一个靠得住、有本事、过得硬、不变质的领

---

① 1994 年 9 月，孔繁森被国务院授予"全国民族团结进步先进个人"称号。

② 1995 年 4 月 24 日，孔繁森被追认为全国先进工作者。

③ 2009 年 9 月 10 日，在中央宣传部、中央组织部、中央统战部、中共中央文献研究室、中央党史研究室、民政部、人力资源社会保障部、全国总工会、共青团中央、全国妇联、解放军总政治部等 11 个部门联合组织的"100 位为新中国成立做出突出贡献的英雄模范人物和 100 位新中国成立以来感动中国人物"评选活动中，孔繁森被评为"新中国成立以来感动中国人物"之一。

④ 2018 年 12 月 18 日，党中央、国务院授予孔繁森同志改革先锋称号，颁授改革先锋奖章，并获评党员领导干部的楷模。

导干部"[1]。这一号召，表现了总书记对孔繁森同志的深切缅怀，也体现了总书记对孔繁森精神的肯定。习近平总书记强调："伟大的事业需要伟大的精神。"孔繁森作为西藏干部的代表、党员领导干部的楷模，他以自己的实际行动展现了当代共产党人的优秀品质，塑造了新时期党的领导干部的崇高形象，用生命和鲜血谱写了一曲具有时代精神的奋斗之歌、创业之歌、奉献之歌，这使得它的精神具有时代意义。

一、孔繁森精神的内涵特质

总书记对孔繁森的称赞，概括了孔繁森精神的内涵特质。郑方云在《新时代视域下弘扬孔繁森精神的价值意蕴》一文中，从五个方面讨论了孔繁森精神的内涵，即忠诚精神、奉献精神、务实精神、斗争精神、革命精神。这五种精神的影响深远，不仅是改革开放时代的需要，更是民族复兴伟业所呼唤的伟大精神。[2]

（一）忠诚精神：孔繁森精神的主基调

"天下至德，莫大于忠。"忠诚是中国共产党人必须具备的政治品格，是每个党员入党宣誓时的政治承诺。习近平总书记指出："对党绝对忠诚要害在'绝对'两个字，就是唯一的、彻底的、无条件的、不掺任何杂质的、没有任何水分的忠诚。"这不仅事关党的事业兴衰成败，而且关乎国家的长治久安。孔繁森的绝对忠诚在两个方面下了大功夫。一方面，他将党章意识融入血液，知行合一。习近平总书记强调："全党同志要强化党的意识，牢记自己的第一身份是共产党员，第一职责是为党工作，做到忠诚于组织，任何时候都与党同心同德。"得到党的召唤，孔繁森两离桑梓，独恋雪域。"难道还要让

---

① 习近平：《执政意识和执政素质至关重要》，载于《之江新语》，浙江人民出版社，2007 年。

② 郑方云：《新时代视域下弘扬孔繁森精神的价值意蕴》，《山东干部函授大学学报（理论学习）》2020 年第 4 期，第 49—51 页。

党点名?"[①] 他见困难就上，有荣誉就让，舍小家为大家，用自己的力量兑现着“青山处处埋忠骨，一腔热血洒高原”的铮铮誓言。这是他在党言党，在党为党的最好写照。另一方面，孔繁森有极高的政治站位。他在回顾自己成长经历时说：“我1965年入党，自参加工作以来，对共产主义的信念从没有动摇过、改变过，不管是工作顺利的时候，还是我们党处于困难时期，自己都坚信党的领导，坚定共产主义信念。”这体现了孔繁森对党员身份的认同。他对党交给的政治工作有明晰的认识：“西藏是祖国不可分割的一部分”“加强民族团结，促进西藏发展”“做好双拥工作，巩固边防建设”。这些内容都是孔繁森建设西藏、发展西藏的精神基础。“咱是党的人”，孔繁森之所以能够在西藏做出一番成就，他忠于信仰、忠于国家、忠于人民、忠于组织的钢铁意志一定是不可缺少的原因。“打铁还须自身硬”，孔繁森的忠诚意志，正是他能够担起西藏人民美好生活重担的力量来源。

（二）奉献精神：孔繁森精神的主旋律

习近平总书记指出：“我们共产党人讲奉献，就要有一颗为党为人民矢志奋斗的心。”奉献就是“在关键时刻冲得上去，在危难关头豁得出来，用行动诠释着担当，用辛劳书写大爱”[②] 的精神品质。孔繁森的奉献精神表现在三个方面。

第一，孔繁森有坚定的人民立场。人民需要的时刻就是关键时刻，就是危急关头，为人民解决群众的操心事、烦心事就是共产党员的职责与使命。在“一个人爱的最高境界是爱别人，一个共产党员爱的最高境界是爱人民”座右铭的指引下，孔繁森会在零下20多度的极寒天气下，脱掉自己的毛衣毛裤送给藏族老阿妈；在孤寡老人病危之时口对口地帮他吸痰，更会卖血抚育三个地震遗孤。视百姓如父

---

① 中共中央组织部研究室、中共山东省聊城地委编：《孔繁森札记》，党建读物出版社，1996年，第3页。

② 勇于担当　甘于奉献 https://www.ccps.gov.cn/llwx/202004/t20200401_139178.shtml。

母，视人子为亲子，舍小家顾大家，这是一个共产党人博大胸怀的体现。

第二，孔繁森常怀感恩之心。来到西藏，孔繁森心中不仅有西藏人民，更有广大保卫西藏、建设西藏的官兵干部。他曾在诗中写道："多少人民血，换来边关荣。"① 边关的繁荣，离不开守边战士的无私付出。因此，孔繁森时常奉献自己，温暖每一位边关战士的心。在岗巴，他为守边战士捐出自己的取暖牛粪，为战士们的冬天奉献一份温暖。在阿里，他跑遍了边关的每一个哨卡，帮助"无人区"边防战士吃上了新鲜蔬菜和羊肉，解决了军马专用草场问题，落实了巡逻执勤征用的马匹和牦牛。逢年过节，孔繁森还会自掏腰包，为战士们购买节令食品，排遣他们的思乡之情。更为可贵的是，通过孔繁森积极奔走联络，当地邮电局终于在巴尔兵站设立了投递点，给那里的战士带来了抵抗寂寞的勇气。"酿得百花成蜜后，为谁辛苦为谁甜?"边关战士为祖国履行守边使命，孔繁森代表人民感恩他们，并用自己的奉献为战士们筑牢了热爱边疆、重视边疆的思想根子。江山就是人民，人民就是江山。这种令人感动的双向奔赴，正是孔繁森奉献精神的价值所在。

第三，孔繁森有坚定的理想信念。共产党的宗旨是全心全意为人民服务。只有坚定理想信念，才能吃得下苦、耐住寂寞，甘为人梯，辛苦耕耘。参加全国粮援项目会议后，孔繁森在归来的飞机上写道："这里还有不少人温饱问题没解决……凡是有觉悟、有良知的共产党员和国家干部，都应认真地沉思，想想这里的人民群众，并以实际行动积极地努力工作。"自上任阿里以后，他便把自己每月 500 多元的援藏补助都换成了 10 元零钱。他的同事小梁说，孔繁森每次下乡，看到小孩子就给 10 元，看到老百姓家里很穷就给 10 元，看到孤寡老人就给 10 元。② 钱虽不多，但是在偏远落后的阿里，这一张张 10 元，

---

① 中共中央组织部研究室、中共山东省聊城地委编：《孔繁森札记》，党建读物出版社，1996 年，第 123 页。

② 孔繁森同志纪念馆编写：《孔繁森》，江苏凤凰教育出版社，2017 年，第 78 页。

却让阿里群众感到了来自地委书记的关心，体会到了共产党员对人民的深厚感情。

（三）务实精神：孔繁森精神的主打歌

毛泽东说："没有调查，就没有发言权……调查就像'十月怀胎'，解决问题就像'一朝分娩'。调查就是解决问题。"调查研究一直是孔繁森的工作法宝。

第一，为了尽快开展工作，他不顾高原反应，在藏族群众的帮助下一次次练习骑马，仅仅用了一个半月就学会了骑马，适应了高原气候。为了赢得藏族同胞的信任，孔繁森穿藏装，学藏语，与藏胞亲切交谈，还强制自己很快习惯了吃风干牛羊肉，饮青稞酒，喝酥油茶。这些本领，让孔繁森成为岗巴县藏胞的贴心人，他们十分信任他、亲近他，都感慨地说："孔书记和我们是一家人啊！"[①]

第二，孔繁森善于真调查、广调查。孔繁森深入基层调查，从不流于形式，而是真听、真看、真感受。在岗巴，刚刚学会骑马的孔繁森就跑遍了整个县城，获得了大量的一手资料。在拉萨，身为副市长的孔繁森跑遍了全市 8 个区县所有公办学校和一半以上的乡、村办小学，走访过 48 个养老院。在阿里，地委书记孔繁森从南方的边境口岸到藏北大草原，从班公湖到喜马拉雅山谷地，全地区 106 个乡跑了 98 个，行程 8 万多公里。这些经历都为孔繁森提供了宝贵的一手材料，让他有足够的信心与把握，为所辖地区人民的经济、生活保驾护航。

第三，孔繁森十分重视向各方人士"取经"，一切对地区发展有益的举措他皆虚心采纳。他上任阿里地委书记不久，便拜访了丹增旺扎活佛[②]，就振兴阿里经济、改变阿里面貌听取活佛的意见和建议。他谦恭有礼，尊重活佛的信仰与习惯，获得了丹增活佛的好感。丹增

---

① 孔繁森同志纪念馆编写：《孔繁森》，江苏凤凰教育出版社，2017 年，第 48、49 页。

② 丹增旺扎活佛是有名的藏医，也是全国政协委员、阿里地区政协副主席。狮泉河镇建镇后，他来到这里创办了藏医院，是一位精通佛学和藏医的老人，德高望重。资料引自孔繁森同志纪念馆编写：《孔繁森》，江苏凤凰教育出版社，2017 年，第 59 页。

活佛向孔繁森反映了阿里地区医疗条件差、人手不够，牧民看病难的问题，并提出兴办藏医学校以培养人才的想法。两个月后，孔繁森为丹增活佛配备了专门用于去给牧民群众看病的轿车。而且，在孔繁森的支持下，阿里地区建成了培养专业人才的藏医学校。在孔繁森去世后，年逾八旬的丹增活佛还特意用汉文写了一篇悼念文章。

第四，孔繁森调研坚持问题导向。习近平总书记指出："调查研究是谋事之基、成事之道。没有调查，就没有发言权，更没有决策权。"在调研中发现问题，在调查后解决问题，是孔繁森行之有效的工作方法。孔繁森在尼木乡调研时，发现了当地群众普遍存在被大骨节病困扰的问题，他旋即组织各部门专家学者开展调研，甚至不辞辛苦，亲自陪伴专家去高海拔水源处取样。经过多方努力，尼木乡人民搬进了新居，用上了放心水，彻底告别了易患大骨节病的历史。孔繁森看到大骨节病对人民造成的危害，他没有回避问题、遮掩问题，而是正视问题，并拿出了接地气、有灵气、有效果的解决措施。这份勇气和担当，正是孔繁森求真务实精神的内核。

（四）斗争精神：孔繁森精神的长鸣曲

毛泽东同志在瓦窑堡会议上发表重要讲话时谈道："我们中华民族有同自己的敌人血战到底的气概，有在自力更生的基础上光复旧物的决心，有自立于世界民族之林的能力。"斗争精神是干部的政治本色和价值体现，这在孔繁森身上有极其明显的表现。来到高原，孔繁森要与自己的适应能力斗争，要与自己的思想斗争，更要与当地的生产生活环境作斗争。由此，形成了独特的斗争特点。

第一，孔繁森有"活着干，死了算"的高昂斗争热情。阿里地区环境艰苦，孔繁森却能苦中作乐，用自己的乐观精神感染别人。孔繁森在阿里地区调研，时常风餐露宿，他们饿了就吃口风干牛羊肉，渴了就喝口山上流下来的雪水。但是，孔繁森从不愁眉苦脸，反而经常说些笑话，调节随行人员的心态："快尝尝，这是上等的矿泉水，高原没有污染，等我们开发出来了，让外国人花美元来买！"面对同事善意的玩笑，孔繁森也会用风趣幽默的方式，坚持自己的行事风格。初到阿里，孔繁森带领工作组下乡调研，工作组的男同志们看到了他补丁摞补丁的内衣，纷纷开玩笑要“趁天黑偷偷扔了算了”，孔繁森幽默地回答：“反正穿在里面谁也看不见，《宪法》也没规定领导干部不能穿带补丁的衣服呀！”① 幽默的作用是让人从任何境遇中超脱出来。无论是艰苦的自然环境，还是常人善意的玩笑，孔繁森都能够以幽默的方式短暂地从中超脱出来，这是他精神强大的表现。

第二，孔繁森有着足够的担当干劲。孔繁森说：“阿里的贫穷，是我们的耻辱；率领群众致富，是我们的天职。”为了确定阿里的发展方向，孔繁森常常一连几天骑马下乡。他在马上的时间太长了，双腿总是被磨得血肉模糊，与衣服粘在一起。他就躲在自己的房间里悄悄清洗，忍痛揭下衣服。工作人员心疼他，他却说：“男子汉流点血怕什么，不要告诉别人。”② 功夫不负有心人，孔繁森总结出了阿里发展的六大优势，并主持制定了“北联新疆，南拓边贸，因地制宜，分类指导，建设3个不同类型又互为补充的经济区位开发区”的发展规划。终于，机器的轰鸣声唤醒了沉寂千年的荒原，阿里地区的宏伟蓝图在孔繁森手中一点点开始绘制。他在给女儿的信中写道：“阿里地委书记，这个称谓不仅是一个职务，一份履历，而且是一份责任，一副担子。”在孔繁森看来，功成不必在我，但是在任一天，就要鼓足干劲，敢干实干。

第三，孔繁森在奋斗中执着细致。“天下大事必作于细”，干工作更是如此，少一些浮躁、投机取巧，多一些持重、脚踏实地，把细节和质量结合起来，把政绩和为民结合起来，真心实意地说一件、办一件、成一件，才能确保件件是精品。在孔繁森任职拉萨市副市长期间，他就是以这种态度，在拉萨教育领域真抓实干。孔繁森深知教育事业对拉萨地区的民族团结事业、经济发展事业的重要影响，他提出

---

① 孔繁森同志纪念馆编写：《孔繁森》，江苏凤凰教育出版社，2017年，第63页。

② 孔繁森同志纪念馆编写：《孔繁森》，江苏凤凰教育出版社，2017年，第66页。

要“把教育事业当成战略重点来抓”“千秋大业，教育为本”①。

他用腿去跑教育，到任仅4个月的时间便跑遍了全市8个县区所有的公办学校和一半以上的村办小学。每到一地，他都召开座谈会，倾听记录基层教师、学生的声音，了解他们的困难。

他用嘴去说教育，在《孔繁森札记》中，记载孔繁森关于创业的讲话共有28篇，其中有8篇围绕西藏地区的教育展开。他不仅对老师讲期望，对学生讲未来，对主管干部讲意义，还代表西藏学生及家长，对帮助西藏地区发展教育的内地学校讲感谢。

他更是用心去“暖教育”。孔繁森知道，在西藏发展教育，教师是关键一环。教师的心暖了，西藏的孩子才有光明的未来。1994年，从拉萨开完会赶往阿里的孔繁森不顾舟车劳顿，连忙让工作人员请来区小学仅有的两位老师。这两位老师都是拉萨师范高等学校的毕业生，他们自愿来到高寒偏远的牧区教书，并准备在近期结婚。一见到他们，孔繁森便拿出一条专门为新娘卓嘎老师买的红色丝绸头巾，深情地祝愿他们幸福快乐，工作出色。这令两位教师感动不已。② 一条头巾，温暖了两位老师的心，他们更加坚定了教育理想，决心为牧区孩子撑起美好未来。教育是一项关乎每个学生命运的事业，也是一项关乎国家未来、民族前景的事业。孔繁森用自己的执着与细致，将爱的温度传递给了每一位学生、每一位老师，这是他斗争精神的可贵之处。

（五）革命精神：孔繁森精神的最强音

习近平总书记强调：“领导干部就是要守得住清贫、耐得住寂寞、稳得住心神、经得住考验。”孔繁森的革命精神表现在三个方面。

其一，孔繁森不断推进自我革命，敢于自我完善、自我革新。孔繁森到阿里担任地委书记以后，经常讲“要有勇于创新敢担风险的

① 中共中央组织部研究室、中共山东省聊城地委编：《孔繁森札记》，党建读物出版社，1996年，第35页。

② 孔繁森同志纪念馆编写：《孔繁森》，江苏凤凰教育出版社，2017年，第56页。

精神”。他深感“阿里经济落后，除历史原因外，主要是观念落后，应该把改革开放作为地区全部工作的主题”。便不断探索适合当地改革和经济发展的新路子，提出了有关阿里教育、卫生、旅游、机构的一系列改革建议。①

其二，孔繁森树立了正确且牢固的权力观。电影《孔繁森》中有这样的片段：一位包工头为了能够承包地委干部宿舍的工程，向孔繁森送上3000元钱。而急需用钱的孔繁森却说：“钱是你所珍贵的东西，清廉是我所珍贵的东西。”硬是把不义之财拒之门外。② 现实中，孔繁森也是如此，即使是使用几根公家废弃的暖气管，他都要按照市场原价交费，绝对不占公家的便宜。③“咱不能沾公家的光”，孔繁森一生都以这句话为奉事原则。

其三，孔繁森始终保持谦虚谨慎、不骄不躁、艰苦奋斗的优良作风。常修为政之德、常思贪欲之害、常怀律己之心，这是孔繁森对自己，乃至对家人的要求。他在与小女儿孔玲的信件中，不止一次告诫女儿要虚心，在生活中不要“虚荣心太强”④，在学习上要善于“三人行，必有我师”⑤。就连春节回家，孔繁森也嘱咐女儿要“夹着尾巴做人”⑥。孔繁森对自己的要求也是如此。在雪域高原上，孔繁森如同愚公一般，一点点带领阿里人民移走头顶“贫穷”的大山。在他的带领与鼓励下，阿里人民经过一整年的努力，终于将阿里从一个连菜市场都没有的闭塞之地，发展到有自己本地的商店与饭店的局

---

① 走进孔繁森的精神世界 https://www.gmw.cn/01gmrb/1998-05/03/GB/17681%5EGM3-0306.HTM。

② 卢发昌：《清廉是我们所珍贵的——观电视剧〈孔繁森〉》有感》，《电影评价》1996年第2期，第23页。

③ 孔繁森同志纪念馆编写：《孔繁森》，江苏凤凰教育出版社，2017年，第77—78页。

④ 中共中央组织部研究室、中共山东省聊城地委编：《孔繁森札记》，党建读物出版社，1996年，第133页。

⑤ 中共中央组织部研究室、中共山东省聊城地委编：《孔繁森札记》，党建读物出版社，1996年，第135页。

⑥ 中共中央组织部研究室、中共山东省聊城地委编：《孔繁森札记》，党建读物出版社，1996年，第137页。

面。但是，孔繁森仍常常对自己感到不满意：“我应该给社会、给周围的同志、给家庭带来更多的幸福，可惜由于文化素质低，我没有能力办到……我要在今后的岁月，加倍多做点工作，给人民、给社会多留一点东西。”清正廉洁、艰苦奋斗，这是孔繁森革命精神的特点所在，也是党和人民对党员干部最起码的要求。他是党员干部们的表率，值得大家学习。

二、孔繁森精神的发展历程

“江山代有才人出，各领风骚数百年”。在百年党史中，每一种红色文化精神的产生都不是孤立的，而是继往开来、不断开拓的。孔繁森精神也不例外，它的产生与其他革命精神息息相关，一脉相承。因此，在探讨孔繁森精神的继承和发展之前，我们需要搞清楚，在改革开放的历史背景下，时代赋予孔繁森的职责与使命是什么，大环境的变化带给他的新认识又是什么。由此，我们才能真正走入孔繁森的精神世界，了解红色文化精神带给孔繁森巨大的动力，也为孔繁森精神在红色文化精神谱系中找到对应的位置。

（一）从“两不怕”到“主人翁”：孔繁森精神与老西藏精神的关系

孔繁森是一名“老西藏”，他的精神脱胎于老西藏精神，并继承发展了老西藏精神中的革命精神。

“老西藏”指的是在西藏解放初期和以后一个时期进藏的同志群体（20 世纪 80 年代以前）。他们以边疆为家，护藏援藏，形成了“特别能吃苦，特别能战斗，特别能忍耐，特别能团结，特别能奉献”“长期建藏，两不怕；艰苦创业，守法纪”的老西藏精神。这种精神的形成，凝结着无数“老西藏”们的心血与汗水。为了祖国统一、领土完整，老西藏们骁勇善战，打赢了昌都战役、拉萨战役与中印边境自卫反击战；为了藏族同胞的自由解放，老西藏们多方奔走，积极宣传，不仅进行了民主改革，还在“稳定发展”的方针政策下，带领西藏人民迎来了和平解放后的第一个黄金时代；为了西藏人民的安居乐业，老西藏们面对物资匮乏的境地，开疆拓土，殚精竭虑，带领西藏人民修建了青藏公路、羊卓雍湖电站等基础设施，不仅为西藏人民提供了生活保障，而且对西藏经济社会发展奠定了坚实基础。习近平总书记指出："在高原上工作，最稀缺的是氧气，最宝贵的是精神。"这正是老西藏精神的价值所在。

孔繁森作为老西藏的一员，他的一言一行体现着老西藏精神。在岗巴，孔繁森以脚丈量大地，短短的3年时间里，跑遍了全县的乡村、牧区，访贫问苦，和当地群众一起收割、打场，干农活、修水利，赢得了岗巴人民的高度赞扬。在拉萨，他为发展少数民族的教育事业，在到任4个月的时间，就跑遍了全市8个县区所有的公办学校和一半以上的村办小学；为了解决尼木县续乡群众易患大骨节病的历史，他多次陪同专家爬到海拔将近5000米的山顶水源处采集水样，竭尽所能协调各方，为群众打井取水①。在阿里，他为了寻找带领群众脱贫致富的路子，不仅多方求计问策，而且深入调查，走遍了阿里的千山万水。在他的带领下，1994年，阿里地区生产总值超过1.8亿元，比1993年增长37.5%②。孔繁森曾说道："作为一名党员要自尊、自爱、自奋、自强。你做出一个大的行动时，首选要问一个为什么，是否符合党和人民的利益，是否有利于党的团结。"③ 他在西藏的所作所为，无不是以党性为基础，忠诚使命，坚韧不拔，奋发图强，矢志不渝地为西藏人民的美好生活而奋斗。可见，孔繁森精神脱胎于老西藏精神，是老西藏精神的延续与发展。

孔繁森精神在继承红色文化精神的同时，又融入了时代特征，形成了鲜明个性。比如，他结合实际，为老西藏"长期建藏，两不怕"注入了新的内涵。所谓"两不怕"，即"一不怕苦，二不怕死"。这个口号最早产生于战争年代，来源于四川徒步进军拉萨的十八军五十

---

① 孔繁森同志纪念馆编写：《孔繁森》，江苏凤凰教育出版社，2017年，第58页。

② 孔繁森同志纪念馆编写：《孔繁森》，江苏凤凰教育出版社，2017年，第67页。

③ 中共中央组织部研究室、中共山东省聊城地委编：《孔繁森札记》，党建读物出版社，1996年，第8页。

五团修筑康藏公路的艰苦征程中。[①] 后来，它又在中印边境自卫反击作战中成为战士们的铮铮誓言，成为“撼山易，撼解放军难”的最好写照。[②] 孔繁森对“两不怕”内涵的丰富，在于他把这种战斗精神，应用到建设西藏、发展西藏的日常生活中，表现了“青山处处埋忠骨，一腔热血献高原”[③] 的高尚境界。

没有了刀光剑影的战场，但是西藏极高的海拔、凛冽的寒风、毫无预兆的极端天气和突如其来的地震等特殊的气候条件与自然环境，是每一位援藏干部都要面对的“没有硝烟的战场”。他们不仅要从生理上战胜自己，更要担负保障西藏人民生活的责任，孔繁森就是其中的代表。在责任与使命面前，他不畏惧挑战，更不畏惧死亡。他在极重度高原反应的情况下，写下诀别信并要求：“我在哪里发生不幸，就把我埋在那里。”[④] 谈到进藏工作的危险，他也是淡淡地提道：“这次去西藏，如有不测，过年时，只求为我摆放一碗水饺、一双筷子……”[⑤] 进藏10年，他3次遇险，最后倒在了为人民群众服务的征途中。可以说，孔繁森用自己的一生兑现了最初的誓言：“我下定决心，把自己的一切献给这块土地，献给勤劳勇敢的西藏人民。”[⑥] 孔繁森对西藏爱得深沉，爱得极致，甚至他以一种主人翁的心态[⑦]，在西藏找到了归属感。这正是他对“一不怕苦，二不怕死”的革命精神在和平年代的继承与发展，也是孔繁森精神的忠诚内涵的根基所在。

---

① 阴法唐：《从泰山到珠峰：阴法唐回忆录》，中国藏学出版社，2021年，第447—448页。

② 阴法唐：《从泰山到珠峰：阴法唐回忆录》，中国藏学出版社，2021年，第447—448页。

③ 中共中央组织部研究室、中共山东省聊城地委编：《孔繁森札记》，党建读物出版社，1996年，第9页。

④ 中共中央组织部研究室、中共山东省聊城地委编：《孔繁森札记》，党建读物出版社，1996年，第131页。

⑤ 孔繁森同志纪念馆编写：《孔繁森》，江苏凤凰教育出版社，2017年，第50页。

⑥ 中共中央组织部研究室、中共山东省聊城地委编：《孔繁森札记》，党建读物出版社，1996年，第9页。

⑦ 孙向军：《孔繁森承载的是“老西藏精神”》，《西藏日报》（汉文版）2019年8月5日，第6版。

（二）从“在困难面前逞英雄”到“前人无迹处，何人来开拓”：孔繁森精神与焦裕禄精神的关系

孔繁森生前任阿里地委书记。在他殉职后，媒体多称他为“新时代的焦裕禄”。焦裕禄曾任兰考县委书记。20 世纪 60 年代，他带领百姓排内涝、战风沙、治盐碱，想尽办法摘掉兰考的穷帽子，即便身患肝癌也不下火线。1964 年，焦裕禄因病去世。2009 年，时任中共中央政治局常委、国家副主席的习近平将焦裕禄精神概括为“亲民爱民、艰苦奋斗、科学求实、迎难而上、无私奉献”。在 20 世纪 90 时代的大潮下，少数干部经不起考验，他们把为人民服务的宗旨抛到九霄云外，背离人民，违法乱纪，甚至出现了腐败的现象。这无疑在干群之间、党群之间无形中筑起一道高墙，隔断了党与群众的联系，玷污了党的形象，造成了许多不安定因素。[①] 时代迫切需要焦裕禄那种敢于“在困难面前逞英雄”的气概，与“心中装着全体人民，却唯独没有自己”的情怀。孔繁森精神的应运而生，是对焦裕禄精神的继往开来。

孔繁森是“焦裕禄式”的好干部，他“忠诚、奉献、务实、斗争”的精神内涵，正是继承焦裕禄精神的写照。20 世纪 90 年代是一个深化发展与追求稳定并存的年代，孔繁森的胆识和气魄、能力和责任，让他成为人民的主心骨。他的精神也在改革发展的过程中得到了升华。其中，孔繁森的务实精神中的求新求变，正是他的特点所在。

第一，孔繁森对建设西藏有定位。知己知彼，百战不殆，这表现在他对阿里地区发展的规划上。孔繁森 1992 年底任职阿里地区，上任不到一年，他就对阿里地区发展的不足有了清醒的认识。他在《当前工作存在的困难和问题》中归纳到，阿里“自然条件差、交通能源建设落后、观念陈旧、财力紧缺、人才匮乏”[②] 都是阿里经济建设和各项工作很难跟上全区步伐的问题所在。针对这些问题，他深入

① 穆青、冯健、周原：《人民呼唤焦裕禄》，《瞭望周刊》1990 年第 28 期，第 4—8 页。

② 中共中央组织部研究室、中共山东省聊城地委编：《孔繁森札记》，党建读物出版社，1996 年，第 89 页。

基层，开展调研。1994 年 10 月，他在《充分发挥阿里的优势》中，总结了阿里实现发展得天独厚的五大发展优势，即区位优势、畜牧业优势、矿产品优势、旅游资源优势、政策优势。[①] 1994 年 10 月 29 日，孔繁森在《加大改革力度，扩大开放范围》中提到他对阿里地区发展的计划。这份文件涉及农牧区改革、企业改革、对外开放三个方面，孔繁森都提出了具体的、可实施的方案。这份文件提出的改革方法，是孔繁森高原绝笔所写内容的序章。它们是孔繁森为阿里地区绘制的蓝图。由此可见，孔繁森的殉职对阿里地区是极大的损失。

第二，孔繁森对建设西藏有远见。高屋建瓴，长计远虑，这表现在他对西藏教育事业的关注上。孔繁森在拉萨任职期间分管文教、卫生和民政工作。他对发展西藏地区教育事业的重要性有着深刻认识："从西藏的经济发展看，应该从等、靠、要的观点转向做贡献的观点来发展西藏教育。西藏地大物博，矿产丰富，但缺乏人才。"[②] 他到任仅 4 个月的时间，就跑遍了全市 8 个县区所有的公办学校和一半以上的村办小学，了解拉萨地区少数民族学生的教育情况。针对西藏教育的特殊性，孔繁森更是因地制宜，提出"要多层次的搞好教育"，即"重点抓好基础教育，下决心花力气抓好师资队伍的培训。同时要从实际出发，办好各种形式的专业技术学习，还要抓好巩固、整顿、提高高等教育的工作"[③]。在他的努力下，拉萨全市考入内地院校的藏族学生达 2000 多名，居全国各自治区之首。除此以外，拉萨地区的师资队伍也得到了充实和加强，师资培训基地相继建立，拉萨市还成立了第一所职业学校。[④] "千秋大业，教育为本"[⑤]，拉萨教育

---

① 中共中央组织部研究室、中共山东省聊城地委编：《孔繁森札记》，党建读物出版社，1996 年，第 72 页。

② 中共中央组织部研究室、中共山东省聊城地委编：《孔繁森札记》，党建读物出版社，1996 年，第 38 页。

③ 中共中央组织部研究室、中共山东省聊城地委编：《孔繁森札记》，党建读物出版社，1996 年，第 38 页。

④ 孔繁森同志纪念馆编写：《孔繁森》，江苏凤凰教育出版社，2017 年，第 56 页。

⑤ 中共中央组织部研究室、中共山东省聊城地委编：《孔繁森札记》，党建读物出版社，1996 年，第 131 页。

事业的蓬勃发展，正是孔繁森为建设西藏深谋远虑的极好体现。

第三，孔繁森对建设西藏有态度。敢打敢拼，变亦不变，这在孔繁森关于转变作风的讲话中多有体现。“说一万句空话，不如做一件实事。”① “领导干部应是一名‘通才’。”② “观念要更新，作风要转变。”③ “上下通气，做好工作。”④ “工作要上去，干部要下去。”⑤ “不掩盖问题，不推脱责任。”⑥ “拼搏、奋斗、付出”⑦“不搞花架子”⑧，等等。这些铿锵有力的话语，皆出自孔繁森第二次援藏以后的讲话。在新时代中，孔繁森在工作方法上求新求变，但是他爱民为民的态度并未改变，而是紧随时代，大力将之落到实处，形成了扎扎实实的工作作风。

由此可见，孔繁森求新求变的精神，源自爱民为民的理想信念，这与焦裕禄精神一脉相承。而孔繁森建设西藏有定位，有远见，这是其在时代背景下对焦裕禄精神的升华发展。“百姓谁不爱好官”，这是人们对焦裕禄的呼唤，也是对孔繁森这样的“焦裕禄型”干部的殷切期待。

---

① 中共中央组织部研究室、中共山东省聊城地委编：《孔繁森札记》，党建读物出版社，1996 年，第 89 页。

② 中共中央组织部研究室、中共山东省聊城地委编：《孔繁森札记》，党建读物出版社，1996 年，第 82 页。

③ 中共中央组织部研究室、中共山东省聊城地委编：《孔繁森札记》，党建读物出版社，1996 年，第 85 页。

④ 中共中央组织部研究室、中共山东省聊城地委编：《孔繁森札记》，党建读物出版社，1996 年，第 87 页。

⑤ 中共中央组织部研究室、中共山东省聊城地委编：《孔繁森札记》，党建读物出版社，1996 年，第 88 页。

⑥ 中共中央组织部研究室、中共山东省聊城地委编：《孔繁森札记》，党建读物出版社，1996 年，第 92 页。

⑦ 中共中央组织部研究室、中共山东省聊城地委编：《孔繁森札记》，党建读物出版社，1996 年，第 96 页。

⑧ 中共中央组织部研究室、中共山东省聊城地委编：《孔繁森札记》，党建读物出版社，1996 年，第 97 页。

（三）从“为了别人幸福”到“为了共同幸福”：孔繁森精神与雷锋精神的关系

孔繁森与雷锋年龄相仿，他们都有从戎经历。这种经历，为他们塑造了颇为相似的社会主义价值观。1962 年，时年 22 岁的雷锋因公殉职，他的事迹伴随“学雷锋”活动在群众中得到广泛传播。在孔繁森的成长轨迹上，雷锋精神作为一种主流价值观，势必对其精神产生积极影响。

1963 年，周恩来在为雷锋题词时，将雷锋精神概括为“爱憎分明的阶级立场，言行一致的革命精神，公而忘私的共产主义风格，奋不顾身的无产阶级斗志”。雷锋的幸福观包括三个方面：一是个人幸福要与集体幸福相统一；二是物质生活的充裕要与精神生活的充实、高尚相统一；三是劳动是实现幸福的基本途径和方法，要把享受幸福和创造幸福相统一。[①] 概而言之，雷锋的幸福观，即“活着，就是为了别人过得更幸福”。

孔繁森也从实践角度谈论了“幸福”：

> 人生最大的幸福是什么？组织信任，群众拥护，工作胜任，能为他人解决点困难和痛苦，我认为这是人生的最大幸福。所以，我为能够两次进藏，帮助西藏同胞做些工作，心里感到由衷的幸福。[②]

这与雷锋精神异曲同工。随着时代的发展与个人阅历的提升，与雷锋精神相比，孔繁森的奉献精神呈现出了新的特征。这表现在孔繁森的奉献精神上，更突显了人性的重要作用。

首先，孔繁森奉献精神有贴近大众的情感来源。孔繁森的形象是

---

① 廖和湘：《雷锋幸福观是无产阶级幸福观的真实写照》，《长沙水电师院学报（社会科学版）》1991 年第 1 期，第 13—14 页。

② 中共中央组织部研究室、中共山东省聊城地委编：《孔繁森札记》，党建读物出版社，1996 年，第 10 页。

多元的，他既是一名领导干部，也是一个儿子、一个父亲。作为领导干部，孔繁森能够从党员义务的角度进行奉献。“同是炎黄子孙，同是在共产党的领导之下，凡是有觉悟、有良知的共产党员和国家干部，都应认真地沉思，想想这里的人民群众，并以实际行动积极地努力工作。”在这层身份下，孔繁森为民办实事、做好事，得到了群众的拥护。作为母亲的儿子、孩子的父亲，孔繁森并不避讳他对西藏人民的奉献，将对母亲、对子女的愧疚之情包含其间。“依依别情谁为寄，拳拳赤子何由来”“思乡思亲友，更思老母亲”这是孔繁森再度进藏写下的离别诗句。人非草木，孰能无情？离家援藏，让孔繁森失去了彩衣娱亲、儿孙绕膝的人伦之乐。他将这种对家人的亏欠，转化为对西藏老人、儿童的无尽关爱上。他曾动情地说：“我每看到这些孤寡老人，就像看到我 90 多岁的老母亲。孝敬好这些老人，也算忠孝两全吧！”[①]“老吾老以及人之老，幼吾幼以及人之幼”，这种出自人之常情的奉献，是孔繁森奉献精神的特点所在。

其次，孔繁森奉献精神是依托群体共同实现的。与雷锋“为人类的解放事业——共产主义贡献自己的一切”相比，孔繁森的奉献不仅有自己的一切，还包括家人的无尽支持。孔繁森对西藏同胞的无私奉献，离不开妻儿的支持。在孔繁森赴藏工作期间，他的妻子王庆芝毅然担起家庭的重任，即使在自家经济吃紧的情况下，她也支持孔繁森接济、救助西藏同胞；他的大女儿孔静默默原谅了父亲因工作繁忙未能出席自己的婚礼，奉献了自己在重要时刻期待已久的美满；他在外求学的小女儿孔玲更是一次次接受了父亲的爽约，奉献了自己享受父爱的权利。没有家人的奉献，孔繁森就无法奉献自己的全部。但是，也正是孔繁森的奉献举动，感染、带动了他的妻儿，让奉献精神成为一种家风，他们相互影响，相辅相成，共同构成了孔繁森精神中的奉献内涵。由个人到家庭，由小家到大家，潜移默化，润物无声，

① 程继峰：《论孔繁森的忧患意识》，载于《孔繁森精神研究》，黄河出版社，1997 年，第 83 页。

这是孔繁森对奉献精神的丰富之处。

最后，孔繁森奉献精神的表现形式是浪漫的。作为一名援藏干部，在西藏工作、生活的所思所感都是孔繁森创作的素材。他用文字记录了自己的心路历程，也向读者展示了一名援藏工作者对西藏的热爱与对援藏工作的雄心壮志。在他笔下，西藏的雪山“像美丽的姑娘亭亭玉立”[①]；西藏的湖水“像宝石一样镶嵌在座座雪山间”[②]；美丽的西藏“还有数不尽的宝藏”。西藏的人民更是可爱：“满城酥油散幽香，北风习习拂面凉。迈步大街闲消遣，异族风光趣味长。”[③]一切景语皆情语，他记录下俏丽活泼的西藏，立下了豪言壮志：“血汗洒边疆，丰碑树高原。”[④] 同样地，也正是由于孔繁森甘愿奉献，他才能在援藏工作中感到快乐：“多少人民血，换来边关荣。思之立壮志，虽苦有笑声。”[⑤] 这种快乐，让他能够在工作中秉持信念：“缺氧带来体失重，盈雪净化凌魄魂”[⑥]；更让他乐于在平凡中奉献：“老是把自己当做珍珠，就时时刻刻有被埋没的痛苦；把自己当做泥土吧，让众人把你踩成一条路。[⑦]”被埋没的“珍珠”与随处可见的泥土应该以什么形式被别人看见？在孔繁森看来，与其做华而不实的珍珠，不如成为人们生活中不起眼，却不可或缺的泥土。

或许是年龄与阅历的缘故，与雷锋精神相比，孔繁森的奉献既传

---

① 《抒怀》，载于中共中央组织部研究室、中共山东省聊城地委编：《孔繁森札记》，党建读物出版社，1996年，第106页。

② 《抒怀》，载于中共中央组织部研究室、中共山东省聊城地委编：《孔繁森札记》，党建读物出版社，1996年，第106页。

③ 《异族风光趣味长》，载于中共中央组织部研究室、中共山东省聊城地委编：《孔繁森札记》，党建读物出版社，1996年，第108页。

④ 《咏红柳》，载于中共中央组织部研究室、中共山东省聊城地委编：《孔繁森札记》，党建读物出版社，1996年，第119页。

⑤ 《虽苦有笑声》，载于中共中央组织部研究室、中共山东省聊城地委编：《孔繁森札记》，党建读物出版社，1996年，第123页。

⑥ 《净魂》，载于中共中央组织部研究室、中共山东省聊城地委编：《孔繁森札记》，党建读物出版社，1996年，第120页。

⑦ 《把自己当做泥土》，载于中共中央组织部研究室、中共山东省聊城地委编：《孔繁森札记》，党建读物出版社，1996年，第106页。

承了雷锋精神的英雄豪气，又兼顾了他作为儿子、丈夫、父亲的特殊情感。孔繁森奉献精神的难得之处，在于突显了他作为一名普通人，在个人与集体利益间抉择的心路历程：在人性“为己”的本能下，孔繁森能够做到毫无保留地、快乐地奉献自我，而且他的行为能够获得亲人的无尽支持，这种人性大善，正是其精神的闪光之处。

第三节　孔繁森精神的历史地位与时代价值

确立什么样的典型，就明确什么样的标准；树立什么样的榜样，就体现什么样的导向。榜样是有形的正能量、鲜活的价值观，正如毛泽东同志所说：“典型本身就是一种政治力量。”与榜样越近，心灵共鸣越响亮；对照楷模越多，行事作风越正派。孔繁森就是这样的榜样。他的事迹一经报道，便获得了各民族、各阶层、各党派、各种政治力量，乃至跨文化、跨宗教的认同。这表明，作为榜样的孔繁森，他的价值意义远远超出本身，人人皆可从他的事迹中获取自己的精神力量。

孔繁森精神是一种价值，它在孔繁森的实践与社会需要共同作用下产生，是将孔繁森个人价值升级为社会价值的过程。这种精神是党和人民群众在中国特色社会主义现代化建设中的指引，必将成为实现中华民族伟大复兴中国梦的精神支持。

一、孔繁森的历史地位

孔繁森的事迹一经报道，在当时引起了巨大反响，人们感慨于他独恋雪域的忠诚担当，感动于他无私奉献的善良，并在孔繁森艰苦奋斗谋发展的实干中获取前进的力量。时至今日，孔繁森离世近 30 年，但他的精神仍为人敬仰，时代呼唤孔繁森精神，人民向往孔繁森精神。从历史的角度讲，孔繁森精神有其独特价值，我们可以从个人发展、革命事业与时代特点角度，探讨不同维度下孔繁森精神的历史地位。

（一）孔繁森精神是实现人生价值的方式

从个人角度讲，孔繁森精神的伟大之处，在于他用悲壮而崇高的方式实现了人生价值。孔繁森最打动人的地方是情感，最突出的情感是善良，他最善良的举动是坚持。孔繁森的身份，一直处在“一个领导干部的楷模”和“有着完善人性的普通人”[①] 的交汇点上。他对个人价值的认识是淳朴的，只有“组织信任，群众拥护，工作胜任，能为他人解决点困难和痛苦”四个方面。但是，孔繁森却能为此倾尽全力。两离桑梓，独恋雪域，孔繁森“抛家舍业”式地援藏，让他完成了组织交代的任务，不愧对组织的信任。在阿里，孔繁森深入基层，进村入户搞调研，真正站在群众角度想问题。在他的努力下，阿里经济的发展、阿里人民的生活状况都得到了有力的改善。孔繁森深入群众，与群众亲如一家的工作方法，成了群众的贴心人，阿里人民亲切地称他为“菩萨”。他的好友，电视剧《孔繁森》的导演王文杰这样评价他：“孔繁森的伟大不在于他无私，不在于他毫不利己专门为人，而在于虽然他和我们一样爱家、爱亲人、愿意过上好一点的日子，但当他面前还有人在受苦的时候，当人民还需要他的时候，他把人民放在了第一位，并且为此不惜牺牲自己的利益和幸福，直至自己的鲜血和生命。因为他有着和我们一样的种种渴望，所以我们感觉他是我们中的一员，因为他真正做到了为人民服务，所以他超越普通人成为我们时代的英雄。”[②] 在孔繁森身上，人性的善良是他人生价值的底色，党性的忠诚更使之闪闪发光，二者共同构成了孔繁森精神中感人的一面。

孔繁森最善良的举动是“坚持”。在“为人民服务”这件事上，孔繁森是一个追求极致的人。仅在下乡途中义务为农牧民看病一事，孔繁森就由岗巴坚持到拉萨，又从拉萨坚持到阿里。这些事情虽然平

---

① 赵冬苓：《总想走进你心里——电视连续剧〈孔繁森〉编剧手记》，《中国电视》1996 年第 2 期，第 43—44 页。

② 王文杰：《电视连续剧〈孔繁森〉导演阐述》，《中国电视》，1996 年第 2 期，第 45—46 页。

凡，但是孔繁森“毕生自修无尽期”，不以事难而不做，不以善小而不为。在日积月累的实干中，这种来自善良的坚持，终于将无形化为有形，成为孔繁森精神不可缺少的部分。这种坚持是最大的博爱，但走向极致，亦会有一种“力难胜任的痛苦”。电视剧《孔繁森》的编剧赵冬苓在谈论孔繁森的心态时提到，孔繁森内心的痛苦和根源，来源于对两种身份的取舍。孔繁森“越是做，越是做得不够，越是爱，欠得就越多”①。赵冬苓认为，这种无法调和的矛盾，让孔繁森频繁地想到“献身”这个词，也只有献身雪域高原，他才能完成最终的解脱。② 这种推测，与孔繁森手书条幅“是七尺男儿生能舍己，作千秋鬼雄死不还乡”相对应。最慢的脚步不是跬步，而是徘徊；最快的脚步不是冲刺，而是坚持。孔繁森踏踏实实地耕耘西藏净土，勤勤恳恳地实现着自己以善良为底色的人生价值。这种以人性为底色的善良，与以踏实为内核的坚持，为孔繁森精神奠定了独特的价值。

（二）孔繁森精神是“老西藏精神”的典型代表

从革命事业角度讲，孔繁森精神的伟大之处，在于他承载着“老西藏精神”。而孔繁森也是西藏优秀干部的典型代表。孙向军所写《孔繁森承载的是“老西藏”》一文对孔繁森精神与老西藏精神的关系进行了具体而详实的讨论。

首先，孔繁森边疆为家精神符合西藏工作的重要方针，是“老西藏精神”的具体实践。长期建藏是我们党关于西藏工作的重要方针。习近平总书记指出：“西藏工作要坚持慎重稳进方针，谋百年大计、作长期打算，常抓不懈、久久为功。”作为长期建藏方针的执行者，“老西藏们”以藏为家，扎根边疆，以苦为乐。孔繁森作为其中的一员，他参与了实现“换来边关荣”的建藏过程，正如西藏老一辈所说：“每一个进藏工作的同志，不论在藏时间长短，都不应有临

---

① 赵冬苓：《总想走进你心里——电视连续剧〈孔繁森〉编剧手记》，《中国电视》1996 年第 2 期，第 43—44 页。

② 赵冬苓：《总想走进你心里——电视连续剧〈孔繁森〉编剧手记》，《中国电视》1996 年第 2 期，第 43—44 页。

时观点和做客思想，而应以主人翁的姿态，与西藏各族人民并肩战斗”①。

其次，孔繁森一心为民精神体现了“全心全意为人民服务”的宗旨，是西藏治边稳藏无往而不胜的法宝。为中国人民谋幸福，为中华民族谋复兴是中国共产党的初心和使命。党在西藏的初心和使命，是为西藏各族人民谋幸福，建设社会主义新西藏。孔繁森作为初心与使命的践行者，他将西藏各族人民视作亲人，对待人民群众洋溢着真挚的情感。这体现出老西藏精神为民解难、服务人民的一面。人民是我们党执政兴国的最大底气。孔繁森精神承袭老西藏精神所表现出的与人民群众的血肉联系，是我们党在西藏稳固执政基础、让治边稳藏事业无往而不胜的法宝。

再次，孔繁森奉献牺牲精神体现了共产党人“牺牲自我，成就伟大事业”的思想，是西藏工作的精神本质。和平解放、修筑两路、民主改革、改革开放……在西藏发展的每一个历史阶段，无数共产党人都为之做出了巨大牺牲。这种牺牲既有直接牺牲，也有无形牺牲。“但愿苍生俱饱暖，不辞辛苦出人间”，这是许多如同孔繁森一样的共产党员壮烈而崇高的直接牺牲，他们将自己的生命奉献于雪域高原。而无形的牺牲，则是每个入藏工作者的共同特点。西藏地区海拔高、气压低，生存条件十分艰苦，在这里工作，人们身体的超负荷和损耗情况显而易见。然而，相比身体的损耗，地广人稀与人地两生带来的孤寂，使得人们更容易产生消极情绪。因此，在西藏工作，最能检验共产党员理想信念的坚定性，最能锻炼培养干部的党性。习近平总书记所强调的“我将无我，不负人民”是新时代共产党员的道德标杆。在新时代，孔繁森精神与老西藏精神依然是向标杆看齐的典范。他们“以小我成就大我，成就中国特色社会主义共同事业”的精神，对成就中华民族伟大复兴中国梦的西藏篇章有极高的指导意义。

---

① 孙向军：《孔繁森承载的是“老西藏精神”》，《西藏日报》（汉文版），2019 年 8 月 5 日，第 6 版。

最后，孔繁森勇于担当精神体现了我们伟大事业所必备的实干力量，是在西藏开展工作所必需的精神面貌。重任面前最需当仁不让，关键时刻就要挺身而出，这是担当精神的使命色彩。孔繁森写诗自问："前人无迹处，何人来开拓?"[①] 这个答案不言而喻。回顾建设西藏、发展西藏的创业史，在任何一个时期，任何一项工作，只要是推进工作，就不可能一帆风顺，而是"披荆斩棘"。以孔繁森为代表的党员干部勇于担当、攻坚克难、开拓前行，就成了在西藏开展工作的必有之义。新时代西藏工作任务依然面临巨大挑战，实现长治久安任重道远。尤其是西藏处于反分裂斗争的前沿，更加需要党员干部发扬勇于担当的精神，以坚强的政治定力和战略定力，实事求是的底气，锐意进取、开拓前行，切实推进治边稳藏工作。这是推进西藏工作发展的强大力量。

（三）孔繁森精神是时代大潮下的"定海神针"

孔繁森赴藏工作时期，正值改革开发和建设社会主义市场经济新的历史环境。人们在商品大潮中随波逐流，孔繁森精神的出现，无疑是一次对当时人们精神世界的震荡："一个名字出现，便迅速地得到了各族、各阶层、各党派、各种政治力量的普遍认同。这种现象的意义超出了孔繁森这个人本身，它直接标示的是走向现代化的中国人一种精神上的需求，表明了整个社会对一种人格和精神的呼唤。""在孔繁森面前，我们无法背过脸去，我们将被迫思考许多问题。"[②] 黄河出版社 1997 年出版的论文集《孔繁森精神研究》反映了时人对孔繁森精神的总体评价与认识。其中，很多研究者都立足时代背景，对孔繁森精神的道德价值、实践价值等方面进行了相应的讨论。

一方面，孔繁森精神代表了在市场经济体制下社会需要的道德原则与道德规范。正如赵冬苓所说，孔繁森精神是伟大与渺小、崇高与

① 中共中央组织部研究室、中共山东省聊城地委编：《孔繁森札记》，党建读物出版社，1996 年，第 106 页。

② 赵冬苓：《总想走进你心里——电视连续剧〈孔繁森〉编剧手记》，《中国电视》1996 年第 2 期，第 43—44 页。

卑下的界标。这种精神在应对享乐主义思潮、贪腐行为接踵而至的情况下，发挥了深刻的警示意义，代表了正确的道德导向。赵永熙在《孔繁森人格特征及意义》中，将孔繁森精神的道德导向性归纳为四个维度。一是启动作用，即启发、推动人们以坚定的信念对待党、对待社会主义制度；以艰苦奋斗的精神对待困难，锐意进取；以火焰般的热情关心人、爱护人、支持人、理解人，正确处理人与人的关系。二是鼓舞作用，即鼓舞人们践行无产阶级的道德原则：凡是符合无产阶级道德要求的，就得到鼓励，加以肯定，不怕非议，不怕打击，在道德实践中升华自己的人格。三是控制作用，即以孔繁森人格作标准，自觉地制止自己不符合道德要求的行动和念头。四是矫正作用，当一些人由于客观环境的不良影响或外界的不良诱导，做出不道德行为时，想起孔繁森的高大形象，就会发现自己人格的低下，激起同卑鄙思想作斗争的勇气，保持正直人格的道德形象。[①] 可见，孔繁森精神已成为鼓舞广大人民的强大动力，是一笔为后人所继承和发扬的财富。

另一方面，孔繁森精神是一种对人民情感和呼唤的朴素回应，能为各群体的工作实践提供精神动力。孔繁森既是领导干部，又是一位普通人，这使得孔繁森精神有极大的适用范围，人们可以吸收借鉴这种精神，并以之指导实践。由此，研究者们从党员干部身份、青年人才身份与相关行业职业特点三个维度，对孔繁森精神的实践价值与实践经验进行了相关讨论。在党员干部身份维度下，胡兴春在《从孔繁森事迹看共产党员人生价值的实现》中，呼吁党员干部要始终保持共产党人纯洁的党性，坚定为人民服务的价值观核心，在为人民谋利益的无私奉献中实现自己的价值。[②] 周育平对孔繁森爱民情结进行了探索，得到了两条启示。一是树立人民主体观念，二是始终一贯地

---

① 周成、沙雪斌：《论孔繁森的人格力量》，载于《孔繁森精神研究》，黄河出版社，1997年，第258页。

② 胡兴春：《从孔繁森事迹看共产党员人生价值的实现》，载于《孔繁森精神研究》，黄河出版社，1997年，第214—221页。

笃行党的根本宗旨。[①] 邵景均则从党员干部的角度，提倡从五个方面学习和弘扬孔繁森精神，即正确认识孔繁森精神的本质特征及时代价值。孔繁森的本质特征是“真心诚意地热爱人民、全心全意服务于人民的彻底公仆精神”，要让其在净化领导者的群众观点、校正领导方向，黏合党群关系、干群关系，加强思想道德和文化建设方面都有所作用。二是通过宣传，广泛传播孔繁森先进事迹，让全民族有所了解。三是通过舆论，营造学习孔繁森精神光荣，背离孔繁森精神可耻的强大社会氛围。四是通过制度，约束领导干部的行为，走好孔繁森之路。要建立好干部选拔制度与干部监督机制。五是通过领导，率领干部群众扎扎实实把孔繁森精神升华为民族精神。要不断创造出新形式，把学习孔繁森精神活动引向深入，抓出成效。[②] 从青年人才成长与使命的维度出发，王歌华探讨了孔繁森精神对青年人才实践的启示。第一，青年一代要树立远大的理想，增强宗旨观念意识。第二，青年一代要勇敢肩负起跨世纪的历史重任，要有振兴中华的使命感，有从我做起的责任感，有只争朝夕的紧迫感。第三，青年一代要在党的伟大实践中奋发成才，要坚定理想信念，矢志艰苦奋斗，要踊跃投身实践，努力在与人民群众相结合的过程中健康成长。[③] 在相关行业职业特点的维度中，董金刚、李印中从成功宣传孔繁森精神角度总结经验，得到了四点启示，即“深厚的群众基础是典型宣传成功的根本”“鲜明的时代特色是典型产生轰动效应的关键”“丰富的精神内涵是典型具有生命力的基础”“正确的宣传艺术是典型产生感召力的必要条件”。[④] 付大军、韩崇华从国家公务员制度角度，谈到可以通

---

① 周育平：《孔繁森爱民情结的思想基础及启示》，载于《孔繁森精神研究》，黄河出版社，1997 年，第 207—213 页。

② 邵景均：《努力使孔繁森精神成为全民族的精神》，载于《孔繁森精神研究》，黄河出版社，1997 年，第 279—283 页。

③ 王歌华：《弘扬孔繁森精神 做跨世纪青年人才》，载于《孔繁森精神研究》，黄河出版社，1997 年，第 265—270 页。

④ 董金刚、李印中：《孔繁森的宣传给思想政治工作者的启示》，《党建研究》1995 年第 10 期，第 27—28 页。

过推行公务员制度和实施参照管理工作，为新时期干部队伍建设创造大环境，使孔繁森精神在干部队伍建设中发扬光大。① 姜学敏从企业领导的角度，要求从共产主义信念、工作作风、思想道德修养和廉洁清正、克己奉公四个方面学习孔繁森精神。②

三、孔繁森的时代价值

孔繁森离开我们已近30年，但历史铭记着他的光荣事迹与伟大精神。在庆祝改革开放40周年之际，党中央、国务院授予孔繁森同志改革先锋称号，颁授改革先锋奖章。在庆祝新中国成立70周年之际，孔繁森被授予“新中国最美奋斗者”的光荣称号。进入中国特色社会主义新时代以来，孔繁森精神仍被人民牢记，被列入中国共产党的精神谱系，仅2021年，以孔繁森为主题的论文数量就达到20余篇。党和国家对孔繁森的高度肯定，人民对孔繁森事迹的频繁讨论，足见孔繁森精神在新时代仍有强烈而深远的生命力。

当前，习近平总书记鲜明提出，“中国共产党团结带领中国人民又踏上了实现第二个百年奋斗目标新的赶考之路”，这正是时代对中国共产党人提出的新的要求。“时代是出卷人，我们是答卷人，人民是阅卷人。”如何紧跟时代步伐、回应人民期盼、引领历史潮流，接力赶考，是我们应该思考的问题。孔繁森作为这场考试中优秀的答卷人，他从精神态度到理论实践，都对新的赶考之路有极大的借鉴意义。

（一）孔繁森精神对新时代领导干部理想信念的启示

进入中国特色社会主义新时代以来，孔繁森精神仍旧熠熠生辉，这是时代对孔繁森精神的呼唤。中国特色社会主义新时代是全面深化改革的新时代，是召唤知难而进、知难而上精神的时代，是呼吁为民

---

① 付大军、韩崇华：《论弘扬孔繁森精神与国家公务员制度的实施》，载于《孔繁森精神研究》，黄河出版社，1997年，第284—288页。

② 姜学敏：《以孔繁森为榜样做一名合格的企业领导干部》，载于《孔繁森精神研究》，黄河出版社，1997年，第271—278页。

服务、为民谋利的时代。在时代要求下，孔繁森顾全大局、听党指挥的坚强党性，热爱人民、服务人民的公仆情怀，甘于吃苦、勇于担当的奉献精神和清正廉洁、克己奉公的价值追求，完全符合新时代对党员干部精神境界的要求，他是党员干部在精神境界上看齐的标准。

孔繁森之所以能够热爱人民，甘当公仆，这源于他坚定的理想信念。这也是其人生态度与价值情怀的展现。习近平同志在《树立五种崇高情感》文章中，将孔繁森作为其中一位先进榜样，号召大家学习他“爱的最高境界就是爱人民”的境界感。文章指出：“只有学习和树立这五种崇高的情感，才能心里装着群众，凡事想着群众，工作依靠群众，一切为了群众，切实解决好‘相信谁、依靠谁、为了谁’的根本政治问题，努力为人民掌好权、用好权。”这为我们认识孔繁森精神的新时代价值提供了重要的思想指引。

理想信念体现着共产党人的精气神，决定着人的价值观念、精神状况、作风行动，关系着党员和党组织的纯洁性、先进性，关系着党组织的凝聚力、战斗力，关系着党的执政能力。是否拥有马克思主义的信仰和社会主义、共产主义的信念，是区别一个人是否从思想上入党的最重要的标志，是判断一个共产党人思想上是否纯洁的首要标准。习近平总书记多次强调，一个人如果没有理想信念，就是“缺钙”，就会患“软骨病”。在新形势下，党能不能保持和发扬优良传统和作风，保持队伍的纯洁性、先进性，直接关系到党的生死存亡。因此，广大党员干部需要具备高尚的人格，发挥人格的力量。

孔繁森精神为各级领导干部的人生态度与价值情怀提供了标尺。可将孔繁森精神境界的本质归纳为“紧跟时代步伐，服从党和国家需要，实现自我价值升华”，即适应时代要求，实现人生追求和价值情怀的完美升华。具体而言，就是孔繁森能够做到“五个第一”，即国家第一、工作第一、事业第一、奉献第一、他人第一。纵观孔繁森的人生道路，他是在党的培养教育下，汲取民族文化的丰厚营养，扎根于人民群众伟大创业实践中成长起来的，在西藏的艰苦环境中成就人生的至高境界。这是在正确价值观的指引下的不断学习、不断实践的过程。孔繁森以“毕生自修无尽期”的魄力，拿出实实在在的行动，不以事难而不做，不以善小而不为，最终锻造出孔繁森作为党员的高尚人格。由此可见，一名优秀领导干部的成长，要在理论学习中打好根基，在社会实践中刻苦摔打磨炼，在中华民族优秀文化和传统美德中去粗存精，踏踏实实走好人生的每一步，以高尚的人格在时代大潮中乘风破浪，形成与孔繁森一脉相承的精神世界。

（二）孔繁森精神对走好新时代赶考路的启发

党的十九届六中全会审议通过的《中共中央关于党的百年奋斗重大成就和历史经验的决议》指出，过去一百年，党向人民、向历史交出了一份优异的答卷。现在，党团结带领中国人民又踏上了实现第二个百年奋斗目标新的赶考之路。侯颗的《学习领会党的十九届六中全会精神　奋力走好新时代赶考路》[①] 一文，从三个方面归纳了我们党在走好新时代赶考路中应具备的方法论。这些内容皆能从孔繁森精神中获得相应经验。同时，新时代的赶考要求，亦为孔繁森精神的发展提供了新的方向，是保证孔繁森精神长盛不衰的内在需要。

首先，走好赶考路，必须用科学理论指引方向。在孔繁森的成长轨迹中，对科学理论的不断学习与探索，让孔繁森能够做到坚定信念，忠诚核心。无论是在部队中学习马列主义、毛泽东思想，被评为“济南军区学习毛泽东著作积极分子”[②]，还是走上领导岗位后认真学习和实践邓小平建设中国特色社会主义理论和党的基本路线，孔繁森都能够以科学理论武装头脑，把革命理论内化为自己的行动方式，并以之指导自己的实践。这不仅让孔繁森树立了始终与党和人民共进退的马克思主义世界观、人生观，而且让他能够坚持忠诚于组织，“党指向哪里，他就奔向哪里，党需要他做什么就做什么，从不讲任何价

① 侯颗：《学习领会党的十九届六中全会精神　奋力走好新时代赶考路》，http：//www. chinatibetnews. com/xw/202112/t20211223_ 4003768. html。

② 孔繁森同志纪念馆编写：《孔繁森》，江苏凤凰教育出版社，2017 年，第 11 页。

钱和条件。”[①] 习近平总书记强调，学习马克思主义基本理论是共产党人的必修课。[②] 孔繁森两度赴藏，为建设阿里东奔西走，竭尽全力促进阿里地区发展，直至把自己的一生完全献给了党。可见，一位优秀的马克思主义者的眼光是贴合实际的，是长远的，是不计个人得失的。当前，我国正处于一个大有可为的历史机遇期，发展形势总体是好的，同时，面临的风险也是多方面的。我国仍处于并将长期处于社会主义初级阶段，国内发展不平衡不充分问题依旧突出，重点领域关键环节改革任务仍然艰巨。特别是随着世界百年未有之大变局加速演进，国际形势的不稳定性不确定性明显增强，新冠肺炎疫情影响广泛深远，经济全球化遭遇逆流，世界进入动荡变革期。因此，我们更要学习孔繁森坚持学习科学理论，坚持以科学理论指导实践的精神态度。要全面贯彻习近平新时代中国特色社会主义思想，用马克思主义的立场、观点、方法观察时代、把握时代、引领时代，不断深化对共产党执政规律、社会主义建设规律、人类社会发展规律的认识，坚持党的基本理论、基本路线、基本方略，增强“四个意识”，坚定“四个自信”，做到“两个维护”。[③]

其次，走好赶考路，要以人民的评价为检验标准。江山就是人民、人民就是江山，打江山、守江山，守的是人民的心。如同孔繁森所说，做工作有“三怕”，一怕组织不信任，二怕群众误解不谅解，三怕孤立、孤独，没有领导和群众的支持。[④] 他要求自己“急群众之所急，想群众之所想，办群众之所办”，让自己成为真正的“人民的儿子”。赵冬苓对孔繁森的工作方法有这样的总结：“孔繁森是中国

① 刘青、梁兴英：《试论孔繁森的成长道路》，载于《孔繁森精神研究》，黄河出版社，1997 年，第 186—192 页。

② 习近平总书记 2018 年 4 月 23 日在十九届中央政治局第五次集体学习时的讲话。http：//news. youth. cn/sz/201911/t20191115_ 12119977. htm。

③ 《中共中央关于党的百年奋斗重大成就和历史经验的决议》(2021 年 11 月 11 日中国共产党第十九届中央委员会第六次全体会议通过)，《人民日报》2021 年 11 月 17 日。

④ 中共中央组织部研究室、中共山东省聊城地委编：《孔繁森札记》，党建读物出版社，1996 年，第 81 页。

农民最好的儿子。注意农民二字。比如说，他无论走到哪里，都会处在一种极好的人际关系中，其秘诀不是他老碰到‘君子国’，而在于他能把人际关系处理到出神入化的地步。他用的不是现代化的管理手段，而是维持我们这个古老社会的人伦关系，你会发现，孔繁森和他身边的每一个人相处如一家人，其亲密程度甚至超过血缘关系的亲属。”① “西藏的老人就是我的老人，西藏的孩子就是我的孩子，西藏的土地就是我的家乡。”孔繁森说到做到，他对人民的挚热情感，让他真正做到了“我将无我，不负人民”。在西藏人民心里，他不仅是人民的好儿子，更是人民的父亲。② 因此，共产党人要将人民对美好生活的向往作为奋斗目标。必须永远保持同人民群众的血肉联系，站稳人民立场，坚持人民主体地位，尊重人民首创精神，践行以人民为中心的发展思想，维护社会公平正义，着力解决发展不平衡不充分问题和人民群众急难愁盼问题，不断实现好、维护好、发展好最广大人民根本利益，团结带领全国各族人民不断为美好生活而奋斗。

最后，走好赶考路，要抓好后继有人的根本大计。党的十八大以来，习近平总书记反复强调：“实现中华民族伟大复兴，坚持和发展中国特色社会主义，关键在党，关键在人，归根到底在培养造就一代又一代可靠接班人。”作为一名合格的干部，孔繁森就为“如何识别干部，如何用好干部”提供了判断标准。第一，领导干部要有热爱公民，甘当公仆的初心。习近平总书记号召大家学习孔繁森的境界感，即“爱的最高境界是爱人民”。第二，领导干部要做一名忠诚正直的党员，做一名靠得住，有本事，过得硬，不变质的领导干部。第三，领导干部要有奋斗精神，正确对待和使用人民给予的权力。同时，孔繁森精神也为党考察干部提供了思路。习近平同志曾在浙江省组织工作会议上讲话指出：孔繁森精神，首先体现的就是老西藏精

① 赵冬苓：《总想走进你心里——电视连续剧〈孔繁森〉编剧手记》，《中国电视》1996 年第 2 期，第 43—44 页。

② 陈国星：《精神上过一把“大瘾”——拍摄电影〈孔繁森〉的一次尝试》，《电影艺术》1996 年第 5 期，第 51—53 页。

神。要看一个人在那里起了什么作用。有的甘为人梯，长期铺垫，做打基础的工作，收获的时候他却走了。有的“十月怀胎”时他不在，“一朝分娩”时他来了。所以对干部要有客观的公论，这个关键在党组织身上，组织上要明察秋毫，让默默无闻、埋头苦干、不求功名、不事张扬的人能够被发现、被承认。因此，我们要建立健全素质培养、知事识人、选拔任用、从严管理、正向激励五大体系，大力发现和培养选拔优秀年轻干部，培养造就一大批堪当时代重任的接班人。

第四节　学习孔繁森精神的典型案例

孔繁森离去已近30年。但是孔繁森精神却在广袤的西藏大地上绵延不断，生生不息。学习孔繁森精神，成为西藏干部生活的一部分，他们将孔繁森精神在工作中融汇贯通，并各有侧重，将其发展出新的特色。我们在回顾孔繁森的感人事迹与总结孔繁森精神的同时，更要关注这些现实中孔繁森精神的优秀实践者。他们是孔繁森遗志的完成者，更是新时代孔繁森精神的弘扬人。

一、中国好人阿旺曲尼：爱民为民的情怀延续者

阿旺曲尼是西藏自治区日喀则市岗巴县退休干部。自西藏民族大学毕业后，阿旺曲尼被分配到日喀则地区岗巴县昌龙乡工作，他立志以自己所学为“第二故乡”做些贡献，完成了提高农作物产量的任务。1979年，孔繁森赴藏工作，担任岗巴县委副书记，表现优秀的阿旺曲尼被调往县里，担任了两年孔繁森书记的翻译秘书。短短两年，阿旺曲尼跟着孔繁森奔波在岗巴的高山牧场、田间地头，他目睹了孔繁森在崎岖山路上骑马颠簸，两胯和臀部都磨得溃烂；目睹了孔繁森调研不忘访贫问苦，自掏腰包解决群众生活困难；目睹了孔繁森和大家一起靠肩挑背扛修建查珠水塘，肉身赤膊上留下了一道道石块的磨痕。这些事情，影响了阿旺曲尼一辈子：“孔繁森书记是党派来的好干部，跟书记工作的两年里学到了共产党人身上特有的品格，虽

然辛苦但却充实快乐，那是我一生中最最难忘的经历。”2019 年，阿旺曲尼病逝，享年 67 岁。他竭尽一生，让孔繁森爱民为民的奉献精神发扬光大。

（一）薪火相传，世济其美

“孔书记是我的榜样，我要永远留在他工作过的这个地方。”“让岗巴人民过上好日子”这是阿旺曲尼入党以后立下的豪言壮志。从岗巴县门德区到政府办、从文教局再到工巴楼乡，阿旺曲尼先后在 7 个部门工作过，直至退休也未曾离开岗巴。他时常携带与孔书记的合影，既为警醒自己，更为让孔书记见证岗巴日新月异的变化。40 多年过去了，岗巴县从群众出门就爬山、交通工具靠马和双腿，到如今的柏油马路四通八达、家家户户都有汽车等交通工具；从靠蜡烛照明到杰龙电站竣工投产，家家通电；从一周看两场电影到家家有电视、人人用手机……作为建设岗巴的参与者与见证者，阿旺曲尼继承孔繁森遗志，实现了两人“让岗巴人民过上好日子”的铮铮誓言。

（二）饮水思源，投桃报李

阿旺曲尼是农奴的后代，他对党和人民有着极深的情感，即使他上了大学，当了干部，也从未忘本。饮水思源，这份情感驱使着阿旺曲尼尽自己所能，帮助岗巴人民过上每一个人理想中的美好生活。

第一，阿旺曲尼热心照顾各民族同志，一心做民族团结的纽带。他时常到当地诊所，帮汉族医生做义务翻译，解决医患的沟通难题。遇到没钱看病的藏族同胞，阿旺曲尼也和当年的孔繁森一样，毫不犹豫地帮其垫付。第二，阿旺曲尼将心比心，想群众所想，让岗巴人民既能过上好日子，又能够过好小日子。村民扎西和妻子闹离婚，阿旺曲尼得知后多次登门劝说，不厌其烦，最终使他们破镜重圆。第三，阿旺曲尼先人后己，甚至“无己”。阿旺曲尼的家庭条件困难，全家五口人仅靠他微薄的工资度日，到现在房子还是高海拔的土坯房，生活并不方便。即使这样，阿旺曲尼也不愿自己出面，为妻子找工作，生怕给党和国家添一丝麻烦。

孔繁森曾说过：“作为一名领导干部，要从小事做起，从分管的工作做起，尽自己的最大能力和力量。”① 做一件帮助人民的小事不难，难的是用一辈子的时间，牺牲自己及家人的利益来帮各族人民做“小事”，阿旺曲尼就是这样做的，这正是阿旺曲尼事迹的可贵之处。

（三）不忘初心，发挥余热

孔繁森说：“共产党员要一辈子做好事，不做坏事。”退休后的阿旺曲尼身体力行，他“退休不褪色，退休不退岗”，“退休了也要发挥共产党人的余热”。

在理论学习方面，阿旺曲尼紧跟形势，加强学习。退休后，他毫不懈怠，每天看电视读报纸，写了数十本学习笔记。在理论宣传方面，阿旺曲尼更是义务宣传理论政策。他的宣讲有三个特点，一是内容新。他宣讲的内容都紧跟时事，信手拈来。二是受众广。上至白发老翁，下至三尺小童，无论地域、职业，只要有需要，人人都可以是阿旺曲尼的听众。三是感情深。阿旺曲尼宣讲从不读稿子、念文章，而是从自身体会谈起，从身边事谈起，让群众听得进、愿意听。

在生活实践方面，阿旺曲尼有态度，有作为。退休后，阿旺曲尼既是义务联防队员，也是环境保护员，还是矛盾调解员。2018 年，阿旺曲尼当选“中国好人榜”助人为乐好人。阿旺曲尼深情地说：“党和人民认可我，给了我这么多荣誉，我这辈子值了！”按照孔繁森“组织信任，群众拥护，工作胜任”② 的幸福标准评判，阿旺曲尼是一位十分幸福的人。这份幸福化作他对岗巴土地的大爱，融入了他的整个生命。2019 年 6 月，阿旺曲尼在岗巴去世。他的家人遵其遗愿，将他葬在了曲登尼玛的高山上。他要一直看着这片土地，不断发展，不断繁荣。

“为什么我眼里常含泪水？因为我爱这土地爱得深沉……”薪尽火传，阿旺曲尼用一生践行青春诺言，用真情奉献谱写肝胆忠诚，如

---

① 中共中央组织部研究室、中共山东省聊城地委编：《孔繁森札记》，党建读物出版社，1996 年，第 10 页。

② 中共中央组织部研究室、中共山东省聊城地委编：《孔繁森札记》，党建读物出版社，1996 年，第 10 页。

果说孔繁森是新时代的焦裕禄，那么阿旺曲尼就是我们身边的孔繁森。

二、援藏干部何文英：忠诚使命的信念赓续者

何文英，中共党员，1965 年出生于湖南省常德市。1998 年 3 月，响应党中央、国务院对口支援西藏的号召，作为湖南省常德市第二批援藏干部中年龄最小的同志主动报名到西藏工作。进藏后，何文英同志被任命为山南地区隆子县农牧开发建设办公室主任。1999 年 9 月 2 日，何文英因公殉职，将自己 34 岁的青春奉献给了他所钟爱的隆子县农业综合开发事业。何文英胸怀大局，慷慨赴藏的举动，表现了他忠诚于党的坚定信念，又一次升华了孔繁森的忠诚精神。

（一）坚定服从，不畏困难

援藏以前，何文英是工作中的尖兵。他政治立场坚定，思想作风过硬，又有良好的专业技术，是援藏的极佳人选。但是，何文英的身体比较虚弱，面对隆子县海拔超过 4000 米、年均气温仅有 4.9℃、终年积雪的恶劣自然条件，他的身体是吃不消的。但是，当市委领导询问他的援藏意愿时，何文英义无反顾地选择了党和人民的需要："既然西藏特别需要我这样的干部，我个人的困难算得了什么？我会尽力克服的。"何文英的豪情壮志感人肺腑，但隆子县的恶劣气候还是给了他下马威：他出现了极严重的高原反应，得了急性肺水肿。幸亏抢救及时，他才捡回一条命来。何文英却笑呵呵地安慰大家说："我还没有为隆子县的老百姓做点什么，怎么会这么轻易就丢了小命！"事后，何文英回忆，他在病床上想得最多的是入藏前组织的嘱托和自己的使命："我是来工作的，决不能被困难吓倒。"凭借坚强的信念，何文英病情刚刚好转，便赶回了工作岗位。

（二）义无反顾，不辱使命

何文英主要负责隆子县的农业综合开发工作。他将"为官一任，造福一方"作为工作态度，绝不辜负党和人民的期望。他先是迅速掌握了隆子县农业开发的整体情况，又深入基层，广泛调研，虚心求

教。他身体力行，实地查看每一个项目。在此基础上，何文英制定了自己的工作思路，即“想全局，谋一域，抓实效，求发展”，带领隆子县农业走高产、优质、低耗、高效的发展道路。作为常德水电局的技术骨干，何文英深知科技的重要性，遂以加大科技投入为指导思想，制定了八大规章制度。在他的主持和具体负责下，隆子县农业开发项目区完成低产田改造3.5万亩，人工种草0.35万亩，渠道工程129.44公里，工程造林0.33万亩，农机具购置63台件，人才培训2.7万人次，修筑机耕道路50.88公里，修建桥、涵、闸等建筑物149座，开挖防洪沟4.31公里，改造输电线路21公里。这些工程实施后，隆子县基本形成了“田成方，林成网，渠相通，路相连，旱能灌，涝能排”的水渠工程，极大地改善了项目区农业生产条件和生态环境，促进了增产增收目标的实现。正常年景下，项目区每年可新增粮食485万公斤，油菜籽17.5万公斤，肉类3.5万公斤，干草87万公斤，人均增收292元，圆满完成了全县农业综合开发所确定的各项任务。

“缺氧带来体失重，盈雪净化凌魄魂。”① 对于何文英与孔繁森来说，战胜身体上的高原反应，要靠“越是边远贫穷的地区，越需要我们去为之拼搏、奋斗、付出”② 的坚定信念，而战胜阻碍西藏地区发展的“高原反应”，更要靠共产党员的忠诚度与使命感。不辜负党和人民的期望，正是何文英能够“千河万川争奔流，志士杰人踏险峰”③ 的秘密武器。

三、调藏博士卢青山：艰苦奋斗的态度传承者

卢青山是山东聊城人，孔繁森的同乡。对他而言，孔繁森精神带

---

① 中共中央组织部研究室、中共山东省聊城地委编：《孔繁森札记》，党建读物出版社，1996年，第120页。

② 李道强、李国庆、段襄征、唐寿东：《我以我血献高原》，《西藏日报》（汉文版）2000年8月8日，第1版。

③ 中共中央组织部研究室、中共山东省聊城地委编：《孔繁森札记》，党建读物出版社，1996年，第118页。

给他无限动力，照亮了前行的道路，更激励他在任何地方和工作岗位都勇往直前。

（一）学以报国，舍我其谁

卢青山是一位从军19年的调藏博士，他既有军人的赤胆忠心与雷厉风行，又有学者的兴亡之责与博学多才。2016年10月，卢青山报名参加了第17批赴藏博士服务团，来到拉萨担任自治区纪委第二纪检监察室副主任。任职期间，卢青山不仅积极履职，而且申请了2项科研课题和5项国家专利，并参与编写《县乡纪检监察干部工作实务手册》，鼓励人才向边远贫困地区、边疆民族地区、革命老区和基层一线流动。服务期满后，他又申请转入第18批博士服务团，到条件最艰苦、海拔最高、发展较为滞后的阿里地区工作。2018年底，他干脆递交留藏申请，从一名山东挂职干部变成西藏干部。2019年3月，组织安排他到条件更为艰苦的阿里日土县担任县委常委、宣传部部长。2020年12月他担任阿里地委组织部副部长。卢青山说："越是苦越是累，越是需要党的干部。"这与孔繁森"难道还要党点名"①如出一辙。讲政治，顾大局，两位来自聊城的山东好汉，都像红柳一样，"只因根生大漠下，敢笑翠柏与青松"②，把自己的根牢牢扎在了阿里这片土地上，以自己的青春与热血"不负党教诲，我志献高原"③。

（二）干在实处，敢于创新

孔繁森这样定义领导干部："当一名领导干部，就应当是一名'通才'，……'通才'，应该是一个真正的杂家，知识不仅要多，而

① 中共中央组织部研究室、中共山东省聊城地委编：《孔繁森札记》，党建读物出版社，1996年，第3页。

② 中共中央组织部研究室、中共山东省聊城地委编：《孔繁森札记》，党建读物出版社，1996年，第125页。

③ 中共中央组织部研究室、中共山东省聊城地委编：《孔繁森札记》，党建读物出版社，1996年，第116页。

且要广。多而不泛，杂而不乱，实战的机会越多，发挥的作用就会越大。”① 卢青山就是这样的“通才”，这在他任职日土县期间的工作中有明显表现。首先，卢青山有实干的工作态度。他坚持干在实处、虚功实做、积厚成势，使日土县宣传工作取得了显著成效。其次，卢青山有清晰的工作思路。他认识到，日土县的宣传工作，要承担起“举旗帜、聚民心、育新人、兴文化、展形象”的使命任务，由此确定了“要在守正、贵在创新、重在实践”思路。最后，卢青山有卓著的工作成果。他在“四讲四爱”群众教育实践活动中创新性地提出采取“传统模式与现代网络”相结合的学习方式，将“四讲四爱”相关知识以藏汉双语形式“搬”到群众手机上、“传”到群众心坎上。同时，在他主导下，日土县公共文化服务覆盖面不断提升，县级影院建成并投入使用。自新冠肺炎疫情席卷全国以来，卢青山第一时间迎难而上，他带领全县宣传系统干部通过各种平台发布权威信息，出动宣传车辆，开展讲文明爱生活微宣讲，回应百姓关切，积极引导舆论。为使疫情防控知识和脱贫攻坚政策家喻户晓，他带队奔赴四乡一镇检查疫情防控工作。在防疫过程中，卢青山还“一堵、二排、三管、四控、五设、六盯、七查、八巡、九演”的工作法，最大限度地降低境外疫情输入风险。

卢青山说：“孔繁森精神深深植根在我心底，给了我无限的勇气和动力，在我心中树起了一座永不磨灭的丰碑。作为他的老乡我感到特别光荣，一直将他作为我的人生榜样和动力源泉。”从北京到西藏，从拉萨到阿里，卢青山在藏西边陲挥洒自己的青春与汗水，继承了孔繁森艰苦奋斗、奋发有为的务实、斗争精神。

孔繁森精神的形成背景是孔繁森的人生轨迹与人生经历。他受到中华民族传统文化的浸润，形成了“修齐治平”的人生态度，他进

① 中共中央组织部研究室、中共山东省聊城地委编：《孔繁森札记》，党建读物出版社，1996 年，第 82 页。

入部队的革命熔炉，学到了先进的科学理论，形成了“听党话，跟党走”的思想积淀。在工作中，孔繁森用十多年的时间在雪域高原上坚守理想信念，默默耕耘，奉献自己的血和热，形成了“爱的最高境界是爱人民”的至高境界。孔繁森精神的内涵包含五个方面，即忠诚精神、奉献精神、务实精神、斗争精神、革命精神。这五种精神皆出自孔繁森的工作实践、生活实践。它们不仅是改革开放时代的需要，更是民族复兴伟业所呼唤的伟大精神。从党史中的红色文化精神角度讲，孔繁森精神的产生与其他革命精神息息相关。第一，孔繁森精神是“老西藏精神”的升华，他继承了老西藏精神“一不怕苦，二不怕死”的顽强，更结合时代特点，形成了以忠诚为基础的“主人翁”精神。第二，孔繁森精神是新时代的焦裕禄精神，他在焦裕禄精神“亲民爱民、艰苦奋斗、科学求实、迎难而上、无私奉献”的基础上，发展出“求新求变”的务实作风，完成了市场经济时代所赋予的使命。第三，孔繁森精神继承了雷锋精神的衣钵，并在此基础之上，增加了出自人性的细腻情感，让这种精神更加平易近人。孔繁森精神也是承上启下的。在雪域高原上，还有无数“孔繁森”在续写孔繁森精神。他们中有爱民为民的情怀延续者，有忠诚使命的信念赓续者，还有艰苦奋斗的使命传承者。孔繁森精神的历史地位与时代价值，是在孔繁森的实践与社会需要共同作用下产生的。从个人角度讲，孔繁森精神是实现人生价值的方式。他的伟大之处，在于他用悲壮而崇高的方式实现了人生价值。从革命事业角度讲，孔繁森精神的伟大之处，在于他承载着“老西藏精神”，能够给人无穷的力量。从 20 世纪 90 年代的时代背景讲，孔繁森精神代表了在市场经济体制下社会需要的道德原则与道德规范，是一种对人民情感和呼唤的朴素回应，能为各群体的工作实践提供精神动力。进入中国特色社会主义新时代以来，孔繁森顾全大局、听党指挥的坚强党性，热爱人民、服务人民的公仆情怀，甘于吃苦、勇于担当的奉献精神和清正廉洁、克己奉公的价值追求，完全符合新时代对党员干部精神境界的要求，成为党员干部在精神境界上的标准。同时，孔繁森精神对走好新时代赶考路也有启发意义。通过研究孔繁森精神，我们认识到，走好赶考路必须做到以下三点：第一，必须用科学理论指引方向。第二，必须以人民的评价为检验标准。第三，必须抓好后继有人的根本大计。

第六章　山南红色文化精神资源

2021年第19期《求是》杂志发表中共中央总书记、国家主席、中央军委主席习近平的重要文章《用好红色资源 赓续红色血脉 努力创造无愧于历史和人民的新业绩》。文章强调："红色资源是我们党艰辛而辉煌奋斗历程的见证，是最宝贵的精神财富。红色血脉是中国共产党政治本色的集中体现，是新时代中国共产党人的精神力量源泉。回望过往历程，眺望前方征途，我们必须始终赓续红色血脉，用党的奋斗历程和伟大成就鼓舞斗志、指引方向，用党的光荣传统和优良作风坚定信念、凝聚力量，用党的历史经验和实践创造启迪智慧、砥砺品格，继往开来，开拓前进，把革命先烈流血牺牲打下的红色江山守护好、建设好，努力创造不负革命先辈期望、无愧于历史和人民的新业绩。"

习近平总书记强调，一百年来，中国共产党弘扬伟大建党精神，在长期奋斗中构建起中国共产党人的精神谱系，锤炼出鲜明的政治品格。这些精神，集中彰显了中华民族和中国人民长期以来形成的伟大创造精神、伟大奋斗精神、伟大团结精神、伟大梦想精神，彰显了一代又一代中国共产党人"为有牺牲多壮志，敢教日月换新天"的奋斗精神。

西藏军民在各个时期推动形成了西藏独特的精神：在社会主义革

命和工业化建设时期，形成了老西藏精神、孔繁森精神、“两路”精神、“让高山低头，叫河水让路”的人定胜天精神和“一不怕苦、二不怕死”的战斗精神；在改革开放和小康社会建设时期，形成了孔繁森精神、青藏铁路精神和“甘巴拉精神”；在中国特色社会主义新时代和社会主义强国建设时期形成了“岗巴精神”和援藏精神。

山南人民同样是不缺自己的精神的，自20世纪50年代至今，已经涌现出“坚定信念、勇于创新”的克松精神，“不等不靠、不屈不挠、自力更生、艰苦创业”的列麦精神，“艰苦奋斗、自力更生”的“沙棘精神”，“攻坚克难、尊重科学”的雅江治沙造林精神，“热爱国家、守边兴边，忠诚奉献”的玉麦爱国守边精神等红色文化精神资源，这在西藏是不多见的，在全国也是少有的。

2021年6月24日山南市第一届人民代表大会常务委员会第三十九次会议通过，同年7月29日西藏自治区第十一届人民代表大会常务委员会第三十一次会议批准了《山南市红色文化资源保护利用条例》，这是西藏第一个关于红色文化资源的保护与利用条例。意义十分重大。

其中的第三条则对红色文化资源进行了分类，指出“按照表现形式分为红色文化物质资源和红色文化精神资源”。其中，“红色文化物质资源是指山南各族人民在中国共产党团结带领下，进行革命、建设、改革进程中，在本市行政区域内留存下来的遗址、遗迹、实物和有关纪念设施等。主要包括：（一）与重要事件和重大战斗有关的遗址、遗迹和代表性实物；（二）具有重要影响的人物和烈士事迹发生地、墓地或者纪念碑；（三）具有历史意义和代表历史见证的旧址、故居；（四）其他与红色文化相关的具有代表性的遗址、遗迹、实物和纪念设施。”“红色文化精神资源是指中国共产党团结带领山南各族人民进行革命、建设、改革进程中凝炼而成的与红色文化相关的具有先进性和代表性的文艺作品、人物事迹、革命精神、光荣传统和爱国守边精神等。”

我们不妨追随历史的脚步，看看山南的这些精神是怎么养成的。①

第一节　克松精神

克松精神基本内涵是“坚定信念、勇于创新”，它产生于特定的地区——西藏山南克松，特定的历史时期——20 世纪五六十年代，但是其影响超越了时间与空间的限制，成为新时代的一种精神价值。新时代弘扬克松精神，有利于调动山南人民的积极性主动性，有利于为实现中华民族伟大复兴的中国梦提供精神动力。

一、克松村的历史与现状

（一）西藏民主改革前后的克松村

西藏的封建农奴制度形成于 13 世纪中叶到 1959 年的民主改革，历经了 600 余年。在政教合一的封建农奴制度下，占西藏人口不到 5% 的贵族、官家和寺院上层僧侣，形成了三大领主。这三大领主及其代理人统治着一切，掌握着对农奴的生杀予夺大权。在旧西藏赋税地租统称为差，包括徭役、赋税地租等在内，统称为乌拉差役，是农奴主剥削农奴的主要手段。当时的旧西藏农奴形象地把乌拉差役和高利贷称为缠在肚子里的铁锁链，也就是这些铁锁链紧紧制约了旧西藏社会的生产发展，社会矛盾也日益尖锐。

克松村在西藏民主改革之前是大农奴主索康旺青格勒所属庄园，庄园里的农奴被当成“会说话的牛马”，承受着沉重的差役负担，常年累月的辛勤劳动，终年不得温饱，饥寒交迫。索康旺青格勒是旧西藏噶厦政府的噶伦之一，在山南有 6 个庄园，其中的克松庄园是旧西藏统治最黑暗最为残酷的庄园之一。索康在西藏和平解放后特别是民

① 红色文化精神资源中的人物事迹请参见附录二“代表性人物”。这些人物在相关书籍中有详细的介绍，本书不再重复加工，因此以附录形式加以集中介绍。本章会选择少量人物作为展示各种精神的典型进行介绍。

主改革前后积极参与了武装叛乱，1959 年武装叛乱以失败告终。当时克松庄园内 59 户农奴 302 人土地 1200 亩都属于索康家，跟旧西藏的其他庄园一样，在克松庄园内生活最底层的是差巴、堆穷和朗生。

在旧西藏，三大领主为了维护自己的利益，《十三法典》和《十六法典》这两部法典明确规定了人民在法律面前的不平等，把人分为三等九级，也正因为如此，旧西藏庄园内都私设有监狱和刑具，广大农奴和奴隶不仅没有最基本的人身权利，同时还要承受着巨大的身心迫害，农奴主就是利用这种残忍和野蛮的手段来维护对农奴的统治。作为克松庄园的农奴，从生到死所受的痛苦不仅仅是经济上的剥削，最为残忍的是身心奴役。西藏和平解放之前，索康家族代理人打死了农奴 50 多名，因病和贫困死亡就达到 149 人。而在 300 年前，索康家族有 80 多户农奴，606 人；到 1959 年时这里仅剩下 59 户农奴，302 人。

民主改革之前，生活在这里的大部分人生活在水深火热之中，封建农奴这一座大山压得人们喘不过气来。旧西藏社会陷入了封闭和落后的状态，废除封建农奴制度是西藏广大人民的迫切愿望，也是西藏社会发展与进步的唯一出路。

1951 年 5 月 23 日，中央人民政府与西藏地方政府签订了关于和平解放西藏办法的协议，即《十七条协议》，西藏人民从此获得新生。

1951 年至 1959 年，西藏和平解放后克松庄园的农奴想了 8 年，比较了 8 年，观察了 8 年，他们深刻认识到，只有共产党才是使农奴翻身得解放的救星，因此他们强烈要求进行民主改革。

1959 年 5 月具有划时代意义的西藏民主改革在克松村拉开了序幕（西藏农区民主改革试点）。克松村的翻身农奴第一次分得了属于自己的土地，他们当中的有些人把自己的名字刻在木板上，插在了地里转了又转，看了又看，甚至一晚上都睡在地里，他们以这样质朴的方式来欢庆自己第一次拥有了土地。

随着平叛斗争的胜利和民主改革运动的顺利开展，为了适应西藏各项建设事业和革命斗争的需要，西藏工委于1959年10月发出了《关于在农村（农牧区）进行建党工作的指示》，提出按照“积极、慎重”的建党方针，在民主改革运动中结合做好建党的准备工作，并在民主改革完成的基础上经过试点，有计划、有步骤地在农牧区中发展新党员，在城市（街道社区）建立党的基层组织，从此，党在农牧区、城镇建立党的基层组织提上了议事日程。①

1959年，克松在民主改革大潮中脱颖而出，先后建立了西藏历史上第一个农村基层党支部、第一个农民协会、第一个人民公社、第一个教学点等多个第一，被誉为“一块红色的土地”。

同年12月2日，克松村成立了西藏第一个农村基层党支部，由当时的工作组成员丹巴坚赞任临时党支部书记，也是在那一年西藏农村有了第一批中国共产党党员。农奴出身的尼玛次仁深刻地认识到只有共产党才是贫苦人民的代表，因此他也郑重地向党组织递交了第一份入党申请书，1960年尼玛次仁被大家推选为克松村第一任党支部书记。

1962年9月份，在克松乡政府的号召下，由乡支部书记尼玛次仁带领克松乡15名农牧民群众自愿支援对印自卫反击战支前工作。克松支前队伍共计16人，分为3支志愿队。第一支志愿队，由副乡长次旦扎西带领布琼、降巴扎西3人支援勒布沟方向，其中降巴扎西不幸中弹牺牲，年仅32岁。第二支志愿队，由白玛顿珠副乡长带领欧珠、索朗巴珠、加律、多多（在世）共计5人，支援勒布沟战斗。第三支志愿队，由支部书记尼玛次仁带队，拉珠、强巴、顿珠次仁、尼玛、旺久、江白、扎西（在世）共计8人，支援错那县达旺地区。克松支前队伍，主要负责运送战时战斗物资及生活物资，属战斗保障人员。

勒布沟方向战斗于11月结束。第一支志愿队，转移支援错那县

① 贺新元：《论党的建设在西藏经济社会发展中的作用》，《西藏研究》，2010年第1期，第2页。

达旺地区，第二支志愿队继续打扫勒布沟战场。12 月解放军收复达旺地区后，克松支前队所有人员返回克松。[①]

（二）克松的变迁

几十年来，在党的领导下，经过民主改革、社会主义改造、改革开放，特别是党的十八大以来，克松从人口、生活、生产、社会等方面都发生了巨大变迁，现已发展成为生产发展、民生改善、文明祥和的克松社区，群众过上了“换了人间”般的幸福生活。

从克松人口变化看社会主义新西藏的变迁。在封建农奴制下，广大农奴生活贫困，加上灾荒、缺医少药等，人口出生率低、死亡率高，自然增长缓慢，民主改革前的克松庄园共有 59 户 302 人。经过民主改革 3 年的调整，1962 年克松有 118 户 486 人。到 1998 年，家庭规模发展到 197 户，人口增长到 790 人；2009 年有 215 户 845 人；2020 年有 242 户 883 人，富裕和中等收入家庭的人口数量占绝大多数。民主改革以来，克松实现了人口的较快增长，家庭规模增长了 183 户，人口数量增长了 581 人。同时，克松的后代通过接受高等教育或职业教育进入城市或其他地方工作，人口实现了自由迁移。经过几十年的发展，克松不仅人口数量发生了根本性变化，人口质量也实现了历史突破，文化水平大幅度提高，人均寿命从民主改革初期的 35 岁提高到现在的 75 岁。

从克松生活变化看社会主义新西藏的变迁。民主改革前，广大农奴生存维艰，过着“居无住所、衣不蔽体、食不果腹”的悲惨生活，处于极端贫穷的境地；民主改革后，克松居民生活条件不断改善，生活水平不断提高，在解决温饱的基础上逐步富裕起来，过着丰衣足食的幸福生活。党的十八大以来，按照“功能齐全、设施完善、体现藏南特色、30 年不落后”的要求，以开展生态文明小康示范点建设为契机。克松社区完成门楼、道路、办公楼、人民广场、住房外立面、拆迁还建等工程建设，成为山南市生态文明小康示范点之一，村

① 据克松乡政府所提供的资料《克松群众支援对印自卫反击战概况》。

容村貌焕然一新。在住房条件改善的同时，集中供水和安全饮水保障力度得到提高，其中100%的家庭使用上了自来水；所有家庭都用上了国家网电，电力通畅稳定；社区道路实现硬化，田间生产机械作业道路通达率100%；社区设有垃圾池、分点放置垃圾桶，开展了垃圾集中收集、转运工作，切实改善了社区的生活环境。2020年，克松社区经济总收入4260.34万元，居民人均纯收入达24308.22元，绝大部分家庭达到小康水平。

从克松生产变化看社会主义新西藏的变迁。封建农奴制下的庄园经济长期处于极其落后的状态，百业凋敝，农业生产主要使用“二牛抬杠”的木犁耕地，人工打场脱粒。民主改革废除了封建农奴主在克松的土地所有制，使翻身农奴成为土地的主人，获得了生产资料。加大高标准农田建设，实现农业生产的跨越式发展。2020年克松粮食总产量达到1859.62吨，亩产984.75斤。在各项利民惠民政策带动下，克松社区紧跟大形势大背景，努力转变生产经营方式，从事非农经营活动的家庭日益增多，目前，有29户从事运输行业，拥有大小车辆31辆，运输业年收入达618万元；社区共有15家商店、8家茶馆和1家农家乐，在泽当城区等地还开有4家甜茶馆。在此基础上，社区累计成立了10个农牧民专业合作社，其中2个合作社属于集体经济，主要管理蔬菜种植基地、经营大型机械和农机租赁；其他8个农牧民合作社，主要从事药材种植、氆氇编织、粉条加工、树苗养殖和农家乐等方面的经营。

从克松社会变化看社会主义新西藏的变迁。克松在经济不断发展的同时，也实现了社会全面进步。兴办小学后，农奴的子女有权和有机会进入学校接受正规教育，开展了“变朗生为书生”的扫盲工作，克松从文盲型村庄逐渐走向文化型新村。2020年，克松社区不断巩固和扩大“普九”教育成果，实现幼儿园学前“双语”教育，社区适龄儿童入学率100%，很多家庭将子女送到教学条件更好的泽当接受教育，另有45人正在接受高等教育。社区还通过举办汉藏双语培训班，对青壮年进行每天2小时国家通用语言培训。社区内不同民族间交往交流交融关系融洽，汉藏通婚有 3 人；有 15 人来自四川、湖北、河南等地，在社区内从事蔬菜温室大棚种植、经商等。为强化民生保障，克松建立起包括生活救助、医疗救助、五保户供养、最低生活保障等在内的社会保障体系。为丰富居民文化生活，社区成立文艺宣传队，将 1968 年创作的著名话剧《赤来多吉三代一家六口人的故事》改编为《农奴泪》，利用节假日为居民表演文艺节目，并在全区公演，展现了西藏由封建农奴制社会进入社会主义社会的时代跨越。同时，社区每年还举办“新农杯”农民运动会，凝聚民心、丰富生活、倡导健康。

（三）农牧区第一党支部建设情况

近年来，克松社区党委坚持以习近平新时代中国特色社会主义思想为指导，认真贯彻落实党的十九届五中全会精神和中央第七次西藏工作座谈会精神，充分发挥西藏农牧区第一个基层党组织优势，持续抓基层打基础，充分发挥党组织战斗堡垒和党员的先锋模范作用。

加强班子建设，共建红色克松。克松社区党委着力加强干部队伍建设，提高了班子战斗力，为乡村振兴提供坚强的组织保证。今年，通过社区“两委”换届，将群众拥护、思想好、作风好、能力强、有文化、办事公道、全心全意为群众办实事的人选进“两委”班子，实现了“三个零、三满意”的目标。认真落实“三会一课”“四议两公开”制度，举办党员干部夜校，大力开展文化素质提升培训，社区“两委”班子政治素养和文化水平明显提高。突出制度建设，完善“两委”班子议事、坐班等制度，进一步强化了岗位责任。注重从致富能手、技术能手、复退军人、大中专毕业生、外出务工返乡人员等群体发现优秀年轻后备干部，建立后备干部库，实时动态管理，进行有目的的定向培养、实践和跟踪考察。在克松党员队伍中，致富能手有 52 人，占党员总数的 30.9%。深入开展干部驻村工作，管好、用好大学生村官和第一书记，凝聚村级干事创业合力。大力开展党史学习教育，自觉践行党的群众路线，紧紧围绕群众安居、就业、就医、用水、用电等问题，真心实意为群众排忧解难，千方百计安排好困难群众、弱势群体的生产生活，利用集体经济收入帮助居民补贴水费、碘盐、合作医疗自筹、化肥等资金，努力把好事办好、实事办实。

加强宣传教育，共建和谐克松。充分利用流动电影放映车、克松爱国主义教育基地，开展爱国主义影片放映和文艺演出活动，创新性地开展理论宣讲“讲”起来、小喇叭“响”起来、爱国歌曲“唱”起来、党史电影“放”起来、志愿服务“动”起来“五个起来”活动，举办基层理论宣讲员培训，探索出陈列馆“一刻钟宣讲党史”“文明实践半小时”大喇叭、“云课堂、微宣讲”“小板凳”宣讲等创新形式，让理论宣讲更加接地气、贴民心，让宣讲“活”起来、“动”起来，深化“反对分裂、维护稳定、促进发展”主题教育活动，大力宣传党的支农惠农强农政策，引导群众感受旧西藏人民的悲惨生活、感恩当今新生活，坚定不移感党恩、听党话、跟党走。充分利用新媒体，采取“线上＋线下”理论课堂的形式，建立“微宣讲”平台，让习近平新时代中国特色社会主义思想“天天见”，让理论宣讲以微视频、音频的方式传播，随时随地教育、团结、引导、服务群众。同时，通过新时代文明实践站派单、群众点单等方式，不断丰富宣讲内容和形式，让理论声声入耳，让政策句句入心，形成比学赶超的浓厚氛围。

大兴文明新风，共建美丽克松。以评选“平安户”和“文明户”为抓手，奖惩结合，进一步增强群众的法治观念，开展法治宣传教育活动，采取入组、入户面对面宣讲等方式，促进家庭和睦、邻里和谐，形成相互尊重、有事协商的良好局面。每周组织开展2次垃圾清理活动，对社区路段两侧的生活垃圾、建筑垃圾、废砖废土、废弃杂物等进行彻底清理，美化村容村貌，提升居民爱护环境的自觉行动。成立党员志愿队伍，结合党员自身优势发挥党员先锋模范作用，以“一对多”结对帮扶的形式开展互助帮扶活动，帮助缺少劳动力的家庭收割庄稼，增强邻里团结，发挥党员先锋模范作用。

引领经济发展，共建小康克松。注重发挥城郊结合部优势，帮助有致富愿望的群众建设蔬菜种植大棚、扩建粉条加工厂、兴办养鸡场、加工青储饲料，积极推动家庭多种经营发展。定期开展以“节约能源”“高新农业生产技术”等为主题的系列科学技术教育培训活动，引进优良品种和栽培技术，积极与科研教学、技术推广部门建立长期的技术合作关系，邀请技术人员进行指导，培养了一批有文化、懂技术、会经营的新型农牧民，树立5户科技示范户，逐步使新品种、新技术成为主导产业。充分利用西藏第一个农村党支部旧址、民主改革第一村历史、克松展览馆、克松庄园乡土文化的历史文化资源，大力发展红色旅游，带动社区经济发展，增强社区集体经济实力和高质量发展活力。2020年，社区集体经济收入达35万元。

深化综合治理，共建平安克松。完善基层治理，成立治保委员会、调解委员会、治安巡逻队、护村队、护院队，建立维稳信息员等队伍，健全各项制度。健全矛盾纠纷排查调处机制，每月固定两天为党支部书记信访接待日，定期召开矛盾纠纷排查分析会，做到了外来人员、重点人员、家庭生活困难群众和其他矛盾纠纷隐患底数清、情况明，及时发现和调处矛盾纠纷。组建以10户为网络的23个联保单位，充分发挥“双联户”户长维稳信息员作用，随时掌握群众思想动态，有效预防安全隐患。加强社区安全保卫工作，实行“两委”班子轮班坐班制度，组织治安巡逻队定期巡逻，及时发现和处置不稳定因素，有效提高防范水平。①

二、克松精神的内涵

克松精神基本内涵是“坚定信念、勇于创新”。新时代弘扬克松精神，有利于调动山南人民的积极性主动性，有利于为实现中华民族伟大复兴的中国梦提供精神动力。

坚定信念：克松村一直被誉为“一块红色的土地”。这是很多人都知道的事实。正是在克松村，西藏的第一个党支部被建立起来。至

① 引自克松乡政府提供的材料《克松相关素材》。

今，当初党支部旧址的几间土坯房还完好地保存在那里。即使当地最顽皮的孩子也不会跑去那里乱涂乱画。

坚定信念的源泉：从阿旺的经历，我们可以了解“西藏的农奴总是用劳动力和劳役的解放来憧憬自己在政治上的解放”①。

> 1965年，42岁的阿旺作为村子的领导人向我们讲述了克松庄园的过去和现在。阿旺身材魁梧，头戴宽边礼帽，饱经风霜的阔脸上蓄着八字胡。阿旺曾是索康家的农奴，他笑着说，当时保持农奴这个身份都很困难，因此只好把几个孩子送到庄园做地位更低的家奴或朗生（如果贫苦农家有两三个孩子，只有这样做才能让他们活下来）。在克松庄园，阿旺一共经历过五位管家。因此在经济方面，他对庄园的过去、现在和未来的社会主义计划了如指掌。
>
> 阿旺告诉我们，1959年克松庄园有26户差巴（因为劳役而成为地方政府和主人庄园的固定奴），32户堆穷（不是庄园的固定农奴或佃户，有些人从他们以前的庄园逃跑过来，堆穷一般来说比差巴还穷；但和差巴相比，堆穷能得到极少量的劳动收入，这些人中的一部分为工匠）。除此之外，庄园还有72个朗生，以个人而非家庭计算人数。身为奴隶，他们在家庭方面的权利甚至连牲口都不如。
>
> 这些遭受压迫的百姓共有200人左右，种着126公顷土地，最好的地约占土地总面积的40%，全部归索康的“自营地”所有，并且由农奴和奴隶支差代为耕种；剩余土地中29%是农奴家庭的份地，28%租给堆穷，还有3%的地由一些支付租金和提供其他封建服务的堆穷耕种。
>
> 当时，每公顷地的平均粮食产量为7.5藏克，大约相当

① 斯雷尔·爱泼斯坦著，高全孝等译《西藏的变迁》，新星出版社，2016年，第36—39页。

于625公斤（0.625吨）。在此基础上，堆穷还要交相当于6藏克粮食的租金，占粮食产量的80%。

对从自营地和其他渠道得到的粮食，除预留种子和满足庄园需要之外，管家每年要给远在拉萨的主人索康送去63.5吨粮食。

阿旺说：除了粮食，索康还要从克松剥削很多其他东西。作为租金的一部分，26户农奴家庭每年要向索康提供1500个鸡蛋，24大袋面粉，12袋蔬菜，以及火腿和大蒜等其他食品，同时他们还要上交35袋羊毛。

对农民而言，最沉重的负担来自强迫劳役。索康庄园26户家庭有104口人，一年要提供45个强壮劳力，每人干180天的强迫劳役。也就是说最好的劳力总不在家，无法耕种自家的田地（农忙时节也不例外）。除此之外，他们还要给主人和管家干很多其他差役，比如翻山把粮食运给远在拉萨的索康，路上的吃喝花费还要自己负担。阿旺回忆说，山路实在太难走了，有三个他认识的人被活活的冻死在路上。其他的无偿差役还包括：

长途送货，通常将货物运往拉萨；

短途送货或送信；

从索康家的田地里将粮食运送去碾磨；

在索康官邸之间送货或送信；

在驿站间送邮件；

管家也会有一些特殊要求，可以要求农民给他们挤牛奶，照看小孩或做家务。

为了进行比较，下面再从《大英百科全书》“庄园”一节中摘出描写中世纪英格兰农奴悲惨生活的一些文字：

农奴生活之艰难在于差役实在太多，不仅要为自己租种土地出钱出力，在差役方面还要付出更多。他要长期用自家的工具和牛给主人犁地、耙地、收割、打场和运输等，直到干完一年中所需的天数。在庄稼收获或任何需要的时候，主人都可以延长他们的干活时间，农奴对此不能拒绝。同时，如果庄园需要马车，佃户就得提供，甚至包括去100英里（一英里约等于1609米）之外的地方。犁地、围栏、水渠维护和剪羊毛等其他劳动也落在农奴的身上，有时甚至连他们自己都不知道还剩余多少时间经营自己租种的土地。此外，他还要提供蜂蜜、鸡蛋、鸡和犁头等东西。

然而与之相比，西藏的现代农奴制度甚至更加恶劣。显然，英格兰封建时期，农奴和奴隶有所不同，除非农奴也是土地的一部分，否则不会被买卖。但是在西藏，农奴彻底变成了奴隶，随着家庭和土地之间的交易，奴隶被买卖则十分普遍。

以上是要向庄园交的苛捐杂税，而这些还远非全部。

除了庄园，农奴还要向地方政府缴纳税纳差。每年除现金税负，还要交相当于1.5吨粮食的食物差，官员出行要无偿提供乌拉差役，这一点尤其让人感到无奈和痛恨。其他方面还包括要随时提供青稞面粉、清油和坐垫，为官员出行备好马匹和马夫，稍有怠慢就会遭到鞭打。农奴对噶厦政府的差役，还包括提供运粮工具，给马提供饲料，为制衣房提供染料，运送木头和羊毛，还要为马备好铃铛。最后，噶厦政府还要征收“耳朵税”（因为藏族人都戴耳环和耳坠）、出生税和死亡税。

除此之外，农奴还要向喇嘛寺庙缴纳实物。克松要给寺庙提供1000斤粮食，每天提供3匹马，每1.7公顷土地提供一个劳力，共需74个人。每次喇嘛诵经，农奴还要提供酥油、清油和食品，供诵经仪式和喇嘛吃喝之用。

仅仅听到这些，我似乎已经感觉到有无数重负压在我的肩上，也认识到像阿旺这样的藏族人，为什么要学习马克思主义，为什么对马克思主义劳动价值论有关“剥削就是无偿占有劳动者劳动”的说法理解起来那么容易。在资本主义社会，工资、租金和价格掩盖了剥削的本质；而在封建主义的西藏，人们以直接和原始的方式体验着剥削。因此，马克思向欧洲人解释什么是剥削的时候，往往需要做很多深入的分析，而对于这些没有受过任何教育的人来说，它的意义是不言自明的。也因为如此，西藏的农奴总是用劳动力和劳役的解放来憧憬自己在政治上的解放。

再来看一下尼玛次仁的经历。[①]

尼玛次仁32岁，个子不高，皮肤黝黑，瘦瘦的脸上有一双若有所思的眼睛，神情显得有些紧张。作为亲历者，他目睹了别处也许需要一千年才能完成的社会变革（指民主改革——引者注）。尼玛次仁起初是贵族家的奴隶，后来又变成农奴的奴隶，好几次差点被卖掉或送人，由于太不听话，曾经多次被打得半死。1959年后，尼玛次仁在民主改革运动中表现活跃；1965年，他成为党支部书记和西藏自治区人民代表大会代表。

尼玛次仁说：他家里有五个孩子，他的年纪最小，生下来就和父母一起是索康家的奴隶。一岁那年，阿爸遭到管家毒打，回家后就开始吐血，不久就离开了人世。阿妈既要照顾家里的孩子，每天还要出去干一整天活。家里的孩子由于没人照顾，四个大一点的孩子都不幸夭折，两个掉到河里淹死。尼玛次仁说：“我不知道自己是怎么活下来的，阿妈，也没有什么东西给我吃，她总是省下一点口粮拿回来给我，有时别的奴隶也会给一点。”

八岁那年他就开始劳动，没过多久，索康把他送给一个

① 详见伊斯雷尔·爱泼斯坦著，高全孝等译《西藏的变迁》，第41—45页。

叫扎西的上等农奴。扎西自己也有劳役要做，所以就让尼玛次仁替她干。这个女人既任性又冷酷，不让他们母子见面，并且“每天至少要打他两次”。

尼玛次仁回忆说：“奴隶主的孩子也欺负我。有一次他们想打我，我捡起一块石头想还击，管家看见了，就抓住我狠狠的打了一整天。等我艰难走回家后，又挨了扎西的打。她喊道：‘你离你阿妈太近了，不是不好好干活，就是表现得很坏。’为此，他把我送给她的一个亲戚做奴隶。在那里，我要看管一百只羊，一直因为打瞌睡，有几只羊跑掉了，我因此被关到羊圈里。如果饿了，新主人就会把羊粪往我嘴里塞。当时我只有九岁。”

在那里，尼玛次仁的衣服烂得没法再穿，他得到一件尼姑穿过的旧衣服，这也成为他仅有的一件衣服，晚上睡觉的时候还要当被子用。他回忆说：“那件衣服上到处是虱子，尼姑穿红色的衣服，颜色很刺眼，所以没人愿意靠近我。有时候病得厉害，他们就把我赶回扎西那里。为此，我经常要连走带爬三天，才能回到那里。回去后，扎西看到我狼狈的样子，并且全身散发着臭气，就大声地训斥我说：‘你的命很邪恶，你带来了坏运气。’说完就把我赶了出去，也只有在那个时候，我才敢去阿妈那儿。妈妈见到我的时候，还以为是哪个快要死的乞丐，认出是我后，她难过的晕了过去。妈妈把我拥在怀里，我们母子两人抱头痛哭。

“虱子差点把我吃掉，他们从我嘴里鼻子里往外爬，阿妈从别人那里要了一些清油让我喝下去把虱子吐出来。继父是个热甲巴，阿妈便托他给我找一些死人穿过的衣服，这些衣服别人都不要，我们没有衣服，只好将就着穿，俺妈把我穿过的那件尼姑服烧了。渐渐的，我的身体也开始恢复。”

扎西听说我的情况后，就派了一个奴隶来到我家。那个奴隶带来了他的命令：“如果尼玛还活着，他就是我的人，今天必须回去干活。”阿妈向那个奴隶求情说：“我们都是穷人，请你转告她，我儿子还病得很重。”由于惧怕扎西的淫威，那人最终还是把尼玛次仁领回去。

扎西不只是冷酷，她还有一套自己的理论。这些想竭力改变自己社会地位的人，无论在哪个社会都有，他们背叛了自己的阶级，仰仗着压迫者的施舍苟且偷生，思想上和行为上处处压迫者考虑。他常常对尼玛次仁说：“你们这些奴隶都是我的敌人，如果不对你们厉害一些，你们就会起来造反。”有一次，尼玛次仁给他家放牛，牛吃了索康家的庄稼，为此尼玛次仁在庄园里遭到毒打，回去后扎西把他的手绑住吊起来接着打。

说到茶，奴隶们都是用带有苦味的草泡茶喝。酥油茶被认为是西藏的传统饮品，但像尼玛次仁这样的人，喝酥油茶只能是一种奢望。他说：“我见过酥油茶，从来没有喝过。”

本来逢年过节应该吃点好东西，但实际上比平时吃的还要差。尼玛次仁说：“望果节的时候主人们说：‘今天要让你们感受一下什么是好日子。’实际上，给我们吃的是从装酥油的袋子里刮出来的酥油碎渣，又硬又难闻。大米对我们来说也是一种难得的美味。有一次，扎西特别开恩，给我们吃了一些剩了五天的米饭，当时米饭已经馊了难以下咽。而我们只好硬着头皮在她面前吃完，当时大家都想吐，但还要强忍着向他表示感激。

“不单单扎西说过我的命不好，我自己也这么想。当时我最大的愿望是找一个能对我好一点的主人，但是去哪里找啊？恐怕永远也找不到！你可能要问我为什么不逃跑？我亲眼见过逃跑的人被抓回来受尽折磨。为什么不自杀呢？这年头我也想过，可是想到阿妈，我就放弃了。有时，我真想大病一场死掉算了，但每次生病我都挺了过来。

尼玛次仁说：“一直到 1959 年 3 月，我 24 岁的时候才看到了希望。参加平叛的人民解放军来了，看到奴隶们饿着肚子，没有衣服穿，他们就把自己的衣服和食物让给我们。毛主席领导的中国共产党，为我们指引了进行民主改革的发展道路，对于这条道路我们坚信不疑，你一定要永远走下去，没有什么能让我们再回到过去，即便想一想也不行。我们终于挺直了腰杆，也终于敢说出心里话了。

但是，那些旧主人和他们的追随者不会轻易放弃，这一次他们改变了策略，一些在叛乱中没有逃跑的人，开始讨好我们穷人。大家想想看，我是个奴隶，他们来找我，并且说："不要轻信汉人的话，他们对你们没安好心，那些藏族干部都是些马屁精。"但我知道应该听党的话，听汉族同志的话。他们是汉人，但对我们像阶级弟兄一样好。我向上级检举了这些人的做法，而且成为改革的积极分子，奴隶和农奴们还推我做农民协会的领导。

"民主改革也把妻子送回到我的身边，我们又团聚了。我们有了自己的房子，还分到七只羊，一头牛，15.5 藏克土地，有新衣服穿，有一套家具。1959 年 9 月，我和其他改革积极分子被送到北京、武汉、南京、天津、上海和鞍山等地参观，我们还见到了毛主席，也看到了西藏只有通过努力才能实现的未来。社会主义让大家有了财产，并且过上了新的生活。1960 年，我加入中国共产党。"

从尼玛次仁的经历，我们看到了西藏和平解放，尤其是民主改革带给他的全新生活。新旧西藏两重天的生活——24 岁前的生活和 1959 年 3 月以后短短几个月的生活，带给了他强烈的震撼。于是 1960 年，他以无比坚定的信念，加入中国共产党，成为西藏第一批共产党员，后来他做了党支部书记，乃至西藏自治区人民代表大会代表。

于是，克松拥有了"西藏民主改革第一村""西藏第一个农村党支部”“西藏农村第一批中国共产党党员”“西藏第一个农民协会”“西藏第一个人民公社”等诸多政治荣誉，成为西藏社会变革、农奴翻身作主、人民幸福安康的亲历者、见证地。

以下重点介绍一下“西藏第一个农村党支部”的情况。1959 年 12 月 2 日，民主改革工作组在克松成立了西藏第一个农村党支部，由当时的工作组成员丹巴坚赞任临时党支部书记，也是在那一年西藏农村有了第一批中国共产党党员，农奴出身的尼玛次仁深刻认识到只有共产党才是贫苦人民的代表，因此他郑重向党组织递交了一份入党申请书，1960 年尼玛次仁被大家推选为克松村第一任党支部书记。

根据资料记载，克松村于 1959 年 5 月 7 日成立临时党支部，发展了第一批预备党员 6 人，由当时山南分工委民主改革工作组的丹巴坚赞同志担任临时党支部书记。自 1959 年 10 月开始，克松村挑选了村里在民主改革中涌现出的 28 名积极分子，对他们进行党的基本知识、党的民族宗教政策的教育，引导他们认识旧西藏封建农奴制度的本质。为了在农牧区建立党的组织做好准备工作，1959 年 11 月 20 日至 12 月 24 日，中共乃东县委举办了第一期“积极分子培训班”。来自克松村的 28 位民主改革积极分子参加了此次培训，他们学习了党章，党的任务、纪律以及党组织方面的知识。

1959 年 12 月 2 日，克松村成立了西藏历史上第一个农村党支部，发展了第一批正式党员 6 人，他们是克松农民协会主任尼玛次仁、克松农民协会副主任阿旺、克松贫农联合会委员次旺扎西、克松互助组组长白玛顿珠、克松本地农民吉加（女）和多吉。他们是山南地区第一批基层党员，也是山南地区第一个基层党组织建立、发展的见证人。第一批党员的入党介绍人是山南地区分工委的陈涛和山南地区团委的周建英同志，他们当时在克松村进行关于党章知识的宣传工作，也是乃东县第一期民主改革积极分子培训班的老师。到 2020 年，克松党支部现在有 4 个党小组，共有党员 169 人。

作为西藏第一个农村基层党组织，克松村党支部建立后，在政权建设、发展经济以及提高人民生活水平等方面发挥了重要作用。克松村党员干部带领广大群众解放思想、发展生产，取得了经济发展和人民生活水平的稳步提高。在努力发展生产和改善生活的同时，克松村党支部也注重村民政治素质和修养的提高，先后取得了一系列荣誉：

2011 年全国先进党支部和全区先进基层党支部、2010 年“全区十佳基层党组织”奖（西藏自治区党委）、2009 年度全民健身活动优秀组织奖（国家体育总局）、全区开展“创建先进基层党组织和争做优秀共产党员”活动先进基层党组织（西藏自治区深入学习实践科学发展观活动领导小组）、深入学习实践科学发展观活动先进单位（中共山南地委）、2009 年度群众性爱国主义教育先进党支部（中共乃东县委员会、乃东县人民政府）等十多个奖项。

作为西藏新旧历史交替进程中的一个重要坐标，克松村始终自然而然地秉承着一种对历史和政治的关注度及敏锐度。国家大事，对于村民们并非只是电视上的影像或者报纸上的文字。每逢国家大事发生，只要走进克松村，家家户户都为了迎接十八大、十九大，乃至十九届六中全会的召开，自发地早早挂起了国旗，根本不用居委会号召。每个平凡人家都可以清楚地认知家和国的关系，明了国家政策与个人命运之间的必然联系。他们知道，这次代表大会的召开，预示着一个更加美好的未来。

勇于创新：克松有着敢为天下先的闯劲。这体现在方方面面，我们以话剧《农奴泪》来举例说明。

1968 年，克松人民公社组织群众编排创作了著名话剧《赤来多吉三代一家六口人的故事》（也称《旧社会的苦》），它讲述了民主改革前后，克松庄园农奴赤来多吉一家三代，在旧西藏封建农奴制度下悲欢离合的故事。1968—1976 年期间，曾在西藏的广大农牧区进行多次演出。

2009 年，克松居委会为了让更多的年轻人了解克松封建农奴制时期庄园农奴所受的苦难，珍惜现在的幸福生活，将 41 年前创作的《赤来多吉三代一家六口人的故事》改编为《农奴泪》。

2010 年 12 月，克松村居民开始恢复话剧排练工作。由于当年创作的剧本已经丢失，居委会重新整理出剧本，找来6位仍健在的当年参与话剧演出的演员，参与并指导话剧。这出剧从编导到演员都是没有经过任何专业训练的克松年轻人，他们在当年老演员们的指导下，历时两个月终于再现了当年那部著名的话剧。2011年3月25日，《农奴泪》在克松居委会“庆祝西藏百万农奴解放纪念日设立3周年”活动中首场演出。话剧演出后，引起了社会的广泛关注，共有14家媒体来到现场进行报道，国内外多家媒体同时进行了转载。目前，已经在山南市的各级各类学校、机关单位以及多个县进行巡回演出20余场，观众达5.6万人次。如今《农奴泪》成了克松红色文化的一个重要组成部分，并在山南剧院里进行定期演出。

随着影响力的不断扩大，该话剧还登上了西藏人民会堂，广受好评。据边巴次仁介绍，目前该话剧在人民会堂已经展演了十次。边巴次仁认为，编排并演出《农奴泪》意义很大，不仅可以丰富村民的文化生活，更为重要的是，可以增强村民尤其是青少年的爱国主义情怀。

三、克松精神的典型案例

克松居委会80后村官张小波[①]“选择当村官，我无怨无悔！农牧区的广阔天地，大有作为，我将在这片广阔的田地上演绎激情燃烧的岁月！”西藏山南市乃东县昌珠镇克松居委会党支部第一书记张小波在博客里写下自己的豪情。2008年，张小波从西藏大学建筑学专业毕业，应聘到西藏第一个农村党支部——克松居委会担任村党支部副书记、村委会副主任。几年来，他扎根农村，克服困难，打开了高原农村一片广阔新天地。

（一）挖“红色内涵”，铸文化品牌

克松居委会被誉为“西藏民主改革第一村”，在这里诞生了西藏

① 尕玛多吉：《青春燃烧在高原农村——记80后村官张小波》，《光明日报》2013年12月9日。

第一个农村党支部。当张小波得知自己成为克松居委会的一名“村官”时，激动地说：“能在这么一个具有重大历史意义的村子工作，这是我的荣耀。”结合克松居委会实际，张小波首先想到挖掘“红色文化”，发展旅游业，把克松建成历史文化名村。怀揣着这个愿望，张小波开始努力搜集有关克松居委会的史料，并制定了《克松居委会红色旅游民俗文化村规划方案》。

张小波经常走访群众，在一次谈心时偶然了解到，1968 年居委会群众曾自编自演过一部反映旧社会农奴生活的话剧。他认识到，复排这一话剧十分有意义，这是克松村“活着的历史”。经过一年的筹备，通过几位当年参与排演老人对剧情、台词回忆的整理和反复推敲，2011 年 3 月 25 日，话剧《农奴泪》在克松居委会“庆祝西藏百万农奴解放纪念日设立 3 周年”活动中首演，产生强烈反响。

（二）带种植能手，建无公害蔬菜基地

克松居委会位于山南市首府泽当镇近郊，土地肥沃，交通便利，发展蔬菜种植具有得天独厚的条件。对农技一窍不通的张小波愣是看准了克松村蔬菜种植的前景，积极向上级主管部门申报。

2010 年 9 月，在县农牧局的帮助下，克松居委会建设了 69 栋无公害蔬菜大棚。11 月，克松村无公害蔬菜基地正式建成。经过一年试种，生产的无公害蔬果陆续上市。为打开销路，张小波每天早晨 4 点就起床，带领村民去菜市场卖菜，并组织种植能手成立了蔬菜、瓜果、花卉专业协会，使参与种植的农牧民当年平均每户增收 1 万多元。张小波并不满足于小打小闹，目前他正在申请无公害蔬菜基地认证，建立克松蔬菜品牌，对蔬菜进行简单的包装加工，使其走进超市、机关食堂、学校等，以推动克松无公害蔬菜向产业化方向发展。

（三）60 名村民孩子的“编外老师”

5 年来，张小波与村民同吃、同住、同劳动，他还给自己取了一个藏族名字——“扎西”，他说“扎西”藏语意为吉祥，另一个寓意是自己扎根西藏的愿望。2011 年，在他村官 3 年的任期结束时，村党支部和村民纷纷向组织提出，要求他继续留在村里，面对村民的信任，他坚定地选择了留下。

从2008年大学毕业来到克松村，几年里，他从未回过自己在甘肃的老家。忙完村里的日常工作，他就不定期地入户走访调查，为村民解决生活中的困难，还义务担当起村里孩子的课外辅导员。

2009年暑假的一天，居委会一位大姐领着自己上小学的孩子罗布找到了张小波，请他在暑假期间帮助孩子提高汉语水平。得知这一情况后，居委会其他农牧民群众也纷纷请张小波帮助辅导自家孩子，张小波笑着“照单全收”。慢慢地，学生由1个变成10个，由10个变成20个，最后竟有60多个孩子来听他的课，居委会3间办公室都挤得满满的。

“小波用汗水和真诚，赢得了大家的信赖和好感。”克松居委会老支部书记边巴次仁说。由于工作出色，去年10月，张小波当选为克松居委会党支部第一书记。谈起当村官的这段经历，张小波说：“只要怀着一颗为民服务、甘于奉献的心，你就不觉得苦，相反，你会感到快乐、充实，收获就越多。”

第二节　列麦精神

列麦精神是20世纪70年代初孕育产生的。1966年，时任列麦公社党支部书记仁增旺杰带领列麦群众坚定不移地听从党和国家召唤，以“不等不靠、不屈不挠、自力更生、艰苦创业”的精神形成了“列麦精神”。

一、列麦公社农业学大寨

隆子县列麦乡，位于县城驻地新巴村东面，分布在雄曲河两岸，地形东低西高，东与三安曲林乡，西与隆子镇，南与加玉乡，北与雪沙乡相毗邻，其地理位置为北纬28°19′—28°29′、东经92°33′—92°45′，平均海拔3800米以上。辖7个村委会、16个自然村。乡辖区面积498平方千米，耕地面积2834亩，三分之一多一点的耕地，在海拔4200米以上。草地24.1万亩，林地3000亩（天然林），平均每年降水量250毫米左右，无霜期100天左右。该乡生产小麦、青稞、豌豆、荞麦、油菜等农作物，且兼种苜蓿等饲料作物。是隆子县主要产粮区之一。

列麦乡的行政区划在西藏和平解放以前，包括隆子宗的坡聂定和德珠桑钦寺庙卡尼俄堆巴。西藏和平解放以后由新巴区的列麦乡和加玉区的坡聂乡组成。以后行政区划经过多次调整，1987年10月建立列麦乡。1999年7月保留列麦乡，其行政区划为原列麦乡区划。和平解放以来，列麦乡的发展同全区一样，经历了“和平解放和西藏自治区筹备委员会建立时期”“平叛改革和西藏自治区成立时期”“文化大革命时期”“社会主义建设新时期”四个发展阶段。

1951年5月23日，《十七条协议》签订后，列麦乡的历史翻开了新的一页，列麦人民由封建农奴制度下的奴隶、农奴成了社会主义的主人，政治上当家作主，经济上翻身解放，开始走上了团结进步、繁荣发展的光明大道。

1959年3月，中国人民解放军十八军一五九团进驻隆子县开展平叛改革工作，6月平叛改革结束，接着列麦乡开展了轰轰烈烈的民主改革运动，打倒了三大领主，彻底推翻了封建农奴制度，列麦人民同全区各族人民一道获得了新生，列麦乡农民协会等群众互助组织成立，粮食产量大幅提高，组员生活得到较大改善。

列麦是个穷山窝，是隆子县新巴区耕地最少的乡。民主改革后，群众曾进行过小面积开荒和土地连片，但只能是零敲碎打，修修补补，不能从根本上解决问题。矗立在列麦中部的桑钦坝上面，有千余克（藏式计量单位）大的一片荒地虽然地势高寒，缺水、石头多、土层薄，但向阳，土质也较好，有莫拉河水源，只要能修成水渠把水引到坝上，荒芜的桑钦坝就会变成一座粮仓。“开荒桑钦坝，修渠莫拉山”，是列麦人民摆脱缺粮、缺草贫困落后面貌的一条出路，1963年，党支部书记仁增旺杰，带领群众，排除万难，修水渠、造梯田，硬是将昔日寸草不生的桑钦坝改造成肥沃的良田，为列麦人民公社成立打下了坚实基础。

1964 年，列麦乡提出了办人民公社的要求，通过把 21 个互助组合并为 6 个大型联组，积极为建立人民公社创造条件。但由于种种原因未能实现。为了尽快地走上共同富裕的社会主义金光大道，党支部书记仁增旺杰等 7 人，于 1965 年 11 月，到乃东县参观了颇章等 3 个人民公社，回来以后，向贫下中农介绍了人民公社的优越性，并组织大家学习毛主席的《关于农业合作化问题》等著作。列麦广大贫下中农坚决要求走社会主义道路，坚决要求开展农业学大寨运动。

1966 年 9 月列麦乡成立了人民公社筹备委员会，这一年公社筹备委员会带领群众，共开荒地 1700 克，新修两条大水渠，长达 40 余华里。为办人民公社在思想上物质上奠定了基础。经过一段时间酝酿，1967 年 2 月间，便有 161 户贫下中农和 7 户中农首批入社，组成 6 个生产队。开始走上了集体化道路。这一新生事物的出现，像在平静的湖水中，投进一块巨石，立即引起了强烈的反响。

1967 年春耕播种前，列麦首批入社的社员在桑钦坝河莫拉山上，大规模地摆开了治山治水的战场，一年多时间，共开垦荒地 760 克，修干渠长达 17 华里。为了把老一辈开荒造田的情况告诉给青年一代，把自力更生、艰苦奋斗的革命精神一代一代地传下去，列麦人民将桑钦坝改为“沙吉坝”（革命坝）。

1967 年 11 月 1 日，隆子县第一个人民公社——列麦公社成立。首批入社的有 138 户、422 人，整半劳力 198 人，土地 795.6 克，各类牲畜 3927 头（只）。全社共分 6 个生产队。索朗任社长，次仁措姆任副社长。公社成立后，就充分显示了“一大二公”的优越性。首先使生产力得到了解放。旧社会的列麦不仅土地少，而且地块小，产量低。人民公社成立后，组织起来的贫下中农，人多力量大。他们先攻革命坝，40 名犁手一齐出动，130 人的开荒队伍并肩上阵，苦战一年多，开荒 760 克，增加了耕地面积，多打了粮食，尝到了成立人民公社的甜头。

1967 年年底，列麦人民公社获得丰收。全公社粮食总产量达到

51.1 万多斤，平均每克产 359 斤。当时基础最为薄弱的公社三队，粮食产量名列全公社第一，荒地、熟地平均克产超《纲要》。“竞赛”的胜利，显示了人民公社的巨大优越性，在铁的事实面前，富裕中农甘拜下风，许多原来动摇不定的中农和富裕中农，坚定了走社会主义道路的决心，诚心诚意地要求入社，这一时期，随着入社农户越来越多，公社劳动力大大加强，粮食产量也逐年提高。

1968 年，公社获得空前大丰收，粮食总产量达到 58 万多斤。到 1969 年初，全乡劳动人民都加入人民公社。

列麦公社 1970 年三战雹灾夺丰收，粮食产量达到 696000 多斤。

1970 年 9 月，农林部部长沙风到隆子县视察工作。中央调查组一行 6 人由沙风率领到列麦公社视察工作，听取了公社党支部的工作汇报，登上海拔 4200 余米的“革命坝”，了解列麦公社农民开荒生产、艰苦奋斗学大寨的情况，并在列麦公社召开了干部群众大会。沙风部长发表了讲话，充分肯定了列麦公社发扬自力更生、艰苦奋斗精神，认真开展学大寨运动取得的成绩，他希望列麦人民在“农业学大寨”道路上迈出更大的步伐。

1971 年遇到严重干旱，粮食总产 72 万多斤。1972 年又遇到严重干旱和霜冻，粮食总产 66 万多斤，1973 年，在特大冰雹灾害的袭击下，列麦公社立足抗灾夺丰收，加上在几年的抗灾斗争中，扩大了农田水利基本建设，生产水平有所提高，粮食总产量 79.6 万多斤，平均单产第一次超《纲要》，克产 407 斤。

列麦公社从 1971 年底开始，组织了农田基本建设专业队，打响了改造列麦山河的战斗，开荒地、修梯田、造园田，搞得热火朝天。经过几年的大干苦干，列麦公社共修建梯田 510 克、园田 475 克，改变了小农经济遗留下来的落后面貌，适应了农业机械化生产的需要。大批农机具的使用，提高了劳动生产率，推动了生产的发展。到 1977 年，粮食总产达到了 93 万多斤，比民主改革时增长了 3 倍，集体经济不断壮大。

1972 年 10 月，中共山南地委号召全体共产党员、干部群众积极投入到“远学大寨，近赶列麦”的群众运动中去，为建设社会主义贡献力量。10月25日至30日，中共山南地委在列麦公社召开山南地区“农业学大寨”现场会，自治区领导出席会议并讲话，下发了《关于开展“远学大寨、近赶列麦”运动的通知》，号召全区人民学习列麦公社的先进事迹。

列麦乡在农业学大寨中被树立为西藏全区先进典型后，受到中央和区地领导称赞，有力地对外宣传了隆子县，进一步提高了社员的积极性。这一年，列麦公社社员在革命坝上建成梯田60克，坝下改良土壤800克，平均每克地加土130袋，厚均一寸左右；修园田100克；青稞和春小麦地，每克施底肥60袋（每袋重约100斤），比1972年增加50%；62条水渠，总长190公里，13个水塘，全部进行了整修；选种、换种35000多斤。

人民公社集体生产的发展，使列麦的贫困面貌得到了初步改变。贫下中农和社员群众的收入不断增加，生活水平不断提高。民主改革时，列麦只有669人，到1974年有890人（不包括参军和参加工作在内），人口增加33%。民主改革时，列麦只有1182克耕地，每人平均只有1克15升。1974年耕地总面积达到2305克，比过去增加近一倍。列麦的粮食总产量每年只有33万斤左右，办社以来，熟地单产年年超《纲要》。1967年到1973年，革命坝上已生产粮食54万多斤。在革命坝上盖房屋7栋，建2个林卡，植树15种，共16000多株。社办小学在坝上建立了学农基地。1973年，在遭到历史上罕见的严重雹灾之后，仍夺得了大丰收，1957克10升地的粮食作物，平均单产407斤，总产量达到796644.9斤，比1959年增长41%。民主改革时，列麦只有各种牲畜4065头（只）。1973年，存栏数达11209头（只），比1959年增长175%。1973年初，列麦公社从各队抽调了部分青年，成立了青年突击队。突击队由78人组成，其中妇女占三分之二以上，民兵占二分之一；成立了党团小组，规定了学习制度和严格的纪律。三到四年时间内，他们共修成梯田380克；建成园田475克；并同广大贫下中农一起建成了1座110瓦的水电站，为集体盖了广播站、房舍等14间。实践证明，这一无产阶级“文化大革命”中成长起来的社会主义新生事物，是农田基本建设等活动中的一支重要力量，显示出了强大的生命力。

1974年春季，列麦公社完成了782克19升青稞、53克3升春小麦、322克3升豌豆和277克18升油菜籽的播种工作。春播面积达到800克。植树造林15000多株，栽种苹果树600株。1974年全社（226户）216户社员中，61%的社员有储备粮，64%的社员有存款，社员储备粮总数达28000多斤，向国家出售余粮74万多斤。存款总数达28000多元。从1967年到1973年，全社已积蓄集体储备粮43000斤。公积金、公益金29000多元。有拖拉机5台，柴油机1台，抽水机1台，动力脱粒机5部，马车2俩，手推车50多部，新式布犁135部，缝纫机3架。

从“文化大革命”开始的1966年到1975年，全公社土地面积由1540克增加到2305克，粮食总产由70万斤增加到近90万斤，单产连续三年超《纲要》，达到474斤；各种牲畜由5736头（只）增加到12000头（只）。社会主义占领农村思想文化阵地，革命的新生事物不断涌现；供销社、广播站、卫生室、电影队、托儿所、水电站，都已经建立起来，并且越办越好。农业机械化从无到有。改土、耕地、播种、脱粒、扬场、抽水、农副业加工等都用上了机械。小学由“文化大革命”前的1所、2名教师、50名学生，发展到现在的5所、8名教师、197名学生，适龄儿童入学率达100%。“文化大革命”以来，公社小学共培养了350多名学生。这些学生绝大部分扎根农村，一心务农，其中有18名光荣地加入了中国共产党，33名加入了共青团，22名担任了社队干部，很多人担任了公社的理论辅导员、读报员、广播员、电影放映员、会计、拖拉机手、教师、赤脚医生、电工，参加了科学种田小组和农田基本建设专业队，在农业学大寨运动中发挥了积极作用，一代新人正在茁壮成长。

1977年，列麦公社集体储备粮15万多斤。公积金、公益金78000多元。社员储备粮10万多斤，70%的社员有了存款。这些鼓舞人心的数字，是列麦公社成立以来巨大变化的缩影。1978 年，列麦人民战胜了多种自然灾害，夺得了大丰收。粮食总产突破了百万斤大关，比 1977 年增产 8 万多斤。平均亩产达到 550 斤。创造了历史最高纪录。林、牧、副业也有新的发展。在新长征的战斗行列里，列麦这面红旗更加鲜艳。

列麦公社在原有的卡垫组、农机修理组、拖拉机站等 7 个企业的基础上，又增加了制木碗、铁器加工、面粉加工等项目。人员由原有的 45 人增加到 104 人，占全社总劳动力的 16.8%。1981 年社队企业和副业收入总额达 197000 多元，占农牧业总收入的 41.5%。随着集体收入逐年增多，社员分配水平也逐年提高。1980 年人均收入 315 元，1981 年达 360 元，增加 14%。1982 年，全社有固定资产 60 多万元，储备粮 40 多万斤。全社没有欠款户，社员个人存款达 158000 元，220 多户人家已有 125 户盖了新房。同时，收音机、缝纫机等高档商品不断进入社员家庭。

列麦在变化，还突出表现在劳动人民文化翻身方面。民主改革时，全乡只有 25 人识字，占总人口的 3.7%，其中主要是农牧主和农奴主代理人，贫农成分的 2 人。1974 年，在政治上、经济上翻身以后的劳动人民，也成了文化的主人。16 岁以上的 491 名社员中，识字的就有 363 人，占 73%。从 1959 年起，乡里就有了夜校、民办小学，如今社办、队办小学发展为 5 所，169 名学龄儿童，入校读书的占 90% 以上。从贫下中农中培养起来的赤脚医生，关心和维护着社员群众的健康。6 个生产队还各有 1 名赤脚兽医。

历经平叛改革、民主改革，列麦人民走上了团结进步、繁荣发展的光明大道，通过农业学大寨，实行科学种田，科学畜牧，推广机耕机播，兴修水利，列麦成为全区农牧业发展先进典型，经济社会取得了长足发展，人民过上了富裕文明的生活。①

在列麦公社的带动下，山南掀起农牧业学大寨的高潮。

---

①　山南市文化局提供资料《列麦公社简介》。

到1975年，山南地区已建园田、梯田、台田13万亩，水浇地扩大到40.47万亩，其中保灌水浇地面积13.53万亩，占耕地面积的29.9%，初步建成高产稳产田24万亩，修水渠灌溉草场面积22万亩。

1976年5月10日至12日，自治区党委在琼结召开农业学大寨座谈会，总结、交流第一次全国农业学大寨会议以来，西藏开展农牧业学大寨、建设大寨县的情况与经验。自治区党委书记高圣轩、自治区革委会副主任洛桑慈诚和各地市委、部分县及有关方面的领导出席会议。会议期间，组织与会人员参观隆子县列麦公社和琼结、加查等县的部分公社。5月20日至26日，山南地委召开扩大会议，研究讨论深入开展“农业学大寨”问题。会议提出，1976年除继续巩固提高琼结、加查两个“大寨县”外，把乃东、桑日两县建成“大寨式”的先进县。

1976年12月10日，山南代表张夺锦、李从印以及13个县委第一书记或主持工作的书记和隆子县列麦公社党支部书记仁增旺杰、乃东县结巴公社党支部书记次仁拉姆出席在北京召开的第二次全国农业学大寨会议。

1977年1月31日，地委向自治区党委报送关于贯彻第二次全国农业学大寨会议情况。6月1日，自治区党委在泽当召开全区农业学大寨工作座谈会，检查贯彻落实第二次全国农业学大寨会议情况。自治区党委书记高圣轩，区革委副主任洛桑慈诚出席会议。9月，自治区、地区及乃东县、桑日县联合成立考核验收大寨县工作组。10月8日至31日，工作组先后对桑日、乃东进行检查验收。同时，山南地委决定桑日、乃东两县为大寨县。当年，全地区粮食总产达9500万公斤，平均单产201.5公斤，牲畜总头数达230万头（只）。[①]

---

① 山南地区地方志编纂委员会编：《山南地区志》，北京：中华书局，2009年，第308页。

二、列麦精神

列麦精神是20世纪70年代初孕育产生的。1966年，时任列麦公社党支部书记仁增旺杰带领列麦群众坚定不移地听从党和国家召唤，以“不等不靠、不屈不挠、自力更生、艰苦创业”的精神，用一年时间在海拔4200多米的桑钦坝上拣出近千立方的石头，磨坏一千多件犁头、十字镐和铁锨等，开垦出1100亩荒地，把桑钦坝变成“革命坝”，形成了“列麦精神”。

列麦公社由16个小山庄组成，分散在10座大山、3条大沟的8个山坳里。“山多地少，肚皮填不饱”，是20世纪60年代群众生产生活的真实写照。

“想要吃饱饭，就得开垦土地。”仁增旺杰在全社大会上一语中的。理想的太阳一旦升起，就会放射出耀眼的光芒。

“说干就干”也就成为列麦人骨子里的一种韧劲。

第二天，全社老老小小、男男女女扛上铁锹、十字镐，赶上牛、马奔向海拔4200多米的桑钦坝。

“坝上就是家，我们吃住都在坝上。”71岁的列麦乡西徒村村民边巴旺庆回忆说。为了能让桑钦坝早日种上粮食，群众在坝上搭上帐篷，夏天漏雨被子被打湿，冬天挡不住寒风，但这一切没有阻挡住列麦人种粮的决心。

用牛耕、用十字镐刨、用铁锨翻、用肩挑背扛，列麦人使出了浑身解数。在开垦土地这件事上，谁也不甘落后。“有很多人趁着大家都睡着了，悄悄地出去干。”边巴旺庆回忆说。

到第二年春播前，列麦人在桑钦坝上垦荒760亩。第二年冬天，1100亩荒地全部开垦完成。为了纪念这气吞山河的壮举，传承自力更生、艰苦奋斗的精神，他们决定把桑钦坝更名为“革命坝”。

要在革命坝上种上粮食，就得解决土地灌溉用水的问题。

革命坝海拔4200多米，比公社所在地还高上300米，如何实现引水灌溉成为了一个大难题。

“刚开始我们从桂沟里修了水渠，打算引水过来灌溉。”71 岁的列麦乡念堆村民格桑顿旦回忆说，“但是水太小了，根本无法满足需求”。

为了从根本上解决土地灌溉，公社抽调了 70 多名突击队员上莫拉山安营扎寨，准备修建一条全长 8. 5 公里的盘山水渠。

想在这海拔近 5000 米、一旁全是悬崖的山上修建一条水渠可不是那么容易。

在突击队员的奋战下，蜿蜒如带的盘山水渠艰难地向前伸展。他们的脚步停在了一堵楼壁似的“铜钹岩”前。

“铜钹岩”六丈多高，十多丈宽，手不能攀，脚不能站，上依陡崖，下临深谷，是整个工程最艰险的地段。

怎么办？列麦人从来就不是遇到困难就退缩的人。

“只能两个人的腰上拴绳子，上面几个人拉。人悬在悬崖上进行开挖。”曾是突击队员的格桑顿旦说。

巾帼不让须眉。原妇女突击队长白玛玉珍第一个绕路攀上六丈多高的陡壁。接着，人们一个个跟了上去。他们凌空作业，抡锤的抡锤，掌钎的掌钎。白玛玉珍肩负起悬空打眼、装药、点炮的艰险任务。

“铜钹岩”上炮声隆隆。经过十天苦战，突击队员们终于把这个庞然大物降服了。

1967 年，当水从这条“幸福渠”一泻而下时，人们激动、喜悦的泪水也淌了下来。

列麦人民在新开垦的荒地上试种了青稞和油菜。他们辛勤地灌水、追肥、锄草，终于获得成功，当年就在革命坝上收获了各种粮食 45 万多斤。

三、列麦精神的当代传承

20 世纪 60 年代，在历史和时代需要的时候，隆子县列麦公社原党支部书记仁增旺杰带领列麦群众坚定不移地听从党和国家召唤，以不等不靠、不屈不挠、自力更生、艰苦创业的精神，使列麦这片无声的土地发出震撼的声音。时光流逝，但“列麦精神”就像高山上的一眼源泉，成为西藏儿女自强不息的精神食粮。

如今的革命坝，早已退耕还林。列麦人为生存而努力的景象，在历史的烟云中已渐渐模糊，但“自力更生、艰苦奋斗、破除万难、不等不靠”的列麦精神却在薪火相传中愈发耀眼。

——在隆子扎果村的黑青稞种植基地，村支书格桑多吉告诉记者，隆子县的黑青稞颇负盛名，但产量一直不高。自市里创新开展“产业、品牌、商标”三推进工作以来，黑青稞种植面积从 1.3 万亩提高到 2.2 万亩，单产也从 490 斤/亩提高到 530 斤/亩。正在松土的黑青稞种植户扎西黝黑的脸上布满笑意：“黑青稞市场需求高，比普通青稞每斤要高上 1 元左右，大家种植黑青稞的精神头更足了。”

——在隆子镇芒措居委会巴桑的家里，十余头奶牛或站或躺惬意地嚼着草料。“2004 年前我们家属于当地贫困户，现在我们家养有 12 头改良牛，一年下来单是养牛收入就达 4 万多元。”谈起养牛带来的变化，巴桑满脸笑容。自 1975 年开始，隆子县就抓住“黄改”不放松。经过 40 多年的艰辛尝试和探索，隆子终于成为全区闻名的“黄改大县”。乃东区昌珠镇色康居委会是该县“黄改”示范点和“黄改”辐射基地之一。近年来，该居委会 80 户奶牛养殖户 250 头奶牛总产奶量达 200 吨，产值 80 余万元，户均收入 1 万元。

——在脱贫攻坚中，许多群众秉承“自力更生”精神，体面脱贫。扎果村残疾人卓嘎身残志坚，不等不靠，在扎果蔬菜基地实现就业，年收入达 3 万元；贫困户扎西达杰靠养殖奶牛，也住上了新房。看到乡亲们日子过得红红火火，边巴旺庆老人感慨道：“我曾担心，随着我们这辈人老去，列麦精神也会烟消云散。但看到大家用自己的双手过上了好日子，就感觉到这种精神还在传承。”

创业维艰，奋斗以成。列麦精神就像一眼源头活水，浇灌着山南人的心灵，坚定着山南人的意志，激励着山南人的行动。继承和发扬列麦精神，这眼源头活水也必将浇灌出更加美丽的西藏。①

第三节　沙棘精神

隆子人民战天斗地种沙棘而孕育出的“艰苦奋斗、自力更生”的“沙棘精神”，是山南广大党员和干部在建设、改革、发展的火热实践中，创造出的宝贵精神财富。

一、隆子县新巴乡的种树治沙实践

隆子县位于西藏山南市南部，喜马拉雅山北坡，地处高寒干旱区，县城海拔3800多米。过去冬春季节，黄沙漫天，常常是站在河这边，看不到河对岸的村庄。而到了夏季雨水丰沛的时候，河谷地带又常常洪水泛滥。洪水漫过农田，导致土壤盐碱化，又严重影响粮食种植。“那时候，种子春天播下去，秋天也收不了多少粮。”更不用说种树。隆子县适宜树种少，成活难。有人戏言：“想要栽活一棵树，比养活一个孩子还难。”不过这难不倒隆子县新巴乡（现隆子乡新巴村）乡长朗宗。

1960年4月，朗宗担任新巴乡乡长职务，并积极接受进步思想，1962年5月经人介绍加入中国共产党。任职期间，朗宗深入农户，发动群众，宣讲政策，划分成分、土地，胜利完成了民主改革任务。并深入贯彻落实农区26条政策，建立完善互助组，调动了群众的积极性，恢复和发展了农牧业生产。同时，对治理隆子河“三害”提出建议，并付诸实施。朗宗率先垂范，以身作则，深入荒滩、河漫地，进行实地调查，提出了绿化河滩的构想，积极争取，组织群众种植了耐干旱、抗盐碱的沙棘树种，并对全乡的植树造林作出了规划，结束了隆子河谷无树的历史。1960年被自治区党委授予劳动模范的

① 【自力更生　艰苦奋斗】记催人奋进的“列麦精神”2017-02-09 11：49：26，山南快讯，山南市新闻门户网站（xzsnw.com）。

荣誉称号。

1966年，新巴区新巴乡试种一亩沙棘树，当年试种成功。试种时种了柳树、杨树、沙棘等5种树苗。但隆子的土地碱性太大，杨树、柳树等纷纷枯死，沙棘却越长越密，把根牢牢地扎在荒滩上，成了隆子人的“救星”。

沙棘树具有很强的分蘖能力，是最好的固沙植物之一。沙棘分蘖生长的特性使这里的沙棘林呈现出群落性特征。资料显示，一年生的沙棘可向四面延伸长出十余条水平根，根幅达数米以上。由于沙棘的分蘖和串根，一棵沙棘树就能够在3—5年内形成圆形的团状群落。群落的中央是最早生长的原生植株，也最高大，越到群落的边缘，植株越小，一般最外边是一年生的小苗。这种对土质要求不高，抗盐碱、耐旱、耐寒、成长周期短的植物，从此和隆子结下了不解之缘。

于是，在朗宗的带领下，新巴乡农民怀着从未有过的劳动热情，奋战在风沙弥漫的荒滩上，没有报酬，只有战胜狂沙的决心。没有沙棘苗，群众就翻山越岭去找；没有马车，就背扛肩挑。不论早晚，大家在风沙地里忙活，汗水和着泥土沾在脸上……

河滩地布满砾石，镐头和铁锹挖到上面，震得两手发麻，但他们靠着惊人的毅力，硬是把一片片洼地平整了，一株株沙棘苗在村民们精心呵护下被栽了下去。朗宗的手在旧社会被农奴主打伤后落下残疾，她以坚强的毅力，靠一只右手挖坑、种树、浇水。

目前沙棘林在隆子河谷两乡两镇覆盖，并成林成材，优化了隆子河谷的生态环境，为下一代留下了良好的环境。

1969年12月，朗宗被任命为新巴乡革委会主任，1971年6月，被任命为新巴区委副书记。在此期间，朗宗植树造林的决心不减，对全区植树造林进行布点，交任务，并制定了多种措施，确保工作顺利开展，随后造林工作由新巴乡逐步扩展至龙许、日当、叶巴、松巴、麦萨等乡，面积随之扩大。取得了显著的社会效益，增强了防风固沙作用。

1974年，国家专门投入1.5万元下发了30万株种苗，隆子县开始大面积推广种植沙棘。1975 年 12 月，朗宗被任命为县革委副主任，1976 年 10 月担任县委常委。任职期间，大力倡导推广营造沙棘林带，随后，隆子河上游的日当、俗坡等区组织青年突击队付诸行动。1978 年以后，隆子县的沙棘种植渐成规模，风沙防治初见成效，一片片沙棘长遍隆子河谷。

隆子人民战天斗地种沙棘的故事，传遍了雪域高原，也传到了首都北京。1978 年，朗宗被评选为“全国三八红旗手”，先后多次受到中央领导接见，成为西藏人民生态建设的楷模。

隆子人民没有国家支持的时候自发种，有了国家支持后就跟着生产队种，荒滩种、房前种、屋后种。从河滩治理到植树造林，从防风固沙到打造生态文明高地，从最初的一株一株育苗，到现在几万亩沙棘林，隆子人似乎跟那片河滩“杠上了”，在近 60 年的时间里，一直坚持种植沙棘。

为了能让沙棘更好地生长，隆子人还铆足了劲儿建水库、修水渠，一口气修了阿窝夺水库和南北两条干渠。在隆子人的努力下，原本生长在较低海拔的沙棘，甚至在 4350 米的高度也焕发了生机。

在一代代隆子干部群众努力下，半个多世纪以来，隆子河谷筑起了一道绵延 40 多公里、占地 7.5 万亩的“绿色屏障”，环境得到持续改善。隆子换了人间，百姓安居乐业。

如今的隆子，一年的风沙天数明显减少，即使冬春季节有刮风天气，也不会再出现黄沙漫天的情况。随着沙棘种植面积的不断扩大，河谷盐碱地逐渐消退，变成更适宜农作物生长的良田。沿着河谷延伸的那片绿洲，也成了令隆子人赏心悦目的一道风景线。

隆子县的生态环境已有了大幅改善，林间草木逐渐茂盛，牛羊有了饲草；降水量升高，空气得到了净化；土地盐碱度下降，青稞亩产从 300 斤提高到 600 斤……

2019 年，隆子县被评为全国第三批“绿水青山就是金山银山”实践创新基地。现在百姓吃上了‘生态饭’，2221 名群众当上护林员”。

生态改善也让现代农牧业发展起来，沙棘林的经济效益也逐渐显现。沙棘是生态经济价值极高的果木，具有很高的药用价值，根、茎、叶、花、果均可入药，可以说是浑身是宝。沙棘果实酸甜，含有人体所需的多种有机酸、维生素，具有重要的医疗保健作用。沙棘果酿制的沙棘酒可清脑清心，沙棘油具有抗辐射、抗疲劳、增强机体活力的作用。沙棘叶可制茶叶，又是很好的牲畜饲料，适口性强，营养丰富，还能起到防病免疫的作用。

近年来，与沙棘林有关的项目不仅带动了当地就业，林下草料、沙棘果、沙棘苗等资源的开发，也为当地人带来了可观的收益。据了解，2019 年隆子县林下草料种植收益 12 万余元，当年，沙棘果收益 11 万余元，沙棘苗收益近 30 万元。到了 2020 年，仅沙棘果一项，收益就超过 60 万元。总收入约 300 万元。人们逐渐摆脱传统农耕的束缚，走上了新的致富道路。

二、沙棘精神

隆子人民战天斗地种沙棘而孕育出的“艰苦奋斗、自力更生”的“沙棘精神”，是山南广大党员和干部在建设、改革、发展的火热实践中，创造出的宝贵精神财富。

自党史学习教育开展以来，山南市紧密结合党史学习教育目标要求，积极策划，对隆子“沙棘精神”进行了深入挖掘报道，在山南乃至全区引起了强烈反响。

一是提升站位，聚焦主业。透彻理解“全市广大党员要认真学习老一辈共产党人应对危局困境、不断攻坚克难的历史，从中感悟共产党人战天斗地、百折不挠、勇于担当、甘于奉献的优秀品格和精神力量，自觉继承革命传统，传承红色基因，发扬斗争精神，以全面建设社会主义现代化新山南的实际行动为伟大精神注入新的时代内涵”的要求，提升政治站位，牢固树立典型引路意识；鼓励广大新闻工作者深入挖掘先进典型、加强典型宣传报道，并抓住我国第 43 个植树节的有利时机，适时推出了隆子“沙棘精神”。

二是凸显重点，凝心聚力。紧紧围绕弘扬“沙棘精神”这个重点，紧密结合党史学习教育，通过加强与隆子县相关部门沟通联系，细化隆子县沙棘林宣传报道方案，全面收集整理沙棘林资料，召开新闻通气会，邀请新华社西藏分社、西藏广播电视台等媒体参与营建沙棘林的宣传报道，寻访当年参与防沙治沙、植树的老同志、常年坚持防沙治沙植树的农牧民群众以及靠“绿色屏障”吃上“生态饭”的受益农牧民群众等，以全方位、立体化、传统媒体与新媒体紧密结合的宣传形式，迅速有力地将隆子“沙棘精神”推向全国，隆子县广大干部群众积极践行“绿水青山就是金山银山”理念，甘于奉献、苦干实干的身影感动了高原大地。

第四节　雅江治沙造林精神

20 世纪 80 年代以来，山南人民数十年如一日，齐心协力、艰苦奋斗、勇往直前，在被称为“造林禁区”的雅鲁藏布江（山南段）两岸造林 45 万亩，筑起了一道贡嘎县至桑日县长 160 多公里、平均宽 1.8 公里的“绿色长城”——雅鲁藏布江绿色生态走廊，建成了西藏自治区唯一的国家级防沙治沙综合示范区，创造了“攻坚克难、尊重科学”的雅江治沙造林精神。

一、雅鲁藏布江（山南段）从“固沙林”到“防护林”

雅鲁藏布江奔腾不息，流至山南境内后，江面变宽，江水趋缓。冬春季节，水量骤减，河床裸露，大量沙土被风卷起，经年累月，形成了连片沙丘。“举目远望一片沙，大风一起不见家。”是 20 世纪六七十年代雅鲁藏布江（山南段）两岸生态环境的真实写照。据山南地区原林业局局长李纯禄回忆，1967 年，他从拉萨到山南时看到，雅鲁藏布江两岸几乎没有一棵树。今年 67 岁的扎囊县扎其乡罗堆村护林员贡嘎索朗回忆说：“严重时，沿江公路被沙子覆盖，车子陷在里面出不来，群众家门口被沙子堵得严严实实，出不了门。”因此，防沙治沙，把沙丘变成绿洲，是山南人民最大的心愿。可在流动的沙丘上植树谈何容易。当时的雅鲁藏布江河谷，沙化土地占总面积的60%，且夏秋两季干旱、洪涝，冬春两季风沙肆虐，被人们称为“造林禁区”。人们都说在雅鲁藏布江边上大面积造林，是不可能的事。

1982 年，改革开放的东风，激发了山南干部群众改变恶劣自然环境、建设美丽家园的斗志。李纯禄从洛扎县调到山南地区林业局工作后，便开始在雅鲁藏布江两岸试验造林。那时，李纯禄满脑子都是造林的想法，他一有空就往雅鲁藏布江沙滩上跑，有时一待就是半天。1983 年的春天，李纯禄等人在雅鲁藏布江泽当段成功造出了 80 亩固沙林。消息传出，人们振奋不已。在此过程中，他们摸索出了“林围沙、砾压沙、草固沙”的片状固沙模式，在沙缘外围种植固沙林，在沙化区域设置草方格、砾石沙障等。他们创造的修筑“丁字坝”和“大苗深栽”等雅鲁藏布江防护林营林技术研究课题获国家科技进步三等奖，这为后来的大面积造林防沙治沙积累了宝贵经验。为了植树造林，山南人民不仅战风沙、斗严寒，有的甚至为此献出了宝贵的生命。至今，人们仍不会忘记，1997 年春天，贡嘎县岗堆镇岗堆村群众乘坐牛皮筏到雅鲁藏布江北岸植树时，因为水面风大，牛皮筏翻入江中，十多人丧生。

为了不耽误植树，山南人民把羊油灌入伤口，再撒上羊粪灰，缠上羊毛，制成了“创可贴”。与此同时，山南积极鼓励、引导农牧民参与植树治沙，实现了防沙治沙与脱贫攻坚的良性循环。“举目远望一片沙，大风一起不见家”的景象一去不复返了，71 岁的达瓦坚赞仍记得当时的情景：“家里仅有的几亩耕地，常被风沙淹没，光秃秃的山上没处放牧。如果再不种树，连家都有可能被埋了。”将树苗培芽、移植、浇水……32 岁的达瓦坚赞和几个村民自发地来到沙滩上，开始种树。但他的举动，遭到全家人的反对：“一分钱收入没有，还不一定能种活。”但达瓦坚赞没有放弃。在荒芜的沙丘上种活几棵树后，他更有信心了。几年后，当地开始筹建雅江（山南段）防护林，达瓦坚赞带头报名当了护林员。为了让树木成活，他反复试验，总结出了树草结合、以草护树的办法。家住雅江中游的边久因为种树出了名，在扎囊当地赢得“树爸爸”的美名。几十年间，他把一片遍布砾石的荒滩，改造成450亩苗圃，繁育的千百万株幼苗，在“世界屋脊”上长得枝繁叶茂。

2000年4月28日，雅鲁藏布江中游治沙工程破土动工。该工程是“一江两河”综合开发项目的延续。工程建设的重点是对山上灌木林实行封山禁伐、管护等措施；对沿江河谷地实施人工造林种草工程与生物治沙相结合等综合措施，建设河谷防风固沙林体系，加快雅江中游沙化土地的治理，控制沿江沿河两侧土地沙化扩展势头，营造农田、牧场防护林，使沙化土地得到一定程度的治理。除保护好山上的灌木林外，造林种草总面积要达到528万亩（35.2万公顷），工程建设期为11年。治沙工程动工是西藏实施西部大开发又一新举措。通过雅鲁藏布江两岸生态治理，两岸水土流失得到有效遏制，大面积流动或半流动的沙丘变成了绿洲，流动沙丘面积减少80%，过去沙害严重的地区粮食产量增加了近一倍。拉萨贡嘎机场每年受灾害性风沙影响天数降至10天左右；101省道多年未发生因沙堵路现象。2006年，因造林绿化生态治理成效显著，雅鲁藏布江（山南段）两岸被列为国家级防沙治沙综合示范区。

“百尺竿头，更进一步。”近年来，山南市通过与北京师范大学、西藏农牧学院等科研院校合作，探索出了高海拔地区防沙治沙的新途径、新方法。营造防沙固沙林5580亩，草（石砾、树枝）方格固沙1500多亩，播种沙生植物1000多亩，在示范区外围封沙育林5万多亩，涌现出贡嘎县森布日村、乃东区结莎居委会等千亩人工造林示范区和乃东区金鲁居委会、扎囊县德吉新村等生态示范村。2017年，山南市利用市场机制，引入亿利集团、蒙草集团、江平生物等科技公司，为防沙治沙注入了新动力。同时，该市加大了义务植树力度，在当年开展的“万人万亩”义务植树活动中，山南市党员干部职工6天种植河北杨、青杨、新疆杨、榆树和沙柳等苗木83.2万多株、造林 11197 亩，着力打造雅鲁藏布江中游“百里生态长廊”，让幸福家园四季常绿、长年有花、绿草满地。“十三五”期间，山南市累计投资近 18 亿元，大力发展生态产业，实施生态扶贫产业项目 30 个，建设万亩苗圃基地、千亩矮化苹果基地、千亩葡萄种植基地等一批生态产业项目，完成植树造林 4.5 万亩、防沙治沙面积 40 万亩，初步形成了江北万亩林果经济带，生态效益和经济效益显著。40 年来，山南坚持在增绿中探索治沙机制、造林方法，给当地的生态文明注入了新的内涵，从群众自发种树到政府主导带动，再到企业、社会参与和发展产业，良性的治沙机制正在形成。国家发放生态补偿金，办理林权证，群众以林地抵押贷款从事经营或生产等，造林护林的积极性不断提高。“不用做工作，不用打考勤，群众只要有空，就主动去植树或护林。”泽当镇党委书记次仁顿珠说。

近年来，山南还引进企业参与产业扶贫，将生态治理与产业发展结合，走出了一条“绿色”致富之路。一些国内沙漠治理、生态修复技术领先的企业带着投资超过百亿元的项目，也参与到雅江生态建设中。迈拉苏所在的企业在雅江实施了 6000 亩防沙治沙工程，千亩特色经济林和千亩甘草示范区正在成为农牧民增收的“新业”。藏草万亩苗圃基地依托内地先进技术，实施生态修复和培育生态产业。据介绍，2017 年，山南市群众通过参与生态管护岗位和实施林业项目，实现增收 2 亿多元。随着林业项目和绿色产业的发展，更多群众拔出了“穷”根，吃上了“生态饭”。据统计，山南市目前有 3.2 万多名群众直接参与“防护林”管护，林业项目每年为群众增收 9000 多万元。

二、雅江治沙造林精神的内涵

“攻坚克难”：如果从 1982 年试验造林算起，山南人民在雅鲁藏布江两岸造林绿化防沙治沙已 40 余年。其间，山南人民在雅鲁藏布江（山南段）造出了 45 万亩防护林。雅鲁藏布江（山南段）防护林，是在“泽当万亩林”和“泽当防护林”的基础上发展起来的。

从“固沙林”到“万亩林”再到“防护林”，不仅仅是名称的变更，也不仅仅是树林面积的增加，而是质的飞跃。防护林除了植树造林外，还增加了防风固沙、水土保持和生态保护等项目；造林方式从义务植树为主向“造、固、封、播、挡”等工程造林转变，造林地从枯水季沙滩向两岸沙漠、阶地和洪积扇延伸；造林速度也明显加快，年造林面积由原来的4000亩至5000亩猛增至20000万亩左右。截至目前，山南人民在“造林禁区”筑起了一道长160多公里、平均宽1.8公里的“绿色长城”。防护林不仅产生了巨大的社会、生态和经济效益，而且为山南增加了一道亮丽的风景线。

尊重科学：最初采取的是修筑“丁字坝”“大苗深栽”等土办法，引导群众一起在沙滩上植树。现在，采用的是生物和工程相结合的治沙办法。而且在防沙治沙的同时，还要“用沙”。山南市未来将规划建设融大漠风光、湿地风情和园林特色为一体的沙漠公园，为当地群众和内地游客带来别样的体验。

第五节　玉麦爱国守边精神

玉麦爱国守边精神基本内涵是热爱国家、守边兴边、忠诚奉献，它产生于特定的地域、特定的历史时期，但是其影响超越了时间与空间的限制，成为一种全国性的精神价值，为新时代的爱国主义注入了新内涵。新时代弘扬玉麦爱国守边精神，有利于调动广大边民爱国守边的积极性主动性，有利于激发广大人民群众的爱国热情，有利于为实现中华民族伟大复兴的中国梦提供精神动力。

一、玉麦爱国守边精神的形成与发展

爱国主义精神自古以来就流淌在中华民族的血脉之中。5000多年来，中华民族之所以能够经受住无数难以想象的风险和考验，始终保持旺盛生命力，生生不息，薪火相传，一个十分重要的原因就是中华民族有深厚持久的爱国主义传统。对于不同时代、不同人群来说，

爱国主义具有不同的内涵与表现形式。生活在西藏自治区山南市隆子县玉麦乡的卓嘎、央宗姐妹和父亲桑杰曲巴两代人几十年如一日，坚持“家是玉麦，国是中国，放牧守边是职责”的坚定信念，几十年如一日，扎根雪域边陲，以抵边放牧、抵边巡逻的方式为国守边的行为所阐释的爱国守边精神，丰富和发展了新时代爱国主义的深刻内涵。

西藏和平解放以前，玉麦隶属于隆子宗，和平解放以后，西藏行政区划得到调整，1959 年玉麦乡成立，属扎日区。1969 年，玉麦乡改为玉麦公社，仍属扎日区。1979 年 3 月，随扎日区划归隆子县管辖。1999 年 7 月，撤销扎日区，析置玉麦乡，直属隆子县。玉麦乡面积约 3644 平方千米，平均海拔 3600 米。玉麦乡地处高原峡谷地带，一年只有两个季节，一个是雪季，一个是雨季。受气候环境和地理特点的影响，玉麦交通极为不便，长期以来，玉麦都是进出全靠手脚并用、生活保障全靠驮的“世外桃源”。由于非法的“麦克马洪线”穿过南端，该乡成为中印边界争议地区，是通往我国领土印占塔克新地区的主要通道，加之紧邻地势制高点，战略位置极其重要。①

由于交通闭塞，条件艰苦，生活孤寂，在历史上人口最多时，也只有 20 多户 300 人左右，随后不少居民陆续搬离。但桑杰曲巴对两个女儿说：“如果我们走了，这块国土上就没有人了，中国的地盘就会少了。”“不能因为玉麦穷就离开，这是国家的土地，我们得守着。只有人在，家才能看好。”这些话对卓嘎、央宗两姐妹影响很大。自 1964 年至 1996 年的 34 年间，只有父亲桑杰曲巴和女儿卓嘎、央宗 3 人生活在这里。他们每天沿着 79 公里的边境线放牧巡边，桑杰曲巴还缝制了 3 面五星红旗插到村口，并告诉卓嘎、央宗姐妹：“这是我

---

① 熊刚毅、谢会时：《论“玉麦精神”的形成、内涵和时代价值》，《西藏日报》2019 年 1 月 3 日，第 7 版。

们中国的国旗，比我们的生命还重要。”① 从那时起，放牧守边便成为卓嘎、央宗姐妹一生的坚守，她们坚信，守护好祖先留下来的这片牧场，守护好国旗，就是守卫国家。卓嘎说：“以前父亲巡边的时候，一路走一路挂国旗，按照他当年的习惯，我们一直是这样做。”“当时阿爸说，我们姐妹要是嫁出玉麦，那么谁来放牧守边？于是我们都嫁在玉麦，向阿爸发誓，一生守在玉麦，让五星红旗永远在我们祖祖辈辈放牧的土地上飘扬。”② 央宗说：“家是玉麦、国是中国，无论面对多大的挫折或者诱惑，我们姐妹俩从来没有动摇过。”2001年，父亲桑杰曲巴临终前对两个女儿说：“玉麦地处边境，留在这里就是为了守卫我们的国土。你们一定不要离开。”③ 此后，卓嘎、央宗两姐妹便一直坚守在玉麦乡，从他们的父亲算起，卓嘎、央宗姐妹一家已经坚持了50多年。

党的十八大以来，玉麦乡发生了翻天覆地的变化，原来的“三人乡”增加到9户32人。2016年，玉麦乡有13个孩子在山外上学，政府包吃、包住、包学杂费。人均收入超过5万元，乡亲们的日子越过越红火。2017年10月1日，在玉麦生活了大半辈子的卓嘎、央宗姐妹抑制不住激动的心情，决定给习近平总书记写信，主要汇报了她们姐妹俩在父亲桑杰曲巴的带领下，不畏山陡路险、交通闭塞，扎根玉麦几十载为国守边，讲述了玉麦乡从当年的“三人乡”到如今9户、32人的喜人变化，表达了同乡亲们一起继续坚持放牧守边、报答党恩的决心。④ 在党的十九大胜利闭幕后的10月28日，习近平总书记给她们回信，信中说：“卓嘎、央宗同志：你们好！看了来信，

---

① 卓嘎　央宗［EB/OL］. 2019－06－26［2021－12－14］. http：//www. wenming. cn/specia ls/2019zthd/7thmd/sddmf/sddmf/jyfx_ 43263/201906/t20190625_ 5162763. shtml.

② 文化宣传司：《“七一勋章”获得者卓嘎：爱国守边精神的传承者》［EB/OL］. 2021－07－14［2021－12－14］. https：//www. neac. gov. cn/seac/c103105/202107/1147871. shtml.

③ 熊刚毅、谢会时：《论“玉麦精神”的形成、内涵和时代价值》，《西藏日报》2019年1月3日，第7版。

④ 邓建胜：《西藏玉麦姐妹——牢记嘱托　像格桑花一样扎根边陲》，《人民日报》2018年11月26日，第6版。

我很感动。在海拔 3600 多米、每年大雪封山半年多的边境高原上，你们父女两代人几十年如一日，默默守护着祖国的领土，这种精神令人钦佩……希望你们继续传承爱国守边的精神，带动更多牧民群众像格桑花一样扎根在雪域边陲，做神圣国土的守护者、幸福家园的建设者。”[①] 高度肯定了他们两代人接力为国守边的高尚行为，并将其中蕴含的价值取向定义为爱国守边精神。

习近平总书记的回信，让卓嘎、央宗等玉麦人无比激动，卓嘎、央宗两姐妹说：“我们要守好这里的一草一木，不辜负总书记对玉麦人的重托。”[②] “我们一定牢记习近平总书记的嘱托和关怀，看好守好祖国疆域上的一草一木，把玉麦建成幸福、美丽的小康乡！”[③] 现在申请前来落户守边的居民越来越多，更多牧民群众像格桑花一样扎根在雪域边陲。最让姐妹俩欣慰的是，央宗的儿子索朗顿珠，成为玉麦乡历史上第一个大学生，从西藏大学本科毕业后，主动报考了乡里的公务员，与全乡农牧民群众、党员干部、派出所官兵一起，不畏艰险，甘于寂寞，做神圣国土的守护者、幸福家园的建设者。索朗顿珠说：“以前在那么艰苦的条件下，长辈都能坚守下来，我有义务、有能力把祖国的边疆守护好，把玉麦乡建设得更美好。”[④] 2019 年，卓嘎的大女儿巴桑卓嘎大学毕业，如今她已是玉麦乡纽林塘村的一名乡村振兴专干。2021 年，卓嘎的二女儿其米卓嘎大学毕业后也回到了家乡。

现如今，放牧守边对于玉麦群众来说，是生活也是工作，是本分也是职责。爱国守边已经融入玉麦群众的血脉。守边固边更要兴边，

---

① 《习近平总书记给西藏隆子县玉麦乡牧民卓嘎、央宗姐妹的回信》，《西藏日报》2017 年 10 月 29 日，第 1 版。

② 段芝璞、姜潇、张京品：《谱写新时代中国梦的雪域篇章——以习近平同志为核心的党中央治边稳藏富民新实践》，《西藏日报》2019 年 3 月 28 日，第 1 版。

③ 王斌来、邓建胜：《西藏隆子县玉麦乡：“像格桑花一样扎根在雪域边陲”》，《人民日报》2019 年 8 月 11 日，第 1 版。

④ 《三位藏族妈妈心声：传承老西藏精神，期待生活更美好》［EB/OL］. 2018 – 05 – 13［2021 – 12 – 14］. https：//politics. gmw. cn/2018 – 05/13/content_ 28766141. htm.

让群众过上更加美好的生活，守边固边才有更持久的基础。随着路网、电网、互联网等基础设施的不断完善，乡里商店、餐馆、家庭旅馆、甜茶馆越开越多，旅游业、种植业、高原生态农业不断发展，玉麦群众的人均收入不断攀升，生活也越过越红火，获得感、幸福感、安全感不断增强，群众守边固边的热情不断高涨，动力持续增强。玉麦乡今天的发展，离不开卓嘎、央宗姐妹一家长期以来的默默奉献。他们以实际行动，带动着更多的玉麦群众、边境群众建设美丽家园，守护神圣国土，自觉践行新时代爱国主义，为实现中华民族伟大复兴贡献边境群众的力量。

二、玉麦爱国守边精神的基本内涵

玉麦爱国守边精神形成于西藏自治区山南市隆子县玉麦乡，其时间跨度长达半个多世纪，是特定地域特殊人群价值信念的升华，集中表现为卓嘎、央宗一家两代人秉持“家是玉麦、国是中国，放牧守边是职责”的坚定信念，几十年如一日坚守玉麦、抵边巡逻、抵边放牧，守护着祖国数千平方千米的国土，谱写了爱国守边的动人故事和时代赞歌。热爱祖国、守边兴边、忠诚奉献是玉麦爱国守边精神的基本内涵。

（一）热爱祖国

热爱祖国是玉麦爱国守边精神的核心与灵魂。西藏各族群众自古就有爱国主义的传统。对于传统中国来说，有边疆而无边界，生活在边疆地区的各族群众一直都保持着对伟大祖国的认同，发自内心地将自己作为中华民族的一份子。1840 年后，西藏地区和祖国其他地方一样遭到帝国主义势力的侵略。帝国主义势力侵占边疆人民的传统居住地，并按照现代国家的理念，炮制非法条约，单方面划定边界线。清朝中央政府、中华民国政府自身孱弱，无力顾及国家疆域的边缘部分，边疆人民为了捍卫国家领土完整，保卫自身家园做出了巨大牺牲。

新中国成立后，随着人民解放军进驻西藏，彻底终结了我国西南边疆有边无防的历史。但是帝国主义势力不甘心放弃他们在这里的既得利益，以各种手段继续蚕食我国领土。在旧西藏，玉麦是一块灾难深重的土地，原本居住在这里的 30 户人家，或外出乞讨，或搬走，到民主改革前夕，玉麦乡只剩下桑杰曲巴等三户人家。1959 年，西藏封建反动上层发动全面叛乱，中央人民政府顺势而为领导西藏各族群众进行了民主改革，推翻了封建势力的压迫，废除延续千年的乌拉差役，桑杰曲巴一家与生活在边界地区的群众一样翻身做了主人，捍卫国家领土与主权完整的热情得到空前激发。1962 年对印自卫反击战爆发，年轻的人民解放军用鲜血和生命捍卫着每一寸国土，各族群众积极支援前线斗争，最终赢得了战争的胜利。卓嘎、央宗的父母就是在这一过程中加深了对人民解放军、中国共产党的了解，认识到是中国共产党领导的民主改革使他们获得新生，因为有强大的祖国做支撑，印度妄图侵占他们生活家园的图谋才被挫败，他们对伟大祖国、中国共产党的认同与日俱增，他们深刻体会到有国才有家，自己的小家是建立在国家这个大家基础之上，只有国家繁荣富强稳定，小家才能有更好的未来与发展。在父亲桑杰曲巴的教育下，年幼的卓嘎、央宗两姐妹树立起坚定的爱国主义信念，将为国守边作为毕生的责任，一直默默坚守在玉麦，坚守在她们的家乡。

（二）守边兴边

守边兴边是玉麦爱国守边精神的载体。卓嘎、央宗一家两代人长期生活在与世隔绝的大山深处，他们没有像其他人家一样选择离开，搬到生活条件较好的地方生活。1983 年，政府决定将玉麦仅剩的 3 户人家搬到邻近生活条件较好的曲松，年轻的卓嘎、央宗也想过更好的生活，她们劝说桑杰曲巴：“爸啦，我们就留在这里，不要再回玉麦了。”但是父亲坚决反对，他坚定地说：“我的梦里都是玉麦，那是我们的故乡，我们必须回去！”在父亲的坚持下，仅仅过了一个冬天，卓嘎、央宗两姐妹默默跟随父亲回到了玉麦，一家三口人又开始了几乎与世隔绝的生活。

尽管交通不便、信息闭塞，桑杰曲巴一家的守边生活也并不平静。某一年夏天，日拉山北面的牧民进出玉麦沟，砍伐竹子，都要接受邻国军事人员的盘查。这件事惹怒了桑杰曲巴老人，他来到邻国军事人员设卡点，义正言辞地说，我的爷爷曾在这里放牧，我的阿爸曾在这里放牧，我们也在这里放牧，这是我们祖祖辈辈生活的土地。随后，桑杰曲巴立即前往区里报信。夏季的高山牧场，到处都是沼泽，处处都隐藏着危险，他深一脚、浅一脚地赶路，用 4 天时间走完了 7 天的路程。他将情况报告给了解放军，解放军来后，邻国军事人员闻讯而逃。不久之后，桑杰曲巴把家从半山腰搬到了谷底，向南推进了 5 公里。在人烟稀少的边境线上，放牧转场就是对国土的最好守护，冬天的时候，桑杰曲巴与卓嘎、央宗会将牦牛赶到南边的山谷里，在放牧的同时，守护着祖国的边疆。

在边境地区一定要有中国人生活，否则邻国就会乘机蚕食我国领土。桑杰曲巴说："如果我们走了，这块国土上就没有人了，中国的地盘就会小了。"在长达 32 年的时间里，在玉麦河谷之中，只有桑杰曲巴带着卓嘎、央宗坚守着，他们每天都要沿着祖国的国境线放牧巡边，向邻国宣示他们脚下的土地是中国的一部分。面对恶劣的环境、敌对势力的威胁，他们从不屈服，年复一年，日复一日，守护着祖国的山山水水。

卓嘎、央宗一家的守边并不是被动的，他们不仅要守边，更要兴边，他们用双手建设幸福家园，以实际行动感染人，吸引更多的人关注玉麦、关心玉麦。在此过程中，玉麦逐渐搬来了新的住户，越来越多的人加入了卓嘎、央宗两姐妹的守边行列。玉麦的面貌也在悄然发生变化，一幢幢崭新的特色民居耸立在边陲，一座座温室大棚使得居民吃上了新鲜蔬菜，崭新的公路修到了村口；前往玉麦的人渐渐多了起来，人们在旅游观光的过程中，也亲身感受着玉麦守边精神。

卓嘎、央宗一家及生活在玉麦的各族群众以守边兴边的平凡举动阐释着爱国主义情怀，表达对伟大祖国、中国共产党的热爱。在党和国家的关怀下，玉麦各族群众的生活条件不断得到改善，获得感幸福感安全感不断增强。更加坚定了他们守护神圣国土，建设幸福家园的决心信心，确保五星红旗在边境一线高高飘扬。

（三）忠诚奉献

忠诚奉献是玉麦守边精神的品格与取向。忠诚奉献是内心的坚守，是一种高尚的人生选择，桑杰曲巴一家以实际行动诠释忠诚奉献的内涵。忠诚奉献一方面表现为始终将党和国家的利益置于首位，对党和国家绝对的忠诚；另一方面忠诚于自己的职责，为了完成使命任务甘于奉献。

家是玉麦，国是中国，放牧守边是职责，不仅体现了对党和国家的忠诚，更体现了对守边职责的忠诚。作为居住在我国边境地区的公民，作为中国共产党党员，桑杰曲巴父女忠诚于党，忠诚于国家，为了国家和人民的利益，不惜牺牲自身利益。玉麦的自然条件十分恶劣，在相当长的一段时间里不通公路，几乎处于与世隔绝的状态，被称为“高原孤岛”。卓嘎、央宗一家两代人长期坚守在这里，四季徒步巡逻，往返于荒原深处。纵使面对卓嘎、央宗的阿妈病死在外出寻医的牦牛背上，小妹妹在暴风雪中夭折的惨痛经历，央宗的丈夫因车祸坠入悬崖的经历，卓嘎、央宗一家人依然坚信：“只有人在，才能把家看好，这块土地才能守得住。”他们承受失去亲人的悲痛，克服巡山路上的艰辛，心怀对家人的愧疚，经受住了来自各方面的考验，他们始终没有动摇爱国守边的理想信念，没有为了个人的利益而迁出祖祖辈辈生活的地方。父女三人接力，坚持扎根玉麦，以抵边放牧、抵边巡逻的方式守护着祖国的土地。很多到过玉麦的人不禁感叹，卓嘎、央宗一家在如此艰苦的环境中生活实属不易，何况还为祖国守护住这么一大片领土，并用勤劳的双手建设幸福家园。正是有卓嘎、央宗一家的忠诚奉献，邻国的蚕食图谋才被挫败，玉麦才得以以“家”的名义永远留在祖国的版图。玉麦才能从当年的“三人乡”发展成为如今拥有 67 户 234 人、下辖两个行政村的边陲小康乡。守边固边的人群不断壮大，今天的玉麦，户户是哨点，人人是哨兵，玉麦的每个人，都是国家的坐标，为党、国家、人民的守边事业默默奉献着。

热爱祖国是本质，守边兴边是载体，忠诚奉献是品格。正是因为热爱祖国，对中国共产党有着高度认同，卓嘎、央宗一家才会做出坚守的人生选择。他们以守边放牧、守边巡逻的方式，向邻国宣示着他们脚下的每一寸土地都属于中国，艰苦的环境、物资的匮乏、亲人的离世……都没有改变他们“家是玉麦、国是中国，守边放牧是职责的信念”，他们以对党、国家、人民的忠诚，不断奉献自我，舍小家为大家，用半个多世纪的时间，用平凡人最质朴的方式，做出了不平凡的爱国壮举，铸就了玉麦爱国守边精神，赋予了爱国主义新的时代内涵。

三、弘扬玉麦爱国守边精神的重要意义

卓嘎、央宗一家扎根雪域边陲为国守边的感人事迹，得到党和国家的高度肯定。2017 年 10 月，习近平总书记给卓嘎、央宗姐妹的回信，高度肯定了他们一家人爱国守边的事迹，充分肯定了孕育于玉麦乡的爱国守边精神。2018 年 10 月 19 日，中央宣传部向全社会宣传发布卓嘎、央宗姐妹的先进事迹，授予她们“时代楷模”称号。2021 年 6 月 29 日，习近平总书记授予卓嘎同志“七一勋章”。感人事迹的背后是一种精神的力量。卓嘎、央宗一家的感人事迹是玉麦爱国守边精神的集中体现。虽然这一精神产生于玉麦，但是其影响却是全国性的，她是中华民族伟大爱国主义精神的重要组成部分。

第一，弘扬玉麦爱国守边精神，有利于调动广大边民的积极性主动性，为新时代的强边事业提供精神动力。我国拥有陆地边界（边境线）全长约 2. 28 万公里，在西南边界与印度还存在领土争议，边境冲突事件时有发生。当前我国正处于中华民族伟大复兴的关键时期，中华民族正日益走近世界舞台中央。敌对势力妄想以边境问题为突破口，迟滞或中止中华民族伟大复兴的历史进程。仅靠国家、军队的力量守好边境线，难度非常大，需要吸引更多的人扎根边境一线，调动广大边民的力量守好边境线。随着国家对边境地区支持力度的加大，越来越多的边民扎根边境地区。弘扬玉麦爱国守边精神，能够坚定广大边民做神圣国土的守护者、幸福家园的建设者决心，构建军警

民守边兴边的格局，为我国边境地区的繁荣发展提供精神动力。

第二，弘扬玉麦爱国守边精神，有利于更好地激发各族群众的爱国热情，汇聚爱国主义的强大力量。在玉麦，祖国这个概念不是抽象的，而是具体的，升起袅袅炊烟的小木屋，山谷间放牧的牦牛，以及一面面鲜艳的五星红旗，都象征着祖国。国就是家，家就是国，有国才能有家，没有国境的安宁，就没有万家的平安。很多人谈及爱国主义，总觉得是高不可攀，或轰轰烈烈，或荡气回肠。但是在卓嘎、央宗一家看来，爱国是每一个普通人力所能及的事情，爱国就是坚守，爱国就是抵边巡逻、抵边放牧，爱国就是建设美好家园……在新的历史条件下，弘扬玉麦爱国守边精神，能够激发各族群众踏踏实实做好本职工作，发扬艰苦奋斗精神，敢于奉献牺牲，建设美丽幸福家园。亿万中国人具体的爱国行为，犹如一股股涓涓细流，最终凝聚成爱国主义的强大力量。

第三，弘扬玉麦爱国守边精神，能为实现中华民族伟大复兴的中国梦提供精神动力。玉麦爱国守边精神中蕴含的崇高理想信念、高尚道德情操、忠诚担当奉献的品质是激励中华民族不断前行的精神力量。当前我国已经踏上建设社会主义现代化国家的新征程，建设社会主义现代化，需要高度重视精神文明建设与发展。习近平总书记指出："经济总量无论是世界第二还是世界第一，未必就能巩固住我们的政权。经济发展了，但精神失落了，那国家能称为强大吗？"中华民族伟大复兴的磅礴力量的形成，离不开精神的引领和凝聚作用。在新的历史条件下，弘扬玉麦爱国守边精神，能够促使各族人民形成团结统一的共同思想基础，调动广大人民群众的积极性、主动性和创造性，从而凝聚起实现中华民族伟大复兴的磅礴力量。

四、学习玉麦爱国守边精神的典型案例

卓嘎、央宗一家两代人，在长达半个世纪坚守中形成的玉麦爱国守边精神，感染影响了许多人。很多人加入了他们守边的阵营，用自己的行动践行玉麦爱国守边精神，并为玉麦爱国守边精神注入新的时

代内涵。

（一）玉麦乡党委书记达娃[①]

在相当长的一段时间里，玉麦都是有名的“三人乡”，桑杰曲巴老人和他的两个女儿卓嘎、央宗守护着这里的一草一木。2011 年，组织上决定派达娃到玉麦乡担任乡长。6 月 13 日，达娃到玉麦赴任，当时虽是 6 月，可玉麦依然是大雪封山，车子开到日拉山顶就再也不能行驶了，在足有四五十厘米深的大雪里深一脚浅一脚地走了两个多小时后，达娃才到达玉麦。在来到玉麦之前，达娃已经在隆子县的边境乡村工作了好几个年头，算是比较了解基层状况，但玉麦的落后程度还是远远超乎他的想象。达娃说：“以前也听说过玉麦，但到了这里才知道当地的艰苦。”他的到来不仅结束了玉麦 50 多年来没有公务员的历史，更给这个长期闭塞、信息滞后的乡村带来了新变化。

在玉麦工作，第一位的任务就是为祖国守好边疆，守好玉麦的几千平方千米土地。达娃到任后，面临的首要任务是与玉麦的各族群众融为一体。本是学农机监理专业的他甚至学会了兽医的本领，并凭借这个技能为当地百姓解决了很多难题。上任伊始，达娃便治好了卓嘎家里一头生病的牦牛。那时，玉麦的人口已增至 8 户 30 多人。从那以后，乡亲们的牲畜有了毛病就都来找他，达娃逐渐成为当地有名的“牛乡长”，也就此打开了工作局面。随后他带领大家一起巡逻守边。每次巡逻都要五六天时间，脚磨破是常事，坡度大的地方，只能借助绳索攀爬。

达娃深知要为祖国守好边，关键还得兴边，只有带领全乡群众致富奔小康，玉麦才能留得住人，才能吸引更多的人弘扬爱国守边精神。2015 年达娃开始担任玉麦乡党委书记。玉麦地处边境一线，方圆 3600 多公里，为摸清玉麦情况，他带领乡里干部将当地具有发展徒步旅游潜力的山林都考察了一遍。当时，正值雨季，密集的雨水给

---

① 代玲：《守好神圣国土 建设美丽家园——记西藏山南市隆子县玉麦乡党委书记达娃》，《经济日报》2018 年 11 月 23 日，第 4 版。

行进、定点、里程测算都带来了较大困难。达娃一行人每天天没亮就出发，到了天黑才找地方安营扎寨，饿了就只能吃凉饼子。正是凭着带领全乡发展的信心和决心，达娃一行平均负重 60 斤，6 天翻越了十多座海拔 4000 米以上的大山，绘制出了第一张定位准确的“玉麦乡边境无人区里程图”，为制定山林旅游路线提供了颇具价值的参考。此外。达娃还积极推进玉麦天然饮用水厂、茶叶试种、藏香猪养殖、蔬菜大棚等产业项目，为玉麦建设美丽家园奠定基础。玉麦乡的发展让商户看到了淘金的机会。到 2021 年初，玉麦乡已有两家外来商户。经营家庭旅馆和餐馆的外来商户潘延学说：“随着交通条件改善、基础设施条件提升，玉麦定会吸引越来越多游客前来，牧业合作社、天然饮用水厂、藏香猪养殖基地等产业的布局，也会吸引一定人气……正是看好玉麦发展，我将事业重心转移到了玉麦。”

在达娃的带领下，玉麦乡群众发扬爱国守边精神，守好神圣国土，建好幸福家园，现在玉麦乡人均居住面积达 40 平方米，年人均纯收入达 34012 元，不少村民用自家房屋开起了家庭旅馆、小卖部、快递站等。各族群众的生活越过越好。

（二）边境派出所年轻的“卫士”①

在一段时间内，玉麦一度是靠三口之家撑起的“三人乡”。如今在党和政府的关怀下，已经有 67 户 200 多人在此安家。近年玉麦乡发生了翻天覆地的变化，乡里的基础设施逐渐完备，乡亲们搬进了宽敞明亮宜居的楼房，外来车辆也逐渐增多，人气也越来越旺。这些成就的取得，离不开一支执法力量的保障。2011 年，国家在玉麦设立了公安边防派出所，在这里守护玉麦安全、稳定、发展的，是一群平均年龄只有 20 多岁的民警。边防派出所的主要工作，就是做好辖区边境的巡逻管控工作，维护辖区的安全稳定。

边防官兵将维护边境的安全稳定视为天职，克服种种困难，全力

① 邓建胜：《探访玉麦守边人（新时代·面孔）》，《人民日报》，2017 年 11 月 3 日，第 11 版；鲜敢、彭维熙：《他们，用青春守护玉麦（新时代·面孔）》，《人民日报》2020 年 6 月 9 日，第 11 版。

守护这片神圣的国土不被侵占、不被蚕食。徐杨刚从小就梦想成为一名边防军人，2008 年他从四川警察学院毕业后，就申请加入了西藏公安边防部队。经过反复争取，2013 年初，他如愿以偿，背着行囊来到了祖国边陲玉麦，到玉麦的第一天，他就被眼前的情景震惊了。他回忆说："隆子县城到玉麦乡的直线距离只有四五十公里，但我从县城出发，路上辗转 2 天才到达玉麦。玉麦给我的第一印象是'太冷清了'，偌大的乡只有 9 户人家，街道上几乎看不到几个人，因为老百姓基本上都到山上放牦牛去了。"但是他并没有因此感到后悔，他认为："有国才能有家。没有国境的安宁，就没有万家的平安。作为边防军人，我们的使命就是做神圣国土的守护者、幸福家园的建设者……这里的一草一木，我们都要看好守好！"

边防战士毛林清晰地记得 2015 年 6 月的一次巡逻经历，他回忆说，他和战友经过 6 个多小时的徒步巡逻来到所谓的"争议区"时，眼前的一切让他与战兵们感到无比愤怒。"在我国领土上的一些巨石、树干上，居然涂有外国国旗和文字等。这是外方妄图蚕食我国领土的惯用伎俩。我禁不住冲着对方的密林大吼，然后从联防队员手中夺过藏刀，把树上、石头上的非法涂鸦全部铲除。在巨石上用油漆写上'中国 CHINA'后，大家不约而同地向祖国的方位敬上庄严的军礼。"回忆起这些事情，这位来自四川的小个子军人，眼里噙着泪水。

平日里，派出所民警除了抵边巡逻外，还要做好辖区群众服务工作，只要群众有需要，他们就随叫随到。2019 年 5 月底，乡政府为新迁入群众编辑档案，乡里人手紧缺，平时喜欢摄影的民警李永明主动将拍摄证件照的任务揽过来。一块红布、一张凳子、一部相机、100 余人，他要忙碌一上午。李永明回忆说，一些老人可能一辈子没有拍过几次照，面对镜头还有些害羞。他会帮这些老人整理衣服，还跟他们开玩笑，缓解紧张情绪。他觉得藏族同胞的笑容很迷人，由内而外传递出淳朴的气质。"每次看到他们真诚的笑，我都会觉得心安，这也是对我们工作的一种肯定。"同时他还回忆说，在 2019 年 7

月3日，他们刚吃完晚饭，就接到群众的求救电话，说在日拉山山口下行3公里处有车辆遇到故障被困。当时下着大雨，松动的山体随时有发生滑坡塌方的危险。迅速抵达现场的救援民警发现，超载的货车困在土路上，仅靠他们的力量无法将货车拖拽出来，于是将两名司机接回所里暂住休息，待第二天联系好工地的装载车再前往救援，使被困司机倍感温暖。

这些边防卫士除了为国守边，服务辖区群众外，还刻苦钻研新技术，改变玉麦种不出新鲜蔬菜的状况。2014年冬，大雪封山，过冬前采购的蔬菜由于保存不当，坏了一大半，到2015年4月，玉麦边防派出所就彻底断菜了，官兵们每天只能靠吃罐头和萝卜干度日。一直到5月底，日拉山的雪稍化一些，上级单位调拨的3袋蔬菜和1箱苹果才运到派出所。“那天下午大家欣喜若狂，但打开包装后都傻眼了，蔬菜全烂了，苹果全变成紫黑色，散发出酒糟味。但新兵伍先健不顾一切抢过苹果就啃，我们的‘头儿’徐杨刚看到这一幕，当时就大哭起来。”边防战士毛林回忆说，从那时起，徐杨刚发疯一般钻研温室种植技术，一遍遍不厌其烦地尝试。后来发现院子里的石块太多保不住水分，于是，派出所全体官兵一有空闲就挖石头，然后从乡里的伐木场拉来锯末，到山野捡来牛粪，一起拌到沙土里。幸运的是，从去年冬天起，派出所自己建的温室大棚里，终于长出了绿叶菜。从此以后，大雪封山的日子，小小的警营有了春的生机。同时，他们也将这一技术向群众推广，让群众也能吃上新鲜的蔬菜。

（三）“新”玉麦人巴桑次仁①

巴桑次仁的老家在隆子县加玉乡，那是个距离玉麦乡直线距离不到50公里的边境乡。2007年他来到玉麦乡，成为一名“新”玉麦人。对于玉麦来说，巴桑次仁有多重身份，5个学生的老师，1个人运营发电站。现在，他是村医，也是200多人的“大家长”。

---

① 王淑、巴桑次仁：《待着待着，玉麦就成了家乡》[EB/OL]. 2019-07-28 [2021-12-14]. http://www.tibet.cn/cn/index/syyc/201907/t20190728_6646619.html.

2006 年巴桑次仁从山南市第一高级中学毕业后，赶上当地招收代课老师，便毫不犹豫报了名。20 多个报名人员在隆子县教育局等着分配。没有人愿意去玉麦，因为那里条件太艰苦了。一个月工资只有 300 元，学校、教室什么都没有，只有 5 个孩子。巴桑次仁选择去玉麦乡，他回忆说："当时听说玉麦条件苦，但想着自己是农村的孩子，也年轻，吃点苦没什么。"抱着这样的想法，按照约定，2007 年藏历新年期间，巴桑次仁独自踏上了去往玉麦的路途，一走就是 3 天。第一天先从加玉乡到隆子县城，第二天到曲松村以后，去玉麦的路上大雪封山，又在村里住了一天，第三天徒步赶到玉麦。虽然路途艰辛，但一到玉麦，巴桑次仁便感受到村民的热情。"到玉麦的时候已经是晚上了，学生家长就在村口等着，还给我做了藏包子和很多吃的庆祝，当时玉麦物资很匮乏，吃到这些已经是很隆重了。"到了玉麦的第二天，巴桑次仁就开始上课了。当时还没有教室，就在乡政府的一间土房上课。学生有 5 个，最大的 10 岁，最小的 7 岁，因为都没怎么读过书，基础也都差不多。汉语、藏语、数学……巴桑次仁一人身兼全职，间插着还给孩子们教音乐和体育。3 年下来，5 个孩子全部以优异成绩升入山外的扎日乡小学继续读书。

2008 年，玉麦乡开始筹备建电站。当时的玉麦乡党委书记就把发电的任务交给了巴桑次仁。事实上，巴桑次仁对建设水电站也一无所知，最终，他对照说明书和仪器，逐字逐句地反复琢磨。十多天之后，他请村民帮忙把仪器安装到位，又关起门来小心调试，摸索了一段时间后，终于让机器正常运转，成功发出电来。

2009 年年底，玉麦乡里再没有适龄孩子上学，小学自然就停办了。巴桑次仁又接过了管理电站的工作，直到 2017 年，玉麦乡接入国家电网。2010 年底，巴桑次仁被派往山南职校学习西医，原乡医调走之后，巴桑次仁接任了玉麦乡的医生。2011 年，新的玉麦乡政府正式成立，下辖玉麦村，巴桑次仁被选举为玉麦村的第一任村支书。同时，他通过函授学习，于 2012 年取得了藏医学院的大专学历。2013 年开始，受隆子县组织部安排，巴桑次仁又在西藏大学文秘专业通过函授学习了 3 年，其自身素质不断提高，但是他没选择离开，他将自己的户口转到了玉麦，选择在这里扎根成长。

从 2007 年至今，巴桑次仁已在玉麦待了 14 年，他与玉麦一起成长，逐渐成为一位名副其实的玉麦人，守边兴边，忠诚奉献，将自己的发展与玉麦的未来紧密联系在一起，不断为玉麦爱国守边精神注入新的时代内涵。

“西藏作为自然条件极为艰苦的高原，却在一代代对人民充满深厚情感的优秀党员干部们前赴后继的无私奉献中成为了精神高地”，所有在山南市历史时期形成的各种精神，“如同一座座丰碑屹立在世界屋脊，鞭策后来者们带领西藏各族人民奋力拼搏，共同创造幸福美好生活”。

“党的伟大精神和光荣传统是我们的宝贵精神财富，是激励我们奋勇前进的强大精神动力。当今中国正处于实现中华民族伟大复兴关键时期，国家强盛、民族复兴需要物质文明的积累，更需要精神文明的升华，决不能丢掉革命加拼命的精神，决不能丢掉谦虚谨慎、戒骄戒躁、艰苦奋斗、勤俭节约的传统，决不能丢掉不畏强敌、不惧风险、敢于斗争、敢于胜利的勇气。全党同志要用党在百年奋斗中形成的伟大精神滋养自己、激励自己，以昂扬的精神状态做好党和国家各项工作。”①

① 2021 年 6 月 25 日习近平总书记在十九届中央政治局第三十一次集体学习时的讲话。

第七章　山南红色文化物质资源

山南是西藏最具光荣革命历史传统的地市，红色文化物质资源十分丰富，有“全国百个红色旅游经典景区”“第一批全国廉政教育基地”之称的山南烈士陵园，也有闻名区内外的“西藏民主改革第一村”克松村，既有“国是中国　家是玉麦”的玉麦乡，还有见证了打响对印自卫反击战第一枪的张国华将军前线指挥所遗址，无数先辈在山南这片热土留下了值得永远铭记的光辉业绩，同时也留下了“坚定信念、勇于创新”的克松精神，“不等不靠、不屈不挠、自力更生、艰苦创业”的列麦精神，“艰苦奋斗、自力更生”的“沙棘精神”，“攻坚克难、尊重科学”的雅江治沙造林精神，“热爱国家、守边兴边，忠诚奉献”的玉麦爱国守边精神等。本章我们重点介绍红色文化物质资源。

第一节　与克松精神相关的红色文化物质资源

一、西藏第一农村党支部旧址

该旧址位于西藏自治区山南市乃东县昌珠镇克松居委会克松村。克松居委会有着西藏历史上的第一个农民协会，第一个农村基层党支部，第一个人民公社，第一个换届选举，第一个完小等诸多第一。1951 年西藏和平解放后，直到 1959 年长期被克松谿卡（庄园）农奴主压迫的人民群众才得到彻底解放，成立了第一个农民协会（克松乡人民政府），从此由人民自己当家作主，藏族子女成了西藏第一批中国共产党党员，并相继成立了西藏第一个党支部。党支部成立于 1959 年 12 月 2 日，由当时驻克松乡民政工作组成员丹巴坚才任临时党支部书记，一年后，由尼玛次仁任党支部书记，发展阿旺等第一批 5 名党员，从此，山南市有了党的农村基层组织，掀开了西藏基层组织的新篇章。

虽然农协会建筑现已毁于一旦，但克松谿卡旧址东部设有两间东向小陈列厅，厅内保存着第一个党支部书记的照片和事迹，以及书记尼玛次仁和西藏第一批 5 名党员的生平资料，历届克松村县人民代表和历届克松村行政领导等详细资料。2008 年克松村第一党支部基地保护问题引起了乃东县政府高度重视，并以历史图片、文物、庄园古迹等历史真实资料的展览和设立青少年历史教育基地，充分发挥其历史意义和文化资源，这不仅在社会上引起了巨大反响，还对当地红色旅游业发展奠定了良好的基础。

二、西藏民主改革第一村陈列馆

为纪念西藏民主改革，2011 年由西藏自治区文物局牵头，联合山南文物局一同主持对第一农村党支部旧址进行改扩建，修建了西藏民主改革第一村陈列馆。这里也被西藏自治区确定为全区爱国主义教育基地。

西藏民主改革第一村陈列馆坐落于克松社区中心地段，距泽当城区 7 公里的路程，占地面积 1200 余平方米，由二层楼组成，钢筋水泥结构。陈列馆内主要由 1 间序厅、3 间展厅、2 间旧址、1 间会议室、1 间爱国主题电影播放室组成。

陈列馆有一个基本陈列展，展览的名称是“历史的变迁：克松村的昨天、今天和明天”。展览分为三个部分：第一部分苦难岁月，

第二部分喜获新生，第三部分幸福之路，展现了克松村从克松庄园发展到克松社区一系列的历史变迁故事。

第一部分苦难岁月，第一单元介绍西藏封建农奴制。旧西藏政教合一的封建农奴制度历经了六百余年。在那个苦难的岁月里，官家、贵族和寺院上层僧侣形成了三大领主，对广大农奴实行残酷的政治压迫和经济剥削，使西藏人民生活困难重重，西藏社会陷入封闭和落后的状态。展览展示有农奴主奢华的生活场景和农奴悲惨的生活场景。其中，有当时一个叫平措占堆的农奴从山南亚堆卖到克松庄园的卖身契约。

第二单元介绍民主改革之前的克松村。克松村在西藏民主改革之前是大农奴主索康旺青格勒所属庄园，庄园里的农奴被当成“会说话的牛马”，承受着沉重的差役负担，成年累月的辛勤劳动，终年饥寒交迫。索康旺青格勒是旧西藏噶厦政府的噶伦之一，在山南有 6 个庄园，其中的克松庄园是旧西藏统治最黑暗最为残酷的庄园之一。

当时克松庄园内有 59 户农奴 302 人 1200 亩土地都属于索康家。跟旧西藏的其他庄园一样，在克松庄园内生活最底层的是差巴、堆穷和朗生。在克松庄园内，每年庄园主索康及其代理人摊派的税收有 18 项，差役 14 项，西藏地方政府摊派的差税 9 项、差役 10 项；热乌曲林摊派的税收 7 项、差役 4 项。如此沉重的差役租税全摊在庄园农奴身上。

展览复原了克松庄园主仓库的一角，我们可以看到在里面摆满了从农奴处剥削而来的日用品以及青稞、面粉、糌粑等。就算是这些食物发霉变质，农奴主也不会施舍一点给农奴。

另外陈列有克松村村民们自编、自导、自演的话剧《农奴泪》的剧照。《农奴泪》描述的是赤列多杰一家惨遭农奴主的迫害以及悲欢离合和喜获新生的故事。这个话剧在第三个西藏百万农奴解放纪念日时在西藏人民会堂上演，村民的本色演出深深打动了现场观众。

第二部分喜获新生。1951 年 5 月 23 日，中央人民政府与原西藏地方政府签订了《十七条协议》，西藏人民从此获得新生。喜获新生部分不仅展示《十七条协议》签订的场景、人民解放军进入拉萨时受到各族人们欢迎的场景，还展示了克松村的民主改革情形。

1959 年具有划时代意义的西藏民主改革从克松村拉开了序幕。克松村的翻身农奴第一次分得了属于自己的土地，他们当中有些人把自己的名字刻在木板上，插在了地里转了又转看了又看，甚至一晚上都睡在地里，他们以这样质朴的方式来欢庆自己第一次拥有土地。展览照片也记录了历史的经典一刻：农奴们烧毁了与农奴主所签的人身契约，围着熊熊燃烧的火堆情不自禁地跳起舞抒发获得新生的喜悦。

展览列举了克松村的 8 个第一。比如，1959 年克松村成立了西藏第一个农村基层党支部，由当时的工作组成员丹巴坚赞任临时党支部书记，也是在那一年西藏农村有了第一批中国共产党党员，农奴出身的尼玛次仁深刻认识到只有共产党才是贫苦人民的代表，因此他也郑重地向党组织递交了入党申请书，1960 年，尼玛次仁被推选为克松村第一任党支部书记。展览还复原了克松村第一任党支部成员办公的场景，里面的物品系当时党支部成员使用过的。上方悬挂的五星红旗、党旗见证着那段岁月。

第三部分幸福之路介绍了西藏民主改革 50 多年来克松村在各级党委政府的坚强领导下各项社会事业发生的翻天覆地的变化。展览不仅展示了一代代中央领导人对西藏发展的亲切关怀，也以衣、食、住、行、医、用 6 个方面来进行对比，展示新旧西藏两重天，展示在党的惠民惠农政策下，克松发生的翻天覆地的变化。

西藏第九届人大二次会议上，将每年的 3 月 28 日定为西藏百万农奴解放纪念日。每年 3 月 28 日克松村民都要穿着节日的盛装庆祝“西藏百万农奴解放纪念日”。展览展示的是 2009 年在第一个西藏百万农奴解放纪念日来临之际，克松村群众自发撰写的“致全区百万翻身农奴的公开信”，这里存有公开信的原件。2014 年，为了感谢党多年来对克松村群众及西藏各族群众的关怀，克松村群众写了致陈全国书记的一封信，展板上方是陈全国书记在百忙之中给克松村民的回信。同时预祝克松村的明天会更加美好。

克松陈列馆向人们展示着旧西藏农奴制的种种罪恶和农奴们的悲惨生活，民主改革后农奴们第一次翻身做主人的欢天喜地，社会主义制度、民族区域自治制度及党的特殊政策带给西藏农牧区政治、经济、文化、生活的巨大变化，也展示着克松普通农牧民家庭细腻丰富的生活画卷。

自克松陈列馆建成以来，共计接待参观学习人员约 25 万人，听完讲解员生动细心的讲解，每一名参观者内心都感到无比震撼。“陈列馆”积极发挥着全区爱国主义教育基地的作用，使每一名参观者了解西藏历史，见证西藏的变化，无形中增强了参观者的爱国意识。

第二节　与列麦精神相关的红色文化物质资源

一、列麦公社旧址

该旧址位于县城驻地新巴村东面，分布在雄曲河两岸，地形东低西高，东与三安曲林乡，西与隆子镇，南与加玉乡，北与雪沙乡相毗邻，其地理位置为北纬 28°19′—28°29′、东经 92°33′—92°45′，平均海拔 3800 米以上。列麦公社辖 7 个村委会，16 个自然村。乡辖区面积 498 平方千米，耕地面积 2834 亩，草地 24. 1 万亩，林地 3000 亩（天然林），年平均降水量 250 毫米左右，无霜期 100 天左右。该乡生产小麦、青稞、豌豆、荞麦、油菜等农作物，且兼种苜蓿等饲料作物，是隆子县主要产粮区之一。到 2000 年底总人口约 2259 人。

西藏和平解放以前，列麦乡的行政区划包括隆子宗的坡聂定和德珠桑钦寺庙卡尼俄堆巴。西藏和平解放以后由新巴区的列麦乡和加玉区的坡聂乡组成。以后行政区划经过多次调整，1987 年 10 月建立列麦乡。1999 年 7 月保留列麦乡，其行政区划为原列麦乡区划。

和平解放以来，列麦乡的发展同全区一样，经历了“和平解放和西藏自治区筹备委员会建立时期”“平叛改革和西藏自治区成立时期”“文化大革命时期”“社会主义建设新时期”4 个发展阶段。

1951 年 5 月 23 日，中央人民政府和西藏地方政府关于和平解放西藏办法的协议签订后，列麦乡的历史翻开了新的一页，列麦人民由封建农奴制度下的奴隶、农奴变成了社会主义的主人，政治上当家作主，经济上翻身解放，开始走上团结进步、繁荣发展的光明大道。

1959 年 3 月，中国人民解放军十八军一五九团进驻隆子开展平叛改革工作，6 月，平叛改革结束，接着列麦乡开展了轰轰烈烈的民主改革运动，打倒了三大领主，彻底推翻了封建农奴制度，列麦人民同全区各族人民一道获得了新生，列麦乡农民协会等群众互助组织成立，粮食产量大幅提高，组员生活得到较大改善。

列麦是个穷山窝，是隆子县新巴区耕地最少的乡。民主改革后，群众曾进行过小面积开荒和土地连片，但只能是零敲碎打，修修补补，不能从根本上解决问题。矗立在列麦中部的桑钦坝上面，有一片荒地。虽然地势高寒，缺水、石头多、土层薄，但向阳，土质也较好，有莫拉河水源，只要能修成水渠把水引到坝上，荒芜的桑钦坝就会变成一座粮仓。“开荒桑钦坝，修渠莫拉山”，是列麦人民摆脱缺粮、缺草贫困落后面貌的一条出路，1963 年，党支部书记仁增旺杰带领群众，排除万难，修水渠、造梯田，硬是将昔日寸草不生的桑钦坝改造成肥沃的良田，为列麦人民公社成立打下了坚实基础。

1966 年 9 月，列麦乡成立人民公社筹备委员会，这一年公社筹备委员会带领群众，共开荒地 1700 克，新修两条大水渠，长达 40 余华里。为办人民公社在思想上物质上奠定了基础。经过一段时间酝酿，1967 年 2 月，便有 161 户贫下中农和 7 户中农首批入社，组成 6 个生产队。开始走上了集体化道路。这一新生事物的出现，像在平静的湖水中，投进一块巨石，立即引起了强烈的反响。

1967 年春耕播种前，列麦首批入社的社员在桑钦坝和莫拉山上，大规模地摆开了治山治水的战场，一年多时间，共开垦荒地 760 克，修干渠长达 17 华里。为了把老一辈开荒造田的情况告诉给青年一代，把自力更生、艰苦奋斗的革命精神一代一代地传下去，列麦人民将桑钦坝改为“沙吉坝”（革命坝）。1967 年 11 月 1 日，隆子县第一个人民公社——列麦公社成立。

二、革命坝

“革命坝”是列麦人的初心地、“列麦精神”的发源地，由列麦乡桑钦坝更名而来。

从隆子县城出发，沿着隆子河前行15公里，便是列麦乡。20世纪60年代的列麦公社由6个组组成，格桑顿旦是4组组长。今年73岁的格桑顿旦虽然已步履蹒跚，但说起“列麦精神”时，仍神情激动，仿佛又回到了当年那战天斗地的岁月。他告诉记者，当时的列麦公社分散在10座大山、3条大沟的8个山坳里。“山多地少，肚儿填不饱”，是当时群众生活的真实写照。

1967年春天，列麦公社为了彻底改变历史上遗留下来的缺地缺水缺粮的落后面貌，曾提出要在矗立在列麦公社中部的桑钦坝上开荒造田，在莫拉山上劈山修渠把雪水引下山来灌溉。党支部书记仁增旺杰集中群众的智慧，为了巩固和发展社会主义集体经济，提出了“叫河水改道，让荒原献粮”的战斗口号。

仁增旺杰早就想好了，公社背后半山腰有块桑钦坝，但就是石头多，清理起来比较困难，但挡不住向荒山要粮的热情，且说干就干。第二天，全社老老小小、男男女女扛着铁锹、十字镐，背着铁犁赶着牛马上了山。

“坝上就是家，吃住都在坝上。”格桑顿旦说，“一说要开垦桑钦坝，大伙的积极性可高了，连刚生完孩子的妇女都积极上山。干起活来，那真是牛歇人不歇啊，虽然公社领导怕群众身体吃不消，不让晚上干，但大伙还是偷偷地干。”没有住的就搭帐篷，虽然帐篷夏天漏雨，冬天进雪，但列麦群众从来就没感觉冷过，一想到桑钦坝即将变成千亩良田，大伙心里就热乎乎的，浑身有使不完的劲儿。人不累，工具“累”。一年时间，列麦乡群众仅铁犁、铁锹、十字镐就使坏一千多件；老人和孩子拣出石头近千立方。

经过一年多的努力，终于在桑钦坝上开垦了760克荒地，使全社的耕地面增加了 49%，在沟壑纵横的莫拉山上修了 17 华里的水渠，保证了大片良田的水利灌溉。为了把老一辈开荒造田的情况告诉给年青一代，把自力更生、艰苦奋斗的革命精神一代一代传下去，人们决定把桑钦坝命名为“革命坝”。

从 1967 年到 1973 年的 7 年中，“革命坝”上共生产粮食 54.5 万斤，盖房屋 7 幢，建林卡两个，社办小学还在坝上建立了学农基地，植树达 1.4 万多棵。①

三、列麦精神纪念馆

2016 年 10 月，时任西藏自治区党委书记吴英杰在隆子县调研时强调，要像传承“老西藏精神”那样传承好“列麦精神”，敲响了“列麦精神”传播的钟声。2017 年 12 月，在西藏自治区党委宣传部的大力支持下，“列麦精神”纪念馆建成。2018 年 3 月 26 日纪念馆正式开馆并投入使用，通过实物、影像、图文等方式，分“贫穷落后旧西藏　民不聊生旧列麦”“开荒垦地谋发展　改天换地见精神”“开拓创新寻出路　沙棘精神振人心”“安居乐业奔小康　社会主义新列麦”向世人展示列麦乡群众开垦“革命坝”、修建“幸福渠”的艰辛过程，展示新时代列麦的新风貌新风尚，号召人们学习好、传承好“列麦精神”。

第三节　与爱国守边精神相关的红色文化物质资源

一、烈士陵园

烈士陵园是进行共产主义思想和爱国主义教育的大课堂，烈士的精神可以使每一位公民化悲痛为力量，为祖国、民族更加强大而努力

① 《自力更生艰苦奋斗的西藏：“列麦精神”永放光芒》—西藏新闻—山南网　山南市新闻门户网站（xzsnw.com）；高鹰：《隆子河畔旭日升——西藏隆子县列麦人民公社的调查》，《中央民族学院学报》1974 年第 1 期。

奋斗。

（一）洛扎县烈士陵园

洛扎县烈士陵园位于西藏自治区山南市洛扎县洛扎镇嘎波居委会加压自然村内，建于1959年，是为缅怀革命先烈的丰功伟绩，加强爱国主义教育，推进边境地区社会主义精神文明创建活动更加深入而修建的。园内安葬有49位为洛扎县解放事业和建设事业光荣牺牲的革命烈士。其中48位英雄为1959年平息多宗叛乱时英勇牺牲的中国人民解放军一三四师四〇二团指战员，另一位为曲吉麦乡原乡长丹增多吉同志，还有在和平年代抢险救灾中为保护人民群众生命和财产安全而光荣牺牲的党的好干部。

洛扎县烈士陵园自建立至改革开放前，由于种种原因，在陵园的建设投入上基本上是空白，所谓烈士陵园仅是荒郊野外的孤坟而已。党的十六大召开以后，党和国家缅怀先烈的光辉事迹，对陵园修建十分重视，1986年在上级民政部门的大力支持下，洛扎县人民政府投入资金重修烈士陵园，主要为500米的土围墙和2间平房，整个陵园占地面积达2031平方米。为49位烈士立了简易墓碑。同时，设立看管所。使得洛扎县烈士陵园的面貌有了明显改观，告慰了先烈们在天之灵。2007年，洛扎县烈士陵园被列为第四批自治区级文物保护单位。

洛扎烈士陵园已经成为西藏边境重要的爱国主义和革命英雄主义教育基地，为促进精神文明建设发挥了重要作用。因此，开辟好建设好“红色旅游”景区对促进新时期西藏全面建设小康社会，增加社会和经济效益具有十分重要的意义，同时烈士陵园为本县辖区或整个西藏打造了一个很好的红色文化产业资源。

（二）山南烈士陵园

山南烈士陵园主要是为在解放西藏、平息叛乱、对印边境自卫反击战和新西藏建设过程中光荣牺牲的烈士而建，始建于1956年（最初建在今山南市汽修厂附近），1965年迁于泽当镇现址，1966年3月正式对外开放。总面积55000平方米，是西藏烈士陵园中规模最大、资料最完整的革命烈士纪念建筑物。陵园内共安葬有689名为西藏和平解放、建设西藏、平叛改革、对印自卫反击战和建设西藏中牺牲的革命先烈。

1989年8月被国务院批准为全国重点烈士纪念建筑物保护单位；1994年12月被西藏自治区宣传部命名为“西藏青少年爱国主义教育基地”；1996年4月16日被西藏自治区人民政府公布为“西藏自治区级文物保护单位”；1997年6月被中宣部列为百个爱国主义教育示范基地；2000年10月被西藏自治区国防动员委员会批准为“国防教育基地”；2005年12月被确定为“全国百个红色旅游经典景区”之一；2010年4月28日被中纪委授予“第一批全国廉政教育基地”荣誉称号；2012年被正式命名为“国家国防教育示范基地”。

陵园由烈士事迹纪念馆、陵园风景、纪念碑广场、烈士墓群4个部分组成。

1996年，地区财政拨出5万元资金进行局部维修；1999年9月至2000年6月，民政部、自治区民政厅等单位核拨专款545万元，对烈士陵园进行全面维修。

山南烈士陵园建成后，党和国家领导同志极为重视，分别题了词。在庄重的大门上有朱德委员长题的“烈士陵园”4个大字；纪念馆朱红大门上有邓小平题的“烈士纪念馆”横匾；墓区照壁上有原西藏军区司令员张国华题的“浩气长存”4个大字。

山南烈士陵园位于泽当镇以西，背靠巍峨的西扎山，面临浩荡的雅鲁藏布江，气势雄伟，庄严肃穆。陵园占地100亩，计66700平方米。

1. 纪念馆

纪念馆分为南馆、北馆，共4个陈列室、两个大厅，建筑面积约1108平方米，为藏式宫殿建筑风格。馆内陈列着为进军西藏、平叛改革、对印边境自卫反击战，以及西藏革命建设时期英勇牺牲的革命烈士事迹和遗物。有各种照片、油画、图片148张（幅），雕塑12座。

纪念馆整个陈列方式是按照历史事件的时间顺序进行陈列。北馆由大厅、第一陈列室和第二陈列室组成。大厅中央为“阳廷安班石膏雕塑”，雕塑设计高 6.2 米，其中底座 2 米、人像 2.2 米、假山 2 米，整座群像占地面积 35 平方米。雕塑后面墙壁正中并列悬挂着《革命烈士万古留芳序词》两幅（藏汉文版），与第一陈列室毗邻墙上悬挂着《平息叛乱》油画、《自治区委员会》油画及题词一幅。第一陈列室陈列着从 1959 年至 1961 年平息叛乱中牺牲的 32 位烈士的先进事迹和遗物。馆内共有雕塑 3 座，照片 24 张，油画 17 幅。第二陈列室主要陈列着 1962 年对印边境自卫反击战中牺牲的 44 位烈士的事迹和遗物，馆内共有 4 座雕塑，照片 41 张，油画 21 幅。

南馆由大厅和第三、第四陈列室组成，大厅中央有“为人民利益而死，就比泰山还重”红底金字大匾。与第三陈列室毗邻墙上悬挂着“强渡金沙江”油画和中国人民解放军西藏军区题词各一幅，与第四陈列室毗邻墙上悬挂着“劈山开路”油画和西藏自治区总工会等 4 个单位联合题词各一幅。第三陈列室陈列着 1950 年到 1954 年西藏筑路中牺牲的 15 位烈士事迹和遗物，其中照片 19 张，油画 8 幅，馆内雕塑 1 座。第四陈列室主要陈列着为建设西藏和稳定边防作出重要贡献的 16 位烈士事迹和遗物，共有照片 15 张，油画 19 幅，雕塑 2 座。

2. 陵园景区

陵园内绿树成荫，鲜花争艳，亭台楼阁，古朴典雅，建筑独特，精美别致。园内设有护陵桥，桥长 18.6 米，宽 5.5 米。护陵水池长 79.5 米、宽 15.32 米、深 2.4 米，可蓄水 1500 立方米，池内可养鱼，供参观者观赏。过护陵桥，上 19 级台阶后，南北各有 1 座亭子，修建于 1966 年，园林式结构，面积 14.7 平方米，备有石凳、石桌。

3. 烈士纪念碑广场

烈士纪念碑广场占地面积 2164 平方米，地面用石板铺成。中央的纪念碑占地 324 平方米，碑高 16 米，主体为四周矩形柱结构。汉白玉饰面，围柱为花岗石，栏杆为汉白玉，台阶为花岗条石。原碑为林彪所题的"捍卫边疆，建设西藏的烈士永垂不朽"，1999 年原碑文修缮后改为"革命烈士永垂不朽"，纪念碑后的照壁上有张国华所题的"浩气长存"4 个大字。纪念碑有 28 块，分 4 个主题，主要展现修筑公路进军西藏、平叛改革、对印边境自卫反击战以及西藏革命建设时期牺牲的革命烈士画面。

4. 烈士墓群

烈士墓群占地面积 5247 平方米。每座墓长 2 米、宽 0.78 米、高 0.68 米，混凝土结构。墓碑高 1.3 米，花岗石材料。陵园内葬有 689 名革命烈士的遗体和部分遗物。

在西藏革命和建设事业的漫长岁月中，有无数可歌可泣、感人肺腑的事迹，掩埋着众多对祖国对西藏人民赤胆忠心的革命烈士。长眠在山南烈士陵园的烈士中，有数十年如一日，鞠躬尽瘁，死而后已的原中共西藏工委副书记夏辅仁同志和原西藏军区副政委金绍山同志；有在进军西藏中，率领骑兵连越过终年积雪的昆仑山，深入阿里高原，并在那里坚持战斗 10 个月之久而牺牲的李狄三烈士；有 11 岁就参加红军，在进军西藏中积劳成疾，临终前还在遗言中嘱咐妻子"要永远跟党走"的周大兴烈士；有带病在海拔 5300 米高的雀儿山上筑路，临终前还想着"为祖国节约一针药"的张福林烈士；有在修筑川藏公路怒江地震段中，面对排山倒海般压下来的几百立方米塌石，把身边唯一一根能救生的藤条让给战友，自己却和岩石一起坠入万丈深渊的严树轩烈士；有"头可断，血可流，革命理想不可丢"，子弹打完，身负重伤，还抡起冲锋枪与叛匪进行殊死搏斗的红色战士胡汉钊烈士；有年仅十几岁，在叛乱分子的严刑拷打下仍不发一言的英雄少年次仁平措和古热烈士；有面对着数十名凶残叛乱分子的刀戳火烧而始终不说出土改工作组地点的藏族革命干部罗松贡布烈士；有前仆后继，英勇无畏，率领一个班连克印军 27 座碉堡，歼敌 60 余人，直至打到最后一人，被国防部授予"阳廷安班"英雄集体的阳廷安、曾祥智、杨秀洲等七勇士；有负伤后把肠子塞回肚子，用手捂住，鼓励 11 名伤员打退百余名敌人 5 次反扑的硬骨头班长吴太明烈士；有冒着敌人的炮火，三次闯入前线抢救负伤战士而壮烈牺牲的藏族农民工降巴赤来烈士；有为了全连干部战士和200多名农民工安全，在冰天雪地中排雪开路，没有工具用手扒，被国防部授予“战斗英雄”称号的肖明生烈士；有在战斗中用自己的双腿堵住敌人暗堡枪眼，并舍身炸掉敌人暗堡的黄继光式战斗英雄张映鑫烈士；有在左腿负伤情况下，仍然冒着敌人炮火冲入敌阵，剪断敌军6根电话线，切断敌军联络的“拼命三郎”罗章金烈士；有奋不顾身，保护人民财产、舍己救人的普布扎西、罗启潮、傅传章烈士，等等。烈士们崇高的革命精神，像巍峨的喜马拉雅山一样千秋屹立，像浩荡的雅鲁藏布江水那样永世长存。西藏各族人民将永远记住他们的名字，永远赞颂他们的事迹，发扬光大他们的精神和情操，为建设团结、富裕、文明的社会主义新西藏而努力奋斗。

山南地区烈士陵园日前被国家列为全国红色旅游经典景区，成为西藏唯一的国家级红色旅游经典景区。山南烈士陵园修建以来，成为西藏重要的爱国主义教育基地，为促进精神文明建设发挥了重要作用，[①] 弥补了西藏红色旅游景点的空白，满足了人民群众对“红色文化”的需求，有助于广大游客了解西藏的革命历史。

二、张国华将军前线指挥所遗址

张国华（1914. 10. 22—1972. 2. 21），曾用名张福桂、李亚霖，江西省永新县怀忠镇人。1929年参加工农红军，1930年加入中国共产主义青年团，1931年加入中国共产党。曾任红军军团巡视团主任、八路军教导第四旅兼湖西军区政治委员、军分区司令员兼政治委员、纵队副政治委员、豫皖苏军区司令员、第十八军军长、西藏军区司令员、成都军区政治委员等职。先后参加中央苏区反“围剿”和长征，参与开辟鲁西抗日根据地，率部参加邯郸、巨野、淮海、渡江、西南

① 全国红色旅游经典景区——山南烈士陵园 2005 - 09 - 20 00：00：00 全国红色旅游经典景区——山南烈士陵园—科教文卫—山南网，山南市新闻门户网站（xzsnw. com）。

等战役战斗。率部进军西藏，指挥昌都战役，完成和平解放西藏任务，参与指挥对印边境自卫反击作战。他军政兼优，甘于奉献，具有出色的指挥和领导才能，为中国革命和建设特别是为维护西藏团结稳定、建设和保卫西藏贡献了毕生精力。是中共第九届中央委员，第一至第三届国防委员会委员。1955 年被授予中将军衔。曾荣获二级八一勋章、一级独立自由勋章、一级解放勋章。

1962 年，印度政府公然推行入侵中国领土的“前进”政策，不断挑起事端。10 月上中旬，印军悍然在中印边境全线发动了大规模武装入侵。10 月 12 日，西藏军区司令员张国华和西藏军区参谋长王亢在北京参加毛泽东主持召开的中共中央政治局扩大会议。张国华详细回答了中央领导关心的问题，满怀信心地对毛泽东说，请主席放心，我们一定能打赢。罗瑞卿总长问根据何在？张国华说：“敌人虽然是印度的王牌军，但比不上蒋介石的主力。他们长期没打过仗，我们却刚刚平叛。他们没来过高山，我们却长年驻守高山……”

10 月 17 日，中央军委向西藏军区、新疆军区发出《歼灭入侵印军的作战命令》。会议后，张国华抱病立即返回拉萨，主持召开军区党委和西藏工委联席扩大会议，研究制定边境自卫反击作战的部署，并成立了西藏军区前进指挥所。会议结束后，张国华立即率领前进指挥所进抵麻玛地区，统一指挥克节朗地区作战。

10 月 20 日 7 时 30 分，张国华指挥部队向侵入克节朗地区的印军第七旅发起反击战。战至 23 日，克节朗反击战胜利结束，共歼印军近 2000 人，并乘胜追击，占领达旺，逼近瓦弄，收复了非法的“麦克马洪线”以南达旺河以北部分中国领土，受到中央军委的通令嘉奖。

10 月 24 日，中国政府发表声明，提出停止冲突、重开谈判、和平解决边界问题的三项建议。为配合声明，张国华奉总参谋部命令，命令部队停止战斗，率领部队在达旺河北岸地区以战斗姿态集结休整。但是，印军一再进行武装挑衅，向中国边防部队发起进攻。为此，张国华奉中央军委命令，于 11 月中旬带病指挥部队向侵入我国的印军实施反击作战，并取得胜利。

对印边境自卫反击战历时 1 个月，东西两线各参战部队打得有理、有利、有节，打出了国威、军威，在军事上、政治上和外交上取得了完全胜利。

张国华将军前线指挥所遗址位于西藏自治区山南市错那县勒门巴民族乡勒村北约 2 公里。张国华时任西藏军区将军，1962 年对印作战时期张国华在此地搭建帐篷进行前线指挥。在当时指挥时搭建帐篷的位置上修建的长宽均约 5 米，总面积约 25 平方米的陈列室，室内陈列有当时使用的电话和他的照片等展品。陈列室背后的崖面上刻有藏汉两种文字的“张国华将军前线指挥部旧址”题词。

三、张贵荣将军纪念碑

张贵荣将军纪念碑位于隆子县朵玉珞巴民族乡。

张贵荣，西藏军区第四任司令员。内蒙古自治区赤峰市宁城县人，出生于 1935 年，牺牲于 1984 年，年仅 49 岁。1948 年参加人民解放军，1953 年加入中国共产党，历任班长、主任教员、团长、步兵学校副校长、省军区副司令员等职务，是全国六届人大代表；在解放战争时期，他参加了辽沈、平津等战役，作战勇敢；1984 年 1 月 15 日 15 时 51 分张贵荣同志在检查边防工作时的视察路上，因劳累过度突发高原性疾病，他拉着马尾巴倒下了，牺牲在边防线上。临终前，他嘱咐战友将他的遗骸埋在他倒下的地方，要自己的灵魂继续守护西藏的和平与安宁。

部队为了纪念这位可敬的将军，在将军牺牲的地方修建了一座纪念碑，上面写着“张贵荣烈士永垂不朽”，将军牺牲的山崖也被命名为“将军崖”。张贵荣“将军崖”于 2003 年被列为隆子县红色教育基地，2008 年被列为山南市红色教育基地。每年清明节，当地官兵、干部群众都会自发组织前往祭拜。[①]

① 山南市旅游发展局网　红色旅游路线丨听听隆子！(shannan. gov. cn)

1984 年 1 月 13 日，时任西藏军区司令员的张贵荣为“三陇”（三安曲林至陇站）边防公路的修建，带着工作组前往山南勘察。

由于常年生活在青藏高原上，张贵荣的身体已是病痛不断，在上一次勘察察隅的一条边防公路时，他就因劳累过度尿血。这次他带着 10 支青霉素和 1 瓶专治胸闷的药上路。

一路上，张贵荣几乎没有停歇。每经过一次险路和复杂地段，他都要拿出图纸，仔细对比讨论，和工作组的同志交换意见。行至一处河滩，张贵荣突然觉得身体不适，刚跨下马便瘫坐在了一块大石头上。吃过药后，他再次出发。

风化石小道，铺满积雪，又硬又滑，加上高山缺氧，行动举步维艰，想到翻过山就到边防站了，就能将那边的情况基本摸清楚，将公路修筑计划彻底敲定，张贵荣一咬牙，拉着马尾巴继续行进。然而快到山顶时候，他的眼睛一黑，整个人倒在警卫员何朝华的怀中。

张贵荣再也没有醒来。噩耗传来，整个西藏军区的官兵悲痛万分。2 月上旬，原五十三师副政委、工程指挥长陈华全沿着张司令走过的路，完成了余下的勘察，在张司令员牺牲处的一块巨石上，他书写下“将军岩”3 个字。

“将军岩”静默无语，却如张司令员在施工现场督战。筑路官兵在高原的深谷打响了攻坚战：一些路段的山石特别坚硬，一镐下去，火星迸射，却只留下一个白点。几天下来，官兵们双手打满血泡，虎口震裂，手酸肿得连衣服都穿不进去，他们就干脆和衣而睡。筑建桥梁时，由于长时间浸泡在冰冷刺骨的雪水中施工，一些人被冻晕在水中，可倒下一个，顶上来时却一批。经过 9 个月的艰苦奋战，该师优质、高速、安全地完成了长度达 32. 66 公里边防公路的修筑任务，实现了“两年任务一年完成”的目标，受到西藏军区通令嘉奖。①

① 引自山南市文化局提供的资料：《张贵荣将军事迹》。

第四节　其他红色文化物质资源

一、西藏第一朗生互助组成立旧址

该旧址位于西藏自治区山南市乃东区结巴乡结巴村委会驻地西15米的桑嘎村内。“朗生”即“家奴”，是旧社会在地主庄园内做佣人、当马夫、放牧牛羊、纺线织布、打扫洗涤作杂务，农忙时分担粗活、重活，却不懂农业生产技术的低等人。1959年西藏山南地区实行民主改革以后，西藏农民为发展生产，纷纷组织互助组。但是，在乃东县桑嘎村的11户“朗生”，却被排斥在互助组之外，原因是太穷，村民在“自愿结合”组织互助组时，偏向“门当户对”，有人对他们要求入组存在顾虑，怕他们会成为互助组的“包袱”。于是，被撇在一边的“朗生”，犹如“弃儿”，伤感而无奈。1961年3月，出身朗生的次仁拉姆（原自治区人大常委会副主任））主张由农奴和朗生自主成立互助组，就这样在桑嘎村桑嘎谿卡内成立了一个特别的互助组——“穷棒子互助组”。互助组成立之初，有93亩土地，但只有10个劳动力，生产工具也只有3头耕牛、两个旧犁铧和3个旧木犁架。这些过去的农奴们在次仁拉姆组长的带动下，在对新生活的渴望中，齐心协力，硬是把这个互助组建设得红红火火。经过3年艰苦奋斗，这些“朗生”终于取得了农业和牧业生产双丰收，依靠自己的力量摆脱了贫困，实现了丰衣足食。后来，这个“朗生互助组”被西藏自治区评为先进集体。

桑嘎谿卡建筑面积600平方米，高3层，现仅见遗存庄园西面部分的残墙，南北长约30米，东西宽约20米，残高3米。为了纪念这一历史时期和展望未来美好的生活，结巴乡在结巴村内设立了陈列厅。

二、山南市廉政教育基地和检察院预防职务犯罪警示教育基地

山南市廉政教育基地坐落在山南烈士陵园内，分为5个展示区。第一篇：高屋建瓴　英明决策；第二篇：明法知规　端正己身；第三篇：防微杜渐　警钟长鸣；第四篇：勤俭清廉　高原丰碑；第五篇：源洁流清　廉润我心。其中，分别展示警示案例、党纪国法、廉政知识、模范人物事迹等。

检察院预防职务犯罪警示教育基地，整个教育展区分为决策篇、风范篇、案例篇、法规篇、忏悔篇、预防文化篇等六篇，重点展示了近年来山南市职务犯罪的典型案件。

参观展厅、听取讲解、观看视频播放，可以使广大党员干部充分认识以史为鉴可以知兴替，以铜为鉴可以正衣冠，以人为鉴可以明得失。

第八章　红色文化在山南的实践

72年来，我们党在西藏建立和发展了社会主义制度，西藏与全国同步建成了小康社会，实现了西藏高原亘古未有的跨越，铸就了西藏地方治理的新篇章。党的领导，推动西藏建成了全面小康、走上了现代化的发展道路，为西藏各族人民带来了最大、最可持续的收益，西藏各族群众发自内心地热爱党、热爱祖国、热爱社会主义、热爱全党全国人民的核心习近平总书记。

72年来，山南地区的党组织不断完善，党员人数不断壮大。1951年西藏和平解放后，山南逐步建立了党的各级组织：1953年，中共山南临时党委成立；1956年5月，中共山南分工委成立；1965年8月，中共山南分工委改称中国共产党山南地区委员会；2016年，山南撤地设市，成立中国共产党山南市委员会。1959年，西藏第一个农村基层党支部——克松村党支部在山南成立，如今全市2700多个党组织遍布各行各业。党员人数由1956年的100多名发展到如今的5万多名。

72年来，山南地区积累了丰富的红色文化物质资源和红色文化精神资源，同时也在红色文化的实践中积累了丰富的经验。以下我们分社会主义革命和工业化建设时期、改革开放和小康社会建设时期、中国特色社会主义新时代和社会主义强国建设时期分别介绍红色文化在山南的实践。

第一节　社会主义革命和工业化建设时期

1949 年是当代中国历史的起点，自然也是西藏地方历史的新起点。社会主义革命和工业化建设时期，西藏的历史进程按《西藏通史·当代卷》可划分为三个时期，即民主革命阶段的和平解放时期，驱逐帝国主义势力出西藏；民主改革时期，平息叛乱，废除封建农奴制；成立西藏自治区，开始进行社会主义建设时期。

一、重要历史事件

（一）平叛

“和平解放前，西藏仍处于中世纪的、政教合一的封建农奴制社会阶段。新中国成立之初，中央人民政府考虑到西藏各方面情况比较特殊，进行改革的时机和条件还不成熟，认为对西藏封建农奴制的改革可以暂缓执行。但是，西藏上层反动集团妄图永远维护政教合一的封建农奴制度，实现‘西藏独立’，于 1959 年发动了全面武装叛乱。”①

西藏的平叛工作在中央“边平边改”的总方针及相关政策指导下，迅速推进。“解放军出动 5 万人，在广大藏族群众的支援下，仅仅用了两年多的时间就彻底平息了西藏叛乱。整个平叛过程大体分为 3 个阶段：1959 年平息了拉萨、山南及青藏、川藏公路沿线的叛乱，保证了交通线的畅通，进行了民主改革的试点和一些地区工作的开展，1960 年随着民主改革的普遍开展，全区基本上平息叛乱，20 人以上成股叛乱武装已被消灭；1961 年，开始肃清零星残余叛乱分子，到 1962 年 3 月平叛胜利结束。”②

---

① 参见《西藏通史·当代卷》上册，中国藏学出版社，2016 年，第 205 页。

② 参见《西藏通史·当代卷》上册，中国藏学出版社，2016 年，第 194 页。

具体到山南地区，《山南地区志》有一个很好的总结[①]：

1958年5月，以恩珠仓·公布扎西、甲马仓·桑培和夏格仓·朗加多吉为首的叛乱分子由拉萨窜入山南，并在哲古（措美县哲古草原）建立反革命武装组织“宗教保卫自愿军（简称卫教军)”，发展叛乱武装。10月下旬，叛乱分子多次袭击山南地区工作机关和泽当守备分队。1958年12月18日和19日，叛乱武装先后在贡嘎、扎囊两次袭击人民解放军运输车队和地方干部，烧毁汽车9辆，中共山南分工委农工部副部长沈风楼、五十二师一五五团副团长殷春和及一五五团三营营长杜效谟等93人牺牲，伤35人。1959年1月下旬，中共山南分工委机关所在地泽当被叛乱分子包围。

1959年3月，西藏地方政府和上层反动集团为维护封建农奴制度，公开撕毁《十七条协议》，发动全面武装叛乱。到3月底，山南叛乱分子发展到1万余人，其中头目、骨干分子2000余人，占参叛人数的19%。“山南地区已成为西藏武装叛乱的中心。”

1959年4月3日，西藏军区奉命发布《对山南地区作战命令》。6日，成立山南地区军事管制委员会，对雅鲁藏布江以南、喜马拉雅山以北，江孜以东，则拉宗（现林芝市林芝县）以西地区实行军事管制，并立即宣布解散山南基巧及其宗政权。8日，泽当解围后，山南随即投入平叛斗争。中国人民解放军分3路渡过雅鲁藏布江。18日，完成合围叛乱分子主力的行动。整个进剿阶段，历时20余天，奔袭千里，大小战斗49次，歼叛乱分子2393名，缴获各种枪械1420支。4月下旬，平叛斗争转入分片清剿阶段。在清剿中采取“政治争取、发动群众和军事打击相结合”的平叛方针，9月9日，清剿基本结束。

《山南地区志》附录3收录的革命烈士745人中，在平叛过程中牺牲的部队领导和战士达六七十人，其中殷春和、杜效谟、常玉麟等人在《山南地区志》中有传[②]。

---

① 山南地区地方志编纂委员会编：《山南地区志》，中华书局，2009年，第302、1479页。

② 山南地区地方志编纂委员会编：《山南地区志》，中华书局，2009年，第1514—1515页。

“山南地区广大群众积极支援解放军平叛。拉加里贫苦农奴洛桑欧珠外出侦察一个多月，向部队提供情报70多次，查出了一批隐藏叛匪的线索；隆子宗的贫苦农奴仁增旺杰给平叛部队带路送信，争取叛乱分子投诚。进驻三安曲林的部队劝降了叛军连长扎西次仁，经过宽大处理和教育，扎西次仁不仅使他连队的14人交枪投诚，还劝降了隆子宗叛军司令泽仁等两名叛首。”[①] 也出现了像朗洞（木）拉·强巴（约1922—1958年）、陈启厚（1940—1958年）、王一平（1929—1959年）、赵克俭（1930—1959年）、次仁群宗（1929—1961年）等代表性人物[②]。我们举一二例。

朗洞（木）拉·强巴是拉萨市人，早年由叔父带到山南乃东县，民主改革前做木料生意。1956年与山南分工委、山南青联会、社会部联系较多。山南地区成立基巧办事处时，作为爱国人士参加基巧办事处的工作，任乃东宗代理秘书长。1958年初，叛乱分子在山南逐日增多。6月，分工委通知爱国人士到分工委居住。夏末的一天，昌珠彭措的女婿来到强巴家要求借枪支弹药，表示可立字为据，以后归还。强巴深知其借枪意在参加叛乱，故以枪支不在身边而婉言拒绝。该人恼羞成怒，竟掏出手枪向屋顶射击，以此恐吓。但强巴并未屈服。1958年，一股叛乱分子流窜至山南，公安局获悉前去桑日县鲁康渡口侦察时，强巴慷慨借马，并嘱咐公安人员注意安全。1958年冬季，西藏地方政府驻山南总管察多尔哇与德吉康萨在宗本觉杰新迁住的乃东差巴扎西白康聚会，密谋扩大叛乱，随后差人通知强巴到宗本官邸，旋即将强巴扣押并劫持到外地。此后不久，扎通谿卡谿堆（庄园代理）阿旺洛桑与强巴家人密商后，遣人将信藏在糌粑口袋里送往拉加里（今曲松），但信被关押人员查出，叛乱分子开始对强巴严刑拷打，强巴从约9层楼房高的山崖跳下自尽。[③]

陈启厚是贵州人。1956年5月至10月，在四川省雅安干部训练

---

① 山南地区地方志编纂委员会编：《山南地区志》，中华书局，2009年，第1479页。

② 参见本书附录二。

③ 乃东县地方志编纂委员会编：《乃东县志》，中国藏学出版社，2006年，第726页。

班学习气象专业。11 月自愿到西藏工作，被分配到日喀则地区定日县气象站从事建站工作。1958 年 7 月，调山南泽当气象站。到泽当气象站后，陈启厚工作认真负责，精益求精，专心致志地从事气象测报工作，发明了用拨算盘珠计算雷暴发生次数的办法，解决了雷暴发生次数的计算问题。1958 年 7 月，山南地区发生武装叛乱，陈启厚积极加入保卫泽当、保卫气象站的民兵组织。10 月 22 日，叛乱分子疯狂地对气象站发起进攻，全站人员同仇敌忾，积极投入保卫战斗，陈启厚与民兵一道坚守阵地，打退了叛乱分子的多次进攻。后叛乱分子集中火力，向陈启厚等人坚守的阵地疯狂射击，陈启厚中弹牺牲，年仅 18 岁。①

（二）民主改革

“在新的形势下，为了满足西藏百万农奴要求翻身解放的愿望，中央政府决定在平息西藏叛乱的同时，提前在西藏进行民主改革。西藏民主改革的根本任务是推翻封建农奴主阶级的统治，解放百万农奴；变农奴主阶级的生产资料所有制为劳动农牧民的个体所有制；废除僧侣贵族专政的‘政教合一’制度，建立人民民主的新西藏。由于西藏地区情况特殊，中央政府在西藏的民主改革中采取了一系列不同于内地民主改革时的特殊政策，保证了民主改革的顺利实现。”②

西藏的民主改革，分农区、牧区和寺庙三种情况进行。③ 农业在西藏占有重要地位，一方面因西藏三大领主的统治和剥削在农业区尤为严重，另一方面在山南、拉萨、昌都等地的农业区的叛乱活动也最

---

① 山南地区地方志编纂委员会编：《山南地区志》，中华书局，2009 年，第 1514 页。

② 拉巴平措、陈庆英总主编：《西藏通史·当代卷》（上册），中国藏学出版社，2016 年，第 205 页。

③ 1959 年 7 月 1 日，西藏工委向各分工委转发了中央对工委《关于在当前平叛工作中几个问题的决定》的批示，要求各地贯彻执行中央指示，开展民主改革第一步的工作。并明确了第一步工作的内容：农区民主改革要进行“三反双减”运动（即反叛乱、反乌拉、反奴役，减租减息），然后再转入第二步，进行土地改革。牧区在民主改革中进行“三反两利”运动（即反叛乱、反乌拉、反奴役，实行牧工牧主两利）。寺庙民主改革要开展“三反三算”运动（即反叛乱、反封建特权、反封建剥削和算政治迫害账、算阶级压迫账、算经济剥削账）。参见《西藏通史·当代卷》上册，第 208 页。

为严重。“因此，本着边平叛边改革的精神，首先在基本平息了叛乱的拉萨、山南等地农区进行民主改革，彻底消灭封建农奴制度，解放广大农奴和奴隶。紧接着，民主改革运动在江孜、塔工两地区开展起来。1959 年4 月8 日，西藏工委即抽调党政军得力干部120 多人，组成了 12 个工作组，随平叛部队进驻山南地区 12 个宗，建立民主政权，发动群众，准备进行民主改革。”①

就山南地区的民主改革，《山南地区志》有这样的记载②：

1959 年 5 月 23 日，中共山南分工委副书记张增文和分工委统战部长兼乃东县委书记吴逢惠分别带领工作组，到乃东县克松和克麦谿卡，开展民主改革试点工作。试点工作分“三反双减”、解放朗生和划分阶级、分配土地三个步骤进行。8 月初，试点工作结束，民主改革运动随即在全地区全面铺开。12 月 23 日至 29 日，分工委召开县委书记会议，总结民主改革工作。西藏工委社会部部长智泽民（因山南分工委书记王运祥、副书记张增文因病分别在拉萨和内地住院治疗，西藏工委派智泽民主持山南分工委工作）代表分工委在《总结报告》中指出，从 6 月中旬开始的“三反双减”和土地改革为中心的民主改革运动，到 12 月上旬，历时 5 个多月。整个运动分两步走，第一步是6 月中旬至 9 月底，进行“三反双减”斗争；第二步是 10 月初至 12 上旬，开展土地改革工作。

作为西藏民主改革的试点，克松在民主改革大潮中脱颖而出，先后率先建立西藏历史上第一个农村基层党支部（1959 年 12 月 2 日）、第一个农民协会（1959 年 6 月 6 日）、第一个人民公社（1965 年 10 月 7 日）、第一个教学点（1959 年 6 月 30 日）等多个第一，被誉为“一块红色的土地”。同时涌现出阿旺、尼玛次仁等代表性人物。从而形成了“坚定信念、勇于创新”的克松精神，激励克松，乃至山南人民，在新时代以克松精神为动力，开创美好未来。

---

① 拉巴平措、陈庆英总主编：《西藏通史・当代卷》（上册），中国藏学出版社，2016 年，第 210 页。

② 山南地区地方志编纂委员会编：《山南地区志》，中华书局，2009 年，第 303 页。

另外，乃东县结巴乡朗生在次仁拉姆带头下，组成了西藏农牧区第一个穷棒子互助组。次仁拉姆是隆子县人，1960 年入党，1962 年参加工作。民主改革时，次仁拉姆家 3 口人分到 3 只绵羊、1 头奶牛、6 亩土地、1 间房子、1 个水磨，次仁拉姆带头组成了乃东县结巴乡朗生互助组。1963 年 10 月，作为西藏少数民族国庆观光团的成员来到北京，受到毛泽东主席等中央领导接见。1965 年 2 月，当选为西藏自治区第一届人民代表大会代表，1967 年农牧区实现公社化，担任结巴公社党支部书记，1974 年至 1979 年任温区区委副书记兼结巴公社党支部书记。1978 年 3 月，西藏自治区党委和人民政府授予次仁拉姆劳动模范称号，同年被选为第五届全国人民代表大会代表，1979 年任乃东县人大常委会副主任，后任自治区人大常委会副主任。1979 年 9 月，荣获全国“三八红旗手”称号。10 月，被国务院授予全国农业劳动模范称号。1982 年 10 月，以西藏自治区人大代表团副团长身份，访问朝鲜人民民主共和国；1983 年当选为第六届全国人民代表大会代表，被誉为“百万翻身农奴的榜样”“西藏优秀的妇女代表”。①

（三）1962 年对印边境自卫反击战

1962 年 10 月，印度扩张主义者在中印边境向中国发动大规模武装入侵。中国人民解放军边防部队被迫进行自卫反击，取得了伟大的胜利。在这场自卫反击作战中，中国人民解放军英勇善战，艰苦卓绝，为保卫祖国神圣领土不受侵犯立下了不朽的功勋；西藏各族人民同心同德，积极支援前线，谱写了一曲曲可歌可泣的爱国主义赞歌。自卫反击作战的伟大胜利，鼓舞了西藏人民的斗志和信心，稳定了祖国西南边境，保证了西藏各项事业的健康发展。

1947 年，印度独立以后，不断向北推进。1951 年，印度军队约 100 人，在指挥官梅加的带领下，占领达旺地区。1952 到 1959 年间，印军越过“麦克马洪线”，侵占“麦克马洪线”以南自古属于中国的

① 乃东县地方志编纂委员会编撰：《乃东县志》，中国藏学出版社，2006 年，第 728 页。

大片领土，仅山南方向就达2.82万平方千米。1962年9月以后，印军多次向山南军分区边防部队发起进攻。9月20日至9月底，侵入克节朗地区的印军不断开枪袭击守卫择绕桥的中国边防哨卡，打死打伤中方官兵10人。10月上旬，印军又连续多次进行武装挑衅，打死打伤中方官兵20多人。这时中国政府仍不愿事态扩大，力争把冲突限制在局部地区，并再次提出和谈建议。可是印度政府顽固坚持扩张主义立场，终于在1962年10月20日沿中印边境全线向中国方面发动大规模的武装进攻。在忍无可忍的情况下，中国政府被迫命令边防部队进行坚决的自卫反击。

对印边境自卫反击作战，是在中共中央和中央军委的正确领导和直接指挥下进行的，是在极其困难的自然条件下进行的。作战地区包括中印边界东段和西段。西藏边防部队主要承担东段的自卫反击作战任务。东段作战主要的战役有克节朗战役，西山口、德让宗、邦迪拉战役。东段作战地区，是喜马拉雅山南麓典型的高山峡谷密林区，这里山高谷深、丛林密布、雨多雾大、河流甚多、道路崎岖，在这种情况下，中国边防部队指战员发扬一不怕苦、二不怕死的革命精神，以顽强的毅力克服多种困难，翻高山、越激流、攀悬崖、穿密林、披荆斩棘、前仆后继、连续行军、连续作战，一个班敢打，一个人敢打；老兵能打，新兵也能打；指向哪里，就打到哪里，充分展现了中国人民解放军的英雄气概。中印边界东段的自卫反击战，中国人民解放军攻进非法的“麦克马洪线”以南靠近传统习惯线附近的地区。全歼印军3个旅，重创印军3个旅。共击毙印军准将旅长霍希尔·辛格以下官兵4800余人，俘印军准将旅长季·普·达尔维以下官兵3900余人。缴获各种炮300余门，飞机5架，坦克9辆，汽车400多辆，各种枪6400余支（挺），各种弹药400余万发及其他军用物资。

在整个自卫反击作战过程中，涌现出一大批战斗英雄，如前仆后继浴血奋战的英雄集体阳廷安班；大义凛然的择绕桥英雄哨兵吴元明；“黄继光式”的战斗英雄张映鑫；舍己为人壮烈坠湖的肖明生；孤胆英雄庞国兴和堵击勇士占堆（藏族）等。他们可歌可泣的英雄事迹，成为鼓舞和教育全军及全国人民的巨大精神财富。

1962 年 9 月，在中印边境克节朗地区择绕桥哨所的对敌斗争中，吴元明带领全班战士与敌人进行武装对峙，一直到 10 月 20 日。在 42 天的对峙中，印军玩弄各种伎俩，先以摆手势、喊话，阻止中国边防哨兵去桥西站岗，同时拿出印度卢比来引诱士兵，又假借谈判之名，突然派兵逼近，强占择绕桥西阵地前沿，并修筑工事。吴元明带领战友们，无论白天黑夜，风吹雨淋，睡不上觉，吃不好饭，并在断盐 3 天的情况下，始终坚守岗位，临危不惧，坚持与敌人对峙。当印军三面居高临下包围择绕桥西哨兵阵地时，当印军军官带领 20 多人蜂拥而上、大喊大叫、指手画脚、威逼他开枪时；当印军左右夹击、企图威逼他逃跑时，吴元明面对敌人的肆意挑衅和恫吓，毫不畏惧，抱着牺牲自己的决心，坚决执行“不打第一枪”的边防政策，针锋相对，沉着应变，严守岗位。1963 年中央军委授予吴元明“战斗英雄”称号。

在克节朗战役沙则战斗中，张映鑫带领第 2 班突击组与第 1 班突击组配合，连续攻克印军 3 座地堡。在攻打第 4 座地堡时，部队开始冲击，突然印军火力点复活，为保证冲击分队安全，张映鑫奋不顾身扑上去，用双腿堵住印军枪眼，保证部队在 3 分钟内突破印军前沿阵地，全歼印军 170 余人。他的双腿被打断，因流血过多，抢救无效，光荣殉国。1963 年 3 月，国防部授予张映鑫“战斗英雄”称号。

为了完成扫清印军前沿阵地的突击任务，中国边防某部 6 班在班长阳廷安的率领下，绕过印军密密麻麻的碉堡和一圈又一圈的竹签障碍，顶着如雨般的子弹，乘着浓烈的硝烟弥雾，冲进印军的堑壕，迂回在敌军的指挥所，他们一会儿射击、一会儿挥臂投弹，像一把尖刀插入敌群，很快攻克印军的前沿阵地。接着，迅速占领卡龙、扯冬、绒不丢等据点，攻克印军地堡 27 座，击毙和俘虏印军 60 名，缴获火炮 3 门、各种枪支 59 支，取得了克节朗战役的全面胜利。阳廷安班的 8 个战士，因在这次战役中，猛冲猛打，前仆后继，先后有 7 个战士英勇牺牲。1963 年 3 月，国防部授予 6 班“阳廷安班”的光荣称号。

在瓦弄战斗中，肖明生所在连担任战役侧翼佯攻任务，途中障碍重重，部队行动多次受阻。每次他都挺身而出，攀悬崖、探险沟、过独木桥、拴绳索，以保证部队安全迅速通过。11 月 25 日，部队后撤时，路经打秋拉，由于大雪封山，积雪深达 2 米以上，陷入了绝境。他挺身而出，和战友一起探险扒雪开路，突遇雪崩，11 人被冲入大秋湖中，他被冲至湖边失去知觉，被抢救苏醒后，他再次冲到最前面，继续探险扒地开路，第二次又遇雪崩，被冲入湖中，壮烈牺牲。1963 年 3 月，国防部授予肖明生“战斗英雄”称号。

在西山口—邦迪拉略马东战斗中，占堆的主要任务是和通讯员一起传达命令。在战斗中，当他去找副连长时，刚好遇到两辆向南逃跑的敌军车。他立即隐伏路边，与一班长配合，迅速打掉敌人一辆军车，打伤敌驾驶员，打死车上 2 名顽敌，俘虏敌人 8 名。之后，他又与战友们在一条很陡的石崖公路上截住南逃的 3 辆敌军车，打死打伤敌人 11 名、缴获 3 支英式步枪、7 支冲锋枪。在晚上战斗间隙，为了首长和战友的安全和休息，占堆和通讯员不顾饥饿与疲劳，一面用刺刀为连队挖掘掩体工事，一面站岗放哨，并 3 次从打坏的敌军车上找来铁锅、食物和毯子供大家使用。11 月 19 日，中国边防部队郭指分队向略马东敌人发起攻击，当部队快速通过公路时，一名隐藏在岩石后边的敌人正准备向他们射击，占堆当即扔过去一颗手榴弹，把敌人炸得血肉横飞。他们冲到一个石洞地带，遭到 40 余名敌人强大火力的攻击，几位战友负了重伤，情况相当紧急。占堆突然一跃而起，一下猛扑到敌人盘踞的 3 个石洞中心，抢占有利地形，猛烈射击，一连打死 3 个敌人，有力地掩护了全排战友的安全，为一排的冲锋开辟了道路。然而就在他换弹匣时，不幸遭敌人机枪扫射而壮烈牺牲。在整个略马东战斗中，占堆一人歼敌 15 名。1963 年 3 月，国防部授予占堆“战斗英雄”称号。

对印边境自卫反击战的巨大胜利，是与西藏各族人民全力支援分不开的。从中共西藏工委、自治区筹委会以及各个部门到各个地区，都成立了支前指挥部，中共西藏工委和有关分工委还派出支前工作队，组织和带领各地农民工支援前线。在自卫反击作战期间，西藏各级党政部门和各行各业都把支援前线作为压倒一切的中心工作，为了反击作战的胜利，全力以赴，要人出人，要物给物，要车有车。在自卫反击作战期间，山南地区共出动以群众武装组织为主的民工13045人，他们与其他地区的民工一道组成了担架队、修路队、运输队，跟随部队往返于“麦克马洪线”南北，承担了自卫反击的前运后送、抢修道路、装卸物资和打扫战场等战勤工作。在支前工作中，农民工们不畏艰险，往返于高山密林、悬崖峭壁之间，不顾严寒、阴雨泥泞和敌人炮火威胁，抢修公路，输送粮草，背运弹药，运送伤员，部队打到哪里，他们就支援到哪里。他们不惜人力、畜力、物力和财力，有的还不惜鲜血和生命，同人民解放军一起并肩战斗，在共同保卫祖国西南边疆的战斗中，共毙敌1名，俘敌11名，缴获机枪1挺，长短枪42支。谱写了一曲曲爱国主义的新篇章，保证了自卫反击作战的胜利。

自卫反击作战开始后，山南地区广大翻身农牧民争先恐后踊跃报名支前，出现了许多送子支前和父子、夫妻、兄弟姐妹争相报名支前的动人场面。农村中的积极分子90%以上都报了名。隆子县列麦乡符合支前条件的有60多人，报名的却有70多人。乃东县结莎乡副乡长古桑郎杰说：“祖国领土，是我们身上的肉，民主改革中分到的土地，是我们的饭碗。印度侵占我们的领土，就是割我们身上的肉，夺我们手上的饭碗，我们要坚决支援前线，帮助解放军打败印度侵略军！”隆子县南杰家2个儿子、3个女儿都主动报名参加支前。乃东县日苏乡副乡长共产党员仓木顿珠，送她新婚不到半月的丈夫支前后，她又女扮男装与该乡5个互助组的妇女们一起参加支前工作，在家乡不分昼夜养护公路，确保了汽车公路畅通。

出生于乃东县卡拓乡的农奴降巴赤来在反击作战开始后，不仅自己积极参加支前工作，还动员周围的青壮年参加支前。临行前，他对家人说：“我去支前，可能回来，也可能回不来。不管怎样，我决不会给亲人们丢脸。”他到指定地域后，就忙着往前线运送粮草、弹药和伤员。沙则战斗打响后，他又主动要求到前沿阵地，连续9天8夜冒着枪林弹雨，克服了重重困难，在灌木丛生、乱石密布、崎岖难行的羊肠小道上一次又一次地把伤员从前线背下来，为了不让伤员挨饿，他把自己最后一点糌粑送到伤员口里，最后不幸中弹牺牲。

桑日县农民工索朗欧珠等12人在前线运送伤员时，发现被打散的4个印度兵。农民工们在没有武器的情况下，隐蔽接敌。他们首先用石头砸死一个敌人后，一面不顾敌人的机枪扫射，冲下山去向部队报告，一面同持枪的敌人巧妙周旋，最后配合部队，俘虏了其余3个敌人。桑日县60名农民工在往拉则山口运送弹药时，组织上分配他们背运10箱手榴弹，可他们却自动背了13箱。在运伤员时，他们更是倍加爱护，有的把自己的衣服脱下来给伤员盖，有的用洁白的哈达给伤员包扎，一遇险路他们就一个个地把伤员背过去。此外，山南一位农民工细心护理23名伤员，3天3夜没睡觉。有一位女农民工带着孩子支前，一次翻越高山时，让孩子吃饭，却把自己的奶汁挤下来喂伤员。这些感人的事迹，使部队指战员们深受鼓舞。

1962年9月，在克松乡政府的号召下，由乡支部书记尼玛次仁带领克松乡15名农牧民群众自愿支援对印自卫反击战支前工作。克松支前队伍，主要负责运送战时战斗物资及生活物资，保障战斗人员。①

对印边境自卫反击战，使西藏各族干部群众受到了一次爱国主义的战斗洗礼，进一步增强了民族团结、军民团结，密切了干群关系。对印边境自卫反击战的胜利，进一步显示了中国人民解放军保卫祖国边疆的强大力量，进一步显示了西藏各族人民热爱祖国的坚定信念以及紧密团结、艰苦奋斗的革命精神。

1962年，对印自卫反击战爆发，年轻的人民解放军用鲜血和生命捍卫着每一寸国土，各族群众积极支援前线斗争，最终我们赢得了

① 据克松乡政府提供资料《克松群众支援对印自卫反击战概况》。

战争的胜利。山南地方群众就是在这一过程中加深了对人民解放军、中国共产党的了解，认识到是中国共产党领导的民主改革使他们获得新生，因为有强大的祖国做支撑，印度妄图侵占他们生活家园的企图才被挫败，他们对伟大祖国、中国共产党的认同与日俱增，他们深刻体会到有国才有家，自己的小家是建立在国家这个大家基础之上的，只有国家繁荣富强稳定，小家才能有更好的未来与发展。

（四）农业学大寨

1970 年，中央北方地区农业会议召开后，西藏山南地区“农业学大寨”群众运动深入开展，涌现出以隆子县列麦公社为代表的一些学大寨先进典型。

1972 年 10 月，中共山南地委号召全体共产党员、干部群众积极投入到“远学大寨，近赶列麦”的群众运动中去，为建设社会主义贡献力量。10 月 25 日至 30 日，中共山南地委在列麦公社召开山南地区“农业学大寨”现场会，自治区领导出席会议并讲话，号召全区人民学习列麦公社的先进事迹。

1973 年 6 月 10 日至 17 日，地委在措美县哲古区召开牧业学大寨现场会。会议听取措美县委关于哲古区牧业学大寨的情况介绍，参观哲古公社和扎扎公社的草场基本建设。各县在会上交流牧业学大寨和社改的经验，讨论在两三年内全区加速发展牧业生产的主要目标和措施。11 月，组织由地直各部门领导干部带队的农业学大寨工作队赴公社或区蹲点，时间两年。

到 1975 年，山南地区已建园田、梯田、台田 13 万亩，水浇地扩大到 40. 47 万亩，其中保灌水浇地面积 13. 53 万亩，占耕地面积的 29. 9%，初步建成高产稳产田 24 万亩，修水渠灌溉草场面积 22 万亩。

1976 年 5 月 10 日至 12 日，自治区党委在琼结召开农业学大寨座谈会，总结、交流第一次全国农业学大寨会议以来，西藏开展农牧业学大寨、建设大寨县的情况与经验。会议期间，组织与会人员参观隆子县列麦公社和琼结、加查等县的部分公社。5 月 20 日至 26 日，山南地委召开扩大会议，研究讨论深入开展“农业学大寨”问题。会议提出，1976 年除继续巩固提高琼结、加查两个“大寨县”外，把乃东、桑日两县建成“大寨式”的先进县。

1976 年 12 月 10 日，山南代表张夺锦、李从印以及 13 个县委第一书记或主持工作的书记和隆子县列麦公社党支部书记仁增旺杰、乃东县结巴公社党支部书记次仁拉姆出席在北京召开的第二次全国农业学大寨会议。

1977 年 1 月 31 日，地委向西藏自治区党委报送关于贯彻第二次全国农业学大寨会议情况。6 月 1 日，自治区党委在泽当召开全区农业学大寨工作座谈会，检查贯彻落实第二次全国农业学大寨会议情况。9 月，自治区、地区及乃东县、桑日县联合成立考核验收大寨县工作组。10 月 8 日至 31 日，工作组先后对桑日、乃东进行检查验收。同时，山南地委决定桑日、乃东两县为大寨县。当年，全地区粮食总产达 9500 万公斤，平均单产 201.5 公斤，牲畜总头数达 230 万头（只）。

二、学习宣传[①]

1951 年底至 1955 年，采取召开上层人士会议、文艺演出、制作幻灯片等形式，宣传《十七条协议》、中国人民解放军的宗旨和“三大纪律、八项注意”。

1956 年至 1958 年，广泛宣传党的民族、宗教、平叛政策及民族区域自治的意义，中共西藏工委制定的《关于西藏今后工作的决定》，内地社会主义建设的伟大成就，发放农贷、治疗疾病等工作情况。

1959 年至 1960 年，利用电影、歌舞、藏戏、广播、黑板报、漫画，召开群众大会或小型座谈会等形式，向各界人士宣传民主改革政策，进行社会主义前途、民族团结、爱国主义、边防政策教育。同时

---

① 山南地区地方志编纂委员会编：《山南地区志》，中华书局，2009 年，第 122—123 页。

下派工作组，与农奴同吃、同住、同劳动，培养骨干，成立农会组织，启发教育群众起来进行民主改革，推翻官家、贵族、寺庙“三大领主”，建立自己的家园。

1962 年，中印边境发生冲突，宣传工作以支前动员、边防建设、拥军优属为主。1963 年，学习宣传雷锋事迹，开展“五反”运动。

1965 年，宣传和鼓励开展互助合作运动，发展生产，大力宣传“百万翻身农奴的榜样”——乃东县结巴乡第二互助组（“穷棒子”互助组）的经验、事迹。

1966 年，宣传“高原红色边防队”——查果拉边防队的事迹①；宣传学习焦裕禄舍己为人、无私奉献的精神；号召广大农牧民开展“农业学大寨”活动。

1972 年，发动“学大寨、赶列麦”的群众运动，并开展群众性的批林整风运动。

1975 年，全党动员大办农业。

三、教育培训②

1956 年下半年，中共山南分工委宣传部举办理论培训班。根据各单位干部职工的文化水平和理论水平，分成初级组和中级组。初级组学习中国共产党简史，中级组学习政治经济学。1957 年 6 月 4 日开始，利用 6 周时间，组织全体干部学习《正确处理人民内部矛盾》等著作。同时，开展国际、国内形势教育和政策教育。

1960 年，全地区 12 个县先后成立宣传队，建立宣传站点，定期召开站点会议，及时解决宣传资料，编写农民识字课本 1200 册，时事政治宣传材料 6 种 700 份。

---

① 查果拉位于岗巴县与亚东县交界地，海拔 5300 米，环境十分艰苦。该连长期驻守在查果拉荒山秃岭上，指战员们以顽强的意志战胜高山缺氧、天寒地冻等种种困苦，严守边防，圆满地完成了守点执勤任务。1965 年 12 月 29 日，国防部命令授予西藏军区查果拉边防部队（某部一连）“高原红色边防队”称号。

② 山南地区地方志编纂委员会编：《山南地区志》，中华书局，2009 年，第 122—123 页。

1964年，编发形势教育材料，在各级干部中进行社会主义前途教育、阶级教育、爱国主义教育。

1975年2月17日至6月7日，地委宣传部先后举办两期藏、汉语理论骨干培训班，共培训250多人。

1977年12月28日，举办地直单位领导干部和宣传骨干学习班。

第二节　改革开放和小康社会建设时期

改革开放和小康社会建设时期，按《西藏通史·当代卷》的划分，西藏经历了五个阶段：

1. 拨乱反正，起步探索阶段。第一次、第二次西藏工作座谈会，标志着西藏工作重点开始转移，长期存在的封闭、半封闭状态开始被打破，经济体制改革开始推进。

2. 转折性发展阶段。1989年10月，中央政治局常委会形成了指导西藏工作的十条意见，对统一思想、促进稳定发挥了重要作用，成为改革开放时期西藏工作的“一个转折点”。

3. “第一个里程碑”，加快发展阶段。第三次西藏工作座谈会在邓小平关于立足民族平等、加快西藏发展的重要思想指导下，在经济方面，研究和解决发展差距、优惠政策和制约因素等问题，形成了援藏工作的新格局；在政治方面，明确了维护社会稳定，坚决同达赖集团斗争的方针政策，成为改革开放时期西藏工作的第一个“里程碑”。

4. “第二个里程碑”，推进跨越式发展阶段。第四次西藏工作座谈会深入分析了新世纪初西藏工作面临的形势和任务，部署了在新世纪初促进西藏从加快发展到推动跨越式发展、从保持稳定到实现长治久安的各项工作，成为改革开放时期西藏工作的第二个“里程碑”。

5. 在科学发展的轨道上推进跨越式发展阶段。党的十六大以来，党中央高度重视西藏工作，明确了新世纪新阶段西藏经济社会发展的战略目标、具体任务和政策措施。第五次西藏工作座谈会对确保西藏实现建设小康社会奋斗目标，突出解决民生问题，实现长治久安，成为新世纪西藏工作的新起点。

一、学习宣传①

1978年至1979年，学习宣传党在新时期的总任务和新宪法，宣传贯彻党的民族政策；学习马克思、恩格斯、列宁、斯大林、毛泽东、华国锋关于民族问题的论述和西藏自治区党委宣传部编写的《民族政策再教育提纲》，开展“民族团结月”活动和社会主义法制教育。学习宣传中共十一届三中全会精神，把工作重点转移到社会主义经济建设上来。

1980年至1982年，学习宣传《中共中央转发〈西藏工作座谈会纪要〉的通知》和西藏自治区党委二届五次会议精神，开展爱祖国、爱科学；有理想、有知识、有纪律，讲团结、讲道德、讲勤俭、讲卫生活动，开展整风运动和第一个“全民文明礼貌月活动”。宣传学习《关于建国以来党的若干历史问题的决议》和党的宗教信仰自由政策。同时，开展相信党的领导，相信社会主义制度的优越性，相信集体的力量，相信人的智慧；不忘旧社会的苦，不忘党的恩情，不忘全国各族人民的大力支援，不忘自力更生、艰苦奋斗及发扬团结友爱、互相支援的共产主义风格等教育。学习宣传党的十一届三中全会精神，把工作重点转移到社会主义经济建设上来。

1983年至1988年，宣传贯彻《中共中央关于印发（当前农村经济政策的若干问题）的通知》，宣传学习中共中央印发的《西藏工作座谈会纪要》的通知和《中共中央关于经济体制改革的决定》，宣传学习党的十三大精神和部分领导的重要讲话以及中央关于反对资产阶级自由化五个文件，开展爱国主义和民族团结教育，在农牧区进行普及法律知识教育、形势教育、反分裂斗争教育。

1989年6月，地委宣传部、地区文化广播电视局和文联联合出

---

① 山南地区地方志编纂委员会编：《山南地区志》，中华书局，2009年，第120—122页。

版《山南文艺》特刊（藏汉文各6000份）。

1990年3月至1994年，开展“学赖宁、学雷锋，树九十年代新风”活动；学习宣传优秀共产党员张培英的事迹；学习《西藏主权归属与人权状况》白皮书、党的十三届七中全会和自治区党委四届二次全委（扩大）会议精神、邓小平南方谈话和中国共产党党史党建理论、党的十四大和自治区党委四届四次全委扩大会议精神、徐洪刚的事迹等。贯彻“两手抓，两手都要硬”方针，实施一部好电视剧、一台好戏、一本好书、一篇好文章、一首好歌或一个好舞蹈的“五个一”工程，开展“军民共建”和“跨世纪青年文明工程”，开展“手拉手、心连心”和“换脑筋、找差距”，解放思想大讨论等活动。

1995年，宣传孔繁森的先进事迹。学习贯彻党的十四届五中全会和自治区第五次党代会精神以及第三次西藏工作座谈会精神。对外宣传山南地区改革开放以来的变化，编写出版《山南概况》《山南简介》。同时，协助和指导有关部门出版《山南画册》，拍摄《今日西藏山南》。

1996年，在全地区地直机关和农牧区进行“讲学习、讲政治、讲正气”教育。1997年，组织邓小平治丧和悼念活动的报道工作；开展“迎回归、爱祖国、爱西藏、爱岗位”和“讲文明、树新风”活动；宣传学习中国共产党第十五次全国代表大会精神；学习江泽民同志的《高举邓小平理论伟大旗帜，把建设有中国特色社会主义伟大事业全面推向二十一世纪》的报告。

1998年至1999年，广泛开展爱国主义教育，宣传学习抗洪精神和抗洪英雄李劲松的先进事迹。组织编写全国“百个爱国主义教育示范基地”——《西藏山南烈士陵园》一书。学习宣传九届全国人大二次会议和全国政协九届二次会议以及党的十五届四中全会精神，组织西藏民主改革40周年、中华人民共和国成立50周年及澳门回归等一系列庆典活动。开展“做人民满意的公务员”活动。

2000年，开展唯物论、无神论、爱国主义和马克思主义的祖国观、民族观、宗教观、文化观教育。

二、教育培训[①]

1980 年 5 月 25 日至 6 月 25 日，地委宣传部和组织部联合举办宣传理论干部培训班，各县委宣传部正副部长、分管宣传工作的正副区委书记共 52 人参加培训。主要学习《关于党内政治生活的若干准则》《党章修改草案》《论共产党员的修养》和《党的基本知识》。

1981 年 6 月至 7 月，举办“两爱三有四讲”学习班，96 名宣传骨干参加学习。

1983 年 11 月至 12 月，地委组织部和宣传部举办两期《邓小平文选》和《中共中央关于整党的决定》读书班，共有 34 名县级干部和 49 名县委宣传理论干部参加学习。山南地委宣传部选编毛泽东同志 1921 年至 1965 年期间的 68 篇著作，作为干部职工学习教材。

1988 年 7 月，举办 50 人参加的中学生暑期新闻培训班。10 月，与《西藏日报》社、西藏广播电视厅联合召开山南地区新闻报道工作会议。利用以会代训的形式，培训各县、地直各单位通讯员 57 人。

1990 年 3 月和 10 月，地委宣传部派两人分别参加中央党校马克思主义哲学研讨班和中央宣传部少数民族地区党建研讨班学习。8 月，举办山南地区第二届藏语新闻培训班，87 名宣传干部参加培训。

1991 年 4 月，举办两期乡（镇）干部培训班，228 名干部参加学习。学习宣传《西藏主权归属与人权状况》白皮书、《社会主义若干问题纲要》、党的十三届七中全会和自治区党委四届二次全委（扩大）会议精神。

1992 年 3 月，选派 8 名宣传干部到自治区党校参加理论干部培训班。1994 年 4 月至 8 月，举办全地区副县级和科级党员干部学习《邓小平文选》第三卷读书班，同时组织流动党校，协助各县县委就地举办学习《邓小平文选》第三卷读书班。

---

① 山南地区地方志编纂委员会编：《山南地区志》，中华书局，2009 年，第 122—123 页。

1997 年，举办三期县（处）级干部学习十五大精神培训班，培训干部近 300 名。

1998 年，举办两期理论培训班和干部岗位培训班以及中青年干部培训班等 9 个班次，培训学员 637 人。1999 年 9 月，举办三期山南地区“三讲”教育骨干培训班和理论培训班，培训学员 181 人。

2000 年 5 月，举办首届党外干部爱国人士培训班，培训 43 人。10 月，举办乡（镇）干部培训班，培训干部 37 名。

第三节　中国特色社会主义新时代和社会主义强国建设时期

中国特色社会主义新时代和社会主义强国建设时期，是西藏加快推进跨越式发展和长治久安，走向全面建成小康社会的阶段。党的十八大以来，党中央提出“治国必治边，治边先稳藏”的战略思想，坚持“依法治藏、长期建藏、凝聚人心、夯实基础”，“努力实现西藏持续稳定、长期稳定、全面稳定”。用“四个全面”战略布局引领治边稳藏的各项工作，推进西藏跨越式发展和长治久安，与全国一道实现全面建设小康社会的目标。

中国特色社会主义新时代和社会主义强国建设时期，山南市坚决贯彻落实党中央和区党委重大决策部署，全面推进党的建设伟大工程，使党在山南各项事业发展中的领导核心作用不断增强，执政基础更加夯实。2021 年 8 月 20 日，中央代表团山南分团来到山南市看望慰问各族各界干部群众，与大家共同庆祝西藏和平解放 70 周年，全市上下备受鼓舞、倍增信心。大家纷纷表示，将始终坚持党的领导，把党中央关怀同艰苦奋斗结合起来，心往一处想、劲往一处使，为实现中华民族伟大复兴的中国梦不懈奋斗。

山南市各级各部门切实加强思想理论建设，坚持用理论成果指导实践，按照学懂弄通做实的要求，读原著、学原文、悟原理，持续学、深入学、反复学，重点学习习近平新时代中国特色社会主义思想特别是党建思想、《习近平谈治国理政》(第一、二、三、四卷)、党的十九大报告、十九届六中全会、党的二十大报告等内容，深刻领会把握精神实质，把每一点都领会深、领会透，真正用习近平新时代中国特色社会主义思想、党的十九大精神、十九届六中全会、党的二十大报告精神统一思想、武装头脑、指导实践、推动工作。

深入开展理想信念教育，组织党员干部参观山南烈士陵园、克松民主改革第一村陈列馆、张国华将军前线指挥所旧址等红色教育基地，邀请革命先辈及其后代、时代楷模、先进人物讲述英雄故事，观看爱国主义电影，推动“老西藏精神”“两路”精神、“列麦精神”“爱国守边”精神代代相传，坚定理想信念。

坚持把学习贯彻习近平新时代中国特色社会主义思想和党的十九大、十九届六中全会、党的二十大报告精神落实到党的基层组织建设，不断巩固和夯实基层党组织建设。特别是党的十八大以来，始终以提升组织力为重点，坚持以扩大基层党组织“两个覆盖”为目标，党的组织和工作覆盖实现新突破。村（社区）党组织实现全覆盖，在2021年村（社区）组织换届工作中，共设村（社区）党组织560个，下设党支部709个；非公有制经济组织、社会组织中党的组织和工作初步实现全覆盖，组建“两新”党工委13个、“两新”党组织185个、群团组织412个，派驻党建指导员253名。截至目前，全市共设置基层党组织2581个，基本实现了哪里有群众哪里就有党的工作、哪里有党员哪里就有党的组织。

与此同时，强化党员的先进性作用，探索党员发挥先锋模范作用的新途径，大力实施“扩点覆面”等工程，“边境党建长廊”“八星党支部”[①]、“十星模范村”“能人带动促脱贫”创建等党建品牌，助推了党建标准化规范化建设，提升了基层党建工作水平。坚持把政治标准放在首位，加强对全市发展党员工作的宏观指导，重点在农牧民

① 2020年，山南市推进“八星党支部”创建工作，从组织设置星、班子队伍星、党员队伍星、组织生活星、发挥作用星、运行机制星、场所标准星、工作保障星8个方面，扎实推进基层党组织标准化建设。

群众和边境一线中发展党员，及时把优秀人才吸引到党员队伍中来，党员结构进一步得到优化——党员发展到2021年的54307名，涌现出仁增、慕育军、卓嘎、央宗等一批党员干部先进典型。

一、打造党建特色品牌①

近年来，山南市积极探索，加大党建品牌创建工作力度，成功打造了一批党建特色品牌，充分发挥品牌示范作用。

（一）推进“三个党建长廊”创建活动

在边境3县打造以“建强组织、凝聚人心、夯实基础、守土固边”为主题的“边境党建红色长廊”；在沿江6县打造以“引领发展、树立标杆”为主题的“沿江党建长廊”，在中部3县打造以“创先争优、奋勇赶超”为主题的“中部党建长廊”。

2017年以来，山南市委在认真总结“边境党建长廊”创建经验的基础上，坚持因区位施策，先后提出打造沿江、中部、边境3个“党建长廊”的工作思路，有效发挥了基层党建工作服务中心大局作用，有力推动了全市社会稳定和经济发展。

打造“沿江党建长廊”，带领腹心县富起来。立足于沿雅江地理优势、资源优势和交通优势，在乃东、贡嘎、扎囊、桑日、加查和琼结6个县（区）创建以“引领发展、树立标杆”为主题的“沿江党建长廊”，大力发挥基层党组织、广大党员在推动经济发展中的战斗堡垒作用和先锋模范作用，打造山南沿雅江特色产业带，积极发展规模化农牧业、手工业、旅游业等特色产业，形成并推广发展产业、壮大集体经济的乃东区滴新模式、发展规模化种植业的扎囊县西卡学模式，稳步推进“国家级特色小城镇”桑耶镇、杰德秀镇建设。扩大党的组织和党的工作覆盖面，坚持建立党组织与江北新区筹备工作同步进行，新组建非公经济组织和社会组织党组织161个，以党的建设

① 来源：山南网《雅砻大地党旗飘——改革开放40年来我市党建工作综述》《我市五年来党的建设工作综述》《我市召开青少年思想引领工作情况新闻发布会》《扬帆破浪正当时　党旗飘扬谱新篇——全市党的建设工作综述》等文章。

带动沿雅江地区经济又好又快发展。截至目前，已带动4个县（区）整体脱贫摘帽。

打造“中部党建长廊”，带领高寒县干起来。立足于中部地区海拔高、自然环境恶劣、发展较滞后、贫困人口较多等现实状况，在曲松、措美、浪卡子3个县探索创建以“创先争优、奋勇赶超”为主题的“中部党建长廊”。开展扶志扶智教育，集中开展农牧民党员信仰宗教“两个清理”活动，开展“党员信党不信教”专题党课、主题党日活动，教育引导农牧民党员坚决与十四世达赖集团划清界线，摆脱宗教消极影响，积极主动发展生产、脱贫致富。同时，通过远程教育平台、农村夜校、牧区夜校、入户宣传等方式，宣讲党的脱贫攻坚政策，教授农牧业实用技能知识，逐步带领农牧民群众摆脱“等靠要”思想；带领发展生态产业，以村党组织为核心，带领广大党员和各族群众发扬与其苦熬不如苦干的精神，充分利用当地自然资源，立足生态保护工作思路，发展了高原雪菊种植、温泉旅游、羊湖和冰川旅游等产业，助推中部地区脱贫攻坚、乡村振兴。截至目前，已带动3个县共3771户12670名贫困群众脱贫。

打造“边境党建长廊”，带领边境县固起来。立足于边境地区维护稳定工作需要，在洛扎、错那、隆子3个县和浪卡子县打隆镇、普玛江塘乡2个乡镇创建以“建强组织、凝聚人心、夯实基础、守土固边”为主题的“边境党建红色长廊”。开展学习教育活动，开展向“时代楷模”卓嘎、央宗姐妹学习活动，鼓励基层党组织和党员群众坚决维护祖国统一和国家安全，争做神圣国土守护者、幸福家园建设者；强化边境党组织建设，鼓励边民抵边耕种、抵边放牧，先后向边境一线搬迁516人，建立行政村2个、村党支部2个，在边境一线放牧点、虫草贝母采挖点设立党支部4个、临时党组织26个，将边境地区党员群众紧密团结在党的周围；实施固边富民整乡推进试点工程，设立维稳固边专项补助资金212万元，边境一线常住边民每人每年最高享受固边富民补助11900元，设立维稳固边专项奖励资金，大力推进“富民”行动，全市97个边境村（居）全部纳入小康村建设，其中71个村（居）有集体经济收入，切实增强了边民稳边固边的积极性和主动性；开展“爱民固边先锋行”活动，基层党组织和广大党员带领边民放牧、护林、联防巡逻，当好维稳固边信息员、情报员，涌现出了全国先进基层党组织——洛扎县次麦社区党支部和守土固边模范——隆子县玉麦乡卓嘎、央宗等一批先进基层党组织和优秀共产党员，逐步实现边固民富组织强。

通过“三个党建长廊”创建，把基层党组织建设成为听党话、跟党走，善团结、会发展，能致富、保稳定，遇事不糊涂、关键时刻起作用的坚强战斗堡垒，涌现出了洛扎县次麦社区党支部、乃东区滴新模式、曲松县“党建+务工”模式、玉麦乡卓嘎央宗姐妹等一批先进基层党组织和先进典型。

（二）推行“主题党日+”系列活动

2017年以来，山南市在党组织中推行“主题党日+”系列活动，使党支部活起来、党员动起来，切实发挥基层党组织战斗堡垒和党员先锋模范作用。

主题党日+学习教育。始终将党的思想建设放在首位，下功夫解决部分基层党组织开展党内学习教育仅限于念文件、读报纸，活动内容单调、形式单一等问题。围绕深入学习党章党规、习近平总书记系列重要讲话精神、《准则》和《条例》，打造“指尖上的课堂”“帐篷课堂”，以“文字+声音+图片+视频”等形式，加强线上线下学习教育，引导广大党员干部扭紧思想“总开关”，树牢“四个意识”。

主题党日+脱贫攻坚。结合全市脱贫攻坚工作，深入推进“党建+脱贫攻坚”活动，总结推广“党支部+龙头企业+贫困户”模式，着力把基层党组织建成脱贫致富的领头羊、龙头企业和贫困户的纽带、产业发展的载体。强化党员干部作用发挥，围绕扶贫措施作出实事承诺，带领贫困户通过土地流转赚租金、资金入股享分红、务工就业挣薪金、教育培训长技能等方式增收致富。截至目前，为贫困群众解决实际困难1.4万余件，扶持党员和致富能人创办产业扶贫项目200余个，帮助贫困群众实现就业、再就业1022人。

主题党日 + 志愿服务。通过认领“微心愿”、一站式服务、“四个先锋行”服务等方式，引导党员干部因地制宜开展便民利民、义诊义演、捐资助学、优化环境、交通站岗、社会公益等自选志愿活动，有效推动党员志愿服务活动由间断短时服务向常态长效服务转变。截至目前，通过志愿服务共为群众办实事 4000 余件，帮助群众解决“三就”“两保”“六通”等民生问题 1142 件。

主题党日 + 政治文化。突出“三个引领”，涵养风清气正的党内政治生态。思想文化引领。发挥好革命文化在党内政治文化建设中的源头作用，利用市烈士陵园、克松民主改革第一村、检察院廉政教育基地等资源优势，不断加强爱国文化、廉政文化建设。典型示范引领。举办“感动山南十大人物”评选、先进典型事迹报告会等活动，用身边人、身边事教育激励党员干部弘扬社会正能量和共产党人价值观。实践行动引领。开展重温入党誓词、“颂党恩争先锋”演讲比赛、“畅谈十八大以来变化，展望十九大胜利召开”“建言十九大”等活动，鞭策党员干部爱岗敬业、无私奉献，切实发挥先锋模范作用。

（三）推动青少年思想引领工作

“青少年思想政治工作，关系党的事业薪火相传，关系红色江山永不变色，责任重大，使命光荣。”近年来，山南共青团在市委、市政府的坚强领导下，在团区委的正确指导下，认真学习贯彻习近平新时代中国特色社会主义思想和关于西藏工作及青年工作的重要思想重要指示，增强“四个意识”、坚定“四个自信”、做到“两个维护”，牢牢把握强“三性”，去“四化”的目标，聚焦主责主业，把加强青少年思想引领作为重中之重来抓，严格落实意识形态工作责任制，抓住庆祝建党 100 周年、西藏和平解放 70 周年重大契机，不断深化青少年思想政治引领。

构建引领体系，青少年党史学习教育进一步深入。营造浓厚引领氛围，聚焦新思想引领。利用“青年讲师团”“红领巾巡讲员”等力量，依托基层团干部培训班等载体，深入学校、农牧区、新兴领域群体中开展“青春建功新时代”“红领巾心向党”“四讲四爱”等主题教育活动，重点面向团干部、团员青年、少先队员开展以习近平新时代中国特色社会主义思想、新旧西藏对比等为主题的大宣讲，用鲜活的故事传播思想，用通俗的语言讲清道理，用形象的方式解读精神。截至目前（2021 年 11 月），全市共开展宣讲 700 余场次，覆盖青少年 2 万余人次。充实丰富引领抓手。围绕重大节庆节点，组织青少年开展“学党史庆 3 · 28”“童心向党 · 献礼百年”绘画作品网络评选活动、“追忆党的历史、传承红色基因”巡回播放爱国主义影片活动、“学党史、强信念、跟党走”庆祝建党 100 周年红歌比赛活动、“红领巾心向党　寻访红色足迹”少先队暑期活动，打造“七彩格桑 · 周末小课堂”品牌活动，受教育人数超 10 万余人次。打造团属引领阵地，加强“网上共青团”建设。抓住重大时间节点和主题宣传活动，深入实施“红领巾爱学习”“六一”网上主题队课，“青年大学习”“党史百讲”“一起学党史”网上主题团课，面向团员青少年线上常态化组织学习党史、新中国史、改革开放史、社会主义发展史、西藏地方和祖国关系史，全市累计学习人数达 100 余万人次。充分发挥“青春雅砻”团属新媒体平台作用，线上开展共青团知识答题，及时宣传党的最新理论成果。拍摄“十万雅砻青少年　同唱一首民族团结歌”“请党放心，强国有我!”誓词传递等微视频，并在主流媒体上推送，累计点击率 100 余万人次。全面建设共青团新媒体矩阵。进一步整合优化团属新媒体平台资源，扩大共青团网络新媒体阵地的覆盖面和影响力，推动“网上共青团”向纵深发展，提高互联网工作水平，形成舆论引导工作合力。

创新引领方式，共青团的凝聚力进一步提升。强化典型引领。开展“永远跟党走　奋进新时代”“从小学先锋　长大做先锋”“中国青年五四奖章”等事迹分享会，用真人、真事教育引导广大青少年学习先进、追赶典型、争当楷模，推动青少年将社会主义核心价值观内化于心、外化于行，始终保持朝气锐气。解决急难愁盼。结合党史学习教育，整合多方资源，服务我市青少年学习教育成长成才，涉及各类项目资金2500多万元，受益学生逾万人。开展“护航青春　助力成长”“轻松备考·12355与你同行”等系列青少年心理健康专题活动，受益青少年2万余人次。把党的关怀送到青少年手里、心里，教育引导青少年知党恩、感党恩、听党话、跟党走。加强实践育人。把社会实践和志愿服务注入育人体系，在稳定、发展、生态、强边“四件大事”的火热实践中教育、引导、凝聚青少年。组织发动青少年踊跃投身于社会实践活动中，组建青年志愿服务队100多支，招募志愿者逾5000人次，志愿服务时长超1万小时。围绕乡村振兴，组织青年开展“三下乡”“返家乡”等社会实践，引导广大团员青年读懂基层，读懂家乡，以实际行动助力家乡发展。组织开展“保护母亲河”“青年林”植树造林等活动，教育引导青少年在生态文明建设的具体实践中牢固树立“绿水青山就是金山银山”的生态文明理念。

深化引领载体，中华民族共同体意识进一步铸牢。爱国主义、民族团结进步教育开创新局面。紧紧围绕习近平总书记关于深入实施时代新人培育工程的重要指示，利用各类主题宣讲、志愿服务活动，面向各族青少年深入开展“五史”教育和理想信念教育，引导各族青少年树立正确的国家观、历史观、民族观、文化观、宗教观，不断增强青少年对伟大祖国、中华民族、中华文化、中国共产党、中国特色社会主义的认同，进一步打牢民族团结的思想基础。各族青少年交流交往交融工作迈上新台阶。先后组织300余名优秀青少年前往区内外开展“民族团结代代传”“同心营”“皖·藏手拉手”“宜加一家亲”等交流活动，各民族青少年相互了解、相互欣赏、相互学习，铸牢了中华民族共同体意识。团市委将始终高举旗帜，聚焦主业，用科学理论武装青少年，用理想信念引领青少年，用高尚品德浸润青少年，用生动现实教育青少年，切实做好青少年思想政治引领工作，积极培养和践行社会主义核心价值观，帮助青少年扣好“人生第一粒扣子”，努力为党培养一批又一批社会主义合格建设者和可靠接班人。

典型个案：山南市第二高级中学[①]

山南市第二高级中学是山南唯一一所自治区级示范高中。作为一所寄宿制高中，二高的2400多名学生中有98%是来自自治区各地的藏族学生，95%的学生来自农牧民家庭。这里也是安徽省“组团式”教育人才对口支援学校。

在二高教学楼前的空地上，一个大大的中国结图案醒目地镶嵌在地面上。“中国结是中华文化的标志符号，这也是在潜移默化中影响学生。”山南二高校长、安徽省巢湖市第二中学副校长李敏介绍说。

新一批教育援藏工作队到任后，在学校建设中设计了许多校园文化符号。两座教学楼之间建起了党建文化长廊，将党史知识以生动可读的方式呈现出来；李敏特意从内地移栽而来的两棵石榴树，让学生能认识到各民族要“像石榴籽那样紧紧地抱在一起”；常年开放的德育室建有伟大祖国、伟大的中国共产党、人民领袖、社会主义新西藏、培育社会主义核心价值观、我们的榜样、美丽的校园等7个板块，生动展示中国共产党的奋斗史和党领导下的西藏发展史。

高一（3）班丹增拉姆是德育室的讲解员之一，她不仅能流利地使用国家通用语言进行讲解，还对德育室里的内容有着自己的理解。“是中国共产党让西藏的百万农奴翻身成了主人！”她指着德育室里的榜样人物说：“革命导师、科学家、英雄等人物才是我们这一代青年该追的星。当我遇到困难的时候，我就到德育室，看看他们的事迹我就有了力量。”

“面对山南二高的学生实际，我们更加注重厚植学生的爱党、爱国、爱社会主义情怀，培育学生爱我中华的真挚情感。”李敏介绍道。该校制定了《山南二高德育三年行动计划》，并细化了配套方案，确定了“爱党、爱国、爱社会主义；爱亲、爱师、爱科学知识”的“六爱”育人理念，从校园环境和认同教育两个方面着手，构建

---

① 徐杨、赵小雅、杨文轶：《“只有打动学生，才能影响学生”——市第二高级中学德育工作掠影》，《山南报》2021年9月29日。

“浸入式”德育生态。

校外思政课师资“源头活水”的引入，为学校思政课堂带来了全新的面貌。作为市领导和援藏领队的汪华东带头去学校为学生讲党史、上思政课；公安、部队等单位的工作人员和市、区级民族团结进步先进个人走进校园，为学生们讲思政课；安徽省12所高校的马克思主义学院院长、教授担任校外思政课教师；通过信息化手段与巢湖二中、合肥一六八学校等安徽省结对学校开展皖藏同上一堂网络思政课活动。

电影《我的喜马拉雅》中饰演用一生践行“家是玉麦、国是中国”男主人公的仁青顿珠、脱贫致富带头人张亚东、安徽省首批援藏医疗队队长陈红、安徽大学马克思主义学院院长吴学琴先后走进山南二高的课堂，让学生透过一个个鲜活的人物事迹，透过一个个村庄的发展变迁，深刻认识到作为中华民族的一员，青年一代必须以年轻的肩膀担当起守边固土、国家复兴的大任，立鸿鹄志、做奋斗者。

“有国才有家，有国境的安全，才有大家的平安。未来，我想去警察学院学习，当一名守边卫国的好警察。”高三（7）班丹增措姆说。

西藏和平解放70年来波澜壮阔的发展历史本身就是一部生动的德育教材。学校就近取材，充分利用身边的红色资源，将西藏民主改革第一村——克松村、山南市烈士陵园、山南博物馆及周边的部分军营作为德育、历史文化和国防军事教育基地，带领学生了解祖国和西藏的发展历史，从不同角度增强学生的文化自信和中华民族自豪感，使学生发自内心地听党话、感党恩、跟党走。

2013年1月16日至2月1日期间，为丰富克松居委会青少年文化生活，同时提高克松居委会农家书屋的利用率，克松居委会决定在学生寒假期间，组织广大青少年开展克松居委会“传承红色精神，弘扬民族文化”系列活动。

活动主要内容有以下几点：（1）组织学生读一本好书，写一篇读书体会，对读书体会进行评比，分别进行奖励。（2）组织学生开展兴趣爱好比赛，主要有：绘画比赛、藏文书法比赛、歌舞比赛等。（3）组织学生进行一次爱国主义教育，邀请村里的老人讲解旧西藏的生活，组织学生观看两次爱国主义影片。（4）组织学生参加一次社会实践活动，在克松居委会温室进行参观、体验蔬菜种植劳动。（5）组织学生到军民共建单位参观军队现代化建设情况。

二、宣传红色文化

山南市（县）党委、政府采取多种措施宣传红色文化。如在3月28日西藏百万农奴解放纪念日（民主改革）、9月30日中国烈士纪念日等重要节日举行各种纪念日活动；利用村史馆党员教育基地、新时代文明实践站、新时代文明实践讲习所、文化活动中心、农家书屋、乡贤馆等基层文化教育阵地，设立红色宣讲员，展示、宣讲红色文化；开展百年党史红色诵读活动；规划山南红色旅游线路等。以下我们重点介绍两个案例。

（一）设立宣讲员

山南市各级领导干部在走访和入户中扮演宣讲员角色，结合各自领域工作向群众宣讲，还设立大量的宣讲员，宣讲红色文化。宣讲员分自治区级、市级、县级等。

山南市琼结县加麻乡特日村的罗布扎西是特日村一名农牧民党员，也是村务监督委员、“双联户”户长，同时也是自治区级基层骨干宣讲员，通过宣讲党的政策和身边的变化，将崇高的爱党爱国情怀传递给身边的每一个人。

在他家里有《认真学习贯彻党的十九大精神，奋力推进新时代西藏长足发展和长治久安》等一摞不同年份的宣讲提纲、宣讲备课本和各类宣讲资料。这些资料上，罗布扎西写满了备课笔记和读写标记，被整齐地码放在一起，因为经常翻阅使用，大多已经陈旧泛黄，起了毛边。罗布扎西就是带着这些资料，奔走于田间地头和各家各户，向乡亲们宣传讲解党的理论、方针和政策，引导大家知晓惠在何处、惠从何来、恩向谁报，坚定大家听党话、感党恩、跟党走的信念和决心。[①]

作为贡嘎县朗杰学乡岗则村的红色宣讲员，益西老人坚持利用各种机会，结合自身经历，讲述旧西藏的黑暗、野蛮、残酷，教育群众牢记共产党帮助农奴翻身得解放的恩情，感党恩、爱核心、跟党走，建设幸福家园，过好新生活。2020 年 3 月 27 日，贡嘎县朗杰学乡岗则村群众齐聚该村新时代文明实践站，聆听时年 73 岁的益西老人讲述旧西藏的苦难生活。益西老人说："西藏民主改革前，我是农奴主家的奴隶，每天给官家老爷端茶递水，跑前跑后，吃不饱、穿不暖，还不能有半点怨言。稍不留神，就会招来他们的毒打。那样的日子真是牛马不如，苦不堪言。"听了益西老人的讲述，该村大四学生米玛卓嘎激动地说："听了嬷啦（奶奶）的讲解，让我对旧西藏有了进一步的了解。作为新时代大学生，我们一定铭记历史，学好本领，用勤劳双手把家乡建设得更美丽，把生活过得更好。"[②]

（二）规划山南红色旅游线路

为充分展示中国共产党带领西藏边疆人民在中国革命、建设和改革历史进程中取得的重大成就，围绕"永远跟党走"主题，由山南市旅游发展局规划了五条山南红色旅游线路，分别是线路一："藏源山南"红色圣地旅游大环线；线路二："不忘先烈，改革奋进"红色之旅；线路三：铭记英雄历史，赓续红色传统之旅；线路四："远学大寨，近赶列麦"之旅；线路五："守护神圣国土"红色之旅。

线路一："藏源山南"红色圣地旅游大环线

D1：拉萨—泽当—山南烈士陵园—克松村—藏戏第一村扎西曲登—雍布拉康—琼结乡村旅游示范村强钦村（宿：强钦村）

强钦村—措美哲古草原—错那县"爱国主义教育基地"—勒布沟麻麻乡对印自卫反击战张国华将军前线指挥所旧址—麻麻门巴民俗

① 熊起樊、刘枫：《家家升国旗　户户感党恩——在特日村感受群众的爱国情》，《山南报》2021 年 11 月 19 日。

② 段敏：《铭记历史　共创美好未来——我市纪念西藏民主改革 61 周年活动扫描》，《山南报》2020 年 4 月 13 日，第 2 版。

陈列馆（宿：麻麻乡）

D2：麻麻乡—森木扎—野狼谷—让荣湖—错那县—拿日雍措—沙棘林—隆子县（宿：隆子县）

D3：隆子县—列麦乡“列麦精神纪念馆”—“革命坝”（列麦）—张贵荣将军纪念碑—斗玉珞巴民族文化陈列馆—玉麦（宿：玉麦乡）

D4：玉麦—扎日—加查—沃卡温泉—贡德林草原—桑日思金拉措—拉萨（林芝）

线路二：“不忘先烈，改革奋进”红色之旅

拉萨—结巴乡朗生互助组爱国主义教育基地—山南烈士陵园—克松村—藏戏第一村扎西曲登—雍布拉康—琼结乡村旅游示范村强钦村—拉萨

线路三：铭记英雄历史，赓续红色传统之旅

D1：拉萨—琼结乡村旅游示范村强钦村—措美哲古草原—拿日雍措—勒布沟麻麻乡—门巴民俗陈列馆—野狼谷（宿：麻麻乡）

D2：麻麻乡—岗亭瀑布—森木扎—对印自卫反击战张国华将军前线指挥所旧址—错那县（宿：错那县）

D3：错那县—让荣湖—错那县“爱国主义教育基地”—拿日雍措—雅拉香布雪山—泽当—拉萨

线路四：“远学大寨，近赶列麦”之旅

D1：拉萨（林芝）—桑日思金拉措—贡德林草原—沃卡温泉—加查县—扎日—玉麦乡（宿：玉麦乡）

D2：玉麦乡—斗玉珞巴民族文化陈列馆—张贵荣将军纪念碑—列麦乡“列麦精神纪念馆”—“革命坝”（列麦）—隆子县（宿：隆子县）

D3：隆子县—沙棘林—泽当—藏戏第一村扎西曲登—克松村—山南烈士陵园—拉萨

线路五：“守护神圣国土”红色之旅

D1：拉萨—琼结乡村旅游示范村强钦村—措美哲古草原—沙棘

林—隆子县（宿：隆子县）

D2：隆子县—“革命坝”（列麦）—列麦乡“列麦精神纪念馆”—张贵荣将军纪念碑—斗玉珞巴民族文化陈列馆—玉麦乡（宿：玉麦乡）

D3：玉麦乡—扎日—加查县—沃卡温泉—贡德林草原—桑日思金拉措—泽当（林芝）

以上五条山南红色旅游线路中的红色文化资源我们已经在前面章节中重点介绍了，以下介绍一些其他相关景点。

1. 藏戏第一村——扎西曲登

“中国民间文化艺术之乡”是 1987 年文化部为推动民间文化艺术事业的繁荣发展、丰富活跃基层群众文化生活而设立的一个文化品牌项目。目前，西藏有 22 个乡入选“中国民间文化艺术之乡”名录。有着 1300 多年历史的尼木藏香制作技艺、南伊珞巴民族乡的编织、“中国最后的陆路孤岛”陈塘的夏尔巴舞蹈等，都是西藏的民间文化艺术瑰宝，在雪域高原上闪耀着璀璨的光芒。

在西藏，传统藏戏有着多种门派，而源自山南市乃东区昌珠镇扎西曲登村的扎西雪巴藏戏，则是其中最古老的一支。它有着悠久的历史和深远的内涵，同时又具有独特的艺术特征，表演起来气势磅礴，震撼人心。

相传，藏戏始祖唐东杰布来到扎西曲登村，认为这里是一块吉祥之地，便取名叫扎西村并修建了一座桥以便去周边地区表演。久负盛名的扎西雪巴藏戏是西藏白面具藏戏的杰出代表。

在五世达赖喇嘛时期，雅垄扎西雪巴每年必前往拉萨参加“哲蚌雪顿”的藏戏演出。多年以来，扎西雪巴藏戏成为每年拉萨雪顿节的首演节目。扎西雪巴藏戏不开唱，别的节目就不能演。在旧西藏，在寺院的宗教活动、达官贵人的庆典及新年节庆等活动场合，扎西雪巴藏戏是不可或缺的程序。在人们看来，扎西雪巴藏戏不仅是表演，更是吉祥的征兆。

据介绍，过去 20 多年来，山南地区搜集、整理了大量珍贵材料，其中民间故事800多个、民间歌谣18000多首，并拍摄了各类民间歌舞录像资料160余盘，收录了民间音乐磁带500多盘。也正是因为上述措施，像“昌果卓舞”“扎西雪巴”等古老的民间艺术才顺利地进入了国家第一批非物质文化遗产名录，并焕发出新的生机。①

2. 雍布拉康

在冈底斯山与念青唐古拉山的南方，有一片土地朝向光明，雅鲁藏布江在此缓缓流过，灌溉出全西藏最富庶的土地——山南。山南地区是藏民族历史文化的发祥地，保留着不少古代的文化遗址，包括：松赞干布墓、拉加里王宫遗址、敏珠林寺、沃卡温泉等，也在这里留下了西藏的第一座宫殿——雍布拉康。

说到雍布拉康的历史，不能不提到西藏的第一代赞普聂赤赞普。传说中聂赤赞普本是天神的儿子，后降临人间，到了现在山南境内羌脱神山，被12个放牧者看见。牧人问他从哪里来，他以手指天示意，众牧人见他相貌英武，仪表非凡，认定是天神下降，便以肩为舆，抬之而归，成为雅砻河谷各部落的首领。因他以牧人的颈项为座，被称为“聂赤赞普”，也就是“颈座王”。雍布拉康二层的壁画绘的就是这段故事。

传说当然不过是藏族人引以为傲的演义，聂赤赞普却是实实在在的历史人物。根据《雍布拉康志》《弟吴宗教源流》等藏文史籍的记载，聂赤赞普出生在西藏波密，因相貌古怪、性格刚烈，被家庭放逐，当他游历到雅砻河谷时，结识了12名代表当地各部落利益的苯教徒（西藏原始宗教），并被推举为王。随后，聂赤赞普将周围小邦收归为属民，划分尊卑，宣扬苯教。从那时开始，藏民族冲破以血缘结成的氏族障碍，开始以地域来划分属民。这是公元前360年前后的事。

“母鹿后腿上的宫堡”。为了防止其他部落的侵犯乃至野牦牛群

① 历史悠久的乃东扎西曲登雪巴藏戏 2015－08－12 10：51：35 http：//www.xzsnw.com/yalong/ylwhjyx/ylmsfq/98641.html

的冲击，聂赤赞普建造了雍布拉康城堡。从泽当镇往南，大约半小时的车程，便能看到这座位于扎西次日山上的城堡。这座外表普通、形似碉堡的多层建筑，其构造的精致程度也许无法与布达拉宫等建筑相提并论，但在藏族人心中，雍布拉康却是藏族文明的起源。

关于这座城堡的名称，藏文史书上有不同的写法。有的史书记载为“翁布拉康”，意为“红柳香沙宫”，在雅砻盛产红柳与莎草的山岗上建宫，故而得名。雍布拉康则是更普遍的称呼，“雍布”意为母鹿，“拉康”意为神殿，雍布拉康就是“母鹿后腿上的宫堡”。这实在是一个非常形象的称呼。远望雍布拉康所在的山岗，恰似母鹿往后伸出的一条腿，而城堡就建在这条“腿”的关节处。城堡不大，却瘦削冷峻，易守难攻，蔚为奇观。据说，布达拉宫建造之初就是以雍布拉康为原型分建两端，然后再连接中部而成今天的形貌。沿着陡峭的马道盘旋上山，四周雅砻河谷的壮美景致尽收眼底。传说西藏的第一个村庄就在山下，而在山的西北边，能看到紧靠公路有一块梯形的田地，一头竖着一块碑，这就是西藏的第一块农田，当年是赞普亲自耕作的王田。[①]

最初的雍布拉康只是一座面积不大的宫殿，后由五世达赖喇嘛扩建，才逐步成为一座佛教寺庙。现除部分僧房外，还有一间专供历世达赖喇嘛来此礼拜时居住的卧室。雍布拉康主要供奉释迦牟尼佛像。宫殿内的壁画生动地描绘了西藏的第一位赞普，第一座建筑，第一块耕地的历史故事。雍布拉康分为两部分，前部是一幢多层建筑，后部是一座方形高层碉堡望楼，与前部相连。[②]

3. 措美哲古草原

哲古草原位于山南市措美县县城东北部50公里的哲古湖旅游景区，平均海拔4600米。草场总面积为322万多亩。由于哲古湖的水

---

① 雍布拉康：西藏第一座豪华官殿 2010-08-07 08：15：00，人文民俗—山南网，山南市新闻门户网站（xzsnw. com）。

② 雍布拉康 2010-05-26 14：32：00，雍布拉康—风景名胜—山南网，山南市新闻门户网站（xzsnw. com）。

源充足，哲古草原上有大量的野生动物，主要以国家一级保护动物野驴为主，还有野羊、草狐狸、黑颈鹤、雪豹、丹顶鹤、猞猁、雪鸡、水獭、旱獭、灰鸭、斑头雁、豺狼。

哲古湖旅游景区是集雪山、草原、湖泊、野生动物于一体的旅游风景区。哲古湖湖面大约有 70 平方千米，平均水深约 20 米，湖水清澈，湖区内生长着各种鱼类和鸟类；湖面四周是一望无际的广阔大草原和连绵起伏的雪山。是青藏高原自然形成的独特的高原湖泊。哲古湖中生长着各种高原鱼类，夏季湖水解冻后，有成群的鸟类在湖面觅食，主要以高原黄鸭为主。湖边空旷辽阔的草原既是一道靓丽的风景，也是当地牧民放牧的主要场所，牛肥马壮。

4. 森木扎景区

森木扎景区距离勒乡乡政府驻地约 4 公里，“森木扎”藏语意为“魔女谷”，属“勒布四谷”之一，因莲花生大师在此降妖除魔而得名。这里林木葱郁，时有野生猕猴纵跃。当站在山下往上看，会见到一条从天而降的飞瀑，每当有阳光照射瀑布的时候，这里会出现一道或几道水幕彩虹。

在瀑布下面，据说是莲花生大师当年修行的洞。相传，莲花生大师入藏传播佛法时曾来到这里，看见森木扎有一个作恶的魔女，莲花生大师用法力将她镇压于此。因此，在岩石的下方可以清晰地看到莲花生大师镇压降服的倒地的魔女和躺着的骨架，骨架上有一道裂痕，是当年莲花生大师降服女魔时的刀痕。这里至今还有自然形成的石狗、石蛇、石马、喂马槽、吉祥八宝图、万佛朝宗石、莲花生大师八岁脚印、三尊佛像石、袈裟、文殊菩萨宝剑等圣迹。[①]

5. 斗玉珞巴民族文化陈列馆

隆子县还有一个古老的民族——珞巴族。

“珞巴”意为“南方人”，是藏族对居住在珞隅及附近广大地区的人的惯称，因其居住的地区而得名。斗玉村位于隆子县东南方向，

---

① 山南市旅游发展局提供资料《“门巴风情·雪域欢声”精品线路》。

距县城130公里，距乡政府1公里，是山南市唯一的珞巴族聚居地，也是边境一线村。

陈列馆展览着珞巴族原始房屋建筑、珞巴族民族服饰等。人们可以在这些展览中了解珞巴族。

6. 扎日

扎日风景名胜区，位于山南市隆子县境内。景区内植被茂盛、药草齐全、气候宜人、风景秀丽，既有漫山的鲜花、垂落的瀑布和圣洁的雪山，又有广阔的草原、悠然的峡谷、清明如镜的圣湖和一望无际的原始森林，是西藏的香巴拉，也是山南地区原始生态保存最为完整的地域，世界二十四大名山之一的达瓜西日神山就位于扎日景区内。扎日景区核心景点集中于扎日乡和玉麦乡，主要景点有扎日神山、错嘎湖、机甲拉康、神仙洞，等等。

7. 沃卡温泉

从桑日县城坐车向东行70公里，就是沃卡。宗喀巴大师的传记中说，宗喀巴从青海到西藏来云游时，得到了观世音菩萨的启示，说只要宗喀巴到一个人们喜爱沃德贡杰神山的地方，他就能成为伟大的佛教弘扬者。当他来到沃德贡杰神山下时，看到这里的人们十分崇敬、喜爱沃德贡杰神山，于是就和弟子们在这里修行。据说沃卡这个名字就是他起的，“沃卡”就是“喜爱沃德贡杰山”的意思。

沃卡是桑日县一个半农半牧的区域，从广义上讲，它包括方圆近60公里的地区，从狭义上讲，是指沃卡附近南北10公里宽、东西20公里长的地区，它以原沃卡宗为中心，平均海拔在3700米以上。东西走向的沃德贡杰山挺拔在沃卡宗南面，其主峰犹如一把刺向蓝天的宝剑，终年白雪皑皑，十分秀丽，在阳光下总是银光闪闪，它的海拔高度为5998米。在一条东西走向的低矮山梁西端，就是雄伟的沃卡宗遗址，距沃德贡杰神山约5公里，山梁南面是土质肥沃的良田，北面是水草丰盛的草原，这片美丽富饶的土地孕育着沃卡勤劳善良的人们。

沃卡有两条河水和七处温泉，当地人根据水温和水色把它们分为白水、黑水、热水、温水和冷水。白水是从曾期沟流来的雪水，在夏季，曾期河水像流过的牛奶，黑水是白金沟里流来的，人们称它德日木河，这两条河加上龙河，当地人称它们是“三神河”，分别代表观音菩萨、金刚持护法神和文殊菩萨。沃卡的热水是指七处温泉，其中两处温泉足以把鸡蛋烫熟，温水是指从草原下泉眼里冒出的水，泉水四季常温，是人们洗衣、洗菜的理想水源。沃卡温泉则是以四个不同的泉为主。全都分布在沃卡宗以北的草原山。

第一个是位于草原中部，曾期河南岸的卓罗卡温泉。在泉眼边建有一个面积为364平方米的浴室，浴室坐西向东，进门后南面是会客室，北面是石砌浴池和更衣室。

由于沃卡的温泉可以治疗多种疾病，所以经常有人从远处乘车，或骑马前来洗澡。①

8. 贡德林草原

贡德林草原位于西藏山南市桑日县增期乡，距离318国道40公里。是西藏南环旅游线路的重要景点之一，从泽当至桑日经过景点可直达拉萨，形成环线。由于环线景点丰富，类型多样，此线路已成为西藏旅游的热点线路。②

为充分展示中国共产党带领西藏边疆人民在中国革命、建设和改革历史进程中取得的重大成就，围绕“永远跟党走”主题，由山南市旅游发展局、山南旅游文化投资有限责任公司共同主办的以“永远跟党走”为主题的发展红色旅游，传承红色基因——山南红色旅游线路推介暨学习体验活动于2021年5月7日正式启动，取得了很好的社会反响。

---

① 山南沃卡温泉：我和你有个约会—精彩游记—山南网，山南市新闻门户网站（xzsnw. com）。

② 贡德林草原—风景名胜—山南网，山南市新闻门户网站（xzsnw. com）。

三、出台《山南市红色文化资源保护利用条例》

围绕弘扬革命文化，传承红色基因，2021 年在党史学习教育重要时刻，山南市制定了《山南市红色文化资源保护利用条例》，这是西藏第一个关于红色文化资源的保护与利用条例。

习近平总书记强调，要把红色资源利用好、把红色传统发扬好、把红色基因传承好。中国共产党在西藏的革命、建设和改革进程中，发展、铸就了独具精神特质的西藏红色文化。这些红色文化以其不朽的独特性和影响力，引领着西藏人民不断从一个辉煌走向另一个辉煌。

2021 年 6 月 24 日山南市第一届人民代表大会常务委员会第三十九次会议通过，2021 年 7 月 29 日西藏自治区第十一届人民代表大会常务委员会第三十一次会议批准了《山南市红色文化资源保护利用条例》（以下简称《条例》）。自 2021 年 8 月 18 日起开始施行。

《条例》共六章三十九条，其中第一章总则十条，第二章调查认定六条，第三章保护管理八条，第四章传承弘扬八条，第五章法律责任五条，第六章附则两条。

《条例》第一条指明了制定《条例》的目的："为了加强红色文化资源的保护利用，弘扬红色文化、传承红色基因，培育和践行社会主义核心价值观，铸牢中华民族共同体意识，根据《中华人民共和国文物保护法》《中华人民共和国英雄烈士保护法》和《西藏自治区文物保护条例》等有关法律、法规，结合本市实际，制定本条例。"

第四条就红色文化资源的保护与利用进行了规范，指出"红色文化资源的保护与利用，应当遵循党委领导、人大监督、政府负责、公众参与、属地管理、科学规划、保护为主、抢救第一、合理利用的原则，确保红色文化资源的历史真实性、风貌完整性和文化延续性"。

尤其是第四章传承弘扬部分，对红色文化在山南地区的弘扬做了多方面的规定，如强调价值观的引领，第二十七条"红色文化资源的传承弘扬应当坚持以社会主义核心价值观为引领，注重对原有历史信息的延续和红色文化的传承，坚持有址可寻、有物可看、有史可讲、有事可说，增强红色文化资源的准确性、完整性、权威性、宣传性、互动性、体验性，反对历史虚无主义和文化虚无主义”。

要求市、县（区）人民政府在弘扬红色文化方面要发挥能动性，第二十五条“市、县（区）人民政府应当大力挖掘物质和精神层面的红色文化资源，加强对红色文化内涵和革命历史价值的发掘、研究，组织开展爱国主义和革命传统教育”。第二十六条强调“市、县（区）人民政府文化（文物）主管部门应当会同有关主管部门统筹红色文化资源保护利用的研究、宣传、教育和践行等方面内容，引领和规范红色文化精神的传承弘扬工作”。第二十八条要求“市、县（区）组织、宣传、党史、文化（文物）、退役军人事务等主管部门应当及时搜集老党员、老干部、老支前、老战士、老模范等革命前辈和模范人物的口述历史、回忆录，整理提炼相关的历史故事、革命事迹、崇高精神”。第二十九条“红色文化资源丰富的县（区）应当利用博物馆、文化站（文化中心）、纪念馆或者展示馆等举办陈列、展览，利用遗存、遗址，开展形式多样的社会教育和服务活动，加大宣传力度、提升红色影响”。第三十条“市、县（区）人民政府和宣传、文化（文物）、旅游、党校、教育等主管部门应当加强红色文化资源的宣传推广，充分运用各类媒体、文艺作品、公益广告和群众性文化体育活动，推动红色文化融入国民教育、道德建设、文化创造和生产生活，提高红色文化资源的知晓度和影响力”。第三十一条“市、县（区）人民政府应当将红色文化资源利用纳入本区域旅游发展规划，完善基础设施，发展红色旅游，设计培育和推出红色文化旅游景点、线路产品，推进红色旅游高质量发展”。

同时对文化工作者也提出了要求，第三十二条“鼓励和支持以传承弘扬红色文化资源为主题的文艺作品创作，编辑出版与红色文化资源相关的通俗读物，努力推出更多思想精深、艺术精湛、制作精良的精品力作”。

四、新时代的典型案例

(一) 克松村的创新致富能手达瓦[①]

1962 年，达瓦出生在一个差巴家庭。其父亲叫益西加措，出自一户名为“古协仓”的喇嘛家庭，据说这是泽当一带的名门望族。母亲叫巴桑，出自差巴家庭林噶仓。有兄弟姐妹 7 人，排行老大，有 3 个弟弟、3 个妹妹。

1970 年，达瓦开始了他的学习生涯。这一时期，克松村还没有官办学校，只有一所五年制的民办学校，被称为“克松民办小学”。因为师资和学习条件有限，达瓦毕业之时数学“只会加减乘除”。不过他对于藏文的考试倒是印象深刻。他现在熟悉的藏文书法、借条、收条、书信、亡人祈愿单都是在这一时期学会的。达瓦还记得老辈们强调学习文字及其使用方法的重要性，“不好好学习文字，就会走下坡路，小到家庭可能会家道中落，大到官府也会败落”。因为他经常听到民间有很多百姓因为不熟悉文字的使用，误将借条写成收条、收条写成了借条的事例，让人啼笑皆非，有苦难言。正是因为认识到这一点，达瓦这一生都处在学习藏汉文、新技术、新事物的过程中。

1976 年，达瓦小学毕业，此后很长一段时间都在人民公社劳动，努力地为家里挣取工分。达瓦一面参加生产队的农活，一面利用午饭时间回家学习缝纫技术。在公社参加集体劳动一年以后，也就是达瓦 17 岁那年，他成为一名民办教师。约在 1985 年，达瓦开始担任这所民办学校的校长，两年后加入中国共产党。从 1987 年开始，达瓦便成为《西藏日报》藏文版的特别通讯员。他的文章语言简练，报道内容大到国家政策的落实执行情况，小到教学和管理工作中他接触到的有特点的学生。

1990 年达瓦辞去民办学校校长一职，开启了他的创业之路。从 1990 年开始，达瓦尝试过开砂厂、跑运输、开餐馆、开中巴客车、

---

① 苏发祥主编：《克松村志》（未刊稿）附录人物“达瓦”。

跑出租，一步一步成为克松村的致富带头人，并登上各种新闻报纸，成为各级领导视察期间参观、访谈对象。最初达瓦开了一所砂厂，利用家里这台 12 马力的拖拉机运送砂石给当地的建筑单位。1995 年开始，达瓦与人合伙跑起了运输。这一段创业，总体上不如意，不要说盈利了，就连本钱都没能收回来。

1998 年，达瓦买了一辆谷物联合收割机。这台收割机总共花了 7 万元，其中政府补贴了 2 万余元，余款除部分现金支付以外，都是银行贷款。贷款金额高达 3.7 万，这在当时是一大笔钱，有村民劝达瓦要慎重做决定，银行一时也不敢审批。后来克松村村委出面担保，才让达瓦最终拿到了这笔贷款。放款以后一年多的时间里，达瓦就全数还清了银行贷款，这也成为克松村的一段佳话，并令村里的创业者看到了希望，增强了信心。

2000 年，达瓦购买了一辆二手中巴车，取得泽当镇到雍布拉康的客运许可，成为班车司机之一。但因为客源不多，一年以后达瓦只好将中巴车转手他人，开始进军餐饮业。此时，正好遇上泽当镇月光广场二楼有商铺出让。达瓦租赁了商铺，命名为“兄妹茶馆”。3 年后，达瓦的餐饮创业告一段落，茶馆也盘给了自己的弟弟帕珠。

2003 年，达瓦花了 7 万多购置了一辆二手的蓝色中型翻斗车，往各地送货。他有一位亲戚开了一家大型的建筑公司，于是便往公司属下的各个建筑工地运送石头、砂子。这时，二儿子旺久初中毕业了，便与父亲一起跑大车。在贩运砂石的同时，达瓦自己还扮起了包工头的角色，组建了自己的施工团队，有时也会承包一些小房子的建筑工作。

2008 年，达瓦新购进了一辆大型的黄色翻斗车，这两辆翻斗车也上了中国新闻网。2012 年达瓦 50 岁的这一年，父子俩卖掉了大翻斗车，并在 6 月为儿子旺久置办了一辆出租车。也是在这一年，达瓦为自己购置了代步车，一辆 7 座的二手面包车。一年以后，他将面包车转给了一位朋友，并购进了一辆 5 座的二手深蓝色小轿车。

2014 年，达瓦一家盖起了一座钢筋水泥的新房。房子分南北两侧，南侧盖有一排封闭式平房，厨房、餐厅、储藏室、客房等一应俱全；北侧则为两层藏式封闭楼房，室内靠墙摆放新式家具、大屏幕彩电等。楼房共有10间房，一楼6间，二楼4间。一楼6间按顺时针方向依次为由阳光棚改建的藏式客厅、二儿子夫妇的卧室、储物间、汉式客厅、大儿子夫妇的卧室和一间小的音响室。二楼4间从楼梯口逆时针方向依次为女儿的卧室、藏式小客厅、储物间和佛堂。外院里还有几间房子的分布，大门口左手边靠墙建有一所厕所，右手边则为一间洗浴室和一间起居室。

2016年，达瓦将代步车更换成了7座的北汽小轿车。2018年，旺久在经营出租车的同时，也购置了一辆自动档的汽车。这辆车是旺久亲自到重庆选购的，当时在重庆的价格是14万元。

自1976年克松村购买第一台“铁牛”即拖拉机，农村机械化生产水平逐年提高，剩余劳动力也逐步增多。1979年的改革开放和1984年的家庭联产承包责任制的落实为克松村创造了天时地利上极大的便利条件，农村经济的产业结构也发生了巨大变化，客货运输业、商业餐饮业、服务业等非农产业在克松村国民经济收入中的比重日益加大。达瓦作为家庭决策者，带领家人以及亲属能够在非农产业中寻得商机、占领一席之地，确实也是集齐了天时地利和人和。

2017年，达瓦被选为克松村居民委员会和党支部委员会两会委员，并担任党支部宣传委员。其实，他参加村里工作的历史是比较久远的。从1989年就开始担任了克松村三组的出纳。从他第一天担任出纳到现在的经费及其相关账目，他都仔细地记录在一个小本上。达瓦有专门的本子，将克松村一笔笔经费的来源、支出记得清清楚楚，而每半年都会和会计一起向所有小组成员公开和说明。按照他自己说的，保管这些经费对他来说易如反掌，然而怎么把这笔钱花出去，并且花得让每个小组成员高兴就有些许难度了。在这一点上，小组组长和他们这些工作人员真的是费尽了心思，有时为村民集体采购冬牛肉，而有时为村民组织一些聚会。

2016年2月，中共中央办公厅印发了《关于在全体党员中开展

"学党章党规、学系列讲话，做合格党员"学习教育方案》（以下简称"两学一做"），全国上下加强了党员的学习教育。2017 年 3 月，西藏自治区党委办公厅印发《关于开展"讲党恩爱核心、讲团结爱祖国、讲贡献爱家园、讲文明爱生活"喜迎党的十九大主题教育实践活动总体方案》（藏党办发〔2017〕8 号，以下简称"四讲四爱"），全区各级党组织积极开展这一主题实践教育。2017 年达瓦自担宣传委员以来，主要负责用藏语向老百姓宣讲党的政策方针，"两学一做"和"四讲四爱"也成为他宣讲的主要内容。

2017 年 10 月 18 日至 24 日，中国共产党第十九次全国代表大会（简称党的十九大）在北京胜利召开，习近平代表第十八届中央委员会向大会作了题为《决胜全面建成小康社会　夺取新时代中国特色社会主义伟大胜利》的报告。于是，达瓦再一次积极学习党的十九大主要内容和会议精神、习近平的重要讲话，并将它们翻译成藏文，宣讲给一批又一批的克松及周边村民。同时，达瓦还参与山南地区、乃东区和昌珠镇各级举办的党的理论政策学习班，并作为宣讲人积极发言。在他的家里，有很多出席各级学习班和人代会的证件，与那些老式的照片都被夹在了玻璃相框上。

正是因为达瓦的不懈努力和取得的成绩，从 2015 年开始他便成了各家媒体采访报道的红人，也是各级领导视察工作时的主要观察对象。在他家新式的客厅里，接待过中共中央政治局委员、国务院副总理，也接待过全国政协民族和宗教委员会委员十一世班禅额尔德尼·确吉杰布，还有从地方到中央的各级各家新闻工作者。

从上面的叙述中，我们可以了解到，达瓦小学学历，当过民办老师，并在 1984 年以后开拖拉机、办砂场、当包工头、经营茶馆、跑运输。作为克松精神的实践者，他勇于创新，同样也反映了我国改革开放以来农村和农民生活发生的巨大变化。

达瓦生活的五十几年，正是西藏乃至整个中国农村发生巨大变化的五十余年。西藏从 1959 年进行民主改革，到 1966 年发生"文化大革命"，再到 1979 年改革开放之风吹遍华夏大地、1984 年农村家庭联产承包责任制的落实，这些大变革无一不在达瓦和众多像达瓦一样的西藏百姓身上留下了深刻的记忆和烙印。自20世纪90年代起，农民靠田吃饭的传统模式已被打破，为适应市场经济的需求和生存空间，农村开始大力发展非农产业，“农村剩余劳动力的外流也对城乡社会产生了更深、更广的影响”。就家庭单位而言，成员的职业结构、收入结构、区域结构和户籍结构等也发生了巨大的变化，而逐渐趋于多样性。在中国农村经历的一系列改革洗礼中，达瓦和他的家庭并不是最突出的，但却是西藏最具普遍性和代表性的。

（二）海拔最高乡党委书记次仁罗布①

西藏山南市浪卡子县境内普玛江塘乡，全乡平均海拔5573米，乡政府所在地海拔5373米，是世界上海拔最高的乡。同时也是一个边境乡，距不丹王国只有25公里，全乡边境线长25公里。科学家认为，超过海拔5000米的地方，是生命禁区。普玛江塘这块“生命禁区”，令许多人望而生畏。

次仁罗布，浪卡子县人，一个普普通通的藏族汉子，怀揣着“再艰苦的地方也需要有人守，再艰难的工作也需要有人干”的信念，放弃条件较好的浪卡子县城工作的机会，主动申请到普玛江塘乡工作。

针对普玛江塘处在反分裂斗争最前沿的实际，次仁罗布着力加强全乡党员干部群众思想教育，用新旧社会的对比和大量生动的事实，教育村民珍惜来之不易的幸福生活，坚定村民跟党走的信心和决心。为确保边境安宁，次仁罗布组织党员成立了由30名民兵、25名边境巡逻队员、7个治保小组组成的“边境党员义务联防队”，全面加强边境一线巡逻和监管工作，确保对边境通道的牢牢掌控。为使边境防控做到全方位、无缝隙，次仁罗布积极做好在边境牧民中发展党员工作，真正做到了“放牧点是哨所、放牧人是哨兵”，构建了“横向到

① 中国共产党新闻网：《世界之巅上的奉献——记西藏自治区浪卡子县普玛江塘党委书记次仁罗布》［EB/OL］.2016－03－10［2021－12－14］.http：//www.scio.gov.cn/32621/32629/32755/Document/1471556/1471556.htm.

边、纵向到底”的维稳防线。

次仁罗布不仅带领群众守边，还带领大家兴边。2006 年 2 月，他到普玛江塘乡工作后不久，就利用一个多月的时间深入全乡各村居、学校、贫困户家中广泛开展实地调查，熟悉乡情、村情。在调研中他发现，还有相当一部分牧民居住的是草皮房子。那些天，次仁罗布彻夜难眠，他想：“普玛江塘海拔这么高，群众生活却这么苦。我是党员干部，不能眼睁睁地看着牧民兄弟居无定所，还过着苦日子。”他决心为牧民群众办一些实实在在的事情。恰好西藏正在开展以农牧民安居工程为突破口的社会主义新农村建设，次仁罗布抓住有利机遇，全力动员，四处奔走，多方争取，最终使游牧民定居、整村扶贫搬迁、农牧民安居等一系列工程在普玛江塘乡顺利实施。让全乡 221 户牧民全部住进了宽敞明亮的土木结构新房，彻底告别了上千年的帐篷和草皮房。

当牧民群众都住上了新房，次仁罗布心里又想着整治乡村面貌、美化环境的事。他带领乡领导班子把新农村建设、改善民生作为乡党委的头等大事，狠抓基础设施建设，使普玛江塘乡村面貌发生了根本性变化，一个初具规模的具有医疗、商品流通和文化交流等功能的集市屹立在“世界屋脊”。

次仁罗布认为：“发展是硬道理，最高乡虽说艰苦，但也要发展，而且要较快地科学发展。只有这样，才能让全乡群众享受到更多的改革发展成果”。他带领乡镇班子，在深入调研的基础上，对当地经济社会发展优势与劣势进行深入分析和论证，并积极思考谋划全乡经济社会发展的新跨越。次仁罗布知道，要想推进普玛江塘乡的发展，必须加强对群众的思想教育，教育他们更新观念。次仁罗布和乡镇干部充分利用召开党员大会、群众大会、座谈会，进村入户调研及党内各项活动的机会，把党中央、自治区的一系列惠民政策及时全面地向广大农牧民群众做了宣传，使农牧民群众真正了解“惠在何处，惠从何来”。同时他广泛收集农牧民群众的意见和建议，深入分析对策，有针对性地制定了年度工作计划、五年工作规划等，并认真组织实施。

牧业是普玛江塘乡经济的命脉，是牧民的生命。次仁罗布在牧业发展上思考较多，他针对部分牧民“惜杀”“惜售”的观念，带领乡、村干部连续三年一家一户地做思想工作，并亲自到县、地区为牛羊肉找销路。群众在劝说中逐步改变了观念，全乡牲畜出栏率有了很大的提高，草场载畜量也明显降低，仅此一项为群众大幅增加了收入，使群众的生活水平得到较大程度提高。

（三）边防村党支部书记格列维色[1]

隆啦村，位于洛扎县扎日乡与不丹交界处，距乡政府32公里，平均海拔4700米以上，是一个大部分地区没有手机信号、没有网络，几近与世隔绝的地方。但这片土地又因为有一个通外山口而成了重要的边防重地，作为隆啦村党支部书记，格列维色以扎根隆啦，忠诚报国的耿耿初心谱写了新时代共产党员的家国情怀。

其一，义无反顾投边疆：“我愿意去隆啦，跟边防官兵一起守护我们的国土。”格列维色当年是这样说的，也是这样做的，用自己的实际行动践行了铿锵誓言。为了防止不法分子偷渡、渗透、蚕食我们的国土，在党中央的关怀和上级领导的决策部署下，2015年，隆啦村抵边搬迁点新建了住房，当地党委、政府鼓励农牧民群众向边境一线搬迁。但由于偏远难行，条件艰苦，房子虽然建好了，谁去那里居住成了县、乡、村三级领导的一大难题。在历次讨论隆啦村搬迁事宜时，都因为无人自愿前往而使得议题搁浅。老党员格列维色看在眼里，急在心中，积极为组织分忧，守祖国边疆的强烈信念让他在53岁的年纪，克服家庭困难，毅然带着女儿报名搬迁隆啦村。“一石惊起千重浪。”有了这个村子威望高、人格正的老党员带头，更多的农牧民群众也纷纷自愿报名搬迁隆啦村。2016年11月，第一批隆啦村抵边搬迁农牧民群众正式入驻隆啦村。格列维色当时作为乃村二组的

---

① 曲杰：《坚如磐石守边志　赤子情怀颂党恩——记洛扎县扎日乡隆啦村格列维色守边故事》，《山南报》2021年10月11日。

组长，他坚持原则、正直无私的人格和干练果断的作风，全票当选为隆啦村党支部书记。

随着隆啦村抵边搬迁点的持续发展，2020 年 9 月隆啦村抵边搬迁点正式成立了隆啦行政村，搬迁农牧民群众也从原来的无人报名慢慢延伸扩展到现在的 27 户 80 人的规模。在 2021 年 1 月份召开的村“两委”换届工作中，格列维色同志再一次全票当选了隆啦行政村第一届村党支部书记、第一届村民委员会主任。

其二，履职尽责勤奉献：“我们不能忘了初心，要牢记作为边境一线边民的神圣使命，永远听党话、跟党走，让国旗与党旗在祖国边境一线迎风飘扬。”这是格列维色奔走在晨曦夜幕、寒冬酷暑时常常挂在嘴边的一句话。格列维色始终将党的恩情铭记于心，自从农牧民群众搬到隆啦村开始，他就组织全村农牧民群众通过报纸、电视等媒体平台，学习党的十九大和十九届五中全会、中央第七次西藏工作座谈会、习近平总书记在庆祝中国共产党成立 100 周年大会上的重要讲话精神、总书记视察西藏时的重要讲话重要指示精神、汪洋主席在庆祝西藏和平解放 70 周年大会上的讲话精神，他在宣讲中常常说：“我们一定要学习好、领会好、贯彻好各级各类会议精神，从中领悟新思想、新观点、新论断，把自己的思想和行动始终统一到党中央的部署上来。”党史学习教育开展以来，格列维色更是豪情满怀地积极组织开展了丰富多彩、形式多样的党史学习教育活动，或是宣讲在田间地头，或是学习在茶余饭后，又或是奔波在边境巡逻的路上，隆啦大地上随处可见他东奔西跑、披星戴月的身影。

截至目前，他结合党史学习教育，奔赴边境一线山口开展巡逻 110 余次，参与巡边 550 余次；宣传宣讲党史知识 90 余场次，受众达 980 人次。

其三，爱国深情厚植心田：他带头带领群众每日巡逻边境、守护祖国的边土，带领村民每周坚持以升国旗的形式把爱国深情扎根在每名隆啦村民的心中。2019 年 10 月 1 日，中国西藏新闻网利用显著版面报道了隆啦农牧民群众每周坚持升国旗的做法。“新中国成立以来，特别是西藏民主改革以来，我们的生活发生了翻天覆地的变化，这一切都是党给我们的，所以每当我看到迎风飘扬的国旗就很激动，因为国旗是国家的象征、国民的自豪。当时我就在想，如果能在海拔4700米以上的隆啦升国旗该有多好。”“我最喜欢升国旗，当听到国歌的时候，心里非常的自豪、热血沸腾，作为边境群众，我应该尽自己的努力，守好祖国的一山一水、一草一木。”“自从搬到隆啦，我每周都会参加升国旗活动，有时候有事参加不了，我就在工地、农田、放牧点唱国歌，用歌声表达我的爱国、感恩之心。”“我觉得升国旗是一件特别有意义的事情，因为这不仅仅是一个形式，更是我们表达爱的方式，现在我们的生活过得那么幸福，离不开党和国家对我们的关心关怀和特殊优惠政策，所以我想通过升国旗表达对祖国的爱。”

其四，脱贫攻坚呕心沥血：在脱贫攻坚行动中，他立说立行，无论是组织学习党章、政策宣传、思想教育，还是帮助群众修路、修水管，哪里有需要，哪里任务重，哪里就有格列维色的身影，他就像奔跑在高原上的一匹“野马”，虽然年过半百，但是始终保持着旺盛的劲头。在隆啦现有3户5人建档立卡脱贫户家中，格列维色平时做得最多的事情就是带领他们从思想上脱贫。他在与这些贫困户交流中，教育引导他们树立起“彻底消除‘等靠要’思想，靠自己的双手创造美好生活”的信念。平时在隆啦村谁有困难，格列维色永远都是第一个站出来帮忙的，尽心尽力，从不推脱，赢得了群众的一致好评。在格列维色身上真正展现了神圣国土守护者、幸福家园建设者的光辉本色。今年5月22日，格列维色成功当选为洛扎县县级人大代表。

其五，疫情防控勇当先：在新冠肺炎疫情发生的时候，格列维色展现出一名党员的忠诚无畏底色。他充分发挥带头模范作用，第一时间组织隆啦村农牧民群众召开专题会议，安排部署疫情防控和边境管控工作。在科学研判疫情防控形势后，格列维色把每天巡逻人员从平时的2人增加到4人，巡逻次数从每天的2次，增加到4次；设卡人员也增加至 3 人，确保各项疫情防控措施落到实处、落到细处。同时，他定期检查搬迁群众个人卫生，严格要求搬迁群众做到勤洗手、戴口罩、常通风，真正做到所有人员参与进来，疫情防控工作人人有责，维护了全村农牧民群众的生命财产安全。在各项工作中他始终是冲在第一线的排头兵，汗水的洒落、职责的担当展现了一名共产党员爱党爱国爱人民的炙热情怀和奉献本色。

习近平总书记在给卓嘎、央宗姐妹的回信中寄语："祖国疆域上的一草一木，我们都要看好守好。希望你们继续传承爱国守边的精神，带动更多牧民群众像格桑花一样扎根在雪域边陲，做神圣国土的守护者、幸福家园的建设者。"这鼓舞人心、催人奋进的话语，一直黄钟大吕般在格列维色的脑海中回荡，激励着他在新时代新征程上只争朝夕，不负年华。

第四节　展望

中国共产党治理西藏 70 余年来，从开山修路到自给自足，克服了自然环境恶劣的影响因素，经济社会发展取得了举世瞩目的成绩，创造了雪域高原一个又一个发展奇迹，形成了举世瞩目的治藏方略。

西藏和平解放 72 年的历史，是一部中国共产党为西藏各族人民谋解放、谋幸福、谋发展的历史，更是一部淬炼升华、感天动地的精神锻造史。72 年春华秋实、沧桑巨变，一代又一代中国共产党人接续奋斗在雪域高原，缺氧不缺精神，艰苦不怕吃苦，海拔高境界更高，为了西藏各族人民的幸福安康无论历经多少艰难险阻都矢志不渝，为了西藏的发展进步不论遇到多少坎坷磨难都驰而不息，为了祖国边疆的繁荣稳定无论付出多大牺牲代价都万死不辞，让革命理想高于天的信念之火熠熠生辉，先后形成了"老西藏精神"等一系列精神，在巍巍高原铸就起共产党人的精神高地。

展望西藏下一阶段的工作重点，我们必须清醒地认识到，西藏要想走向发展的成熟阶段，实现西藏的社会主义现代化，必须逐步克服某些惯性，实现治藏方略和民族地区快速发展的吐故纳新。我们要大力宣传弘扬包括“老西藏精神”在内的一系列中国精神，要切实当好这些精神的传承者、实践者、弘扬者，在深入抓好稳定、发展、生态、强边“四件大事”的砥砺奋进中挥洒汗水、无私奉献，在争做神圣国土守护者、幸福家园建设者的不懈奋斗中书写对祖国对人民的赤诚，在维护祖国统一、加强民族团结的坚定行动中彰显深厚爱国主义情怀。

历史川流不息，精神代代相传。在党的英明领导下，在伟大精神的感召激励下，奋斗在雪域高原的共产党人舍弃常人所拥有的、放弃常人所享受的，一茬接一茬、一代接一代，前赴后继、忠诚履职、无私奉献，不断书写人类发展的高原奇迹，让西藏各族人民充分感受到祖国大家庭的无比温暖，充分感受到社会主义制度的无比优越，充分感受到中国共产党的英明伟大。向着第二个百年奋斗目标奋勇前进，我们要更加紧密地团结在以习近平同志为核心的党中央周围，在自治区党委的坚强领导下，大力发扬红色传统，传承红色基因，赓续共产党人精神血脉，不断开创新时代西藏长治久安和高质量发展新局面，不断夺取建设团结富裕文明和谐美丽的社会主义现代化新西藏的新胜利。

附录一　革命烈士 745 人

说明：《山南地区志》附录三“录”共收录革命烈士 745 人，以牺牲时间为序排列。其中籍贯、职务、生前所在单位及牺牲时间不详者分别为 294 人、14 人、1 人和 254 人；未立碑者 102 人。（《山南地区志》第 1542—1569 页）以下为列表：

姓名	性别	民族	籍　贯	职　务	生前所在单位	牺牲时间	立碑时间
周大兴	男	汉	四川巴中	侦察员	原西康省甘孜县	1950	未立碑
赵理普	男	汉	河北省	教导员	工兵五团三营	1950	未立碑
李狄三	男	汉	河北省	股　长	驻新疆部队	1951. 1	未立碑
张怀运	男	汉	河北魏县	副排长	九一五二部队六连	1951. 5	未立碑
张福林	男	汉	河南扶沟	班　长	○二五九部队	1951. 12	未立碑
孙培根	男	汉	安徽芜湖	副参谋长	骑兵第二师	1952. 4	未立碑
严树轩	男	汉		班　长	工兵五团一连	1953. 7	未立碑
李金才	男	汉	河南永城	政　委	西藏军区后勤部工程大队	1954. 6	未立碑
张永兴	男	汉	河北磁县	指导员	西藏军区后勤部五中队	1954. 6	未立碑
杨学林	男	汉	北京丰台	机要员	三三六五部队	1954	未立碑
金绍山	男	汉	湖北大悟	副政委	西藏军区	1957. 6	未立碑
杨　军	男	汉	四川开县	青年部长	西藏军区政治部	1957	1966. 3. 1
李严轩	男	汉	安徽宿县	处　长	七八九四部队	1957	未立碑
李　凯	男	汉	安徽亳县	副科长	西藏工委政法部	1958. 4	未立碑
曹云华	男	汉	四川长宁	战　士	七八九一部队九连	1958. 10	1966. 3. 1

续表 1

姓名	性别	民族	籍 贯	职 务	生前所在单位	牺牲时间	立碑时间
唐泽君	男	汉	四川仁寿	战 士	七八九一部队九连	1958. 10	1966. 3. 1
王俊宜	男	汉	河南淅川	指导员	七八九一部队九连	1958. 10	1966. 3. 1
万先华	男	汉	四川重庆		七九三五部队二〇五分队	1958	1966. 3. 1
陈江心	男	汉	河南长葛	助理员	四〇二部队	1958	未立碑
杨友喜	男	汉	四川大邑	战 士	〇二五九部队骑兵连	1958	未立碑
王永魁	男	汉	四川资阳	战 士	〇二五九部队四连	1958	未立碑
王树安	男	汉	四川仁寿	战 士	七八九一部队九连	1959. 1	1966. 3. 1
唐锡儒	男	汉	四川仁寿	战 士	七八九一部队八连	1959. 3. 24	1966. 3. 1
文绍华	男	汉	贵州正安	排 长	〇二五九部队	1959. 3	未立碑
刘志贤	男	汉		参 谋	九一五二部队二营	1959. 3	未立碑
沈富石	男	汉	四川仁寿	战 士	七八九一部队九连	1959. 4. 8	1966. 3. 1
王道康	男	汉	四川泸县	副班长	七八九一部队	1959. 4. 8	1966. 3. 1
吴兴中	男	汉	陕西大荔	战 士	九二二八部队九连	1959. 4. 8	1966. 3. 1
郭德胜	男	汉	陕西渭南	战 士	九二二八部队九连	1959. 4. 8	1966. 3. 1
黄万明	男	汉	四川内江	战 士	七八九七部队骑兵连	1959. 4. 12	1966. 3. 1
马厚忠	男	汉	山东泰安	参 谋	〇二五九部队司令部	1959. 4. 12	1966. 3. 1
何世文	男	汉	四川简阳	战 士	七八九九部队三连	1959. 4. 13	1966. 3. 1
何国文	男	汉	四川资阳	战 士	〇二五九部队二连	1959. 4. 13	1966. 3. 1
汪继书	男	汉	四川筠连	战 士	七八九一部队二连	1959. 4. 14	1966. 3. 1
樊多成	男	汉	贵州富安	副班长	九二二八部队四连	1959. 4. 15	1966. 3. 1
李永才	男	汉	四川简阳	战 士	七八九七部队骑兵连	1959. 4	1966. 3. 1
刘永福	男	汉	北京市	翻译员	军区干校	1959. 4	1966. 3. 1
罗庆杨	男	汉	四川泸县	战 士	七八九一部队一营	1959. 4	1966. 3. 1
叶彬如	男	汉	四川什邡	副排长	七九〇六部队八连	1959. 4	1966. 3. 1
刘改锈	男	汉		战 士	九八三七部队侦察连	1959. 4	1966. 3. 1
刘义兴	男	汉	河南光山	班 长	九二二八部队八连	1959. 3. 4	1966. 3. 1
张计生	男	汉	陕西渭南	战 士	九二二八部队八连	1959. 5. 4	1966. 3. 1
杨宝玉	男	汉	河南罗山	副班长	九二二八部队八连	1959. 5. 4	1966. 3. 1
李绍清	男	汉	因川隆昌	班 长	七八九七部队骑兵连	1959. 5. 22	1966. 3. 1
李玉林	男	汉	北京房山	科 长	九五四二部队干部科	1959. 6	未立碑

续表2

姓名	性别	民族	籍贯	职务	生前所在单位	牺牲时间	立碑时间
徐恒元	男	汉	江苏泗洪	指导员	九二三一部队三连	1959.7	未立碑
胡汉钊	男	汉	四川黔江	副排长	九二三一部队四连	1959.8	未立碑
唐加伦	男	汉	四川泸县	副班长	九一五六部队	1959.9	未立碑
杨乾枢	男	汉	四川泸县	副排长	○○六二部队	1959.11	未立碑
李登线	男	汉	山东临清	战　士	七八三七部队三连	1959.11	1966.3.1
张天喜	男	汉	陕西渭南	战　士	九八三七部队工兵连	1959	1966.3.1
石仁前	男	汉		排　长	九八七七部队四营	1959	1966.3.1
刘良才	男	汉	四川泸县	战　士	七八九一部队八连	1959	1966.3.1
邹登明	男	汉	四川仁寿	战　士	七八九一部队九连	1959	1966.3.1
雷树奎	男	汉	四川仁寿	战　士	七八九一部队七连	1959	1966.3.1
冷友兴	男	汉	四川泸县	战　士	七八九一部队七连	1959	1966.3.1
罗泽明	男	汉	四川大邑	班　长	○二五九部队七连	1959	1966.3.1
周兆全	男	汉	四川大邑	战　士	○二五九部队七连	1959	1959.3.1
施必锦	男	汉		战　士	○二五九部队七连	1959	1959.3.1
郑天全	男	汉	四川江津	战　士	七八九九部队二连	1959	1966.3.1
吉　仲	男	藏	西藏乃东	秘　书	乃东宗	1959	未立碑
李松森	男	汉	湖南宜章	机要员	九一五二部队	1959	未立碑
王广才	男	汉	陕西韩城	话机员	九四四○部队八连	1959	未立碑
李太和	男	汉	山西武乡	副营长	○二五九部队一营	1959	未立碑
梁献员	男	汉	安徽泗县	副营长	○二五九部队二营	1959	未立碑
格　朗	男	藏	四川巴塘		西藏阿里	1959	未立碑
邓良彦	男	汉	四川合川	班　长	○二五九部队四连	1959	未立碑
刘海池	男	汉	河北唐县	院　长	陆军第八医院	1959	未立碑
张德仁	男	汉	四川资阳	副班长	四○七部队工兵连	1960.3.18	1966.3.1
次仁平措	男	藏	西藏墨竹贡卡		墨竹贡卡县措麦乡	1960.4	未立碑
古热	男	藏	西藏墨竹贡卡		墨竹贡卡县缴多乡	1960.4	未立碑
梁步清	男	汉	江苏南通	参谋长	九二三一部队三营	1960.4	未立碑
王天智	男	汉	四川自贡	排　长	○二五七部队	1960.5	未立碑
张显德	男	汉		战　士	九五四七部队五连	1960.5	未立碑
陈连发	男	汉		班　长	九二三一部队	1960.5	未立碑

续表3

姓名	性别	民族	籍 贯	职 务	生前所在单位	牺牲时间	立碑时间
徐先水	男	汉	四川泸县	排 长	九一五六部队骑兵连	1960. 6	未立碑
傅秀章	男	汉	四川新津	驾驶员	拉萨农业试验厂	1960. 8	未立碑
邱世春	男	汉		战 士	四〇七部队工兵连	1960	1966. 3. 1
博朝荣	男	汉	四川丰都	卫生员	九九七三部队五连	1960	未立碑
张建堂	男	汉	期北宁津	副排长	〇二五九部队	1960	未立碑
胡厚仁	男	汉	河南固始	班 长	九二二八部队三连	1960	未立碑
江 白	男	藏	西藏加查	治保委员	加查县马尼乡	1960	未立碑
荀长海	男	汉	四川铜梁	副班长	九五五〇部队	1960	未立碑
杨子江	男	汉	山西芮城	党委书记	四〇三部队	1961. 1	未立碑
农 培	男	藏	西藏昌都		八宿县杂同乡	1961. 1	未立碑
陈 远	男	汉	四川宜汉	医 师		1961. 3	未立碑
周作期	男	汉	湖南双峰	驾驶员	西藏运输汽车三队	1961. 9	未立碑
盛永深	男	汉	山东昌邑	副班长	九三九六部队	1961. 9	未立碑
罗松公布	男	藏	西藏昌都	工 人	左贡县瓦堆乡	1961	未立碑
马伸常	男	汉	四川重庆	战 士	四〇七部队汽车连	1962. 9. 7	1966. 3. 1
兰正贵	男	汉	四川自贡	战 士	四〇七部队汽车连	1962. 9. 7	1966. 3. 1
谭龙书	男	汉	四川涪陵	战 士	四〇七部队汽车连	1962. 9. 7	1966. 3. 1
欧国棋	男	汉	四川省	战 士	四〇七部队汽车连	1962. 9. 7	1966. 3. 1
万少林	男	汉	四川自贡	战 士	四〇七部队汽车连	1962. 9. 7	1966. 3. 1
刘远奎	男	汉		战 士	四〇七部队汽车连	1962. 9. 7	1966. 3. 1
李永贵	男	汉	四川简阳	战 士	七八九八部队三连	1962. 9. 21	1966. 3. 1
谢富田	男	汉	四川彭县	战 士	七八九八部队三连	1962. 9. 24	1966. 3. 1
马宗裕	男	汉	四川盐亭	战 士	四〇七部队警卫连	1962. 10. 1	1966. 3. 1
龙太均	男	汉	四川大足	班 长	七九〇六部队七连	1962. 10. 2	1966. 3. 1
楚明岗	男	汉	陕西三原	副班长	七八八五部队一连	1962. 10. 7	1966. 3. 1
袁汗儒	男	汉	陕西郊县	卫生员	七八八五部队一连	1962. 10. 7	1966. 3. 1
段新民	男	汉	四川江津	副班长	七八八六部队一连	1962. 10. 7	1966. 3. 1
布 穷	男	藏	西藏丁青	战 士	七八九四部队机枪连	1962. 10. 10	1966. 3. 1
才旺公布	男	藏	西藏丁青	班 长	七八九四部队二连	1962. 10. 10	1966. 3. 1
蔡福湘	男	汉	四川自贡	战 士	七八九四部队二连	1962. 10. 10	1966. 3. 1

续表 4

姓名	性别	民族	籍 贯	职 务	生前所在单位	牺牲时间	立碑时间
刘平正	男	汉	四川荣昌	副班长	七八九四部队二连	1962. 10. 10	1966. 3. 1
张光荣	男	汉	四川垫江	战 士	七八九四部队二连	1962. 10. 10	1966. 3. 1
陈隆均	男	汉	四川大足	副班长	七八〇六部队二连	1962. 10. 10	1966. 3. 1
万文繁	男	汉	四川三台	战 士	七八八七部队五连	1962. 10. 17	1966. 3. 1
罗长运	男	汉		战 士	七八八七部队五连	1962. 10. 17	1966. 3. 1
唐积友	男	汉	陕西富平	战 士	七八八七部队五连	1962. 10. 17	1966. 3. 1
郑玉江	男	汉	四川泸县	排 长	七八九四部队特务连	1962. 10. 18	1966. 3. 1
文启发	男	汉	四川射洪	战 士	七八九四部队三连	1962. 10. 20	1966. 3. 1
李洪宽	男	汉	四川彭山	战 士	七八九四部队三连	1962. 10. 20	1966. 3. 1
肖昌致	男	汉	四川仁寿	副班长	团七连	1962. 10. 20	1966. 3. 1
黄修银	男	汉	四川泸县	班 长	一五五团特务连	1962. 10. 20	1966. 3. 1
腾克宽	男	汉		战 士	七八九一部队特务连	1960. 10. 20	1966. 3. 1
陈朝荣	男	汉	四川永川	战 士	一五五团运输队	1962. 10. 20	1966. 3. 1
华光明	男	汉	四川大足	战 士	七八九一部队六连	1962. 10. 20	1966. 3. 1
黄华善	男	汉	四川金堂	班 长	七八九一部队六连	1962. 10. 20	1966. 3. 1
蒋玉学	男	汉	四川威远	副班长	七八九一部队五连	1960. 10. 20	1966. 3. 1
罗联富	男	汉	四川三台	班 长	七八九一部队五连	1962. 10. 20	1966. 3. 1
刘忠厚	男	汉	四川治景福	战 士	七八九一部队五连	1962. 10. 20	1966. 3. 1
邹德全	男	汉	四川泸县	战 士	七八九一部队五连	1962. 10. 20	1966. 3. 1
李正刚	男	汉	四川大足	战 士	七八九一部队五连	1962. 10. 20	1966. 3. 1
朱召良	男	汉		副排长	七八九一部队一连	1962. 10. 20	1966. 3. 1
刘本贵	男	汉	四川安岳	战 士	七八九一部队一连	1960. 10. 20	1966. 3. 1
田丕福	男	汉	陕西绥德	战 士	七八九一部队一连	1962. 10. 20	1966. 3. 1
张万杰	男	汉	陕西汉中	战 士	七八九一部队一连	1962. 10. 20	1966. 3. 1
景培国	男	汉	四川三台	副班长	七八九一部队二连	1962. 10. 20	1966. 3. 1
宋启彬	男	汉	四川大足	战 士	七八九一部队三连	1962. 10. 20	1966. 3. 1
王永顺	男	汉	陕西西安	战 士	七八九一部队五连	1962. 10. 20	1966. 3. 1
苟多全	男	汉	四川射洪	战 士	西藏军区防化连	1962. 10. 20	1966. 3. 1
兰华良	男	汉	四川大足	战 士	七八九一部队机炮连	1962. 10. 20	1966. 3. 1
董清华	男	汉	四川郫县	排 长	七八九一部队五连	1962. 10. 20	1966. 3. 1

续表 5

姓名	性别	民族	籍　贯	职　务	生前所在单位	牺牲时间	立碑时间
朱富明	男	汉	四川泸县	排　长	七八九一部队机炮连	1962. 10. 20	1966. 3. 1
邹德才	男	汉	四川泸县	排　长	七八九一部队四连	1962. 10. 20	1966. 3. 1
张国品	男	汉	天津河东区	连　长	七八九一部队三连	1962. 10. 20	1966. 3. 1
韩友清	男	汉	江苏徐州	指导员	七八九一部队四连	1962. 10. 20	1966. 3. 1
何正华	男	汉	四川仁寿	副排长	七八九一部队八连	1962. 10. 20	1966. 3. 1
冷泽章	男	汉	四川仁寿	副排长	七八九一部队八连	1962. 10. 20	1966. 3. 1
次　利	男	藏	四川太昭	战　士	七九〇六部队机枪连	1962. 10. 20	1966. 3. 1
董世普	男	汉	四川彭县	战　士	七九〇六部队机枪连	1962. 10. 20	1966. 3. 1
吴光志	男	汉	四川彭县	战　士	七九〇六部队机枪连	1962. 10. 20	1966. 3. 1
刘志国	男	汉	四川中江	战　士	七八九一部队机炮连	1962. 10. 20	1966. 3. 1
杨世安	男	汉	陕西沔县	战　士	七八九一部队机炮连	1962. 10. 20	1966. 3. 1
杨洪全	男	汉	四川永川	战　士	七八九一部队机炮连	1962. 10. 20	1966. 3. 1
袁友才	男	汉	四川永川	战　士	七八九一部队机炮连	1962. 10. 20	1966. 3. 1
阳廷安	男	汉	四川仁寿	班　长	七八九一部队二连	1962. 10. 20	1966. 3. 1
颜瑞成	男	汉	四川仁寿	班　长	七八九一部队二连	1962. 10. 20	1966. 3. 1
曾祥智	男	汉	四川大足	副班长	七八九一部队二连	1962. 10. 20	1966. 3. 1
杨秀洲	男	汉	四川仁寿	战　士	七八九一部队二连	1962. 10. 20	1966. 3. 1
何德中	男	汉	四川大足	战　士	七八九一部队二连	1962. 10. 20	1966. 3. 1
徐瑞清	男	汉	四川成都	战　士	七八九一部队二连	1962. 10. 20	1966. 3. 1
李世明	男	汉	陕西汉中	战　士	七八九一部队二连	1962. 10. 20	1966. 3. 1
胡德福	男	汉	四川广汉	排　长	七九〇六部队七连	1962. 10. 20	1966. 3. 1
黄宗礼	男	汉	河南三门峡	指导员	七九〇六部队九连	1962. 10. 20	1966. 3. 1
钟能全	男	汉	四川荣昌	副班长	七八九一部队炮连	1962. 10. 20	1966. 3. 1
薄延吉	男	汉	四川盐亭	战　士	七九〇六部队八连	1962. 10. 21	1966. 3. 1
刘忠辉	男	汉	四川广元	排　长	七九〇六部队六连	1962. 10. 21	1966. 3. 1
罗兴良	男	汉	贵州赤水	排　长	七九〇六部队一连	1962. 10. 21	1966. 3. 1
唐安德	男	汉	四川富顺	班　长	七九〇六部队六连	1962. 10. 21	1966. 3. 1
袁世模	男	汉	四川安岳	战　士	七九〇六部队一连	1962. 10. 21	1966. 3. 1
陈远明	男	汉	四川乐至	战　士	七九〇六部队一连	1962. 10. 21	1966. 3. 1
彭大渊	男	汉	四川乐至	战　士	七九〇六部队九连	1962. 10. 23	1966. 3. 1

续表6

姓名	性别	民族	籍　贯	职　务	生前所在单位	牺牲时间	立碑时间
龚才德	男	汉	四川新繁	战　士	七九〇六部队三营	1962. 10. 23	1966. 3. 1
徐顺必	男	汉	四川资阳	班　长	七八九九部队三连	1962. 10. 23	1966. 3. 1
黄治明	男	汉	四川江津	副班长	七八九七部队	1962. 10. 23	1966. 3. 1
洛　桑	男	藏	西藏亚东	战　士	七九〇六部队七连	1962. 10. 23	1966. 3. 1
肖远和	男	汉	四川乐至	战　士	七九〇六部队七连	1962. 10. 23	1966. 3. 1
郭天德	男	汉	四川乐至	战　士	七九〇六部队七连	1962. 10. 23	1966. 3. 1
白光平	男	汉	陕西吴旗	班　长	七八八八部队机炮连	1962. 10. 27	1966. 3. 1
李兆选	男	汉	陕西甘泉	班　长	七八八八部队机炮连	1962. 10. 27	1966. 3. 1
赵兴发	男	汉	陕西旬邑	战　士	七八八八部队九连	1962. 10. 29	1966. 3. 1
白能文	男	汉	陕西吴齐	班　长	七八八八部队机炮连	1962. 10. 29	1966. 3. 1
王长明	男	汉	四川江津	战　士	七八八七部队三连	1962. 10	1966. 3. 1
刘福兴	男	汉	四川成都	翻译员	四〇二部队	1962. 10	1966. 3. 1
焦明和	男	汉	陕西铜川	战　士	七八八六部队三连	1962. 10	1966. 3. 1
郭朝廷	男	汉	四川三台	战　士	七八八六部队三连	1962. 10	1966. 3. 1
陈长清	男	汉	陕西子长	排　长	五四〇六部队炮团二连	1962. 11. 15	1966. 3. 1
兰生栋	男	汉	陕西延安	排　长	七八八八部队特务连	1962. 11. 15	1966. 3. 1
党珍强	男	汉	陕西延安	副班长	七八八八部队五连	1962. 11. 16	1966. 3. 1
李昭祥	男	汉	四川江津	副班长	七八八八部队炮连	1962. 11. 16	1966. 3. 1
曹福亮	男	汉	陕西延安	战　士	七八八八部队五连	1962. 11. 17	1966. 3. 1
薛志福	男	汉	陕西延安	副班长	七八八八部队五连	1962. 11. 17	1966. 3. 1
韩华荣	男	汉	四川铜梁	战　士	七八八八部队五连	1962. 11. 17	1966. 3. 1
杨丕仁	男	汉	四川梓潼	班　长	七八八八部队五连	1962. 11. 17	1966. 3. 1
陈孟德	男	汉	四川江津	战　士	七八八八部队五连	1962. 11. 17	1966. 3. 1
赵明德	男	汉	四川眉山	战　士	七八八八部队六连	1962. 11. 17	1966. 3. 1
胡守顺	男	汉	陕西西安	通讯员	七八八七部队通讯连	1962. 11. 17	1966. 3. 1
黄展度	男	汉	陕西西安	战　士	七八八七部队炮连	1962. 11. 17	1966. 3. 1
廖德全	男	汉	四川井研	战　士	七八八七部队炮连	1962. 11. 17	1966. 3. 1
查培厚	男	汉	陕西长安	班　长	七八八八部队	1962. 11. 17	1966. 3. 1
马有清	男	汉	陕西延安	班　长	七八八八部队六连	1962. 11. 17	1966. 3. 1
杜文远	男	汉	陕西子长	班　长	七八八八部队四连	1962. 11. 17	1966. 3. 1

续表 7

姓名	性别	民族	籍　贯	职　务	生前所在单位	牺牲时间	立碑时间
林忠合	男	汉	四川江津	班　长	七八八八部队机炮连	1962. 11. 18	1966. 3. 1
陈忠智	男	汉	四川涪陵	战　士	七八九九部队炮连	1962. 11. 18	1966. 3. 1
李薄德	男	汉	山东五莲	副指导员	七八八七部队五连	1962. 11. 18	1966. 3. 1
吴英安	男	汉	四川井研	副指导员	七八九一部队一连	1962. 11. 18	1966. 3. 1
赵吉林	男	汉	陕西富平	战　士	七八八七部队五连	1962. 11. 18	1966. 3. 1
白海才	男	汉	陕西醴县	战　士	七八八七部队炮连	1962. 11. 18	1966. 3. 1
李华明	男	汉	四川潼南	通讯员	七八八八部队二营	1962. 11. 18	1966. 3. 1
屈景福	男	汉	四川江津	战　士	七八八八部队九连	1962. 11. 18	1966. 3. 1
赵蒲生	男	汉	四川江津	战　士	七八八八部队七连	1962. 11. 18	1966. 3. 1
郑少春	男	汉	贵州遵义	战　士	七八八八部队八连	1962. 11. 18	1966. 3. 1
昌焕阳	男	汉	四川富顺	排　长	七八八八部队七连	1962. 11. 18	1966. 3. 1
孟志孝	男	汉	陕西富平	副班长	七八八七部队机炮连	1962. 11. 18	1966. 3. 1
胡正明	男	汉	四川江津	班　长	七八八七部队五连	1962. 11. 18	1966. 3. 1
石儒才	男	汉	陕西浦城	副指导员	七八八八部队七连	1962. 11. 18	1966. 3. 1
于大昌	男	汉	河南窑县	战　士	七八八七部队五连	1962. 11. 18	1966. 3. 1
杜奇	男	汉	山东临清	战　士	七八八八部队七连	1962. 11. 18	1966. 3. 1
胡祖清	男	汉	四川江津	班　长	七八八八部队七连	1962. 11. 18	1966. 3. 1
马生虎	男	汉	陕西富平	班　长	七八八七部队六连	1962. 11. 18	1966. 3. 1
常增义	男	汉	陕西富平	班　长	七八八七部队炮连	1962. 11. 18	1966. 3. 1
蔡贵六	男	汉	四川江津	班　长	七八八七部队	1962. 11. 18	1966. 3. 1
邓寿延	男	汉	四川江津	副班长	七八九九部队二连	1962. 11. 18	1966. 3. 1
阳春德	男	汉	四川盐亭	战　士	七八九九部队二连	1962. 11. 18	1966. 3. 1
徐寿元	男	汉	甘肃武威	排　长	七八八七部队五连	1962. 11. 18	1966. 3. 1
李泽书	男	汉	四川江津	班　长	七八八八部队七连	1962. 11. 18	1966. 3. 1
贺清明	男	汉	四川涪陵	战　士	七八八八部队八连	1962. 11. 18	1966. 3. 1
叶金芝	男	汉	山东临清	班　长	七八八八部队八连	1962. 11. 18	1966. 3. 1
伍开平	男	汉	四川重庆	战　士	七八八八部队八连	1962. 11. 18	1966. 3. 1
肖绍清	男	汉	山东临清	战　士	七八八八部队八连	1962. 11. 18	1966. 3. 1
马俊儒	男	汉	陕西合阳	战　士	七八八八部队八连	1962. 11. 18	1966. 3. 1
张瑞安	男	汉	四川永川	战　士	七八八八部队八连	1962. 11. 18	1966. 3. 1

续表8

姓名	性别	民族	籍 贯	职 务	生前所在单位	牺牲时间	立碑时间
阎西章	男	汉	陕西合阳	班 长	七八八八部队八连	1962. 11. 18	1966. 3. 1
郑贤江	男	汉	四川江津	副排长	七八八八部队八连	1962. 11. 18	1966. 3. 1
张俊超	男	汉	四川盐亭	战 士	七八九八部队浪坎队	1962. 11. 18	1966. 3. 1
王明海	男	汉	四川中江	通讯员	七八八八部队二营	1962. 11. 19	1966. 3. 1
张长札	男	汉	陕西横山	班 长	七八八八部队八连	1962. 11. 19	1966. 3. 1
刘俊岐	男	汉	陕西延安	副班长	七八八八部队八连	1962. 11. 19	1966. 3. 1
张修文	男	汉	四川井研	通讯员	七八八八部队九连	1962. 11. 19	1966. 3. 1
李昭平	男	汉	四川江津	班 长	七八八八部队炮连	1962. 11. 19	1966. 3. 1
刘文兴	男	汉	河南民权	班 长	七八八八部队九连	1962. 11. 19	1966. 3. 1
白其让	男	汉	陕西延长	战 士	七八八八部队九连	1962. 11. 19	1966. 3. 1
李少学	男	汉	四川中江	战 士	七八八八部队九连	1962. 11. 19	1966. 3. 1
江祖荣	男	汉	四川江津	战 士	七八八八部队九连	1962. 11. 19	1966. 3. 1
郑均洪	男	汉	四川江津	战 士	七八八八部队九连	1962. 11. 19	1966. 3. 1
吴明仲	男	汉	四川内江	班 长	七八九四部队七连	1962. 11. 19	1966. 3. 1
姜显余	男	汉	四川广汉	战 士	七八九四部队七连	1962. 11. 19	1966. 3. 1
格米马朗	男	藏	西藏巴青	副班长	七八九四部队七连	1962. 11. 19	1966. 3. 1
余国堂	男	汉	河南确山	战 士	七八八八部队九连	1962. 11. 19	1966. 3. 1
石从桥	男	汉	四川剑阁	战 士	七八八八部队九连	1962. 11. 19	1966. 3. 1
裴西宽	男	汉	四川重庆	战 士	七八八八部队四连	1962. 11. 20	1966. 3. 1
庄德全	男	汉	四川成都	战 士	七八九四部队三连	1962. 11. 21	1966. 3. 1
周玉芳	男	汉	辽宁海城	连 长	七八八七部队八连	1962. 11. 21	1966. 3. 1
张朝富	男	汉	四川璧山	副班长	七九〇六部队一连	1962. 11. 22	1966. 3. 1
李崇华	男	汉	四川大邑	副排长	七九〇六部队四连	1962. 11. 22	1966. 3. 1
张怀礼	男	汉	四川泸县	战 士	七九〇六部队五连	1962. 11. 22	1966. 3. 1
任王宽	男	汉	河南郑县	连 长	七八八八部队五连	1962. 11. 23	1966. 3. 1
杨朝顺	男	汉	四川乐至	战 士	七九〇六部队五连	1962. 11. 23	1966. 3. 1
蒋平国	男	汉	四川乐至	副班长	七九〇六部队五连	1962. 11. 23	1966. 3. 1
陈先有	男	汉	陕西户县	战 士	七八八六部队二连	1962. 11	1966. 3. 1
时光华	男	汉	四川铜梁	副班长	七八八六部队二连	1962. 11	1966. 3. 1
邓泽有	男	汉	四川重庆	战 士	七八八六部队三连	1962. 11	1966. 3. 1

续表 9

姓名	性别	民族	籍　贯	职　务	生前所在单位	牺牲时间	立碑时间
黄义清	男	汉	湖南新邵	排长	七八八六部队五连	1962. 11	1966. 3. 1
刘伦生	男	汉	四川广元	副排长	七八八六部队六连	1962. 11	1966. 3. 1
邓诗发	男	汉	四川中江	战　士	七八九八部队浪坎队	1962. 11	1966. 3. 1
周志国	男	汉	四川大足	副班长	七八九八部队浪坎队	1962. 11	1966. 3. 1
王文清	男	汉	陕西户县	战　士	七八八六部队五连	1962. 11	1966. 3. 1
史月启	男	汉	陕西洛川	战　士	七八八六部队六连	1962. 11	1966. 3. 1
马长海	男	汉	陕西洛川	班　长	七八八六部队六连	1962. 11	1966. 3. 1
焦振生	男	汉	陕西黄陵	班　长	七八八六部队六连	1962. 11	1966. 3. 1
陈友全	男	汉	陕西户县	副班长	七八八六部队五连	1962. 11	1966. 3. 1
陈焕廷	男	汉	四川江津	班　长	七八八八部队	1962. 12. 8	1966. 3. 1
杨维栋	男	汉		文　书	七八八八部队	1962	1966. 3. 1
张仲远	男	汉		战　士	七八九七部队后勤站	1962	1966. 3. 1
赵天灵	男	汉		战　士	七八九八部队二〇一分队	1962	1966. 3. 1
文书购	男	汉		战　士	七八九八部队一连	1962	1966. 3. 1
王国栋	男	汉	四川成都	战　士	七八九一部队二连	1962	1966. 3. 1
朱永成	男	汉	四川南溪	班　长	七八九一部队一连	1962	1966. 3. 1
马恒凯	男	汉	四川三台	班　长	七八九一部队一连	1962	1966. 3. 1
吴孝全	男	汉	四川成都	战　士	七八九二部队二连	1962	1966. 3. 1
张德福	男	汉		战　士	七八八八部队九连	1962	1966. 3. 1
钟永利	男	汉	四川江津	战　士	七八八八部队九连	1962	1966. 3. 1
叶其友	男	汉	四川江津	班　长	七八八八部队九连	1962	1966. 3. 1
刘敏清	男	汉	四川资中	班　长	七八九一部队八连	1962	1966. 3. 1
王安学	男	汉		战　士	七八九九部队三连	1962	1966. 3. 1
王瑞华	男	汉	四川重庆	战　士	七八九九部队一连	1962	1966. 3. 1
王泽先	男	汉		副排长	七八九九部队三连	1962	1966. 3. 1
谌明朋	男	汉			九八三九部队三营	1962	1966. 3. 1
刘怀安	男	汉	四川简阳	副班长	七八九一部队二连	1962	1966. 3. 1
刘兴铭	男	汉	四川永川	战　士	七八九一部队二连	1962	1966. 3. 1
格　桑	男	藏	西藏亚东	战　士	一五四团七连	1962	1966. 3. 1
刘明义	男	汉	四川三台	战　士	七八九一部队四连	1962	1966. 3. 1

续表10

姓名	性别	民族	籍　贯	职　务	生前所在单位	牺牲时间	立碑时间
王志金	男	汉	四川仁寿	班　长	七八九一部队五连	1962	1966. 3. 1
赵明均	男	汉	四川大足	战　士	七八九一部队五连	1962	1966. 3. 1
钟显成	男	汉	四川永川	副班长	七八九一部队五连	1962	1966. 3. 1
李石德	男	汉		战　士	七八八八部队一连	1962	1966. 3. 1
侯　飞	男	汉		战　士	七八八七部队炮三连	1962	1966. 3. 1
兰华桂	男	汉	四川大足	战　士	七八九一部队二连	1962	1966. 3. 1
张崇仲	男	汉	四川永川	战　士	七八九一部队三连	1962	1966. 3. 1
李汉洲	男	汉	四川江津	战　士	七八八八部队四连	1962	1966. 3. 1
陈光清	男	汉	陕西省	战　士	七八八八部队四连	1962	1966. 3. 1
魏长兴	男	汉	河南遂平	战　士	七八八八部队四连	1962	1966. 3. 1
张彦堂	男	汉	陕西宜川	班　长	七八八八部队四连	1962	1966. 3. 1
董兴旺	男	汉		战　士	七八八八部队四连	1962	1966. 3. 1
阎润生	男	汉	陕西分县	战　士	七八八八部队四连	1962	1966. 3. 1
李洪元	男	汉		战　士	七八八八部队四连	1962	1966. 3. 1
孙福全	男	汉		战　士	七八八八部队四连	1962	1966. 3. 1
苏平生	男	汉		副班长	七八八八部队五连	1962	1966. 3. 1
王金龙	男	汉		战　士	七八八八部队五连	1962	1966. 3. 1
额开春	男	汉		战　士	七八八八部队五连	1962	1966. 3. 1
杨志福	男	汉		副班长	七八八八部队五连	1962	1966. 3. 1
刘德清	男	汉		战　士	七八八八部队三连	1962	1966. 3. 1
张志远	男	汉		班　长	七八九八部队炮连	1962	1966. 3. 1
廖艰光	男	汉		副班长	七八八七部队三连	1962	1966. 3. 1
冯志刚	男	汉	陕西子长	班　长	七八八八部队四连	1962	1966. 3. 1
王坤全	男	汉	四川大足	副班长	七八九一部队一连	1962	1966. 3. 1
胡志强	男	汉	四川大足	副班长	七八九一部队二连	1962	1966. 3. 1
邓传德	男	汉	四川大足	副班长	七八九一部队二连	1962	1966. 3. 1
曾维富	男	汉	四川永川	副班长	七八九一部队二连	1962	1966. 3. 1
王守喜	男	汉	四川简阳	战　士	一五五四部队	1962	1966. 3. 1
周初钿	男	汉	四川长宁	战　士	七九〇六部队五连	1962	1966. 3. 1
何志禄	男	汉	四川成都	副班长	七九〇六部队五连	1962	1966. 3. 1

续表 11

姓名	性别	民族	籍　贯	职　务	生前所在单位	牺牲时间	立碑时间
陈大富	男	汉	四川乐至	战　士	七九〇六部队五连	1962	1966. 3. 1
徐全兴	男	汉	四川泸县	战　士	七九〇六部队五连	1962	1966. 3. 1
王玉祥	男	汉	四川三台	战　士	七八九一部队三连	1962	1966. 3. 1
高明友	男	汉	四川永川	战　士	七八九一部队三连	1962	1966. 3. 1
李仁均	男	汉	四川三台	战　士	七八九一部队三连	1962	1966. 3. 1
聂勋益	男	汉	四川永川	战　士	七八九一部队三连	1962	1966. 3. 1
郭洪清	男	汉		班　长	七八九八部队特务连	1962	1966. 3. 1
余银洲	男	汉		副班长	七八九九部队一连	1962	1966. 3. 1
刘正艰	男	汉		战　士	七八九九部队	1962	1966. 3. 1
王用明	男	汉		战　士	七八九九部队一连	1962	1966. 3. 1
罗清文	男	汉		战　士	七八九九部队一连	1962	1966. 3. 1
徐银清	男	汉		战　士	七八九九部队一连	1962	1966. 3. 1
多　吉	男	藏		战　士	七八九九部队后勤处	1962	1966. 3. 1
陈开华	男	汉		战　士	七八九九部队运输排	1962	1966. 3. 1
张文立	男	汉		班　长	七八九九部队一连	1962	1966. 3. 1
刘仁发	男	汉	四川成都	战　士	七九〇六部队警卫连	1962	1966. 3. 1
徐安启	男	汉	四川省	副班长	七九〇六部队通讯连	1962	1966. 3. 1
黄志成	男	汉	四川乐至	战　士	七九〇六部队八连	1962	1966. 3. 1
陈善梁	男	汉	四川乐至	战　士	七九〇六部队九连	1962	1966. 3. 1
冯孝先	男	汉	四川乐至	战　士	七九〇六部队六连	1962	1966. 3. 1
舒忠群	男	汉	四川三台	战　士	七八九一部队三连	1962	1966. 3. 1
王志明	男	汉	四川大足	副班长	七八九一部队三连	1962	1966. 3. 1
羽生芳	男	汉	陕西洛川	班　长	七八八六部队机炮连	1962	1966. 3. 1
胡大富	男	汉	四川重庆	战　士	七八八六部队机炮连	1962	1966. 3. 1
刘振林	男	汉	陕西乾县	战　士	七八八六部队机炮连	1962	1966. 3. 1
张兴斌	男	汉	陕西西安	战　士	七八八六部队机炮连	1962	1966. 3. 1
古金福	男	汉	四川江津	班　长	七九〇六部队九连	1962	1966. 3. 1
张前佐	男	汉	四川永川	副班长	七九〇六部队九连	1962	1966. 3. 1
姚书见	男	汉	四川乐至	战　士	七九〇六部队九连	1962	1966. 3. 1
王德明	男	汉	四川成都	战　士	七九〇六部队九连	1962	1966. 3. 1

续表12

姓名	性别	民族	籍　贯	职　务	生前所在单位	牺牲时间	立碑时间
汪志均	男	汉	四川自贡	战　士	七九〇六部队九连	1962	1966.3.1
付长春	男	汉	四川简阳	班　长	七八九一部队三连	1962	1966.3.1
徐绪明	男	汉	四川宜宾	副排长	七八九一部队三连	1962	1966.3.1
李胜榜	男	汉	四川永川	班　长	七八九一部队机炮连	1962	1966.3.1
邵泽林	男	汉	陕西西安	战　士	七八八八部队七连	1962	1966.3.1
张天友	男	汉	四川永川	通讯员	七八八八部队七连	1962	1966.3.1
苟结思	男	汉	四川江津	战　士	七八八八部队七连	1962	1966.3.1
曹树华	男	汉		战　士	七八八五部队二连	1962	1966.3.1
李登明	男	汉		战　士	七八九八部队二连	1962	1966.3.1
伍德富	男	汉		战　士	七八九九部队炮连	1962	1966.3.1
熊绍银	男	汉		班　长	七八九七部队骑兵连	1962	1966.3.1
唐应相	男	汉		战　士	七八九七部队四连	1962	1966.3.1
钟金国	男	汉		副班长	七八九七部队三连	1962	1966.3.1
郑郑书	男	汉		副班长	七九〇九部队五连	1962	1966.3.1
王灿金	男	汉		战　士	九八三七部队侦察连	1962	1966.3.1
来志全	男	汉		排　长	七八八七部队炮连	1962	1966.3.1
李忠其	男	汉		战　士	七八九九部队一连	1962	1966.3.1
代德兴	男	汉	四川江津	战　士	七八九九部队二连	1962	1966.3.1
周辉全	男	汉		战　士	七八九九部队炮连	1962	1966.3.1
张柏新	男	汉		战　士	九二二二部队七连	1962	1966.3.1
张池昌	男	汉		排　长	七九二七部队九连	1962	1966.3.1
李伯元	男	汉		战　士	八〇〇七部队二连	1962	1966.3.1
吴孝木	男	汉	四川中江	副班长	七八九四部队二连	1962	1966.3.1
李芪贵	男	汉	四川乐至	战　士	七九〇六部队七连	1962	1966.3.1
张来中	男	汉	四川大足	战　士	七八九一部队二连	1962	1966.3.1
李先才	男	汉	四川永川	战　士	七八九一部队特务连	1962	1966.3.1
冠子夫	男	汉		战　士	七八九八部队一连	1962	1966.3.1
苏炳高	男	汉		副班长	七八九八部队一连	1962	1966.3.1
汪金山	男	汉		班　长	七八九八部队二连	1962	1966.3.1
文世富	男	汉		通讯员	七八九八部队德藏队	1962	1966.3.1

续表 13

姓名	性别	民族	籍　贯	职　务	生前所在单位	牺牲时间	立碑时间
罗光国	男	汉		班　长	七八九七部队二连	1962	1966. 3. 1
王鹏辉	男	汉	陕西礼泉	排　长	七八八八部队炮连	1962	1966. 3. 1
胡忠校	男	汉	四川夹江	排　长	七八八八部队五连	1962	1966. 3. 1
李洪太	男	汉	四川梓潼	排　长	七八八八部队五连	1962	1966. 3. 1
蒲开发	男	汉	四川梓潼	排　长	七八八八部队四连	1962	1966. 3. 1
于庆先	男	汉	江苏南京		七八八八部队	1962	1966. 3. 1
方登奎	男	汉	陕西汉中	排　长	七八八七部队八连	1962	1966. 3. 1
吕宗全	男	汉	四川大邑	排　长	七八九八部队二连	1962	1966. 3. 1
李福顺	男	汉	陕西省	副指导员	八〇〇五部队九连	1962	1966. 3. 1
严明清	男	汉	四川内江	班　长	七八九四部队二连	1962	1966. 3. 1
覃先水	男	汉	四川永川	卫生员	七八九一部队二连	1962	1966. 3. 1
沈世民	男	汉	四川江津	副班长	七八九一部队五连	1962	1966. 3. 1
杨崇禄	男	汉	四川仁寿	卫生员	七八九一部队六连	1962	1966. 3. 1
吴金玉	男	汉	河南太康	连　长	七八九九部队一连	1962	1966. 3. 1
代兴明	男	汉	安徽临泉	连　长	七八九九部队一连	1962	1966. 3. 1
王三俊	男	汉		战　士	七八八七部队	1962	1966. 3. 1
麦兴让	男	汉		战　士	七八八七部队	1962	1966. 3. 1
王更强	男	汉		战　士	七八八七部队	1962	1966. 3. 1
吴上弟	男	汉		战　士	七八八七部队	1962	1966. 3. 1
李怀雨	男	汉		战　士	五九团五连	1962	1966. 3. 1
赵德奇	男	汉		班　长	七八八七部队八连	1962	1966. 3
贺春孝	男	汉		战　士	七八八七部队	1962	1966. 3
周声贵	男	汉		战　士	七八八七部队	1962	1966. 3
王铁山	男	汉		战　士	七八八七部队后勤处	1962	1966. 3
张有国	男	汉		战　士	三十四团四连	1962	1966. 3
白全学	男	汉		卫生员	七八八七部队卫生队	1962	1966. 3
高卫成	男	汉		战　士	七八八七部队六连	1962	1966. 3
宋华元	男	汉		班　长	七八八七部队七连	1962	1966. 3. 1
白正录	男	汉	四川江津	通讯员	七八八八部队三连	1962	未立碑
央　金	女	藏	西藏加查		修建林芝—邱多江线	1962	未立碑

续表 14

姓名	性别	民族	籍　贯	职　务	生前所在单位	牺牲时间	立碑时间
李道修	男	汉	四川藏远	副班长	七八九〇部队	1962	未立碑
李建功	男	汉	陕西富县	副班长	七八八六部队机枪二连	1962	未立碑
周天喜	男	汉	四川安岳	排　长	七九三三部队七连	1962	未立碑
王勤学	男	汉	陕西韩城	连　长	八一〇八部队一连	1962	未立碑
王世俊	男	汉	四川仁寿	班　长	七八九四部队二连	1962	未立碑
郭仕有	男	汉	陕西米脂	队　长	七八八八部队卫生队	1962	未立碑
李福顺	男	汉	陕西扶风	副指导员	八〇六二部队	1962	未立碑
崔道发	男	汉	四川彭县	战　士	七八九九部队三连	1962	未立碑
杨邦钦	男	汉	四川隆昌	排　长	七八九〇部队机枪连	1962	未立碑
钟蔚平	男	汉	四川自贡	战　士	七九〇六部队九连	1962	未立碑
胡华里	男	汉	四川大足	班　长	七八九一部队三连	1962	未立碑
宋文祥	男	汉	四川自贡	炊事员	七九〇六部队六连	1962	未立碑
吴太明	男	汉	四川垫江	班　长	七九三四部队六连	1962	未立碑
李堂则	男	汉	山西中阳	营　长	七八八七部队	1962	未立碑
草先木	男	汉	四川永川	卫生员	七八九一部队	1962	未立碑
康意岐	男	汉	陕西长安	参　谋	七八八八部队	1962	未立碑
张吉光	男	汉	四川大足	战　士	七八九〇部队五连	1962	未立碑
曹锦昌	男	汉	江苏海门	副政委	四〇八部队	1963. 1	未立碑
罗启潮	男	汉	四川钢梁	技术员	自治区筹委会交通处	1963. 1	未立碑
陈化玉	男	汉		战　士	七八九七部队	1963. 3. 1	未立碑
陈云玉	男	汉		副队长	四〇七部队	1963. 3. 1	未立碑
李云高	男	汉	四川夹江	战　士	七八九八部队二连	1963. 3. 1	未立碑
胡家顺	男	汉		副班长	七八九八部队炮连	1963. 3. 1	未立碑
岳志林	男	汉	四川眉山	战　士	四〇七部队工兵连	1963. 3. 1	未立碑
黄辉玉	男	汉	四川盐亭	战　士	四〇七部队工兵连	1963. 3. 1	未立碑
王从彩	男	汉		战　士	四〇七部队工兵连	1963. 3. 1	未立碑
胡明发	男	汉		副班长	八〇〇五部队九连	1963. 3. 1	未立碑
宋登云	男	汉		战　士	八〇〇五部队九连	1963. 3. 1	未立碑
张效文	男	汉	四川井研	战　士	八〇〇五部队九连	1963. 3. 1	未立碑
贡秋扎巴	男	藏	西藏昌都	副站长	普兰县兽防站	1963. 5	未立碑

续表 15

姓名	性别	民族	籍　贯	职　务	生前所在单位	牺牲时间	立碑时间
李永树	男	汉	山西汾阳	副主任	七九〇三部队	1963. 12	未立碑
普布扎西	男	藏	西藏拉孜	战　士	五〇一部队二连	1964. 1	未立碑
王玉林	男	汉	四川三台	战　士	七八九九部队一连	1964. 4. 4	1966. 3. 1
陈久录	男	汉	四川铜梁	战　士	七八八七部队八连	1964. 9	1966
惠志诚	男	汉	浙江杭州	科　长	四〇七部队	1964. 11	未立碑
夏辅仁	男	汉	山东泰安	副书记	自治区工委	1964. 11	未立碑
沈光泽	男	汉	四川重庆	班　长	七八九八部队二连	1964	1966. 3. 1
徐坤锡	男	汉	四川达县	班　长	七八九八部队后勤站	1964	1966. 3. 1
黎仁述	男	汉		战　士	七八九七部队六连	1964	1966. 3. 1
李学成	男	汉	四川自贡	战　士	七八九九部队二连	1964	1966. 3. 1
刘平安	男	汉	四川眉山	战　士	七八九九部队二连	1964	1966. 3. 1
曲　登	男	藏	西藏左贡	团支书	左贡县乌雅区	1965. 2	未立碑
杨昌堂	男	汉	四川忠县	副班长	四〇七部队机炮连	1965. 4. 21	1966. 3. 1
徐松荣	男	汉	江苏盐城	委　员	自治区政协	1965. 5	未立碑
陈大荣	男	汉	四川筠连	助理员	七八八六部队	1965. 5	未立碑
郭年成	男	汉	四川内江	副班长	四〇四部队	1965. 6	未立碑
范志坤	男	汉	辽宁海城	医　士	山南地区人民医院	1965. 6	1966. 3. 1
姜成荣	男	汉	四川夹江	给养员	七八九八部队一连	1965	1966. 3. 1
张潘龙	男	汉	四川武南	班　长	山南公安大队	1965	1966. 3. 1
胡述良	男	汉	四川自贡	班　长	七八九九部队一连	1965	1966. 3. 1
严荣礼	男	汉	河北乐平	医　生	七八九七部队	1965	未立碑
宋明武	男	汉	四川资阳	战　士	七八九七部队二连	1965	未立碑
肖佐全	男	汉		战　士	七八九七部队	由于档案不全，相关资料无法查找	1966. 3. 1
路宽友	男	汉		战　士	七八九七部队		1966. 3. 1
朱真元	男	汉		战　士	七八九七部队		1966. 3. 1
王连升	男	汉		战　士	八〇〇五部队		1966. 3. 1
吕泽云	男	汉		战　士	八〇〇五部队		1966. 3. 1
叶新棋	男	汉		战　士	八〇〇五部队		1966. 3. 1
吴长友	男	汉		战　士	八〇〇五部队		1966. 3. 1
卫锡城	男	汉		给养员	八〇〇五部队		1966. 3. 1

续表 16

姓名	性别	民族	籍　贯	职　务	生前所在单位	牺牲时间	立碑时间
刘福林	男	汉		战　士	二四七九部队	由于档案不全，相关资料无法查找	1966. 3. 1
吴志华	男	汉	四川宜宾	战　士	七八九七部队		1966. 3. 1
杨宗昌	男	汉	四川龙泉	战　士	七八九七部队		1966. 3. 1
毛德安	男	汉		战　士	七八九七部队		1966. 3. 1
谢金泉	男	汉		班　长	朗县中队		1966. 3. 1
曹仲荣	男	汉	四川眉山	排　长	四〇七部队工兵连		1966. 3. 1
彭攀松	男	汉		战　士	七八八七部队		1966. 3. 1
李胜君	男	汉		班　长	七九三五部队三连		1966. 3. 1
林俊文	男	汉		战　士	七八八七部队炮连		1966. 3. 1
陈宝禄	男	汉		战　士	七八八七部队特务连		1966. 3. 1
周鼎富	男	汉		战　士	七八八六部队特务连		1966. 3. 1
冯师朝	男	汉		副班长	三十二团二连		1966. 3. 1
陶西和	男	汉		班　长	三十二团通讯连		1966. 3. 1
宋金科	男	汉		副连长	三十二团通讯连		1966. 3. 1
甘建林	男	汉		战　士	三十二团通讯连		1966. 3. 1
王　志	男	汉		战　士	七九三五部队指挥连		1966. 3. 1
刘仁德	男	汉		战　士	七九三五部队机炮连		1966. 3. 1
杨德友	男	汉		给养员	七九三五部队卫生队		1966. 3. 1
陈西远	男	汉		战　士	七九三五部队指挥连		1966. 3. 1
周秀明	男	汉		驾驶员	四〇七部队卫生所		1966. 3. 1
岑凤祥	男	汉	河南杞县	战　士	七八九八部队后勤站		1966. 3. 1
马秉生	男	汉	河南杞县	战　士	七八九八部队		1966. 3. 1
薛忠成	男	汉		班　长	七八八五部队一〇六分队		1966. 3. 1
范增友	男	汉		战　士	七八八五部队汽车连		1966. 3. 1
胡太国	男	汉			七九〇六部队		1966. 3. 1
王芝成	男	汉			七九〇六部队		1966. 3. 1
龚固义	男	汉		干　部	参谋指挥部队		1966. 3. 1
方富明	男	汉			七八九一部队		1966. 3. 1
王延金	男	汉		战　士	七八九一部队机炮连		1966. 3. 1
蒋志高	男	汉		战　士	七八九一部队机炮连		1966. 3. 1

续表 17

姓名	性别	民族	籍　贯	职　务	生前所在单位	牺牲时间	立碑时间
艾绍银	男	汉	陕西米脂	战　士	七八九一部队一连	由于档案不全，相关资料无法查找	1966. 3. 1
吴平德	男	汉	四川永川	战　士	七八九一部队一连		1966. 3. 1
拉　巴	男	藏			七八九一部队		1966. 3. 1
郑树明	男	汉		班　长	七八八部队九连		1966. 3. 1
土布次仁	男	藏	西藏山南	战　士	乃东县人武部		1966. 3. 1
何守安	男	汉		战　士	七八九九部队		1966. 3. 1
刘会举	男	汉		战　士	九四四〇部队七连		1966. 3. 1
冯兆祥	男	汉		战　士	九四四〇部队一营		1966. 3. 1
张佐清	男	汉		战　士	隆子县公安队		1966. 3. 1
魏天明	男	汉			西藏军区后勤建筑部队		1966. 3. 1
刘汉贵	男	汉		文　书	八〇〇五部队七连		1966. 3. 1
卢连原	男	汉		战　士	八〇〇五部队七连		1966. 3. 1
王光兴	男	汉		战　士	八〇〇五部队七连		1966. 3. 1
李顺夏	男	汉		战　士	八〇〇五部队七连		1966. 3. 1
富进文	男	汉		战　士	八〇〇五部队七连		1966. 3. 1
秦三文	男	汉		战　士	八〇〇五部队七连		1966. 3. 1
景岩山	男	汉		战　士	八〇〇五部队七连		1966. 3. 1
缪中和	男	汉		班　长	八〇〇五部队九连		1966. 3. 1
张坤刚	男	汉		翻译员	四一二部队		1966. 3. 1
胡家彬	男	汉		副队长	四一九部队工作队		1966. 3. 1
田玉庸	男	汉		副排长	四一九部队工作队		1966. 3. 1
李荣友	男	汉		战　士	七八九一部队五连		1966. 3. 1
陈忠贵	男	汉		战　士	七八九一部队八连		1966. 3. 1
韩俊全	男	汉	陕西汉中	战　士	七八九一部队五连		1966. 3. 1
张天贵	男	汉		保管员	四〇七部队军械库		1966. 3. 1
杨士科	男	汉		通讯员	八〇〇五部队七连		1966. 3. 1
刘恒元	男	汉		战　士	八〇〇五部队八连		1966. 3. 1
赵德龙	男	汉		战　士	八〇〇五部队通讯连		1966. 3. 1
王有成	男	汉		班　长	八〇〇五部队一连		1966. 3. 1
米永林	男	汉		战　士	八〇〇五部队一连		1966. 3. 1

续表18

姓名	性别	民族	籍　贯	职　务	生前所在单位	牺牲时间	立碑时间
陈元吉	男	汉		战　士	八〇〇五部队七连	由于档案不全，相关资料无法查找	1966. 3. 1
乔云升	男	汉		战　士	八〇〇五部队七连		1966. 3. 1
谭志才	男	汉		战　士	八〇〇五部队七连		1966. 3. 1
魏朝彬	男	汉		副班长	七八九一部队二连		1966. 3. 1
崔长喜	男	汉		战　士	七八九一部队二连		1966. 3. 1
阿　堆	男	藏		战　士	七八九一部队二连		1966. 3. 1
周吉富	男	汉		战　士	七八九一部队三连		1966. 3. 1
张满生	男	汉		战　士	七八九一部队三连		1966. 3. 1
陈书仕	男	汉	四川大足	战　士	七八九一部队三连		1966. 3. 1
赵树清	男	汉		战　士	七八九一部队七连		1966. 3. 1
乡文富	男	汉		副班长	七八九一部队四连		1966. 3. 1
李明国	男	汉		战　士	七八九一部队五连		1966. 3. 1
杜正发	男	汉		战　士	九二二八部队八连		1966. 3. 1
邓良明	男	汉		通讯员	九八三七部队侦察连		1966. 3. 1
钟学文	男	汉		战　士	五〇四部队五连		1966. 3. 1
江政芳	男	汉		通讯员	八〇〇五部队二营		1966. 3. 1
蒋业平	男	汉		战　士	八〇〇五部队六连		1966. 3. 1
彭屯福	男	汉		班　长	八〇〇五部队六连		1966. 3. 1
王道树	男	汉		排　长	八〇〇五部队七连		1966. 3. 1
都恩镇	男	汉		班　长	八〇〇五部队七连		1966. 3. 1
樊缠宽	男	汉		班　长	八〇〇五部队七连		1966. 3. 1
管坤华	男	汉		班　长	八〇〇五部队七连		1966. 3. 1
马文学	男	汉		副班长	八〇〇五部队七连		1966. 3. 1
王明安	男	汉		班　长	七八九一部队四连		1966. 3. 1
徐永明	男	汉	四川彭山	战　士	七八九一部队一连		1966. 3. 1
张志德	男	汉	陕西乾县	战　士	七八九一部队二连		1966. 3. 1
李长胜	男	汉	四川仁寿	战　士	七八九一部队二连		1966. 3. 1
蒋志洪	男	汉		战　士	七九〇六部队五连		1966. 3. 1
王忠锡	男	汉	四川泸县	战　士	七九〇六部队二连		1966. 3. 1
柳光浩	男	汉		战　士	七九〇六部队二连		1966. 3. 1

续表 19

姓名	性别	民族	籍　贯	职　务	生前所在单位	牺牲时间	立碑时间
谭昌金	男	汉	四川三台	战　士	七八九一部队三连	由于档案不全，相关资料无法查找	1966. 3. 1
孟宪浩	男	汉		战　士	七八九一部队三连		1966. 3. 1
刘诗富	男	汉		战　士	七八九一部队三连		1966. 3. 1
杨厚才	男	汉	四川南溪	副班长	七八九一部队八连		1966. 3. 1
钟世达	男	汉	四川资中	副班长	七八九一部队八连		1966. 3. 1
曾程修	男	汉		战　士	七八九一部队三营		1966. 3. 1
文云富	男	汉		战　士	七八九一部队二连		1966. 3. 1
周望兴	男	汉		副班长	七八八八部队四连		1966. 3. 1
李善中	男	汉		副班长	九二二八部队七连		1966. 3. 1
刘太述	男	汉		战　士	八〇〇五部队一连		1966. 3. 1
王兴生	男	汉		副班长	八〇〇五部队二连		1966. 3. 1
严书成	男	汉		战　士	八〇〇五部队二连		1966. 3. 1
王世生	男	汉		副班长	八〇〇五部队三连		1966. 3. 1
刘志清	男	汉		卫生员	八〇〇五部队一营		1966. 3. 1
谭世安	男	汉		战　士	八〇〇五部队三连		1966. 3. 1
维万福	男	汉		战　士	八〇〇五部队一连		1966. 3. 1
白凤祥	男	汉		给养员	八〇〇五部队二营		1966. 3. 1
马晶友	男	汉		战　士	七八九一部队二连		1966. 3. 1
钟玉怀	男	汉		班　长	七八九一部队三营		1966. 3. 1
王永祥	男	汉	陕西富华	副班长	七八八七部队六连		1966. 3. 1
李元庆	男	汉	四川潼南	战　士	七八八七部队六连		1966. 3. 1
蒋忠润	男	汉		战　士	七八八七部队六连		1966. 3. 1
张玉明	男	汉	四川荣昌	战　士	七八八七部队六连		1966. 3. 1
王广福	男	汉		战　士	七九二九部队二连		1966. 3. 1
李曾云	男	汉		战　士	八〇〇五部队三连		1966. 3. 1
崔集衍	男	汉		战　士	八〇〇五部队三连		1966. 3. 1
陈德发	男	汉		战　士	八〇〇五部队三连		1966. 3. 1
郭富明	男	汉		副班长	八〇〇五部队三连		1966. 3. 1
陈远福	男	汉		战　士	八〇〇五部队喷火连		1966. 3. 1
张学振	男	汉		副班长	八〇〇四部队市炮营		1966. 3. 1

续表 20

姓名	性别	民族	籍　贯	职　务	生前所在单位	牺牲时间	立碑时间
康柏灵	男	汉		战　士	八〇〇四部队工兵营	由于档案不全，相关资料无法查找	1966. 3. 1
李福太	男	汉		战　士	八〇〇五部队一连		1966. 3. 1
宋银彬	男	汉		战　士	七八九四部队一连		1966. 3. 1
陈全世	男	汉	四川自贡	战　士	七九〇六部队九连		1966. 3. 1
李祖伦	男	汉		通讯员	七八九一部队三连		1966. 3. 1
阎成金	男	汉	四川大足	班　长	七八九一部队三连		1966. 3. 1
张光明	男	汉		战　士	七八九一部队九连		1966. 3. 1
刘仁太	男	汉	四川泸县	副班长	七八九一部队九连		1966. 3. 1
何沼安	男	汉	四川仁寿	战　士	七八九一部队二营		1966. 3. 1
谢明华	男	汉	四川溪县	战　士	七八九一部队六连		1966. 3. 1
龙代章	男	汉	四川泸县	战　士	七八九一部队一营		1966. 3. 1
李念松	男	汉		战　士	七八九一部队三连		1966. 3. 1
张学忠	男	汉	陕西铜川	副班长	七八八六部队二连		1966. 3. 1
余世忠	男	汉		战　士	七八八六部队二连		1966. 3. 1
李佐双	男	汉		战　士	七八八六部队二连		1966. 3. 1
李仲秋	男	汉		战　士	七八八六部队二连		1966. 3. 1
袁宗告	男	汉		战　士	七八九七部队农场		1966. 3. 1
曾开明	男	汉		战　士	七八九九部队三连		1966. 3. 1
谷业禄	男	汉		战　士	七八九七部队一连		1966. 3. 1
段齐金	男	汉		战　士	七八九八部队三连		1966. 3. 1
曾坤文	男	汉		副班长	七八九八部队炮连		1966. 3. 1
齐四海	男	汉		战　士	七八九八部队炮连		1966. 3. 1
胡朝贵	男	汉		班　长	七八九八部队四连		1966. 3. 1
代玉成	男	汉		战　士	七八九八部队特务连		1966. 3. 1
贺来喜	男	汉		战　士	九二二八部队炮兵营		1966. 3. 1
张长都	男	汉		战　士	九八三七部队侦察连		1966. 3. 1
吴华钦	男	汉		战　士	三〇八团一营		1966. 3. 1
叶本明	男	汉		班　长	八〇〇五部队五连		1966. 3. 1
李来昌	男	汉		战　士	八〇〇七部队五连		1966. 3. 1
权祖兴	男	汉		战　士	八〇〇五部队九连		1966. 3. 1

续表 21

姓名	性别	民族	籍　贯	职　务	生前所在单位	牺牲时间	立碑时间
庞佐礼	男	汉		战　士	八〇〇五部队九连	由于档案不全，相关资料无法查找	1966. 3. 1
许忠仁	男	汉		战　士	八〇〇五部队九连		1966. 3. 1
唐显成	男	汉		战　士	八〇〇五部队三连		1966. 3. 1
丁福厚	男	汉		战　士	八〇〇五部队三连		1966. 3. 1
陈三省	男	汉		战　士	八〇〇五部队三连		1966. 3. 1
杨国华	男	汉	四川中江	战　士	七八九四部队机炮连		1966. 3. 1
吴潘万	男	汉		战　士	七八九四部队炮连		1966. 3. 1
宋子云	男	汉		副指导员			1966. 3. 1
潘和远	男	汉		战　士	七八九四部队五连		1966. 3. 1
胡跃堂	男	汉		副连长	七八八八部队六连		1966. 3. 1
阎苗奎	男	汉		连　长	七八八八部队四连		1966. 3. 1
次旺罗布	男	藏		干　事	山南统战部		1966. 3. 1
胡东先	男	汉		战　士	八〇〇七部队特务连		1966. 3. 1
李全才	男	汉		战　士	八〇〇七部队特务连		1966. 3. 1
云贤巨	男	汉		战　士	八〇〇七部队炮连		1966. 3. 1
王建功	男	汉		战　士	八〇〇七部队炮连		1966. 3. 1
马高升	男	汉		战　士	八〇〇七部队炮连		1966. 3. 1
扬栓予	男	汉		战　士	八〇〇七部队机枪连		1966. 3. 1
陈厚善	男	汉		战　士	八〇〇七部队机枪连		1966. 3. 1
林缠娃	男	汉		战　士	八〇〇七部队三连		1966. 3. 1
余学文	男	汉	四川富顺	战　士	七八九四部队七连		1966. 3. 1
陈福样	男	汉		副班长	七九〇六部队机枪连		1966. 3. 1
姚天顺	男	汉	甘肃省	排　长	七八八六部队机炮连		1966. 3. 1
旦增罗布	男	藏		会　计	山南分工委财经局		1966. 3. 1
贺生荣	男	汉		班　长	八〇〇七部队二连		1966. 3. 1
李一辉	男	汉		战　士	八〇〇七部队二连		1966. 3. 1
王效伯	男	汉		战　士	八〇〇七部队二连		1966. 3. 1
杨明渊	男	汉		战　士	八〇〇七部队二连		1966. 3. 1
徐谋姓	男	汉		战　士	八〇〇七部队二连		1966. 3. 1
王继辉	男	汉		战　士	八〇〇七部队二连		1966. 3. 1

续表 22

姓名	性别	民族	籍　贯	职　务	生前所在单位	牺牲时间	立碑时间
孙运秦	男	汉		战　士	八〇〇七部队二连	由于档案不全，相关资料无法查找	1966. 3. 1
徐培洲	男	汉	四川三台	战　士	七八九四部队二连		1966. 3. 1
宋财元	男	汉	四川仪陇	战　士	七八九四部队二连		1966. 3. 1
唐仕富	男	汉	四川简阳	副班长	七八九四部队二连		1966. 3. 1
张友平	男	汉	四川垫江	战　士	七八九四部队二连		1966. 3. 1
倪宗武	男	汉	四川乐至	战　士	七九〇六部队七连		1966. 3. 1
陈子文	男	汉		副班长	七八九一部队机炮连		1966. 3. 1
宋堂玉	男	汉		股　长	七八九一部队作训股		1966. 3. 1
冯振明	男	汉	陕西洛川	战　士	七八八六部队六连		1966. 3. 1
马根新	男	汉	陕西栒邑	战　士	七八八六部队五连		1966. 3. 1
雷祖孝	男	汉		副班长	八〇〇五部队七连		1966. 3. 1
雷关田	男	汉		班　长	八〇〇七部队二连		1966. 3. 1
屈东华	男	汉		战　士	八〇〇七部队二连		1966. 3. 1
冯树春	男	汉		战　士	八〇〇七部队二连		1966. 3. 1
时照海	男	汉		班　长	八〇〇七部队二连		1966. 3. 1
杜明亮	男	汉		排　长	八〇〇七部队二连		1966. 3. 1
张福学	男	汉		排　长	八〇〇五部队		1966. 3. 1
郑友贵	男	汉		战　士	二四七九部队二连		1966. 3. 1
周洪文	男	汉	湖北江陵	侦察员	七八九七部队三〇一分队		1966. 3. 1
韩凤祥	男	汉		排　长	七八八七部队九连		1966. 3. 1
邢花忠	男	汉		排　长	七八九八部队五连		1966. 3. 1
王学志	男	汉		翻译员	七八九七部队		1966. 3. 1
陈学贵	男	汉		连　长	七八九七部队一连		1966. 3. 1
刘仁忠	男	汉		副厂长	七八九八部队后勤处		1966. 3. 1
韩光俊	男	汉		排　长	四〇七部队汽车连		1966. 3. 1
马玉友	男	汉		战　士	七八九七部队三连		1966. 3. 1
依在春	男	汉		战　士	七八九七部队二连		1966. 3. 1
张灵泉	男	汉		通讯员	八〇〇七部队一连		1966. 3. 1
张光勋	男	汉		战　士	七八九七部队二连		1966. 3. 1
徐帮富	男	汉		班　长	九二二八部队九连		1966. 3. 1

续表 23

姓名	性别	民族	籍　贯	职　务	生前所在单位	牺牲时间	立碑时间
杨海中	男	汉		班　长	九二二八部队七连	由于档案不全，相关资料无法查找	1966. 3. 1
谢光福	男	汉		排　长	八〇〇五部队七连		1966. 3. 1
李德宏	男	汉		司务长	八〇〇五部队炮连		1966. 3. 1
王汉山	男	汉		排　长	八〇〇七部队二连		1966. 3. 1
傅毅军	男	汉		副连长	八〇〇五部队八连		1966. 3. 1
论有禄	男	汉		连　长	八〇〇五部队炮连		1966. 3. 1
君泽明	男	汉		连　长	八〇〇七部队一连		1966. 3. 1
王仁俊	男	汉	四川仁寿	战　士	七八九四部队二连		1966. 3. 1
刘孝永	男	汉	四川江津	战　士	七八八六部队八连		1966. 3. 1
钟世民	男	汉	四川自贡	战　士	七八九八部队三连		1966. 3. 1
李生贵	男	汉	四川简阳	班　长	七八九八部队三连		1966. 3. 1
于应和	男	汉		助理员	四〇三部队军区		1966. 3. 1
褚长亮	男	汉		营　长	七八九八部队步兵营		1966. 3. 1
张仲运	男	汉		战　士	七八九一部队后勤处		1966. 3. 1
胡策云	男	汉		战　士	七八八七部队		1966. 3. 1
张世宏	男	汉	辽宁岫岩	排　长	九二二八部队七连		1966. 3. 1
郭永堂	男	汉		卫生员	七八九八部队卫生队		1966. 3. 1
李金样	男	汉		战　士	四〇七部队通讯连		1966. 3. 1
罗克贵	男	汉		战　士	八〇〇七部队七连		1966. 3. 1
秦度兴	男	汉		战　士	八〇〇七部队三连		1966. 3. 1
王克田	男	汉		战　士	八〇〇七部队八连		1966. 3. 1
张谓安	男	汉		战　士	八〇〇七部队九连		1966. 3. 1
霍连玉	男	汉		战　士	八〇〇七部队八连		1966. 3. 1
梁礼聪	男	汉	四川达县	卫生员	七八九八部队二二一分队		1966. 3. 1
平措多吉	男	藏	西藏扎囊	战　士	五一八部队炮连		1966. 3. 1
张代祥	男	汉	四川涪陵	副班长	七八九七部队特务连		1966. 3. 1
郭永奎	男	汉		卫生员	七八九七部队卫生队		1966. 3. 1
薛志明	男	汉	山西临汾	副处长	山南公安处	1966. 8. 3	1966. 3. 1
张同昌	男	汉		副书记	加查县委	1966. 8. 3	1966. 8
张木先	男	汉	四川广汉	战　士	四〇七部队机炮连	1966. 8. 14	1966. 3. 1

续表24

姓名	性别	民族	籍　贯	职　务	生前所在单位	牺牲时间	立碑时间
唐文简	男	汉	四川金堂	战　士	七八九七部队炮连	1966	1966. 3. 1
张保成	男	汉	甘肃庆阳	战　士	四〇七部队通讯连	1967. 7. 16	1967
李全康	男	汉		副主任	山南朗县	1968. 6. 16	未立碑
马跃先	男	汉	四川温江	战　士	五一八部队合手支队	1968	1968
王学成	男	汉		连　长	四〇四部队		1969. 2. 12
史成仁	男	汉	甘肃通渭	战　士	七八九八部队	1969	1969
吴朝文	男	汉	四川达县	战　士	七八九八部队炮连	1969	1969
张　荣	男	汉	甘肃定西	班　长	五一八部队步兵连	1969	1969
杨长有	男	汉	陕西周至	副排长	四〇七部队侦察连	1970. 10. 5	1971. 10. 5
嘎　卓	男	藏	西藏乃东	战　士	七八九七部队特务连	1970	1972. 2
李德全	男	汉	四川江北	副排长	四〇七部队侦察连	1970	未立碑
王建华	女	汉	四川江津	战　士	四〇七部队电影队	1971. 9. 8	1971. 9. 8
高孝德	男	汉	河南杞县	战　士	七八九七部队炮连	1971	1971
巴　珠	男	藏	西藏乃东	战　士	七八九七部队二〇二分队	1972. 2. 21	未立碑
车荣西	男	汉		班　长	山南大站六〇二错那中队	1972. 8. 31	1972. 8. 31
鹿克聪	男	汉		战　士	七八八七部队机炮二连	1972. 8. 31	1972. 8
牟年芳	男	汉	四川宜宾	卫生员	七八九八部队	1972	1972
罗铭富	男	汉		战　士	四〇七部队中站	由于档案不全，相关资料无法查找	1972
易真富	男	汉		战　士	四〇七部队中站		1972
邹定文	男	汉		战　士	四〇七部队中站		1972
孙安贵	男	汉		战　士	四〇七部队中站		1972
黄再位	男	汉		副队长	朗县中队		1972
胡孝先	男	汉		战　士	山南地区交通局		1972
陈福安	男	汉		副指导员	桑日县中队	1973	1973
白玛罗迫	男	藏	西藏加查	工　人	园艺二场	1978. 6	未立碑
单增罗布	男	藏	西藏加查	工　人	园艺二场	1978. 6	未立碑
苏永俊	男	汉	四川南充	副书记	加查县委	1979. 3	1979. 3
廖德明	男	汉	四川双流	部　长	加查县委组织部	1979. 3	1979. 3
加央达杰	男	藏	西藏拉萨	所　长	加查县农科所	1979. 3	未立碑
杨江浩	男	汉	河北赵县		插队落户	1979. 3	未立碑

续表 25

姓名	性别	民族	籍　贯	职　务	生前所在单位	牺牲时间	立碑时间
格桑次仁	男	藏	西藏加查	部　长	冷达区武装部	1981	未立碑
何思旭	男	汉	四川盐亭	政　委	五六一八五部队政法委	1983	1985. 5. 11
胡伟成	男	汉	浙江温州	副班长	五六一八五部队五十二分队	1990	1990. 7. 20
李国防	男	汉	甘肃天水	战　士	边防二团三连	1991	1991. 10. 10
崔　伟	男	汉		班　长	五六一八五部队	1995	1995. 11. 22
钱　宇	男	汉		班　长	五六一八五部队	1995	1995. 11. 22
隆元友	男	汉		班　长	五六一八五部队	1995	未立碑
郭伟利	男	汉	河南省	副班长	五六一八五部队五十二分队	1995	未立碑
刘俊辅	男	汉	云南罗平	指导员	○二五部队七连	由于档案不全，相关资料无法查找	
张桂兰	女	汉	安徽桐城	军　医	西藏军区门诊部		

附录二　代表性人物

1. 进军阿里先遣连指挥李狄三及战友

1950年，为驱逐帝国主义势力出西藏，完成祖国大陆的统一，拯救水深火热之中的西藏人民，党中央和毛主席发出了解放西藏的命令。中国人民解放军第十八军和驻西北、新疆、云南等部分部队，在全国人民和兄弟部队的大力支援下，尤其是在西藏人民积极热情的支持下，于1950年先后向西藏进军。

李狄三同志是驻新疆部队某骑兵部队保卫股长，共产党员，河北省人，1938年参加八路军。在伟大的抗日战争和解放战争的艰苦斗争中，他对无产阶级革命事业忠心耿耿，英勇无畏。1950年，他积极响应党中央和毛主席“进军西藏，解放西藏”的伟大号召，率领新疆军区独立骑兵师一团一连的汉、藏、蒙古、回、维吾尔、哈萨克、锡伯等7个民族的135名战士，于1950年8月1日誓师出发，踏上了进军阿里的征途。

当时，他们仅凭着一张地图和一个指南针，边侦察，边前进。经过几天几夜的艰难行军，李狄三和他的战友们终于踏进了昆仑山区。进入高原，强烈的阳光经雪原一反射，刺激得战士们的眼睛痛痒难忍，泪流不止；稀薄的空气使人闷得发慌，严重的高原反应使人头痛欲裂。有的同志因头晕目眩看不见路，只好拉着马的尾巴前进；有的同志因严重的高原反应不能前进，就由别的战友轮流背着前进，残酷的自然环境严重威胁着这支英雄的部队。

一天，李狄三率领的先遣连来到了险峻的赛虎拉姆石峡。只见石峡的两边是刀削般的连天峭壁，峡中有一条深不见底的湍涧，冰峰林立，变化莫测。进入石峡，无边无际的天空中剩下一条青蓝色的带子，仰头掉帽子也望不到石峡顶。狂风怒吼，被洪水冲下来的乱石横七竖八地塞满了峡底，给战士们的行进带来了很大的困难。时而，乱石从头顶呼啸砸下；时而，山洪又向他们猛烈扑来，战士们机警地牵马躲避。石峡最窄处只能勉强通过一人一骑，简直成了一条石缝。走在李狄三后面的杨生有在通过这条石缝时，一条腿被锋利的山石划破，他咬住牙，忍住痛，一声不响地坚持行军。出了石峡，卫生员给他上药时，他那划烂的皮肉已经和棉花粘结在一起了。李狄三和他的先遣连艰难地走了 3 天，才终于走出了险峻的赛虎拉姆石峡。

一天，李狄三率领的先遣连行进到海拔 5500 多米的库克阿大坂（冰峰）脚下，马队开始在山路上盘旋而行。随着山势的升高，战士们越来越感到胸口闷得发慌，心脏好像要从口里跳出来一般，头疼得好似要裂开，就是马也张着大嘴喘粗气，部队行军的速度立刻慢了下来。有的人用手绢把头绑起来继续行军，有的趴在马背上坚持前进。李狄三和他的战友们的手和脸青筋暴起，皮肤泛紫，高山反应严重的人昏迷了过去。年纪较大的李狄三一边走，一边吐，后来也休克了，由年轻的战士乔巴克和周奎棋两人轮流背着他爬过大坂。在翻越大坂的四天四夜时间里，许多人头昏脑胀，既不能吃，也不能喝，全连 135 人 4 天只吃了 80 来斤粮食。

经过半个过多月的艰苦行军，李狄三率领的先遣连终于翻过了新疆和西藏交界的界山，进入了阿里北部高原。为了找到一户牧民，他们几乎花了半个月时间。部队取得了当地群众的信任后，头人又出来捣鬼。头人的阴谋失败后，西藏地方政府派驻阿里的官员又提出要与我方谈判，其实是要进藏的人民解放军撤出阿里，这一无理的要求遭到了李狄三同志的严正驳斥。最后经过针锋相对的斗争，我进藏先遣连终于与西藏地方政府达成了进驻阿里的协议。紧接着，西藏地方政府派驻阿里的官员为了试探我军实力，又提出要同我进藏部队比试枪法。靶场就设在开阔的草场上，百步之外摆下一排羊骨作靶子，许多藏胞闻讯后都跑来看热闹。比赛开始时，指战员们一连打了几种姿势的步枪射击，接着，又作了重机枪的点射表演，每次都是枪响靶倒，弹弹中的，赢得了藏胞的一片喝彩。然后，藏兵也不得不摆开架势打一阵，殊不知，平时欺压老百姓倒还有些威风的藏兵，真正临到比赛，却是子弹出膛，不知去向，引起了当地群众的一片哄笑。

当时，对先遣连威胁最大的还是大自然这个敌人。严冬一到，漫天的大雪便封锁了山口、大道，运输队再也过不来了。几顶破帐篷，怎挡得住零下二三十度的严寒；有限的一点粮食，怎么能拖得过漫长的严冬！几天来，李狄三彻夜未眠。他皱起了眉头，心想：“这段时间大雪不断，山口已经被封死了，路已经被截断，部队怎样才能捱过这漫长的冬天呢?”第二天清晨，大雪停住了，天上出现了灿烂的阳光。李狄三起了个大早，和战友们一起在帐篷前面打扫出一片空地，然后把积雪砌成雪墙，用锅灰在雪墙上刷写了几条醒目的标语，左面是“越艰苦越光荣、困难面前出英雄!”右面写着“革命英雄主义万岁!”战友们看着标语，默默地下定了克服困难的决心。

李狄三集合了先遣连全体战士，用他嘶哑的嗓音在雪地上开了一个过冬备战的动员会。李狄三不顾高山反应和几千里跋涉的疲劳，和战友们一起修筑了40多个掩体，挖出200多米长的蛇形交通壕，驻地东面和东南角砌垒了2.5米高的碉堡。这些工事相互连通，并和营房连接在一起，使全连随时可投入战斗。

修完了工事，他才松了一口气。接着，他又身先士卒，和战士们一起烧烤冻地；烧一点，挖一点，终于建成了地窝营房。然后又拾牛粪、打柴火、打猎，一直忙到年底，他的嘴角才挂起了难得的笑容。1951年春节前夕，一件振奋人心的喜讯传到阿里高原：新疆军区党委发来嘉奖令，高度赞扬了半年来历尽千辛万苦的先遣连，并授予进藏先遣连“英雄连”的光荣称号，给全体同志记一等功，并奖给李狄三等指战员“人民功臣”奖章和“解放大西北”纪念章各一枚。

粮食终于彻底吃光了，战士们不得不开始吃马料。马料也吃完后，部队又组织专人猎取兽肉。战士们的身体一天不如一天，严冬还没完全过去，战士们已经被拖得精疲力尽。然而，一场无情的高山病比断绝粮食更严重地威胁着全连指战员的生命。提起高山病，真叫人奇怪，发病初期，猛吃暴饮都不觉得饱；但过几天后，却能出奇地耐饿，这时全身就开始浮肿，一直到皮肤发亮破裂，全身往外渗黄水，这时，病人不吃不喝就到了危重状态。可恶的病魔，张开它那贪婪的大口，夺取了一个又一个英雄战士的生命。首先是整天替别人看病的卫生员倒下了，接着，一批又一批的战士被夺去了生命。李狄三眼巴巴地看着：那位整天蹦蹦跳跳的通讯员倒下了，那位被称为“雪山红星”的阿廷芳也闭上了眼睛，还有那位解放战争中屡立战功的于洪班长也倒下了……然而就在这时，李狄三同志也病倒了——双腿肿得像水桶一样，绑腿深深地嵌进了肉里。在给战友送葬的路上，李狄三竟接连摔了几跤，但他爬起来后仍然鼓励其他病友说：“一个革命战士对疾病要有坚强的意志，要做革命的硬骨头！”

李狄三的病越来越严重，扶着固定帐篷的毛绳也渐渐不能走路了。几天来，李狄三滴水未饮，粒米未咽，即使这样，每次召开支部会，他都要坚持在他的床前召开。当通过接纳新党员或讨论连队重大问题时，他都要吃力地举起右手，直到检票员算到他这一票时，才肯将手放下。李狄三和全连战士一样，日日想，夜夜盼，盼望着大部队的到来。生病的同志走不动，就扶的扶，搀的搀，有的爬到附近的山坡上，眺望着前方，盼望着兄弟部队的到来。

1951 年 5 月 28 日，就在后续部队和先遣连在扎麻芒保胜利会师，并带来了关于和平解放西藏办法的协议签字的喜讯时，这位伟大的战士安详地闭上了自己的双眼。在近十个月的进军中，先遣连 135 名英雄战士中，为了西藏人民的美好未来，有 56 人献出了自己宝贵的生命。最后，先遣队于 8 月 3 日进抵噶达克，胜利完成了进军阿里的光荣任务。

（吉律、李道强等编著：《雪域忠魂——西藏江孜宗山抗英遗址暨山南烈士陵园》）

2. 筑路英雄张福林烈士事迹

进藏部队和工作人员以及广大藏汉各族农民工，在进军西藏时，遵照毛主席“一面进军，一面修路”和“为了帮助各兄弟民族，不怕困难，努力筑路”的指示，先后开始了川藏、青藏和新藏三大公路的修筑工程。筑路工程之艰巨，是举世闻名的。当时的筑路部队，仅有铁锤、钢钎、铁镐、铁锹、铁箕等简易工具，但他们以高度的爱国主义和革命英雄主义精神，凭着饱满的劳动热情和集体的智慧，以惊人的毅力，同大自然进行了顽强的搏斗。战士们以“叫高山低头，要河水让路”的英雄气概，劈开了终年积雪的雀儿山、昆仑山、唐古拉山，战胜了奔腾咆哮的怒江、通天河，征服了倾泻直下的流沙、排山倒海的冰川，通过了荆棘丛生的原始森林、戈壁沙滩和举步维艰的泥沼，终于把三大公路铺上了“世界屋脊”。

在修筑川藏公路的过程中，曾涌现过几百个模范单位，有近两万人立了功。同时，为打通雀儿山而光荣牺牲的筑路英雄张福林的事迹也一直在人们中间传颂。

张福林同志是某部三连班长，河南省扶沟县人，出身贫农，1948 年 8 月入伍，1950 年入党。他作战勇敢，屡立战功。1950 年后，张福林又随部队踏上了进军西藏的征途。“背着公路前进”，这是筑路部队的战斗口号。张福林所在部队在征服了二郎山、战胜了大渡河后，于 1950 年 12 月，又“背”着公路登上了海拔 5300 米的雀儿山。

严冬的雀儿山被冰雪封得严严的。山风刮过，残雪坚冰从山顶坠入山谷，隆隆声带着烟雾久久不能散去。已担任爆破班长的张福林和他的战友们站在高高的山峰上，望着空旷的原野，视野里是原始的荒凉、空寂和神秘。自古以来，这里就没有过绿意，没有过生命。狂风怒吼，飞沙走石，那一座座高耸云天的冰峰，活像一群呲牙咧嘴的妖魔鬼怪，张着大嘴对他们嘲笑。如此恶劣的自然环境，就连飞鸟也难飞过去。张福林他们“背着公路”上山后，战士一个个全变成了没有枝叶的枯松，全身皱巴巴。发黄的眼球，发紫的嘴唇，冻裂的四肢，人见人害怕。从几公里远的山下背运修路器材和生活用品上山，一天来回六七趟，走几十公里山坡路。战士们个个累得口吐白沫，口水怎么也吐不出去，沾在嘴唇上，结成厚厚的疤，寒风一吹，裂开条条口子，钻心的疼，可没有人叫一声苦。张福林在施工中总是拼命地干，在征服二郎山、大渡河时就曾几次冒着飞滚的巨石去抢救修路工具，他还三次冒着浓烟去查看哑炮。战友们都劝他要注意身体，可他说："我的生命是党给的，只有拼命为党工作，早日打通雀儿山险道，把公路修到拉萨，生命之火才能持续燃烧，才有意义。"

张福林常对战友说："井水挪不干，力气用不完。"在他身上总有使不完的劲。别人一趟背50斤就气喘如牛，可他肩上不压100斤就不起步；别人一天六七趟已超负荷，他每天不背10趟就不会休息。"架起帐篷可住宿，点燃锅灶能做饭"，可雀儿山的帐篷难住人。每到深夜，帐篷周围的积雪、冻土以及严重的湿气，慢慢在被子上凝结成薄冰，已进入梦乡的战士们被冰块、冰水一浸再也无法入睡。细心的张福林琢磨这事后就发动全班战士下山伐树枝杈，然后把枝杈用绳子串起来，吊在高大的树桩上。人睡在上面，松软舒适，就像睡在弹簧上。战士们为它命名"雪山牌钢丝床"。睡在这种床上，任你积雪再厚，湿气再大，也不妨碍人进入梦乡。

张福林的"雪山牌钢丝床"在雀儿山上推广使用后，博得山上筑路官兵一致赞叹。常言道："巧妇难为无米之炊。"在海拔5300米的雀儿山上，再巧的媳妇也无法把大米饭煮熟。当年那些能干的炊事班长，用尽各种办法，煮出的米饭也只有八成熟，吃在嘴里，味同嚼蜡。雀儿山气压极低，水不到80度就开锅了，战士们吃饭比攻山头还难，米饭一下肚就翻江捣海地想吐。张福林见到此情景，心里难过极了，他想，战士干的是超负荷的重体力劳动，吃不下饭怎么能行？他带头强咽强吃，实在没办法就把米炒着吃，面粉烙饼吃。张福林班的炒米、烙饼传到工地上一时间成了抢手货，各部队纷纷仿效，使炒米、烙饼成了雀儿山的特别食品。睡觉难、吃饭难，在雀儿山施工更难。

不在黑夜，看不到火光的明亮；不经险阻，显不出战士的英雄本色。为把测量在悬崖上的公路线变成实实在在的路，张福林腰拴粗麻绳吊下半山腰。绝壁上没有站脚的地方，颤抖的麻绳勒得他全身发麻。他在绝壁上找打炮眼的位置，找到后就直接打炮眼。在半山腰打炮眼，人在空中悬着如荡秋千，作业时很难用上劲，他于是就用抓钉固定绳子，这样，工效提高了一些。然而，绝壁顽石并不好惹，几公斤炸药也啃不下多少石方。几十个战士劳累一天，炸下的石头顶多也不超过 100 立方米。一天，张福林在绝壁作业，他发现了一岩洞后就突发奇想，清洗岩洞装炸药不是更省事吗？可岩洞太大，一下要装几十公斤炸药，过去没放过大炮，领导能批准他们干吗？第二天，他把自己的想法告诉领导，领导叫他找工程技术人员商量，技术员说："先放一炮试试看。"张福林一听，高兴得直蹦高，全班战士一起下岩洞清洗，当天就把 700 公斤炸药装进山洞。炮声一响，震得山晃地动，只见一股浓烟直冲云霄，炸塌的山石一起砸向山谷，沉闷的隆隆声传出好远。后经测定，这一炮共掀翻岩石 1000 多立方米。紧接着雀儿山上的筑路部队纷纷仿效，隆隆的爆破声震得群山也颤抖。张福林同志的大胆革新，使筑路工程的工效提高了 24 倍，大大加快了雀儿山的筑路进程。但张福林并没有满足于此，而是更加刻苦地钻研业务，经常利用工休时间到工地去查看每个炮眼的位置、计算装药量、测量导火绳长度等。

1951 年 12 月 10 日，连队正在吃午饭的时候，张福林发现三排准备装药的炮眼有毛病，他怕降低药效，就趁吃午饭的时候，替他们修理起来。但是，他没料到，这里头一天放过炮，工地上方有些石头松动了。正当他聚精会神工作的时候，突然一块两立方大的尖石滚了下来，砸在他的右腿和腰上。当同志们赶到现场抬起石头时，他已经昏了过去，地上的冰雪已被鲜血染红。隔了好一阵，他才苏醒过来，没有呻吟一声，睁着眼睛望着战友们，然后对指导员说："指导员，我怕是不能为党工作了，我衣服口袋里还有四万五千元（旧币），请你代我交最后一次党费吧！"当看护长和卫生员要给他打针时，他竭力用双手推开，说："不要，不要！替国家节约一针药吧，我已经不行了……"同志们抬他上担架时，他说："我不能再参加祖国建设了，同志们不要为我耽误了施工，快上工地去吧！"最后，这位年轻的共产党员，就这样把自己坚定的信念、理想以及生命铺在了川藏公路上。

战友们热泪盈眶，站在英雄的遗体边无声地肃立。此时的雀儿山更加荒寂，天空雪花更浓，像是对忠魂的凭吊。在清理张福林的遗物时，战友们在他的挎包里找到了一本日记本和五包菜籽。日记本里记的全是关于自己施工作业的体会和工作方法的自我评价。五包种子是部队进藏以前，张福林用自己的津贴在老家买的。战友们都知道，那时他就决心在西藏高原播下种子，让部队和藏族人民吃到新鲜蔬菜。现在，张福林带的种子早已被他的战友们撒在金沙江两岸，播在拉萨河边，种在边防前线，在整个西藏高原开花结果。

为表彰张福林高贵的品质和无私奉献的精神，西藏军区某师党委郑重作出追认张福林为模范共产党员的决定，并追记一等功，命名他所在的班为"张福林班"。

1954 年 12 月 25 日，地球上海拔最高、全长 2255 公里的川藏公路正式通车。北京时间上午 10 时 40 分，隆重的通车典礼开始了，整个拉萨在狂欢。张国华、谭冠三等首长心情更加激动，他们在讲话中又特别提到了这位名存雀儿山、功盖川藏线的筑路英雄张福林。

（吉律、李道强等编著：《雪域忠魂——西藏江孜宗山抗英遗址暨山南烈士陵园》）

3. 英勇顽强、前仆后继的"阳廷安班"七勇士

1962 年 10 月 20 日，印度反动派在帝国主义的怂恿和支持下，为了缓和国内阶级矛盾，实现扩张主义的野心，趁我国暂时困难之际，在中印边境全线向我国发动了大规模武装进攻。我边防部队为保卫祖国安全和西藏的革命成果，在忍无可忍的情况下，被迫坚决进行自卫反击。

当时，印度陆军第四师战术司令部指挥“王牌”军第七旅及炮四旅等部6000多人，盘踞在我国领土克节朗、棒山口、达旺地区，企图一面巩固其已侵占的我国领土，一面继续越过“麦克马洪线”，侵占克节朗河以北地区。盘踞在克节朗河南岸卡龙草场上的敌第七旅，凭借悬崖峭壁上筑起的大量工事，不断向我北岸开枪开炮。为了全歼入侵之敌，将敌人从我国领土上驱逐出去，我军决定首先突破敌人盘踞的卡龙据点，然后将敌分割包围，逐个歼灭。但是，敌人凭借密集的地堡和强大的交叉火力，拼命封锁我边防部队的前进道路。中国边防部队指战员一面冒着枪林弹雨交错前进，充分发挥各种火器的威力，与印军展开激战，一面由某部二连六班担任突击任务，在二连五班的配合下负责突破前沿阵地，为后续部队扫清障碍。

二连六班一共8人，在班长阳廷安的带领下，分两个战斗小组向敌群扑去。他们面对密密麻麻的敌堡和一圈又一圈的竹签障碍，顶着如雨般的子弹，利用敌人的弱点，一个战斗小组避开敌人正面，向印军的营指挥所迂回，另一战斗小组继续向前爬行。从侧面冲击的那个战斗小组在小组长颜瑞成的带领下，出敌不意，从敌右侧冲进敌人的地堡群，突然发起了攻击，用冲锋枪和手榴弹，连克敌人18个地堡，迅速突破敌人的前沿阵地。敌人发现六班从右侧攻击，慌忙调转枪口，集中轻重机枪朝右侧扫射。阳廷安带领的战斗小组趁正面火力减弱的之机，挥臂猛烈向敌人堑壕投弹，乘着浓烈的硝烟弥雾，带着战士向敌发起冲击。在冲击中，班长阳廷安、战士徐瑞清不幸中弹牺牲。在这紧要关头，副班长曾祥智（共产党员）立即指挥全班继续战斗，向敌人纵深冲击。在二连五班的配合下，他们用短火器又连续攻克敌人7座地堡，打到了敌人营指挥所附近。

敌营指挥所后侧有两个核心地堡，与营指挥所构成品字形。两个地堡和营指挥所里的火力相互掩护，朝我猛烈射击，拼命顽抗。周围一些小地堡内的敌人见我攻其心脏，也集中火力向六班射击。在与敌人短兵相接中，副班长曾祥智不幸身负重伤，脸部只剩下一只眼和下腮。卫生员在给包扎时，他已经不能说话了，但他一手拉住急救包，另一只手指向部队攻击的方向，示意战友们不要管他，继续冲击。副班长曾祥智牺牲后，老战士杨秀洲当即挺身而出，指挥另外的两名战士继续战斗。

复仇的怒火在战士胸中燃烧，战士们越战越勇猛，越打越顽强。杨秀洲和另外两名战士被敌人强大的火力压得抬不起头来。他们气得两眼充血，牙关紧咬。战士李世明不顾地上密集的利如刀尖的竹签障碍，抱着枪向右边滚去，准备抢占另一有利地形，不幸被敌堡内扔出的手榴弹炸中，顿时血肉模糊，壮烈牺牲。杨秀洲见到这一惨状气得狂吼一声，不顾一切地从掩体后跃起，手执火箭筒向敌堡冲击，不幸被敌人密集的火力扫中，壮烈牺牲在敌营指挥所地堡门口。

第二小组颜瑞成、何德中从敌右侧冲入敌阵后，被敌集中的火力封锁住前进的道路。他俩又采取迂回的战术，攻克了敌两座地堡。何德中在炸毁敌人的暗堡时不幸光荣牺牲。颜瑞成只身战斗，直闯印军营指挥所。在战斗中，他腿部中弹负重伤，不能站立前进，于是他沿着印军密布的竹签障碍匍匐前进，边爬边打。锋利的竹签划破了他的腹部，划破了他的全身，但他没有退缩，顽强地向印军营指挥所爬去，不幸在流血苦战中壮烈牺牲。这时，全班八名战士已牺牲了七人，只剩下刘汉斌同志一人，但他毫不畏惧，又加入到配合他们作战的二连五班继续战斗。我军后续部队沿着六班战士撕开的口子，突入敌阵，迅速摧毁了印军营指挥所，活捉了敌中校营长，少校副营长，全歼了盘踞在卡龙据点的印度侵略军。

在这次战斗中，二连六班在五班的配合下，共攻克印军暗堡27个，击毙和俘虏了敌人60余名，缴获火炮3门，各种枪支59支。更重要的是，他们为全歼入侵卡龙的印军第七旅打开了胜利大门。为表彰六班的英雄行为，中华人民共和国国防部授予六班以“阳廷安班”的光荣称号。

（吉律、李道强等编著：《雪域忠魂——西藏江孜宗山抗英遗址暨山南烈士陵园》）

4. 黄继光式战斗英雄张映鑫

张映鑫同志是某部队九连二班副班长，四川省泸县人，出身贫农。解放前，他们家五口人，只有半亩田地，生活极为贫苦。因此，幼年时他们只有讨饭为生。有一次，他的弟弟到一个地主家要饭，被狠心的地主在饭里下毒药活活毒死。这给他幼小的心灵留下深深的创伤，决心长大后为贫苦大众的翻身解放作贡献。

1949 年他的家乡解放后，年仅 10 岁的张映鑫便参加了儿童团，天天给解放军站岗放哨。村里进行了土地改革时，他又参加了斗争会，斗倒了地主。土改以后，张映鑫家分得了土地。以后他又参加了互助组，合作社和人民公社，在这些运动中，他的阶级觉悟不断提高，他家的生活也越过越好了。他从自己的切身感受中，深深地体会到：要保住幸福生活，永远不再受地主老财的压迫，只有跟着共产党走。要想保住人民江山，就要参加人民解放军，扛枪保卫祖国。于是，他积极响应党的号召，于 1959 年参了军，来到西藏。那时他才 19 岁。他刚到部队，就碰上了平叛战斗。在党和上级的教育下，他懂得了西藏的农奴主就和他家乡的地主一样，是劳动人民的死对头。特别是他亲眼看见当时西藏人民的痛苦生活，更加深深地教育了他。在一次平叛战斗中，叛匪死守山头顽抗，连里组织了一批老兵去攻山头，刚参军不久的张映鑫，怀着对敌人的仇恨，非和老兵一起攻山头不可。上级批准了，他和老兵一起冲了上去，冲得猛，打得狠，战斗结束后，受到连队嘉奖。

1962 年 10 月 20 日 7 时 30 分，反击印军的沙则战斗打响了。印军当时在沙则共有 170 多人，构筑了地堡 160 多个。张映鑫所在的连队在冲击道路上，被敌地堡里的火力封锁。连长命令一班从正面攻击，命令张映鑫带领二班从右侧配合一班的正面攻击。张映鑫带领战斗小组，猛插敌地堡右侧，用手榴弹连克敌两个地堡，为部队开辟了通路。当他举起手榴弹正要去炸第三个地堡时，突然，第二个地堡里的残敌又扔出来一颗手榴弹，在附近爆炸，严重威胁着后续部队的前进。张映鑫立刻折身返回，又向敌第二个地堡猛扑过去，顺手把手中那颗手榴弹投进敌地堡。可是，地堡里的残敌又将这颗手弹扔了出来。这时，后续部队已经接近地堡，二十多个同志正好冲了上来！在这万分危急的关头，他拾起冒烟的手榴弹，第二次塞进地堡，他担心敌人再把手榴弹扔出来，想用身子堵住敌人的枪眼，可是枪眼附近有个斜坡，身子堵不住。他便猛地从战壕里跃起来，奋不顾身地一下扑在地堡上，两条大腿正好严严实实地堵住敌人枪眼。一声巨响，手榴弹在敌地堡里爆炸！敌人消灭了，可张映鑫的双腿已被打断，鲜血横流。全连战士因此安全通过了地堡，突破了敌人前沿阵地，全歼了盘踞在沙则的170多名印军。但张映鑫同志终因伤势过重，抢救无效，光荣牺牲。

战后，部队党委根据他生前的志愿，追认他为中共正式党员，并追记一等功，国防部授予他“战斗英雄”称号。

（吉律、李道强等编著：《雪域忠魂——西藏江孜宗山抗英遗址暨山南烈士陵园》）

5. 雪山开路英雄肖明生

肖明生同志（1941—1962年）生前是某团五连炮排战士，四川大足县人，1960年8月入伍，共青团员。入伍后，先后受到团、连6次嘉奖，并连续两年被评为五好战士。

1962年10月，东线自卫反击战前夕，肖明生因病正在医院住院治疗。当他听说印军在择绕桥打死打伤我官兵多人的事件时，义愤填膺，立即从病床上一跃而起，坚决要求出院，赴前线杀敌。医院领导对这位倔强的战士进行了婉言劝阻，说病还未好，按规定不准出院。可肖明生再三恳求，最后医院只好批准他出院了。

肖明生返回连队一看，只见营房一片寂静，部队已经于两日前就开上前线了，只剩下两位营部管理员留守在家。他急忙找到营部管理员，问清情况后，马上就要去追赶部队。管理员见他面黄肌瘦，身体虚弱，先是批评他不该提前出院，接着说：“既然已经回来了，就留下来搞生产吧！”肖明生听了连忙说：“管理员，我要求出院就是为了参加战斗，消灭侵略者，可不是为了留在家里搞生产!”经过一番苦苦地申诉，管理员终于同意了他的请求。于是，他立即背负起重达五六十斤的战备物资，猛追120余里之外的连队。这么远的路程，加之身负重物，即使急行军，至少也得两天时间才能赶到。但此时肖明生怀着对敌人的满腔仇恨，恨不得插上双翅，飞赴前线，投入战斗，仅一天就追上连队，紧接着就投入了嘎林公战斗，并立下了战功。

1962年11月，在反击印军的瓦弄战役中，为了配合主力战斗，保障侧翼安全，肖明生所在的五连奉命去古里以南地区，阻击前门里方面增援的敌人。接到命令后，五连全体官兵便日夜兼程地前进了。在这异常艰苦的长途行军中，肖明生不仅带病坚持行军，而且还常常帮助别的战友扛枪、背背包，爬山时又喊鼓动口号，鼓励大家前进。11月14日，部队翻越达秋拉山，一座20多米高的悬崖挡住了战士们前进的道路，肖明生立即挺身而出，先攀上悬崖，拴好绳子，使全连官兵和民工顺利通过。第二天，部队又被一条山涧激流挡住去路，肖明生又抢先越过极端危险的独木桥，在深谷上拉好绳子，使大家安全通过。这两次他都自始至终站在崖边，把人一个一个地接上来，然后重新追赶部队。

11月23日，五连完成任务后往回返。这时部队已经吃了五天的野菜、巴蕉头，极端的饥饿、疲劳压迫着每一个人。天公此时又偏不作美，连天大雪，使海拔4800米的达秋拉山被一片茫茫大雪所覆盖，尖削的雪峰直插云天，它像一座不可逾越的屏障陡然耸立在五连战士和200多名民工面前。达秋拉山，在当地僜人的生活经历中，那是只有七、八月间才能通过的高山，除此以外，这里人迹罕至，飞禽走兽也绝少出没，但如今，英勇的战士必须从这里通过，否则无路可走。

24日，部队在饥饿中走了一天。25日下午4点，部队行至达马湖边，湖里结了薄冰，寒气袭人。战士们离开察隅河谷时，穿着单衣还嫌热，加之因战斗行军，极少有人带了棉衣，所以此时大多数战士都穿着单衣，冷得直发抖。饥饿、疲惫、寒冷，再加上陡峭山坡上深达两米的积雪，严峻地考验着这支部队。

长达5公里的达马湖，深不见底，左面是悬崖绝壁，右面是大雪山。连队本打算从冰上通过，但薄冰一踩即裂，泛起黑色的浪花。看来，唯一的道路，就是沿达马湖排雪前进！全连作了简短的动员后，把排雪任务交给了肖明生所在的炮排。肖明生担当了排雪开路的尖兵。可是，此时战士们手里除了作战用的枪炮外，排雪开路用的工具一样都没有。于是，肖明生便一马当先，用手扒雪开路。不一会，他的手被石块划破了7处，脚也冻肿了。全连冻伤达54人，不少同志在排雪中因过度的饥饿疲惫而昏倒。肖明生更是昏倒了好几次。但饥寒疲惫又怎么能征服我们的战士呢？一阵冷风吹来，苏醒过来的战士又投入了排雪开路的战斗中。就这样，整个连队和民工就沿着肖明生等排雪勇士的足迹一步一步向高山爬去！

但是，一道宽约130米，长70米，厚3米的积雪突然从陡坡上崩了下来。顿时，响声如雷，雪雾弥漫，不见天日。肖明生和炮排11名开雪战士全被卷向达马湖。就在这千钧一发之际，肖明生死死抱住了一块石头，幸免于难。其余11名战士，全部落水，经抢救，救出四人，七人牺牲。

……

如此大的雪崩，尽管肖明生幸免于难，但仍被震得迷迷糊糊。经过好长一段时间的休息，他才慢慢清醒过来。当然，部队不能在此久留，整个连队和民工必须尽快翻越达秋拉山，如果再有一天一夜过不了山，在这茫茫的雪海里，后果是不堪设想的。于是，连里决定换二排在前继续扒雪开路。肖明生一语未发，立即向前奔去，跑在二排最前头。副连长喊他回来，他充耳不闻，又一次投入了扒雪开路的战斗。因为他心里清楚，此时战士和民工们的体力均已下降到了极点，眼下最重要的是扒雪开路，翻越达秋拉山。

地形没有改变，山坡还是那样陡峭，积雪仍然是那么深、那么厚，雪崩随时都有可能再次发生。肖明生最清楚这种危险，所以他才冲在最前面，并一次又一次地要求二排和他保持一定的距离，以免再次雪崩时造成更大的牺牲。肖明生为了大家的安全，不顾一切，冲在上山的道路上，冲在危险的雪崩前。当路开到三分之二时，果然，又一次宽 140 米，长 50 米的积雪塌了下来。只见雪雾狂飞，山摇地动，我们党优秀的儿子肖明生，终于被积雪卷进达马湖，等到全连战士和民工奔至湖边，黑色的湖水已经吞没了他……

肖明生同志用自己的生命，保障了全连指战员和 200 多名民工的安全，使部队翻越了达秋拉雪山，安全返回了驻地。

军区党委根据肖明生同志生前的愿望，追认他为中共党员，并追记一等功。中华人民共和国国防部授予其“战斗英雄”的称号。

（吉律、李道强等编著：《雪域忠魂——西藏江孜宗山抗英遗址暨山南烈士陵园》）

6. 一等功臣占堆烈士

藏族战士占堆，1959 年入伍，共青团员，生前在山南军分区某团曲那边防队担任翻译，中士军衔。在 1962 年中印边境自卫反击作战第二战役时，占堆被编入郭指三连。占堆原是昌都洛布人，民主改革前，他家是受尽残酷压榨的贫困农奴。由于忍受不了繁重的乌拉差役，他全家逃至拉萨。本以为在拉萨能谋较好的生活，避开残酷的差役，但在那暗无天日的封建农奴制度下，拉萨更是难熬。因此没过多久，全家四口便沦为街头乞丐。

1952 年秋，人民解放军进藏部队抵达拉萨后，首先震动了陷入苦难深渊中的小占堆，他立即和哥哥波次仁到军区当小工。1953 年，康藏公路拉萨至大昭段动工兴建，占堆参加了公路的修筑。在这里，他和全体民工一道，边学习，边施工，接受了新的思想，明白了许多新的道理。1955 年，西藏公学在咸阳建校，许多贫苦的农奴子弟，一批又一批被送到那里学习。年青的占堆也怀着激动的心情，踏上新的成长道路。

4 年以后，占堆参加了中国人民解放军。这时，西藏上层反动集团正掀起反革命武装叛乱，他被补充到 130 师参加平叛战斗。在战斗中，占堆怀着对叛匪的满腔仇恨，英勇顽强，追歼叛匪，屡立战功。

叛乱平息后，他又被送入西藏军区干校学习，1962 年春毕业后分配到山南军分区某团曲那边防队任翻译。

1962 年秋，印度侵略军在两国边境蚕食我方领土，蓄意挑起边界冲突，这些倒行逆施的行径激起了占堆的无比怒火。在战斗动员会上，他立即向党支部表示了自己的决心和誓言："英勇战斗，不怕牺牲，坚决消灭侵略者，保卫祖国领土安全，克服一切困难完成党交给的一切任务。"动员会后，部队马上就要开赴前线，但在分配任务时，连长却要他留下来看管牲口，这使他极为痛心。他想：印度反动派从一开始就粗暴地干涉中国内政，非法侵占麦克马洪线，阻止人民解放军进军西藏，挑拨离间西藏上层与中央政府离心离德，支持西藏武装叛乱，等等，这还不说，如今又乘我国暂时困难之际，武装入侵西藏，企图将他们庇护的达赖集团送回西藏，恢复黑暗、野蛮、反动、残酷的封建农奴制度。在这种时刻，作为一名战士，如果不能挺身而出，保卫革命的果实，捍卫西藏人民来之不易的幸福生活。岂不是问心有愧吗？于是，他不止一次地流着泪向连长请求："让我去吧！让我上前线吧！请党支部考验我……"

经他的苦苦请求，连长终于答应了他，将他编入郭指分队，同部队一起开赴前线。11 月 18 日，略马东战斗打响了。占堆的主要任务是和通讯员一起传达命令。在战斗中，当他去找副连长时，刚好遇到两辆向南逃跑的敌军车。于是他立即埋伏在路边，在一班长的配合下，打掉敌人一辆军车，打伤敌驾驶员，打死车上三名顽敌，俘虏敌人 8 名。这次战斗刚刚结束，他又和一班长及另一名战士在一条很陡的石崖公路上截住南逃的三辆敌军车，打死打伤敌人 11 名，缴获三支英式步枪，七支冲锋枪。11 月 18 日晚上战斗间隙，为了首长和同志们的安全和休息，占堆和通讯员不顾饥饿和疲劳，用刺刀为连队挖掘掩体工事，夜里又和通讯员整整站了一夜岗哨，并三次从打坏的敌车上找来铁锅、食物和毯子供同志们使用。这一件又一件的小事，充分体现了这位藏族战士高昂的士气以及对同志深厚的情谊。11 月 19 日，郭指分队向略马东敌人发起攻击。副连长带领一排向敌人阵地冲锋，占堆同志临时担任通讯员，他紧跟副连长，向敌人阵地冲击。当他们越过公路，一名隐藏在岩石后边的敌人正缩头缩脑地向他们射击，占堆当即扔过一颗手榴弹，把敌人炸得血肉横飞。接着，他们冲到一个石洞地带，40 余名敌人的集中火力压得他们抬不起头。在敌人强大的火力下，好几位战友负了重伤，情况相当紧急。占堆同志气得直咬牙，他突然奋不顾身一跃而起，一下猛扑到敌人盘踞的三个石洞中心，抢占了有利地形，随即猛烈射击，一连打死了三个敌人，打得敌人胆颤心惊，有力地掩护了全排同志的安全，为一排冲击开辟了道路。然而就在他子弹打完换弹匣时，不幸遭敌重新集中的火力扫射而壮烈牺牲。就在敌人集中火力扫射占堆同志的一瞬间，我全排战士一跃而起，各种武器一齐向敌阵开火，顿时打得敌人抱头鼠窜，战士们一举攻占阵地，并歼敌 80 余人。

在略马东战斗中，占堆同志一人歼敌达 15 名以上，表现出了人民战士英勇顽强，不怕牺牲的优秀品质。战后，军区党委追认其为中共党员，记一等功，中华人民共和国国防部授予其“战斗英雄”光荣称号。

（吉律、李道强等编著：《雪域忠魂——西藏江孜宗山抗英遗址暨山南烈士陵园》）

7. 建设边防、保卫边疆的楷模高明诚

高明诚同志是山东省淄博市人，1968 年 3 月入伍，1969 年 8 月入党，于 1986 年 7 月 2 日在执行边防任务中壮烈牺牲，生前系西藏军区边防某团团长。

高明诚同志在入伍后的 19 年中，始终坚持学习政治、军事理论和科学文化知识，先后写下了 70 多万字的学习、工作笔记，撰写了 60000 余字的《错那县兵要地志》和 7000 多字的《松多地区兵要简志》。他还写了《浅谈“麦线”地区游击战》等军事论文，为该团作好军政工作，积累了宝贵的第一手资料。

高明诚同志担任领导职务多年，时时处处严格要求自己，一身正

气，两袖清风。1984 年 11 月，承包修建团部至勒站新村大桥的四川省某县施工队，给当时的团长高明诚送去 500 元现金和两箱猪肉罐头，一麻袋腊肉猪头，被他当即严辞拒绝。在他的严格要求、监督下，保证了建桥工程按期保质保量地完工。1985 年 2 月，一战士出于个人目的，给高团长送去了两条高级香烟和两瓶酒，他当即退给了那位战士，并对其进行了严肃的批评教育。高明诚同志一身正气，被全团干部战士誉为“清官团长”。

高明诚同志具有强烈的事业心和责任感，对工作总是勤勤恳恳、兢兢业业，却很少考虑自己和家人。1985 年 1—4 月，他爱人因 10 年前患化脓性阑尾炎动手术后肠粘连复发在山东老家住院做第二次手术，另外家里还有年迈体弱的老母和未满 10 岁的女儿，都急需他回家照顾。家里几次发电报催他回去，他都因当时的边防情况和全团工作没能回家，去尽一个丈夫、儿子和父亲应尽的责任，仍全身心地扑在工作中。

然而，对他人的困难他又总是时刻记在心头，牵肠挂肚，慷慨解囊。1983 年，高明诚在军分区任教导队长时，因干部家属来队，住房紧张，他便主动把自己的寝室让出来，自己却和文书挤在一间小屋里。1985 年 4 月，六连战士小张的爱人来队探亲没有被褥，高明诚同志得知后，立即将自己没舍得用的新被褥送给小张用。几年中，他先后为家庭有困难的战士家里送寄现金近 600 元。他深知边防哨卡文化生活差，因此每次放映队、演出队下边防点放电影、演出节目时，他总是主动替战士站岗放哨。入伍 19 年中，高明诚助人为乐，爱兵护兵的事迹不胜枚举。凡是和他相处过的人都说，他是“干部战士的贴心人”。

高明诚同志在边防建设中，倾注了毕生的心血和汗水。他从 1983 年 7 月任团参谋长以后，先后 221 次近 600 天深入边防哨卡、执勤点调查研究，指导、帮助基层工作。为掌握情况，积累资料，他自费购买了两架照相机，拍摄了 400 多幅我军实际控制线地区的各重要山口、道路、桥梁和不同地形、地貌特征的图片，对我军开展边防斗争具有重要的参考价值。

1985 年 4 月，印军在我边防某团实际控制线以内的旺东地区，设立了季节性据点，企图蚕食我国领土。针对印度蚕食、扩张的军事行径，1985 年 5 月，上级指示该团对旺东地区进行一次侦察性巡逻。高明诚同志考虑到这一任务的艰巨性和重要性，便提前 10 天深入七连，召集有关人员认真分析了敌情、地形、路况，研究提出了巡逻侦察计划及遇到各种情况的处置方案。在思想、物资上做好周密的组织准备工作后，他亲自带领小分队深入旺东地区，克服了山高林密，道路艰险等困难，圆满完成了第一次侦察性巡逻任务。为了做好进驻旺东边防点的准备工作，给上级提供更全面、准确的情报，高明诚同志不辞辛劳，于 6 月中旬再次带领小分队，冒着暴雨，翻山越岭，对旺东边境的地形、敌情实施抵近侦察，进一步摸清了旺东地区的地形、地貌和印军的兵力部署及活动情况，为上级确定在旺东设点的位置、制定守点方案提供了可靠的依据。

1985 年 6 月 20 日，上级下达了在旺东设点并立即进点的命令。团党委考虑到高团长两次进出旺东，极度疲劳，决定让他留在团部。但高明诚同志想到旺东远离后方指挥所，其地形、敌情复杂，加之此次行动事关重大，怎么也不肯留下，并做好了较长时间去旺东建设新点的思想准备。出发前，他将 1000 元存折交给给养员，让他每月给年迈的母亲寄 30 元的生活费。就这样，在连日的疲劳还未消除，体力还未得到恢复的情况下，他又率领部队出发了。在行军途中，他主动帮助体弱有病的同志背弹药、武器，扶战士爬险道、陡壁，使部队安全顺利圆满地完成了进驻旺东边防点的任务。进点后，他立即部署，组织设防，同战士们一起构筑工事，搭帐篷，安排食宿。夜间又查铺查哨，给战士盖被子，照料生病的同志。进点的第二天，他就带领全体官兵垦荒种菜，较快地实现了上级“进得去，站得稳，守得住”的决定。

6 月下旬，部队驻地连降大雨，河水猛涨，横穿旺东后方的唯一补给线娘母江桥梁面临被冲毁的危险。为了保证后勤保障不致中断，高明诚同志于6月30日亲自带领参谋、连长、通信员各一名，冒着风雨从旺东向边防六连驻地勘察道路。途中，他一直走在前面开路。每到险要地段，他总让其他同志停下来，待自己前去探明情况后，才让大家通过。该地区地形复杂，山陡林密，沟壑纵横，使用的地图与实地误差较大；此时气候恶劣，连日狂风暴雨夹着雪粒，把他们的衣服淋湿透了，冻得人浑身发抖，行动越来越艰难。又经过了14个小时的长途跋涉，他们的体力终于消耗殆尽。当行至沙昌多果山半山腰时，高明诚同志已经极度疲乏，但他仍以惊人的毅力，扶着随行参谋的肩膀又走了好长一段路。这时天色已晚，他们决定就地休息，待天明后寻路前进。因为所带干粮已经全部吃完，他们已经一天一夜没吃一点东西，饥饿、寒冷、疲累严重地威胁着他们。由于冻饿难忍，他们便在山上寻了一点野草充饥，然后四人便相互搂抱着，抵御刺骨的寒流。此时，同行的参谋张建刚问他："团长，这年头，我们吃这般苦，有人知道吗?"高明诚沉默了片刻，说："是啊，在这茫茫的雨夜里，除了团里会发现我们失踪，没有人会知道我们在这里忍饥挨冻。但是，为什么非要人们知道呢！祖国知道，我们自己知道，也就行了。"为了鼓励战友，高团长带头唱起了当时最流行的歌曲《小草》，使同行的战友受到巨大的鼓舞。第二天凌晨，高明诚同志因饥寒交迫，疲劳过度，已经神志不清，但他仍然挣扎着向前走了一百多米，便一头栽倒在地，在沙昌多果山的密林中壮烈牺牲，为建设边防和保卫边疆献出了宝贵的生命。

（吉律、李道强等编著：《雪域忠魂——西藏江孜宗山抗英遗址暨山南烈士陵园》）

8. 朗洞（木）拉·强巴

朗洞（木）拉·强巴（约1922—1958年），拉萨市人。早年由叔父带到山南乃东县，民主改革前做木料生意。1956年与山南分工委、山南青联会、社会部联系较多。山南地区成立基巧办事处时，作为爱国人士参加基巧办事处的工作，任乃东宗代理秘书长。1958年初，叛乱分子在山南逐日增多，并叫喊要抓“汉人的狗腿子”。6 月，分工委通知爱国人士到分工委居住。夏末的一天，昌珠彭措的女婿来到强巴家要求借枪支弹药，表示可立字为据，以后归还。强巴深知其借枪意在参加叛乱，故以枪支不在身边而婉言拒绝。该人恼羞成怒，竟掏出手枪向屋顶射击，以此恐吓。但强巴并未屈服。1958 年，一股叛乱分子流窜至山南，公安局获悉前去桑日县鲁康渡口侦察时，强巴慷慨借马，并嘱咐公安人员注意安全。1958 年冬季，西藏地方政府驻山南总管察多尔哇与德吉康萨在宗本觉杰新迁住的乃东差巴扎西白康聚会，密谋扩大叛乱，随后差人通知强巴到宗本官邸，旋即将强巴扣押并劫持到外地。此后不久，扎通谿卡谿堆（庄园代理）阿旺洛桑与强巴家人密商后，遣人将信藏在糌粑口袋里送往拉加里（今曲松），但信被关押人员查出，叛乱分子开始对强巴严刑拷打，强巴从约九层楼房高的山崖跳下自尽。

（《乃东县志》第 726 页）

9. 次仁拉姆

1926 年生，1960 年入党，1962 年参加工作。中国共产党党员，隆子县人。民主改革时，次仁拉姆家 3 口人分到 3 只绵羊、1 头奶牛、6 亩土地、1 间房子、1 个水磨，次仁拉姆带头组成西藏农牧区第一个穷棒子互助组——乃东县结巴乡朗生互助组。1963 年 10 月，作为西藏少数民族国庆观光团的成员到北京，受到毛泽东主席等中央领导接见。1965 年 2 月，当选为西藏自治区第一届人民代表大会代表，1967 年农牧区实现公社化，担任结巴公社党支部书记，1974 年至 1979 年任温区区委副书记兼结巴公社党支部书记。1978 年 3 月，西藏自治区党委和人民政府授予次仁拉姆劳动模范称号，同年被选为第五届全国人民代表大会代表，1979 年任乃东县人大常委会副主任，后任自治区人大常委会副主任。1979 年 9 月，荣获全国“三八”红旗手称号。10 月，被国务院授予全国农业劳动模范称号。1982 年 10 月，以西藏自治区人大代表团副团长身份，访问朝鲜人民民主共和国；1983 年当选为第六届全国人民代表大会代表，被誉为“百万翻身农奴的榜样”“西藏优秀的妇女代表”。

（《乃东县志》第 728 页）

10. **陈启厚（1940—1958 年）**

汉族，又名陈启后，贵州人。1956 年 5 月至 1956 年 10 月，在四川省雅安干部训练班学习气象专业。1956 年 11 月自愿到西藏工作，被分配到日喀则地区定日县气象站从事建站工作。1957 年 6 月定日撤站后，调那曲气象站任观测员。1958 年 7 月，调山南泽当气象站，参与“通测合一”试点工作，很快掌握了气象观测和通信技术，成为一名熟练的气象测报员。

陈启厚到泽当气象站后，工作认真负责，精益求精，专心致志地从事气象测报工作，严格对待每一个气象数据，观测工作中从未出现过责任性事故。发明了用拨算盘珠的办法计算雷暴发生次数，解决了雷暴发生次数的计算问题。

1958 年 7 月，山南地区发生武装叛乱，陈启厚积极加入保卫泽当、保卫气象站的民兵组织。10 月 22 日，叛乱分子疯狂地对气象站发起进攻，全站人员同仇敌忾，积极投入保卫，陈启厚与民兵一道坚守阵地，打退了叛乱分子的多次进攻。后叛乱分子集中火力，向陈启厚等人坚守的阵地疯狂射击，陈启厚中弹牺牲，年仅 18 岁。

1963 年，山南军分区追认陈启厚为烈士，安葬在山南革命烈士陵园。

（《山南地区志》第 1514 页）

11. **殷春和（1925—1959 年）**

汉族，河北阜城县人。1938 年入伍，1942 年入党，历任战士、班长、排长、连长、营长等职。殷春和经历了抗日战争和解放战争。在长期艰苦紧张的革命战争年代里，殷春和先后 5 次被评为战斗英雄。在进军西藏、修筑川藏公路的艰苦日子里，以身作则，领导部队战胜了许多困难，出色地完成了党交给的一切任务。1959 年，西藏反动上层发动叛乱后，殷春和带领部队在扎囊县的反伏击战斗中牺牲。

（《山南地区志》第 1514 页）

12. 杜效谟（1928—1959 年）

汉族，贫农出身，江苏省睢宁县人。1942 年 6 月入伍，1946 年 8 月入党，历任战士、班长、参谋、副营长等职，1950 年在西南军区的评功授奖活动中，被授予“战斗英雄”称号。1950 年进军西藏，任十八军五十二师 155 团三营营长。1959 年在护送山南分工委领导上任时，在扎囊地区遭叛匪袭击，在战斗中牺牲。

（《山南地区志》第 1514 页）

13. 王一平（1929—1959 年）

汉族，贫农出身，山西省人。1946 年参加革命，1947 年加入中国共产党，1956 年调西藏工作，生前曾任中共山南分工委财经部副部长。进藏后，王一平处处以党的事业为重，积极完成党交给的各项任务。1959 年，西藏上层反动集团发动全面武装叛乱，叛匪包围了驻泽当党政机关。王一平积极参加反击叛匪的战斗，并担任民兵队长，在被叛匪包围数十天的严重情况下，一直和战友们坚守阵地，顽强战斗，配合解放军击退敌人的数次进攻，在战斗中牺牲。

（《山南地区志》第 1515 页）

14. 赵克俭（1930—1959 年）

汉族，中共党员，贫农出身，河南省西峡县人。1947 年参加中国人民解放军。1952 年转业到中共西藏工委江孜分工委工作，历任战士、文书、文化教员、保卫干事、隆子县工作队党委书记兼队长、山南分工委社会部副部长等职。1959 年，叛匪围攻山南分工委驻泽当党政机关，赵克俭担任机关民兵队长，积极带领机关民兵英勇战斗，在配合解放军外出捕捉叛匪战斗中牺牲。

（《山南地区志》第 1515 页）

15. **常玉麟（1928—1960 年）**

汉族，贫民出身，甘肃省环县人。1945 年入伍，1948 年入党，历任战士、文书、会计、营房主任等职。1960 年 10 月，常玉麟带领一个班和一位翻译，在隆喀尔区江马部落开展群众工作。11 月的一天，群众报告有百余名骑匪向西逃窜，常玉麟立即带领全班战士追击。战斗打响后，常玉麟指挥全班，迅速插到叛匪背后猛烈攻击，抢占山头，叛匪以机枪火力疯狂反扑，常玉麟一直冲在前面指挥战斗，战斗即将胜利的时候，常玉麟不幸牺牲。

（《山南地区志》第 1515 页）

16. **次仁群宗（1929—1961 年）**

西藏加查县邦达乡人，中共党员。民主改革前，次仁群宗受尽了压迫和剥削，民主改革后，她带领群众同三大领主进行坚决的斗争。1960 年任乡长，生产中事事带头、吃苦在先、以身作则，经常深入群众家中，促膝谈心，问寒问暖，被群众誉称为“党的好干部”。

1961 年 4 月 2 日，次仁群宗在去拉加热检查春耕工作时走到毒荣，被两名埋伏的逃窜匪徒挡住。次仁群宗宁死不屈，同匪徒殊死搏斗，最终被匪徒连砍九刀牺牲。自治区人民政府追认她为革命烈士。

（《山南地区志》第 1515—1516 页）

17. **降巴赤来（1929—1962 年）**

1929 年出生于贫农家庭。西藏乃东县昌珠区克松乡人。降巴赤来幼年丧母，从小在领主家当佣人，由于受不了领主的残酷压迫，曾数次逃至拉萨，但都被抓回。在民主改革时，降巴赤来积极拥护共产党的领导，用自己的亲身经历控诉旧社会的黑暗，认清了只有共产党才能救西藏的道理，积极支持土地改革，努力参加互助组的生产劳动，成为一名积极分子。民主改革后，降巴赤来分得了土地、牲畜、房屋。降巴赤来自觉参加集体生产劳动，以身作则，处处走在群众前面，是生产和工作中的积极分子。

1962 年 10 月，在中印边境自卫反击战中，降巴赤来积极报名参加了支前民工队伍。10 月 14 日集中出发上前线，10 月 18 日由玛麻区向勒布乡方向为部队背运炮弹一昼夜。10 月 19 日拂晓，降巴赤来又从玛麻背炮弹（120 余发 35 公斤）送到勒布乡，然后回沙则。沙则战役 10 月 20 日拂晓打响，虽然支前民工已经两天两夜没有睡觉，但是降巴赤来仍坚决要求上前沿阵地抬伤员。由于敌人炮火猛烈，正面上去危险很大，降巴赤来便带领两名民工从侧面迂回上去，由于路陡，担架无法用，降巴赤来就用身体背运。10 月 21 日上午，在中国人民解放军与印军交战中，阵地上有一部分伤员急需担架队运送，降巴赤来又主动要求参加担架队，在上山的途中被印军子弹击中头部，不幸牺牲。降巴赤来经西藏自治区人民政府、西藏军区批准，追认为革命烈士。

（《乃东县志·人物》）

18. 黄绪林（1939—1962 年）

汉族，贫农，四川省江津县人。1959 年入伍，7888 部队九连班长。在反击印军入侵的登杂威利战斗中，黄绪林带领全班冲在前面，歼敌 5 人，扫除两个火力点，为尖刀排打开了通路。在追击中，印军封锁前进道路，企图掩护炮兵逃跑，黄绪林急中生智，不顾生命危险，迅速插到印军侧翼，站着用火箭筒击毁了第一台牵引车，堵塞了追逃之路，歼灭了敌人。

黄绪林在奋战中光荣牺牲。战后，部队党委追认黄绪林为中共正式党员，记一等功。

（《山南地区志》第 1517 页）

19. 罗章金（1941—1962 年）

汉族，中共党员，四川省永川县人。1959 年入伍，连续两年被评为五好战士。1962 年，在自卫反击作战的克节朗战役中，罗章金紧跟尖刀班，发现印军在电话联络，便迅速向前冲去，印军疯狂地用火力阻击。罗章金右腿负伤后，忍着剧痛，连续剪断 6 条电线，切断敌军联络，在激烈战斗中，不顾个人安危，用身体掩护伤员，身负三处重伤，自己舍不得用一个急救包，还爬着前进，连续包扎了 5 个伤员，直到战斗胜利。牺牲后，部队领导机关给罗章金追记一等功。

（《山南地区志》第 1517 页）

20. 杨全保（1940—1962 年）

汉族，贫农，陕西省户县人。1959 年入伍，1960 年入党。年年受奖，连续三年评为五好战士。1962 年，在反击印军入侵的登班战斗中，杨全保带领尖刀班向敌冲击，在扫清前沿阵地上的敌人后，继续向纵深攻击，敌以密集火力封锁。杨全保奋不顾身，带领大家勇猛冲杀，头部胸部负重伤，忍着剧痛，找到了隐蔽在大树上的敌人，竭尽全力，举枪猛扣扳机打掉了树上的敌人，交战中不幸中弹牺牲。战后，部队领导机关给杨全保追记一等功。

（《山南地区志》第 1517 页）

21. 魏俊钦（？—1962 年）

汉族，中共党员，四川省峨眉县人。1955 年入伍，历任战士、文书、参谋等职。1962 年 10 月，入侵印军百余人向尺冬哨所发起进攻，魏俊钦带一个排打退了敌人的猖狂进攻，并带三名战士向印军地堡冲去，连续爆破。残敌垂死挣扎，有 4 个印军迎面扑来，子弹打完了，魏俊钦在与印军搏斗中牺牲。战后，部队领导机关给魏俊钦追记一等功。

22. 刘道臣（1930 — 1962 年）

汉族，雇农，中共党员，湖北省当阳县人。1949 年入伍，历任战士、文书、司务长、副政指、参谋等职，在进军大西南和抗美援朝战争中，曾立大功一次，小功三次。1962 年 9 月 15 日，入侵印军包围择绕桥哨所，百般挑衅恫吓，刘道臣和桥头哨兵在印军刀枪威逼面前，大义凛然，寸步不让，严守党的政策，不打第一枪。9 月 20 日，印军首先向哨所开枪射击，刘道臣身负重伤牺牲。战后，部队领导机关给刘道臣追记二等功。

（《山南地区志》第 1518 页）

23. 李白石（1925 — 1962 年）

汉族，贫农，中共党员，山西省洪洞县人。1946 年入伍。解放战争时期，曾立大功两次。在反击印军入侵的邦迪拉战斗中，李白石冒敌炮火周密观察，布置兵力，指挥果断，身先士卒，率部队冲击，迅速攻占邦迪拉主峰。次日，李白石率领营主力南追逃敌，至登孕威利与敌援兵遭遇，李白石当机立断，指挥部队猛打猛冲，经两小时激战，敌人被歼，李白石在激战中光荣牺牲。战后，部队领导机关给李白石追记二等功。

（《山南地区志》第 1518 页）

24. 严诗金（1942 — 1962 年）

汉族，下中农，四川省潼南县人。1960 年入伍。曾受奖十次，连年评为五好战士。1962 年，在反击印军入侵的德让宗战斗中，严诗金随尖刀班直插敌前阵地，敌以火力阻止我前进，严诗金冲向印军，端枪猛射，接连投去 3 颗手榴弹，毙敌 3 人，仍坚持猛追残敌，将 2 名印军击伤后，自已腹部负重伤，这时，子弹、手榴弹已打完，严诗金赤手空拳与印军搏斗，双手卡住印军脖子，致印军毙命，严诗金牺牲。战后，部队党委追认严诗金为中共正式党员，记一等功。

（《山南地区志》第 1518 页）

25. **李文荣**（1933—1965 年）

汉族，贫农，中共党员，四川省酉阳县人。1949 年入伍，曾参加过抗美援朝战争。受奖 11 次，立三等功 12 次，二等功 1 次，评为五好学员、学习标兵，一级筑路模范。1958 年，出席全国青年社会主义积极分子代表大会。

1965 年 12 月 12 日，李文荣带领 7 名战士在中锡边界达吉山口中国一侧进行巡逻，与 30 余名入侵印军相遇，印军突然以密集的炮弹和枪弹猛烈射击，企图一举歼灭小分队。在这紧急情况下，李文荣机智果断，迅速指挥分队给印军以坚决还击，激战两个多小时，毙敌 5 人，俘敌 3 人，缴获武器物资一部，印军见势不妙，立刻逃窜。战斗中，李文荣牺牲。军区给李文荣追记一等功。

（《山南地区志》第 1519 页）

26. **当米·其米旦杰**（1908—1982 年）

家庭出身代理人，农奴主，扎囊县哲木乡人。1956 年前曾任拉萨错本 3 年、桑颇家族管家 5 年、扎囊宗宗本 13 年。1956 年，任山南基巧办事处委员兼第二工程处副处长。1957 年，任扎囊宗办事处副主任。1959 年 9 月去内地参观学习。同年 12 月，任山南专署民政科副科长。1960 年任西藏政协首届委员。1962 年至 1982 年，先后担任山南政协第一、二届委员会委员、常委、副秘书长，第三届委员会副主席等职。

当米·其米旦杰曾带头阻拦过“人民议会”的闹事活动，积极支持党培养民族干部工作，帮助动员堆穷、差巴的子弟到祖国内地学习，并带头将自己的儿子、女儿送到内地院校学习。1956 年，当米·其米旦杰积极拥护和赞成民主改革，协助分工委在群众中宣传党的民主改革政策。1959 年，在平叛斗争中，当米·其米旦杰坚定地站在党和人民一边，积极协助人民解放军进行党的政策宣传教育工作，并帮助收缴钢枪 40 余支、揭发检举材料 100 余件。1962 年，参加专署宗教事务委员会组织的工作组，到敏竹林、桑耶和多吉扎等寺进行调查研究工作，宣传党的宗教信仰自由政策。1982 年去世，享年 74 岁。

（《山南地区志》第 1520 页）

27. **达瓦次仁（1906—1998 年）**

西藏乃东县曲德沃乡才朋村人，后移居乃东县卡多乡赞塘村。1914 年至 1922 年在采朋村一户差巴家当佣人。1923 年至 1924 年在孜错巴寺当僧人。1931 年在拉萨给孜错巴寺做生意。1933 年，还俗到赞塘村成亲并务农。1962 年 8 月至 1993 年 5 月，任山南地区政协第一、二、三、五届委员。1984 年 10 月，任乃东县政协委员、常委。

达瓦次仁民主改革前就接近中共山南分工委领导和工作人员，支持儿女们参加山南分工委机关工作。1956 年至 1958 年间，叛乱分子盘踞在泽当周围，情况紧张而危险，达瓦次仁不顾自家安危，运送木料，帮助山南分工委机关盖礼堂、构筑平叛工事，出售给分工委青稞 4200 公斤，赠送给分工委柴禾、木炭上千斤，给分工委解决冬季马饲草（干草）约 1500 公斤。1959 年平叛中，保护过共产党工作组人员，把家中三支枪交给人民政府，叛乱分子经常到达瓦次仁家骚扰、恐吓，达瓦次仁只好带着儿女到处避难，并支持儿子参加泽当保卫战。

1998 年去世，享年 92 岁。

（《山南地区志》第 1523—1524 页）

28. **李劲松（1968—1998 年）**

汉族，中共党员，四川省间中县人。1968 年 8 月 10 日出生。1987 年 10 月入伍，曾任西藏武警总队山南地区支队扎囊县中队政治指导员，中尉警衔，历任班长、排长、副政治指导员、政治指导员等职。李劲松始终严格要求自己，工作上兢兢业业，一丝不苟，当兵是优秀的兵，当班长是优秀班长。在担任指导员期间，中队曾多次被山南地区、扎囊县评为“双拥先进集体”。1998 年 6 月，被自治区评为“民族团结进步先进集体”。自己也曾荣立三等功 1 次，受到嘉奖 10 次。

1998 年 8 月，扎囊县扎塘乡羊嘎村受到洪水的严重威胁。李劲松接到抗洪抢险的命令后，带领 13 名战士投入到抗洪抢险战斗，在与洪魔搏斗中被卷入洪水中，被救出后生命垂危，虽经医院全力抢救，但因伤势太重于 1998 年 8 月 18 日停止了呼吸，年仅 30 岁。武警总部授予李劲松“高原抗洪勇士”荣誉称号，并追认为“革命烈士”。

（《山南地区志》第 1524 页）

29. 朗宗（1930—1998）

西藏墨竹工卡县人，中共党员。朗宗幼年时在家牧羊，在其十来岁时，家乡遭受雪灾，牲畜死亡，食不果腹，外出逃荒，颠沛流离，后流浪到隆子境内的新巴乡，成为一名农奴。1959 年 6 月，朗宗参加工作。在参加工作期间，一边学习文化，一边从事翻译工作，向群众宣传党的民族政策，广泛接触农牧民群众，努力做好群众的思想工作，多次受到上级组织的表扬。

1960 年 4 月，担任新巴乡乡长职务，并积极接受进步思想，1962 年 5 月，加入中国共产党。任职期间，深入农户，发动群众，宣讲政策，划分成份、土地，圆满完成了民主改革任务。并深入贯彻落实农区 26 条政策，建立完善互助组，调动了群众的积极性，恢复和发展了农牧业生产。同时，对治理隆子河“三害”提出建议，并付诸实施。朗宗率先垂范，以身作则，深入荒滩、河漫地，进行实地调查，提出了绿化河滩的构想，积极争取，组织群众种植了耐干旱、抗盐碱的沙棘树种，并对全乡的植树造林作出规划，结束了隆子河谷无树的历史。1960 年被西藏自治区党委授予劳动模范的荣誉称号。

1969 年 12 月，被任命为新巴乡革委会主任，1971 年 6 月，被任命为新巴区委副书记。在此期间，朗宗植树造林的信心不减，对全区植树造林进行布点，交任务，并制定了多种措施，确保工作顺利开展。随后造林工作由新巴乡逐步扩至龙须、日当、叶巴、松巴、麦萨等乡，面积随之扩大，取得了显著的社会和经济效益，增强了防风固沙作用。

1975 年 12 月，被任命为县革委会副主任，1976 年 10 月担任县委常委。任职期间，大力倡导推广营造沙棘林带。随后，隆子河上游的日当、俗坡等区组织青年突击队付诸行动，致使隆子河谷沙棘林带基本成形。

1981 年 11 月，担任县人大常委会副主任。在任期间，在做好中心工作的同时，不时过问植树造林工作，并建议县委、县政府将植树造林纳入长远规划，为子孙后代造福。

1998 年 3 月 13 日病故，享年 68 岁。

（《隆子县志》第 629—630 页）

30. 丹增多吉（1955—1999 年）

中共党员，西藏洛扎县人。1972 年，担任洛扎县曲吉麦乡三村会计。1980 年，任曲吉麦乡副乡长。1987 年，任曲吉麦乡乡长。任乡长后，不忘群众疾苦，积极带领群众脱贫致富。1998 年，全乡已全部脱贫、脱盲。丹增多吉视驻军为亲人，在全乡范围内积极开展拥军优属活动，到部队问寒问暖，解决实事，多次受到上级党政军部门表彰。1999 年 2 月 19 日，距三村约十公里的库拉岗日是雪山冰雪大量融化，形成雪崩倾入山下的湖中，致使湖水猛涨，洪水汹涌而下，村里电站及村民的住宅和畜圈危在旦夕。丹增多吉率先冲到蓄水池上游开放排洪闸门，因洪水太猛，刚打开闸门便被卷入洪流中，不幸以身殉职。1999 年 7 月 7 日，国家民政部授予丹增多吉“革命烈士”称号。同年 8 月，山南地委追认丹增多吉为优秀共产党员。

（《山南地区志》第 1524—1525 页）

31. 尼玛次仁

尼玛次仁 32 岁，个子不高，皮肤黝黑，瘦瘦的脸上有一双若有所思的眼睛，神情显得有些紧张。作为亲历者，他目睹了别处也许需要一千年才能完成的社会变革。尼玛次仁起初是贵族家的奴隶，后来又变成农奴的奴隶，好几次差点被卖掉或送人，由于太不听话，曾经多次被打得半死。1959年后，尼玛次仁在民主改革运动中表现活跃；1965年，他成为党支部书记和西藏自治区人民代表大会代表。

尼玛次仁说：他家里有五个孩子，他的年纪最小，生下来就和父母一起是索康家的奴隶。一岁那年，阿爸遭到管家毒打，回家后就开始吐血，不久就离开了人世。阿妈既要照顾孩子，每天还要出去干一整天活。家里的孩子由于没人照顾，四个大一点的孩子都不幸夭折。尼玛次仁说："我不知道自己是怎么活下来的，阿妈也没有什么东西给我吃，她总是省下一点口粮拿回来给我，有时别的奴隶也会给一点。"

八岁那年他就开始劳动，没过多久，索康把他送给一个叫扎西的上等农奴。扎西自己也有劳役要做，所以就让尼玛次仁替她干。这个女人既任性又冷酷，不让他们母子见面，并且"每天至少要打他两次"。

尼玛次仁回忆说："奴隶主的孩子也欺负我。有一次他们想打我，我捡起一块石头想还击，管家看见了，就抓住我狠狠地打了一整天。等我艰难走回家后，又挨了扎西的打。她喊道：'你离你阿妈太近了，不是不好好干活，就是表现得很坏。'为此，她把我送给她的一个亲戚做奴隶。在那里，我要看管一百多只羊，一次因为打瞌睡，有几只羊跑掉了，我因此被关到羊圈里。如果饿了，新主人就会把羊粪往我嘴里塞。当时我只有九岁。"

在那里，尼玛次仁的衣服烂得没法再穿，他得到一件尼姑穿过的旧衣服，这也成为他仅有的一件衣服，晚上睡觉的时候还要当被子用。他回忆说："那件衣服上到处是虱子，尼姑穿红色的衣服，颜色很刺眼，所以没人愿意靠近我。有时候病得厉害，他们就把我赶回扎西那里。为此，我经常要连走带爬三天，才能回到那里。回去后，扎西看到我狼狈的样子，并且全身散发着臭气，就大声地训斥我说：

‘你的命很邪恶，你带来了坏运气。’说完就把我赶了出去，也只有在那个时候，我才敢去阿妈那儿。妈妈见到我的时候，还以为是哪个快要死的乞丐，认出是我后，她难过地晕了过去。妈妈把我拥在怀里，我们母子两人抱头痛哭。”

“虱子差点把我吃掉，它们从我嘴里鼻子里往外爬，阿妈从别人那里要了一些清油让我喝下去把虱子吐出来。继父是个热甲巴，阿妈便托他给我找一些死人穿过的衣服，这些衣服别人都不要，我又没有衣服，只好将就着穿，阿妈把我穿过的那件尼姑服烧了。渐渐的，我的身体也开始恢复。”

扎西听说我的情况后，就派了一个奴隶来到我家。那个奴隶带来了她的命令：“如果尼玛还活着，他就是我的人，今天必须回去干活。”阿妈向那个奴隶求情说：“我们都是穷人，请你转告她，我儿子还病得很重。”由于惧怕扎西的淫威，那人最终还是把尼玛次仁领了回去。

扎西不只是冷酷，她还有一套自己的理论。这些想竭力改变自己社会地位的人，无论在哪个社会都有，他们背叛了自己的阶级，仰仗着压迫者的施舍苟且偷生，思想上和行为上处处为压迫者考虑。她常常对尼玛次仁说：“你们这些奴隶都是我的敌人，如果不对你们厉害一些，你们就会起来造反。”有一次，尼玛次仁给她家放牛，牛吃了索康家的庄稼，为此尼玛次仁在庄园里遭到毒打，回去后扎西把他的手绑住吊起来接着打。

说到茶，奴隶们都是用带有苦味的草泡茶喝。酥油茶被认为是西藏的传统饮品，但像尼玛次仁这样的人，喝酥油茶只能是一种奢望。他说：“我见过酥油茶，从来没有喝过。”

本来逢年过节应该吃点好东西，但实际上比平时吃的还要差。尼玛次仁说：“望果节的时候主人们说：‘今天要让你们感受一下什么是好日子。’实际上，给我们吃的是从装酥油的袋子里刮出来的酥油碎渣，又硬又难闻。大米对我们来说也是一种难得的美味。有一次，扎西特别开恩，给我们吃了一些剩了五天的米饭，当时米饭已经馊了而难以下咽。而我们只好硬着头皮在她面前吃完，当时大家都想吐，但还要强忍着向她表示感激。

“不单单扎西说过我的命不好，我自己也这么想。当时我最大的愿望是找一个能对我好一点的主人，但是去哪里找啊？恐怕永远也找不到！你可能要问我为什么不逃跑？我亲眼见过逃跑的人被抓回来受尽折磨。为什么不自杀呢？那年头我也想过，可是想到阿妈，我就放弃了。有时，我真想大病一场死掉算了，但每次生病我都挺了过来。

“20 岁的时候，我遇到一个流浪的女乞丐，我们有了一个孩子，但是只能像阿妈养我那样偷偷地养着。”

从尼玛次仁的叙述和表情中，我看到了西藏那些最穷苦的人，虽然他们因为奴隶的身份不能成家，但他们之间往往会产生最真挚的爱情，家庭的观念也更具有自我牺牲的精神。相比而言，贵族对爱情往往既随意又任性，他们处心积虑地设计着自己的婚姻，想得更多的往往是怎样能从中积累更多的财产，或者以姻结盟。即便是关系很近的亲戚之间也经常反目成仇，强奸女奴隶的做法已经司空见惯。

尼玛次仁说：“一直到 1959 年 3 月，我 24 岁的时候才看到了希望。参加平叛的人民解放军来了，看到奴隶们饿着肚子，没有衣服穿，他们就把自己的衣服和食物让给我们。毛主席领导的中国共产党，为我们指引了进行民主改革的发展道路，对于这条道路我们坚信不疑，你一定要永远走下去，没有什么能让我们再回到过去，即便想一想也不行。我们终于挺直了腰杆，也终于敢说出心里话了。”

“但是，那些旧主人和他们的追随者不会轻易放弃，这一次他们改变了策略，一些在叛乱中没有逃跑的人，开始讨好我们穷人。大家想想看，我是个奴隶，他们来找我，并且说：‘不要轻信汉人的话，他们对你们没安好心，那些藏族干部都是些马屁精。’但我知道应该听党的话，听汉族同志的话。他们虽是汉人，但对我们像阶级弟兄一样好。我向上级检举了这些人的做法，而且成为民主改革的积极分子，奴隶和农奴们还推选我做农民协会的领导。”

“民主改革也把妻子送回到我的身边，我们又团聚了。我们有了自己的房子，还分到七只羊，一头牛，15.5 藏克土地，有新衣服穿，有一套家具。1959 年 9 月，我和其他民主改革积极分子被送到北京、武汉、南京、天津、上海和鞍山等地参观，我们还见到了毛主席，也看到了西藏只有通过努力才能实现的未来。社会主义让大家有了财产，并且过上了新的生活。1960 年，我加入了中国共产党。”

（伊斯雷尔·爱泼斯坦著，高全孝等译《西藏的变迁》第 41—45 页。）

32. 阿旺

1965 年，42 岁的阿旺作为村子里的领导人向我们讲述了克松庄园的过去和现在。阿旺身材魁梧，头戴宽边礼帽，饱经风霜的阔脸上蓄着八字胡。阿旺曾是索康家的农奴，他笑着说，当时保持农奴这个身份都很困难，因此只好把几个孩子送到庄园做地位更低的家奴或朗生（如果贫苦农家有两三个孩子，只有这样做才能让他们活下来）。在克松庄园，阿旺一共经历过五位管家。因此在经济方面，他对庄园的过去和现在的情形了如指掌。

阿旺告诉我们，1959 年克松庄园有 26 户差巴（因为劳役而成为地方政府和主人庄园的固定奴隶），32 户堆穷（不是庄园的固定农奴或佃户，有些人从他们以前的庄园逃跑过来，堆穷一般来说比差巴还穷；但和差巴相比，堆穷能得到极少量的劳动收入，这些人中的一部分为工匠）。除此之外，庄园还有 72 个朗生，以个人而非家庭计算人数。身为奴隶，他们在家庭方面的权利甚至连牲口都不如。

这些遭受压迫的百姓共有 200 位左右，种着 126 公顷土地，最好的地约占土地总面积的 40%，全部归索康的“自营地”所有，并且由农奴和奴隶支差代为耕种；剩余土地中 29% 是农奴家庭的份地，28% 租给堆穷耕种，还有 3% 的地由一些支付租金和提供其他封建服务的堆穷耕种。

当时，每公顷地的平均粮食产量为 7.5 藏克，大约相当于 625 公斤（0.625 吨）。在此基础上，堆穷还要交相当于 6 藏克粮食的租金，占粮食产量的 80% 。

对从自营地和其他渠道得到的粮食，除预留种子和满足庄园需要之外，管家每年要给远在拉萨的主人索康送去 63.5 吨粮食。

阿旺说：除了粮食，索康还要从克松剥削很多其他东西。作为租金的一部分，26 户农奴家庭每年要向索康提供 1500 个鸡蛋，24 大袋面粉，12 袋蔬菜，以及火腿和大蒜等其他食品，同时他们还要上交 35 袋羊毛。

终身从事封建主义研究的学者保罗·维诺格拉多夫在《大英百科全书》（第 11 版）“庄园”部分写道：对欧洲而言，庄园的生活包括两部分，一部分是以自营地为核心的生产，另一部分作为辅助，给庄园提供的各种服务和所需的物品。西藏的庄园也是如此。

对农民而言，最沉重的负担来自强迫劳役。索康庄园 26 户家庭有 104 口人，一年要提供 45 个强壮劳力，每人干 180 天的强迫劳役。也就是说最好的劳力总不在家，无法耕种自家的田地（农忙时节也不例外）。除此之外，他们还要给主人和管家干很多其他差役，比如翻山把粮食运给远在拉萨的索康，路上的吃喝花费还要自己负担。阿旺回忆说，山路实在太难走了，有三个他认识的人被活活地冻死在路上。其他的无偿差役还包括：

长途送货，通常将货物运往拉萨；

短途送货或送信；

从索康家的田地里将粮食运送去碾磨；

在索康官邸之间送货或送信；

在驿站间送邮件。

管家也会有一些特殊要求，可以要求农民给他们挤牛奶，照看小孩或做家务。

为了进行比较，下面我再从《大英百科全书》“庄园”一节中摘出描写中世纪英格兰农奴悲惨生活的一些文字：

农奴生活之艰难在于差役实在太多，不仅要为自己租种土地出钱出力，在差役方面还要付出更多。他要长期用自家的工具和牛给主人犁地、耙地、收割、打场和运输等，直到干完一年中所需的天数。在庄稼收获或任何需要的时候，主人都可以延长他们的干活时间，农奴对此不能拒绝。同时，如果庄园需要马车，佃户就得提供，甚至包括去100英里（一英里约等于1609米）之外的地方。犁地、围栏、水渠维护和剪羊毛等其他劳动也落在农奴的身上，有时甚至连他们自己都不知道还剩余多少时间经营自己租种的土地。此外，他还要提供蜂蜜、鸡蛋、鸡和犁头等东西。

然而与之相比，西藏的现代农奴制度甚至更加恶劣。显然，英格兰封建时期，农奴和奴隶有所不同，除非农奴也是土地的一部分，否则不会被买卖。但是在西藏，农奴彻底变成了奴隶，随着家庭和土地之间的交易，奴隶被买卖则十分普遍。

以上是要向庄园交的苛捐杂税，而这些还远非全部。

除了庄园，农奴还要向地方政府缴纳税纳差。每年除现金税负，还要交相当于1.5吨粮食的食物差，官员出行要无偿提供乌拉差役，这一点尤其让人感到无奈和痛恨。其他方面还包括要随时提供青稞面粉、清油和坐垫，为官员出行备好马匹和马夫，稍有怠慢就会遭到鞭打。农奴对噶厦政府的差役，还包括提供运粮工具，给马提供饲料，为制衣房提供染料，运送木头和羊毛，还要为马备好铃铛。最后，噶厦政府还要征收“耳朵税”（因为藏族人都戴耳环和耳坠）、出生税和死亡税。

除此之外，农奴还要向喇嘛寺庙缴纳实物。克松要给寺庙提供1000斤粮食，每天提供3匹马，每1.7公顷土地提供一个劳力，共需74个人。每次喇嘛诵经，农奴还要提供酥油、清油和食品，供诵经仪式和喇嘛吃喝之用。

仅仅听到这些，我似乎已经感觉到有无数重负压在我的肩上，也认识到像阿旺这样的藏族人，为什么要学习马克思主义，为什么对马克思主义劳动价值论有关“剥削就是无偿占有劳动者劳动”的说法理解起来那么容易。在资本主义社会，工资、租金和价格掩盖了剥削的本质；而在封建农奴社会的西藏，人们以直接和原始的方式体验着剥削。因此，马克思向欧洲人解释什么是剥削的时候，往往需要做很多深入的分析，而对于这些没有受过任何教育的人来说，它的意义是不言自明的。也因为如此，西藏的农奴总是用劳动力和劳役的解放来憧憬自己在政治上的解放。

（伊斯雷尔·爱泼斯坦著，高全孝等译《西藏的变迁》第36—39页）

33. **仁增旺杰**（1937— ）

西藏隆子县列麦乡人，中共党员。1959年参加工作，1963年入党，中专文化。历任隆子县列麦乡农会主任、副乡长，乡党支部书记，列麦乡党委书记。县革委会副主任，县委副书记，县委书记，自治区贫农协会副主任，区党委常委，党的十一届一中全会中央候补委员，县人大常委会主任，政府县长，人大常委会主任，地区政协副主席，县人大常委副主任。

1959年，西藏民主改革前，仁增旺杰一直是列麦乡大农奴主家的奴隶，每年要背着五六十千克重的糌粑徒步到数百千米外的拉萨送货两三次，其余时间则为农奴主放牛羊和种田，干些粗重的杂活。1954年和1956年，仁增旺杰被派去修川藏公路。西藏民主改革后，仁增旺杰在列麦乡任农会主任。1962年任党支部书记。60年代，仁增旺杰带领农民把海拔4200米的荒坝改造成农田，并把此坝命名为“革命坝”。1975年，列麦公社成为全国农业学大寨的一面旗帜，成为西藏农牧区学习的典型。1977年8月，仁增旺杰当选为党的十一届一中全会候补委员。仁增旺杰担任过自治区党委常委（享受副省级待遇）、当选过中央候补委员和两届全国人大代表，参加过中央第一次西藏工作座谈会。

1992年，仁增旺杰再一次要求回列麦乡任党委书记，是中国行政待遇最高的乡干部。

（《隆子县志》第632—633页）

34. **仁增**（1978—2015）

琼结县拉玉乡强吉村人。他是一名村官，用 6 年时间带领群众，实现人均收入翻番。

他是一名党员，为民排忧解难，为病危的索朗巴珠垫付 3 万元医疗费用，拿出近 6 万元资助贫困学生顿珠从初一读到大三。

他接济群众 14 万元，自己却背负 25 万元的银行贷款。

2015 年 12 月 18 日，为了营救村里的轻生女子曲吉，他跳进冰冷的雅鲁藏布江中用尽全力将曲吉推出水面后，自己却再也没能上来，将生命定格在了滔滔江水中。

他就是“感动山南十大人物”——琼结县拉玉乡强吉村原副书记、三组组长仁增。

生于强吉村，长于强吉村的仁增，他把生命定格在 37 岁。多年来，他把所有的时间与精力都奉献给了这里的村民，带领村民修水渠、建羊圈，始终引领村民走在脱贫奔小康的道路之上。他助孤寡，扶贫困，一心只愿村民过上幸福生活。

仁增是乡里的致富能手。2013 年 6 月，借助国家好政策，他成立了“仁增藏式家具农民专业合作社”，合作社有 9 名固定员工，其中 6 人是贫困户。他将合作社年利润的 20% 拿出来做村集体收入，乡干部劝他说，合作社才起步，拿出 20% 太多了。但他说，村里现在还很穷，能多支持点就多支持点。仁增还努力为全组谋生计。三组高山草场面积大，羊却只有 200 多只，于是，通过积极争取资金 20 万元，仁增从邻县买回 200 多只羊，每家分发 3—5 只。怕羊冬天被冻坏，他又争取项目建起了 6 个羊圈。2013 年，他争取 8 万元资金，为三组建起了人畜饮水池，更换了水管，现在家家户户院子里都有自来水。在他的带领下，去年强吉三组人均年收入已达 5600 元。许多村民购买了电视、冰箱等电器，80% 以上家庭都有摩托车、电动车。

2014 年正值全区村（居）“两委”班子换届。仁增因家庭原因向村民们请辞：“我母亲年迈，妻子摔伤，再加上办合作社我已经欠了 15 万元。现在我跟你们请假 3 年，等我还完债，如果你们还需要我，我就继续上任。”

只有群众心里最明白谁是真正为民办实事的干部。三次选举，群众选的都是仁增。看到群众这么信任和拥护自己，仁增只能舍弃小家重新挑起重担，更加努力地为全村的发展奔忙。

在仁增的心里，村民就是自己的家人，他为村民付出了自己全部的爱与真心。只要村民有需要，自己家里的东西也随时提供使用；只要村民有困难，即使还背负着债务，他依旧慷慨解囊。村民刚组说：“村里的人只要一有困难，第一反应都是找仁增。”

在强吉村采访时，提到仁增，村民们一遍遍用“好人”“英雄”“榜样”来形容他。强吉村三组的老阿妈其米央宗始终不愿相信，只有37岁的好人仁增会永远离开了她。

在仁增短暂的一生里，没能抽时间陪陪年迈的母亲和挚爱的妻女成了他永远的遗憾，而且是永远无法弥补的遗憾。

但是，他短短的人生旅途点燃了强吉村村民的希望，如今生活越来越好的村民们常说仁增的生命就是一曲华美的乐章，永远环绕在他们的心里。

（卢文静：《追忆第五届“感动山南十大人物”仁增》，《西藏日报》2017年3月30日，部分内容来自韩俊杰：《仁增　温厚好人（点赞中国·凡人善举）》，《人民日报》）

35. **慕育军**（1977—2017）

甘肃镇原人，扎囊县原副县长。1996年10月，19岁的慕育军成为武警西藏山南支队的一名光荣战士。从此把人生最美好的21年奉献在了雅砻大地。

在21年的长期建藏中，慕育军始终忠于党和人民的事业，党交给的任务，总是抓紧干，总是力争做得最好。

2012年，组织派他到坝乡担任党委书记。坝乡海拔4200米，气候恶劣，条件艰苦，更因为是加查县虫草主产区，由此引发的各类矛盾十分突出，成为影响加查全县和谐稳定的重大隐患。面对这样的一个情况复杂乡，许多人都唯恐避之而不及。当时已有高原性心脏病和高血压的他，组织谈话后的第二天就毅然赴任。

一到坝乡，他就深入开展调研。当了解到，一些不法分子无证盗采虫草，有时还抢掠百姓采挖成果，群众既恨又怕时，慕育军怒火填膺，决定狠狠打击不法分子的嚣张气焰。

2013 年 4 月初，坝乡进入虫草采挖季。一天上午，群众电话反映，10 多名外来人员正在盗采虫草。为了避免打草惊蛇，慕育军决定组织执法分队来一次深夜突袭。初春的坝乡夜晚气温只有零下 8 度左右，正是熊和各种野兽出没的时候。慕育军顾不了这些，带着乡里的几个精干小伙，翻越陡坡峭壁，摸黑向 5000 多米的山上爬去。一路急行军，将 7 个不法分子堵在帐篷里。望着从天而降的执法人员，不法人员顿时傻了眼，乖乖束手就擒。

凌晨 4 点回到乡里时，执法小分队才发现，他们的衣服裤子都被尖利的石子划破。同行的尼玛更是连声叫痛，原来他的双手扎了十多个棘刺。事后他感慨地说："这一次让他吃了有生以来的第一次苦，也让他感受到了慕书记的雷厉风行和干就干好的作风。"

在慕育军率领的执法分队持续打击下，不法分子的偷采活动大大减少，群众纷纷表示感谢。但慕育军却并没高兴起来，等待他的，是更大的考验。

随着虫草采挖旺季的到来，加查沿江乡镇群众按照县里划定的片区，蜂拥而至坝乡。往年发生的群体性事件如期而来：坝乡群众封沟不让沿江群众采挖，沿江群众则要冲进划定的采挖区采挖。这一天上午，在察日囊虫草采集点，群众聚集了 2000 多人，双方你推我搡，剑拔弩张。慕育军气喘吁吁赶到现场，大喝一声："给我住手。"看到双方群众分开，他宣布，在问题没有解决之前，任何一方不得采挖虫草。他立即向上级汇报，要求各乡镇主要领导到现场做本乡镇群众工作。他则召集坝乡群众做起了思想工作。他苦口婆心地劝说："2008 年以前，坝乡采挖虫草的人员达 2 万多人，现在，政府努力制止非法盗采和乱采行为，大家的收入一下翻了几番。资源是国家的，就要服从政府安排。我们吃上了‘肉’，也要让其他乡的群众有吃的。”

在他和其他乡镇领导的努力下，群众的工作终于被做通，虫草采挖工作得以有序顺利进行。经过此次风波，慕育军也总结出了“领导包区、乡镇包片、各负其责、通力合作”的虫草采挖管理工作经验，并在加查全县推广。

崔久乡海拔 4573 米，条件更为艰苦，情况也更为复杂。2014 年初，组织安排他到崔久乡任党委书记，他义无反顾来到崔久乡。当年 5 月，采挖虫草群众与邻县村民发生冲突，邻县干警在处置中误伤崔久乡一名村民。他第一时间赶到现场，派人迅速把伤情较重的村民送到内地治疗。为平复 400 多名村民的愤怒情绪，他和乡干部一起，走进一个帐篷又一个帐篷，安抚教育一个村民又一个村民。经过连续 13 天的说服教育，村民们的怒气终于消了，而他和同事们的身体则累得几乎虚脱。

曾是慕育军同事的加查县安饶镇党委书记翟国栋感慨地说：“以前，加查因虫草采挖引发的群体性事件每年都要发生几十起，而现在几乎没有，这与老慕的辛苦付出分不开啊！”

“他就是这样的人，越是‘急、难、险、重’的任务，他干劲越足。”扎囊县县长唐勇这样评价慕育军。

2016 年 8 月，慕育军调任扎囊县副县长。一上任，他就接到一件棘手的事：扎囊县嘎杂车队与中铁九局因运输费产生了矛盾，经过几个月多次调解都没有结果，直接影响到拉林铁路建设工期。他在详细调研、摸清问题的基础上，依法依规处理了几个挑事的“刺头”，并有理有据有节地对嘎杂村群众进行了说服教育，使他们心服口服。自此以后，拉林铁路扎囊段再没有发生过类似的事情。

一身正气，勇于担当——
以强烈责任意识树起好干部的标杆

在慕育军的身上既有军人风风火火、敢作敢为的作风，更有一身正气、敢于担当的品格。

对党和人民负责，不怕得罪人，是慕育军的一贯作风。“记得有一年，加查县布达拉山公路建设中，施工方不顾群众利益强行封路，发生了大面积堵车问题。他赶到现场了解情况后，勒令施工方停工整改，并处以了 1 万元罚款。”与慕育军一起工作过的老同事谭红兵回忆：“1 万元，在现在看不算多，但在当时却是一个不小的数字，更何况那些老板都是有后台的，谁都不敢惹，但他就不怕。”

在坝乡工作期间，慕育军发现，因为采挖虫草，许多群众“一夜暴富”。一些牧民不珍惜劳动成果，开始大赌豪赌，在短短时间内，将虫草收入输个精光。而此时，个别村民开始放高利贷，助推赌博之风疯狂蔓延。看到一些群众因赌博陷入绝境，他忧心如焚，决定以强硬手腕整治赌博和高利贷违法行为。

那些天，他带领执法人员，走村入户，明查暗访，把参与赌博人员绳之以法。不久，有赌徒放出话来：再多管闲事，就打断慕育军的腿。放高利贷者也口出狂言：再坏好事，就要慕育军的命。乡里的工作人员开始劝他，别再惹这些人，别太较真。但他不为所动，他说：“我们是党的人，在歪风邪气面前，就要理直气壮；我们是党员，就不怕流血牺牲。”

斩钉截铁的话语，让乡干部们不再言语，紧跟着他狠抓赌博整治，坝乡赌博风气被彻底打垮，在他的教育下，许多村民主动从赌博中走出来。村民洛桑顿珠、强巴等人至今也没忘记慕书记的恩德，他们说：“是慕书记挽救了他们，挽救了他们的家庭。”

2018 年，扎囊县准备上一个卷材厂项目，在考察调研时，他敏锐地发现该项目存在环境污染隐患，坚决投了反对票。哪怕是面对商人请客送礼，托人打招呼，他也不为所动。因为他的坚持，这个项目没有上马。就在此时，县里把取缔 12 家不符合规定的砂石厂的任务交到了他的手上。他二话不说，立即深入砂石厂开展工作。砂石厂负责人闻听县领导过来，躲了起来。慕育军想方设法找到当事人，把利害关系分析透，面对面商量解决方案，最终依法依规全部关停 12 家无证砂石厂。

在 2018 年中央环保组督察期间，扎囊县接到中央环保督察组转办的环保投诉案件——阳光氆氇厂环保问题。作为分管领导，他带领县环保局干部职工深入一线，不分昼夜连续奋战督促该厂整改落实。当得知因氆氇厂环保问题，组织上要处理相关责任人时，慕育军主动找到市、县主要领导认领责任。他说："我是分管领导，理应担责。"市主要领导被他的言行感动了："这才是共产党员的责任担当，好干部就应该像慕育军同志这样。"

扎囊县熟悉情况的干部群众都为慕育军抱不平：这是 20 多年的遗留问题，怎么也不该由一个刚来不到一年的副县长来承担。慕育军反过来劝大家："事情总要有人承担，我担下来了，事情就解决了。"

不忘初心，人民至上——
在全心全意为人民服务中践行党的宗旨

在慕育军心里，群众的事，再小都是大事。

2013 年底，慕育军在坝乡走访群众时得知，富起来的坝乡群众大多家里都有车辆，但都没有驾照。没受过正规驾驶培训，意味着交通事故可能频繁发生，没有驾照开车，意味着违反国家法律。慕育军决定为群众解决这个难题。他跑遍泽当，磨破嘴皮，终于说动龙马驾校到坝乡为群众培训。在他的努力下，他为 4 个村都争取到了一台模拟驾驶器，使 80 多名群众和 20 多名干部职工在家门口就学会了驾驶技术，拿到了驾照。

坝乡群众一度受流窜的不法分子欺凌。慕育军到坝乡后，组织各村青壮年成立全县首个治安联防队，并邀请教官进行专门训练。他还争取资金和装备，把联防队武装起来。在慕育军的带领下，这支联防队平时劳动生产和训练，"战时"走村串巷巡逻，有力地保卫了村民的人身和财产安全。

在慕育军看来，党员干部只有用真心、以实意为群众办实事解难事做好事，才能赢得各族群众的支持和信赖。他是这样看的，也是这样做的。

——在修建坝乡油路的前期工作中，他在做通一些村民让出宅基地的基础上，积极与有关部门协调，将路面设计宽度由 4 米增加到近 5 米。

——崔久乡村民在与邻县冲突中受伤要求赔偿，他主动揽了下来，不把矛盾上交。经过大量沟通协调工作，事情得到了满意的解决。

——崔久乡的自来水管道因项目施工被压坏。乡干部职工和周边群众不得不到很远的地方背水。他积极争取资金，为干部群众修复了自来水管。在施工中，他亲自指挥，把水管埋深了 3 米。以往 9 月份就被冻住的自来水，现在到 11 月份自来水都还畅通。

——崔久乡吉隆囊村择木沟不通路，他积极与烟草公司驻村工作队协商，修起了一条便民路，让 30 余户群众出行不再难。

——看到个别因病因残贫困的群众，他争取援藏资金 230 万元，在崔久乡政府附近修起了扶贫楼，如今村民索朗次旦、次仁多布杰在扶贫楼里开起了茶馆、饭馆，实现了脱贫。

——2015 年的一天凌晨四点，乡政府办接到求救电话，4 名游客被困在拉姆拉错湖边。闻听消息，慕育军翻身下床，抄起手电，带着几名年轻干部就直奔现场。经过两个多小时的努力，冻得浑身麻木的 4 名游客安全得救了。

——扎囊县扎唐镇久麦村囊孜沟存在山体滑坡地质灾害隐患。他带人值守，不分昼夜排查、拿方案。最终，整村异地搬迁建议得到自治区有关部门的认可和支持，全村 72 户群众的生命财产安全得到保护。

……

一桩桩好事，一件件实事，见证着慕育军热心为民的情怀。

他对群众火热，却对自己近乎苛刻。

一次，在坝乡下乡调研晚上回来后，正与乡干部们商量第二天工作时，他突然手抚胸口，上气接不上下气。同事赶紧拿来速效救心丸让他服下。状况得到缓解后，他不顾同事劝阻继续开会。

在中央环保组督察期间，他每天工作近 20 小时，同事们看到他嘴唇发紫发乌，劝其要多休息多吸吸氧，但他却说："我还扛得住。"8 月 25 日，连续加班 3 天的慕育军突然晕倒在工作岗位上。在医院一检查，血压高压竟达 210 毫米汞柱、低压 160 毫米汞柱。在医生强烈要求下，他勉强同意输液治疗。为了让他多休息一会儿，医生特意强加了一瓶生理盐水，可当医生查房回来，慕育军已自拔针头，悄然离去。

扎囊县熟悉他的人都这样说："堂堂一个副县长，干着局长的活，忙得像办事员，穿得像农民工。"慕育军听到后一笑了之，在他看来，共产党员就应该这样。

筑牢基石行为世范——
在以身作则中维护"民族团结一家亲"

作为一名进藏干部，慕育军心里十分明白，民族团结的事大于天。在加查和扎囊工作期间，慕育军待群众如亲人，待同事如兄弟，与当地干部群众结下了深深的鱼水情。

他学习并熟练掌握藏语。作为坝乡和崔久乡第一个汉族党委书记，慕育军意识到，不学会藏语，就难以与干部群众打成一片。他积极向藏族同事请教，苦练藏语口语，经过半年多的努力，他下乡不用带翻译，就能直接与藏族群众交流。

他十分注意维护领导班子团结。"在坝乡我是乡长，他是书记，后来，我们又一起到崔久共事，同事们都笑称我俩是'夫妻档'。"在坝乡和崔久乡与慕育军"搭班子"的益西加措十分佩服慕育军的做法，"开重要会议前，他都要与班子成员谈心交心通气，达到一致意见后，才召开干部大会。"

他平时与干部职工打成一片。崔久乡乡长平治伟回忆说："家人朋友给他寄的东西，他舍不得吃，总是分给大家尝鲜；见同志们加班辛苦，他自掏腰包，请大伙吃夜宵；看到单身的同志，他总是热情地介绍对象……"

他也是藏族同事的良师益友。崔久乡工人嘎玛闻听慕育军逝世的消息后，悲痛不能自已，强烈要求参加追悼会，表达他的深切怀念之情，他哽咽着说，是慕书记教会了他学说汉语，教会了他做人的道理。崔久乡党委副书记米玛次仁仍然记得慕书记手把手教他公文写作和处理公文的方式方法，他说："我的成长进步，离不开慕书记的关心关怀。"崔久村党支部第一书记嘎玛顿珠也没忘记一起驻过村的慕书记的谆谆教诲："不要在乎别人怎么说，关键是自己怎么干，做好了工作，就是一名好干部。"

他还是贫困家庭的好亲戚。桑耶镇乃卡村1组村民占堆是他的"结对户"。平时，逢年过节他不忘送去慰问品、慰问金；占堆的妻子身患肝癌，慕育军主动联系帮她到内地治疗；她去世后，又忙前跑后，帮着处理后事。占堆仍然记得慕县长说过的一句话：有事随时找他，他一定尽力解决。在慕育军的追悼会上，占堆哭得像个泪人，嘴里不停念叨："育军兄弟走了，育军兄弟走了……这样的好亲戚到哪去找去啊！"

慕育军同志走了，在他准备大展身手时；

他走了，家里失去了"顶梁柱"，留下了一双年幼的孩子、没有工作的妻子和白发苍苍的高堂老母；

他走了，山南地区广大群众失去了一位好干部，各族干部群众沉浸在无尽的哀思中；

他走了，却永远活在人民群众的心中。

(《以对党和事业的忠诚诠释"老西藏精神"——慕育军》，山南网 2018-01-14)

36. 全国创先争优优秀共产党员次仁罗布

在西藏山南地区浪卡子县境内，坐落着世界上海拔最高的乡——普玛江塘乡。乡政府所在地海拔5373米，全乡平均海拔5573米。在这块“生命禁区”，有一群共产党员默默燃烧青春，奉献边疆。次仁罗布就是他们中的杰出代表。

“誓让群众全部住进新房”

“再艰苦的地方也需要有人守，再艰难的工作也需要有人干”，怀着这样的信念，2006年，次仁罗布放弃条件较好的浪卡子县城工作的机会，主动申请到普玛江塘乡工作。一到新岗位，就立即投入工作，利用一个多月的时间深入全乡各村居、学校、贫困户家中广泛开展实地调查，熟悉乡情、村情。在调研中他发现，还有相当一部分牧民居住的是草皮房子。那些天，次仁罗布彻夜难眠，他想：“普玛江塘海拔这么高，群众生活却这么苦。我是党员干部，不能眼睁睁地看着牧民兄弟居无定所，还过着苦日子。”他决心为牧民群众办一些实实在在的事情。此时，西藏正在开展以农牧民安居工程为突破口的社会主义新农村建设。次仁罗布抓住有利机遇，全力动员，四处奔走，多方争取，最终使游牧民定居、整村扶贫搬迁、农牧民安居等一系列工程在普玛江塘乡顺利实施。如今，全乡221户牧民全部住进了宽敞明亮的土木结构新房，彻底告别了上千年的帐篷和草皮房。

当牧民群众都住上了新房，次仁罗布心里又想着整治乡村面貌、美化环境的事。他带领乡领导班子把新农村建设、改善民生作为乡党委的头等大事，狠抓基础设施建设，使普玛江塘乡村面貌发生了根本性变化，一个初具规模的具有医疗、商品流通和文化交流等功能的集市屹立在世界屋脊。

“让最高乡的发展更科学”

“最高乡也要发展，还要科学发展。只有这样，才能让全乡群众享受到更多的改革发展成果。”在全乡创先争优活动动员会上，次仁罗布说。

次仁罗布带领乡党委班子成员，在深入调研的基础上，对当地经济社会发展优势与劣势进行了深入分析和论证，并把教育群众更新观念放在首位，利用召开党员大会、群众大会、座谈会，进村入户调研及党内各项活动的机会，把党的惠民富民政策及时传达到农牧民群众中，使农牧民群众真正了解“惠在何处、惠从何来”。广泛收集农牧民群众的意见和建议，深入分析对策，有针对性地制订了年度工作计划、五年工作规划等，并认真组织实施。

普玛江塘乡属纯牧边境乡。次仁罗布就在牧业上做足功夫。针对部分牧民“惜杀”“惜售”的观念，带领乡、村干部连续三年一家一户地做思想工作，并亲自到县、地区为牛羊肉找销路。群众在教育引导下逐步改变了观念，全乡牲畜出栏率有了很大的提高，草场载畜量也明显降低，仅此一项就为群众人均增加收入 1000 元左右。2011 年，全乡牧民人均纯收入超过 5000 元，群众的生活水平有了很大的提高。

“守土更要尽全责”

普玛江塘乡还是海拔最高的边境乡，距不丹王国只有 25 公里，全乡边境线长 25 公里。针对普玛江塘处在反分裂斗争最前沿的实际，次仁罗布着力加强全乡党员干部群众思想教育，用新旧社会的对比和大量生动的事实，教育村民珍惜来之不易的幸福生活，坚定跟党走的信心和决心。

为确保边境安宁，次仁罗布组织党员成立了由 30 名民兵、25 名边境巡逻队员、7 个治保小组组成的“边境党员义务联防队”，全面加强边境一线巡逻和监管工作，确保对边境通道的牢牢掌控。为使边境防控做到全方位、无缝隙，次仁罗布积极做好在边境牧民中发展党员工作，在边境放牧点发展党员 4 人，真正做到了“放牧点是哨所、放牧人是哨兵”，构建了“横向到边、纵向到底”的维稳防线。

“群众的事都是大事”

普玛江塘乡人均寿命只有45岁。次仁罗布在调查中了解到，除了气候、海拔原因，全乡人均寿命低还与不健康的生活方式、缺医少药有关。不管在群众大会上，还是在走访群众中，次仁罗布总是教育牧民群众摒弃陈规陋习，选择健康的生活方式，定期检查身体，并多次邀请地区和县医疗卫生专家到普玛江塘乡开展卫生防疫知识讲座。他还四处争取资金改善乡卫生院的条件，选派医生到对口支援省市医院业务进修，切实解决群众看病难、买药难的问题。

2011年10月，一场罕见的大雪袭击了普玛江塘。面对灾情，面对危险，次仁罗布一直冲在最前面、奋斗在第一线，在雪地指挥救灾连续18个多小时，在最短的时间里打通了通往县城的道路，确保了救灾人员和物资畅通进入。

在次仁罗布心中，牧民之事无小事，牧民的事再小也是大事。当得知牧民需要改良畜种时，次仁罗布多方争取资金70万元，从外地引进种牛72头、种羊100只，获得了很好的经济效益，使牧民群众尝到了甜头。在一次下乡调研时他发现五户特困户的住房破旧，生活困苦，当即组织党员干部捐款3万元修建了6栋64平方米的住房，并且为特困户购进50只羊和12头牦牛。每次下乡他总忘不了探访贫困群众或孤寡老人，遇到生活有困难需要帮助的，总是慷慨解囊。近2年来，他个人为农牧民群众捐款捐物3万余元。由于长期在高寒缺氧的地区工作，次仁罗布患上了高原心脏病、多血症、关节炎等疾病。但6年多来他一直坚守在工作岗位，从没有休过假，也没有因私事请过假。他双亲年老多病，但因工作忙也不能陪伴老人去看病，他对父母和妻儿深感愧疚，他的爱只能埋藏在心底。他顾大家，舍小家，用实际行动诠释了共产党人的先进性。

（共产党员网 https：//dianxing. 12371. cn/2014/03/18/TEME1395133551363179. shtml）

附录三《山南市红色文化资源保护利用条例》

（2021 年 6 月 24 日山南市第一届人民代表大会常务委员会第三十九次会议通过，2021 年 7 月 29 日西藏自治区第十一届人民代表大会常务委员会第三十一次会议批准）

第一章　总则

第一条　为了加强红色文化资源的保护利用，弘扬红色文化、传承红色基因，培育和践行社会主义核心价值观，铸牢中华民族共同体意识，根据《中华人民共和国文物保护法》《中华人民共和国英雄烈士保护法》和《西藏自治区文物保护条例》等有关法律、法规，结合本市实际，制定本条例。

第二条　本市行政区域内红色文化资源的调查认定、保护管理、传承弘扬、开发利用等，适用本条例。

第三条　本条例所称红色文化资源，按照表现形式分为红色文化物质资源和红色文化精神资源。

红色文化物质资源是指山南各族人民在中国共产党团结带领下，进行革命、建设、改革进程中，在本市行政区域内留存下来的遗址、遗迹、实物和有关纪念设施等。主要包括：

（一）与重要事件和重大战斗有关的遗址、遗迹和代表性实物；

（二）具有重要影响的人物和烈士事迹发生地、墓地或者纪念碑；

（三）具有历史意义和代表历史见证的旧址、故居；

（四）其他与红色文化相关的具有代表性的遗址、遗迹、实物和纪念设施。

红色文化精神资源是指中国共产党团结带领山南各族人民进行革命、建设、改革进程中凝炼而成的与红色文化相关的具有先进性和代表性的文艺作品、人物事迹、革命精神、光荣传统和爱国守边精神等。

第四条　红色文化资源的保护与利用，应当遵循党委领导、人大监督、政府负责、公众参与、属地管理、科学规划、保护为主、抢救第一、合理利用的原则，确保红色文化资源的历史真实性、风貌完整性和文化延续性。

第五条　市、县（区）人民政府应当将红色文化资源保护利用纳入本级国民经济和社会发展规划、国土空间规划，划定保护范围，并予以公布。

市、县（区）人民政府应当将红色文化资源保护利用工作经费列入本级财政预算，统筹协调红色文化资源保护利用工作中的重大事项。

第六条　市、县（区）人民政府应当设立红色文化资源保护利用专家咨询委员会，为红色文化资源调查认定、保护管理、传承弘扬工作提供咨询、论证、评审服务和专业指导。

专家咨询委员会组成办法和议事规则，由市人民政府制定。

第七条　市、县（区）文化（文物）、退役军人事务、旅游等主管部门负责指导、协调本行政区域内红色文化资源的保护、利用和监管等工作。

市、县（区）党史（方志办）、档案、公安、应急管理、发展和改革、住房和城乡建设、民族宗教、市场监督管理、财政、自然资源、生态环境、农业农村、林业和草原、行政审批和便民服务、综合执法等有关部门，按照各自职责做好红色文化资源保护、利用和监管等相关工作。

乡（镇）人民政府、街道办事处按照属地管理原则，做好红色文化资源的保护、利用和监管等工作。

村（居）民委员会应当协助乡（镇）人民政府、街道办事处做好红色文化资源的保护、利用和监管等工作。

第八条 任何公民、法人和其他组织都有依法保护红色文化资源的义务，不得刻划、涂污、损毁红色文化物质资源和歪曲、丑化、亵渎、否定红色文化精神资源。

任何公民、法人和其他组织都有权检举和制止破坏红色文化资源的行为。

鼓励公民、法人和其他组织向文化（文物）主管部门提供红色文化资源线索，以投资、捐助、捐赠、志愿服务、技术支持等方式参与红色文化资源保护利用工作。

第九条 市、县（区）人民政府应当对在红色文化资源保护利用方面做出突出贡献的公民、法人和其他组织给予表彰或者奖励。

第十条 市、县（区）人民政府应当加强红色文化资源保护利用的宣传教育，开展主题宣传活动，增强全社会依法保护利用红色文化资源的意识，推动红色文化资源保护利用。

第二章 调查认定

第十一条 本市行政区域内的红色文化资源实行名录管理。市、县（区）文化（文物）主管部门负责牵头组织调查认定红色文化资源保护名录，报本级人民政府核定后向社会公布。

第十二条 市、县（区）文化（文物）主管部门应当会同退役军人事务、旅游等主管部门开展红色文化资源的调查，做好红色文化资源的认定、记录、建档工作，并运用信息技术对红色文化资源进行文字、数据、图片、视频等资料的收集整理，建立以数字技术为基础的红色文化资源档案。

第十三条　对符合本条例第三条规定的红色文化资源，由市、县（区）文化（文物）主管部门提交资料申报。申报时应当包含红色文化资源的名称、类型、详细地点、文化内涵、历史背景、产权归属、保护范围、保护管理部门等书面材料。

市、县（区）文化（文物）主管部门应当会同退役军人事务、旅游等主管部门实地调查研究，形成书面申报材料，经本级专家咨询委员会论证，提出审查意见，报本级人民政府核定，认定为红色文化资源。

对已确认为文物保护单位和已公布为历史建筑的，市、县（区）人民政府应当将其纳入红色文化资源保护名录，并向社会公布。

第十四条　在市、县（区）红色文化资源保护名录范围内，根据红色文化资源的历史背景、历史价值、教育意义、纪念意义等确定保护名录等级，分别由市、县（区）人民政府公布。

第十五条　公民、法人和其他组织认为红色文化资源未列入保护名录但确有保护必要的，可以向当地文化（文物）主管部门提出建议，并提供相关依据。认定程序依照本条例第十三条有关规定执行。

第十六条　红色文化资源保护名录实行动态管理。因不可抗力导致红色文化资源灭失、损毁，或者因法定事由需要对红色文化资源保护名录进行调整的，由市、县（区）人民政府文化（文物）主管部门提出调整意见，经专家咨询委员会论证，报市、县（区）人民政府核定后予以调整。市、县（区）人民政府应当及时将调整后的保护名录向社会公布。

第三章　保护管理

第十七条　市、县（区）人民政府应当根据红色文化资源保护需要以及周围环境的历史和现实情况，编制红色文化资源保护规划，依法划定必要的保护范围，报同级人民代表大会常务委员会备案，并向社会公布。

第十八条 市、县（区）文化（文物）主管部门应当会同有关主管部门在红色文化资源保护名录公布之日起六个月内，完成对已公布的不可移动红色文化资源保护标志的设置。保护标志内容应当包括具体名称、保护级别、简要说明、认定机关、认定日期、保护责任人等。

保护标志制作标准由市文化（文物）主管部门统一规定。

第十九条 在工程建设、农牧业生产或者其他作业中，单位或者个人发现红色文化资源，应当立即停止建设或者生产活动，及时保护现场并报告当地县（区）文化（文物）主管部门。

县（区）文化（文物）主管部门接到报告后，应当在二十四小时内赶赴现场，并提出处理意见，上报市文化（文物）主管部门。

第二十条 不可移动红色文化资源实施原址保护。需要进行项目建设，不可移动红色文化资源无法实施原址保护的，实施迁移异地保护，属于文物的，建设单位应当依法履行报批手续；不属于文物的，建设单位应当征求当地文化（文物）和有关主管部门意见。

第二十一条 不可移动红色文化资源应当确定保护责任人。被列入保护名录的不可移动红色文化物质资源的保护责任人为使用人、管理人或者所有权人；使用人、管理人或者所有权人不明确的，所在地县级以上人民政府文化（文物）主管部门为保护责任人，所在地乡（镇）人民政府、街道办事处负责具体保护利用。

第二十二条 不可移动红色文化资源保护责任人应当履行下列责任：

（一）对不可移动红色文化资源进行保养、修缮，环境整治，保持整洁；

（二）落实防火、防盗、防自然损害等安全措施；

（三）配合有关部门进行日常巡逻检查、宣传教育、保护利用；

（四）法律、法规规定的其他保护责任。

保护责任人应当依法履行保护职责，发现危害红色文化资源安全险情时，立即采取抢救措施并向当地人民政府及有关部门报告。

第二十三条　在不可移动红色文化资源的保护范围内，不得实施下列行为：

（一）刻划、涂污、损毁不可移动红色文化资源及其保护标志；

（二）存放易燃、易爆、易腐蚀等危及不可移动红色文化资源安全的物品；

（三）毁林开荒、乱采乱挖；

（四）建设污染红色文化资源及环境的设施；

（五）擅自改建、扩建、拆除红色文化资源及其所依存的建（构）筑物及其他设施；

（六）违法排放污染物，倾倒、焚烧垃圾和其他废弃物；

（七）擅自移动、拆除红色文化资源保护标志；

（八）法律、法规规定的其他行为。

第二十四条　在不可移动红色文化资源的保护范围内进行工程建设，不得破坏红色文化资源的历史风貌；属于文物保护单位的，工程设计方案应当依法履行报批手续；不属于文物保护单位的，工程设计方案应当征求同级文化（文物）和有关主管部门意见。

第四章　传承弘扬

第二十五条　市、县（区）人民政府应当大力挖掘物质和精神层面的红色文化资源，加强对红色文化内涵和革命历史价值的发掘、研究，组织开展爱国主义和革命传统教育。

第二十六条　市、县（区）人民政府文化（文物）主管部门应当会同有关主管部门统筹红色文化资源保护利用的研究、宣传、教育和践行等方面内容，引领和规范红色文化精神的传承弘扬工作。

精神文明建设工作机构应当将传承弘扬红色文化精神纳入精神文明创建考核评价体系，作为社会主义精神文明建设的重要内容。

第二十七条　红色文化资源的传承弘扬应当坚持以社会主义核心

价值观为引领，注重对原有历史信息的延续和红色文化的传承，坚持有址可寻、有物可看、有史可讲、有事可说，增强红色文化资源的准确性、完整性、权威性、宣传性、互动性、体验性，反对历史虚无主义和文化虚无主义。

第二十八条 市、县（区）组织、宣传、党史、文化（文物）、退役军人事务等主管部门应当及时搜集老党员、老干部、老支前、老战士、老模范等革命前辈和模范人物的口述历史、回忆录，整理提炼相关的历史故事、革命事迹、崇高精神。

第二十九条 红色文化资源丰富的县（区）应当利用博物馆、文化站（文化中心）、纪念馆或者展示馆等举办陈列、展览，利用遗存、遗址，开展形式多样的社会教育和服务活动，加大宣传力度、提升红色影响。

鼓励国家机关、企业事业单位和其他组织利用红色文化资源开展爱国主义教育。

第三十条 市、县（区）人民政府和宣传、文化（文物）、旅游、党校、教育等主管部门应当加强红色文化资源的宣传推广，充分运用各类媒体、文艺作品、公益广告和群众性文化体育活动，推动红色文化融入国民教育、道德建设、文化创造和生产生活，提高红色文化资源的知晓度和影响力。

鼓励教育主管部门、各级各类学校和干部培训机构利用红色文化资源及有关烈士陵园、博物馆、纪念馆，组织开展现场教学、主题教育、社会实践等教育教学活动。

鼓励具备条件的与红色文化资源有关的纪念馆、博物馆、展览馆向社会公众免费开放，免费开放所需经费由所在地县级以上人民政府统筹安排。

第三十一条 市、县（区）人民政府应当将红色文化资源利用纳入本区域旅游发展规划，完善基础设施，发展红色旅游，设计培育和推出红色文化旅游景点、线路产品，推进红色旅游高质量发展。

第三十二条 鼓励和支持以传承弘扬红色文化资源为主题的文艺

作品创作，编辑出版与红色文化资源相关的通俗读物，努力推出更多思想精深、艺术精湛、制作精良的精品力作。

第五章　法律责任

第三十三条　违反本条例规定，歪曲、丑化、亵渎、否定红色文化精神资源的，由县级以上人民政府文化（文物）主管部门给予警告，责令停止违法行为、消除消极影响；构成违反治安管理行为的，由公安机关依法给予治安管理处罚；构成犯罪的，依法追究刑事责任。

第三十四条　违反本条例规定刻划、涂污、损坏红色文化资源尚不严重的，由公安机关或者文物所在单位给予警告，可以并处罚款；造成红色文化资源灭失、损毁的，依法承担民事责任；构成违反治安管理行为的，由公安机关依法给予治安管理处罚；构成犯罪的，依法追究刑事责任。

违反本条例第二十三条第一项、第七项规定，损毁或者擅自移动、拆除红色文化资源保护标志的，由公安机关责令限期改正，可以并处一百元以上二百元以下的罚款。

违反本条例第二十三条第二项、第六项规定的，由县级以上人民政府文化（文物）主管部门责令限期改正；情节严重的，处以五百元以上一千元以下的罚款；造成损失的，依法予以赔偿；构成违反治安管理行为的，由公安机关依法给予治安管理处罚；构成犯罪的，依法追究刑事责任。

违反本条例第二十三条第三项、第五项规定的，尚不构成犯罪的，由县级以上人民政府文化（文物）主管部门责令改正；造成严重后果的，处以五万元以上五十万元以下的罚款；构成犯罪的，依法追究刑事责任。

违反本条例第二十三条第四项的，由县级以上人民政府生态环境主管部门依照有关法律、法规的规定给予处罚。

第三十五条　违反本条例第二十四条规定，在不可移动红色文化资源的保护范围内进行工程建设，其工程设计方案未获得批准，尚不构成犯罪的，由县级以上人民政府文化（文物）主管部门责令改正；造成严重后果的，处以五万元以上五十万元以下的罚款；情节严重的，由原发证机关吊销资质证书。

第三十六条　国家机关及其工作人员在红色文化资源保护工作中滥用职权、玩忽职守、徇私舞弊的，对直接负责的主管人员和其他直接负责人员，依法给予处分；构成犯罪的，依法追究刑事责任。

第三十七条　违反本条例有关规定，法律、法规已有处罚规定的，从其规定。

第六章　附则

第三十八条　各族人民在民族交往交流交融、守土固边、军民融合等生产生活实践中形成的先进典型精神和在本市行政区域内留存下来的遗址、遗迹、实物、纪念设施等，参照本条例执行。

第三十九条　本条例自 2021 年 8 月 18 日起施行。

附录四　剧本《农奴泪》故事梗概

第一幕　引子

西藏民主改革前，克松庄园的农奴们同其他藏区农奴一样，最残酷、最黑暗的封建农奴制度下，没有人身自由，过着食不果腹、衣不蔽体的生活，农奴稍有过错就遭到农奴主和管家的轻则鞭打，重则挖眼、截手、插竹签、割舌等酷刑。

下面就是农奴赤来多吉一家六口，三代人悲欢离合的故事。

从拉萨过来的总管、夫人、农奴主聚在克松，谈论庄园的收入，安排秋收及农奴支差事项、并要求管家严令农奴须昼夜劳作。

而农奴主和官家们却过着花天酒地、醉生梦死的生活。

第二幕　秋收之后

八年后，农奴主及打手们得知农奴赤来多吉和嘎多的大儿子达瓦年满八岁，便将达瓦列为服劳役的差巴。当时，很多像达瓦一样幼小的农奴忍受不了农奴主的重活、毒打和饥饿，纷纷逃亡。

一天晚上，管家让赤来多吉一家守打麦场，并在青稞堆上做记号，以防赤来多吉偷吃、偷拿，不料第二天清晨飞来一只乌鸦，将青稞堆上一处的记号弄掉了，管家不问青红皂白对他一阵毒打，从此赤来多吉一家的霉运开始了。

第三幕　赤列［来］多吉遭受酷刑

一天，赤来多吉饥饿难耐，趁其他农奴出去支差，溜到庄园门口偷走了庄园里的狗食。

几天后，赤来多吉又来偷狗食，不料被喝得烂醉的管家发现，管家举鞭欲抽打，愤怒的赤来多吉冲上前去将管家摁倒在地，两人缠打在一起。

管家发现此人为赤来多吉后，立即向农奴主报告，赤来多吉也随之遭受了更残酷的毒打。

第四幕　赤来多吉死后

野蛮残酷的封建农奴主利用酷刑夺去了赤来多吉的生命。

妻子嘎多及三个孩子在其他农奴的帮助下，草草办理了赤来多吉的后事。面对亡夫的遗体、嘎多泪流满面，唱道："天上的飞鸟之中，唯有麻雀最小；地上的人群当中，唯有农奴最悲惨。像豺狼、毒蛇般的农奴主害死了我的丈夫，谁为我们农奴做主呀?"

赤来多吉死后，妻子嘎多更是无力抚养三个年幼的孩子。无奈之下，她撇下三个小孩，消失在夜色中，从此无影无踪。

第五幕　三个孩子长大后

总管和夫人又一次从拉萨来到克松庄园。

农奴主和管家向总管报告了当年的秋收情况和农奴支差任务完成情况。

总管安排了新一年的农奴支差任务。

赤来多吉的三个孩子也长大了。他们得知西藏就要和平解放的消息后，心里万分高兴。回想起父亲被农奴主打死，母亲远走他乡，三兄弟心如刀绞，一心想着为父母报仇。他们唱道：

豺狼、毒蛇般的农奴主害死了我们的双亲，将来翻身得解放，我们要他血债血还。

第六幕　达瓦被捕后

赤来多吉三个儿子准备反抗庄园和官家的消息传开后，管家派爪牙将大儿子达瓦抓住，并实施各种酷刑，最后流放到荒蛮之地。

随后，又抓住了二儿子萨果。萨果知道自己活着出来的希望很渺茫，便暗中交待妻子岗珠去寻找解放军。

第七幕　多吉朗追返乡传喜讯

十年前逃亡的多吉朗追扮作裁缝回到克松，并借住在克松庄园的农奴其加家。多吉朗追告诉其加：听说西藏马上要和平解放了。

第二天，在庄园里搬运木材时，其加也将这个好消息告诉了庄里的其他农奴。农奴们听后非常兴奋，大家开始讨论反抗农奴主。

第八幕　多吉朗追被割舌

总管和夫人带着四水六岗藏军头目来到克松庄园。

庄园主向总管报告农奴岗珠近期跟“红汉人”联络、准备跟庄园和官家作对。总管听后严厉要求，庄园用一切手段防止农奴暴动。四水六岗藏军头目口出狂言，扬言只要“红汉人”来山南，定叫他们有来无回。

然而，藏军头目的话并未应验。毛主席派出的中国人民解放军很快来到山南，并卓有成效地开展工作。

第九幕　噶厦政府瓦解　农牧翻身得解放

1951 年 5 月 23 日，中央政府与西藏地方政府签署了关于和平解放西藏的《十七条协议》。1959 年，西藏上层反动势力发动叛乱，党中央、毛主席派出中国人民解放军，消灭了三大领主和四水六岗。西藏的百万农奴迎来了翻身解放的曙光。

在西藏民主改革中，克松庄园的农奴与全西藏百万农奴一道翻身得了解放。

农奴们分到了土地，分到了牲畜……过上了幸福美好的生活。

农奴们唱起来了，唱出了对党和社会主义新西藏的美好祝福！

后　记

本书系山南社会经济文化调查研究丛书之一，由中国人民大学黄维忠教授负责统筹协调，由中国人民大学、中国藏学研究中心、西藏社会科学院等单位的学者和中央民族大学的博士生共同编撰完成。历时两年有余，其间曾在 2021 年 8 月，由中央民族大学赵松山、象毛措两位博士赴山南实地调研半个月，收集相关材料。书稿具体分工如下：

第一章　红色文化的内涵与外延，由时任中国藏学研究中心社会经济所的陈默副研究员完成；

第二章　中国共产党革命精神谱系，由黄维忠、西藏社会科学院程越研究员共同完成；

第三章　“老西藏精神”发展的独特历史传承，由拉萨市城关区蔡公堂街道党工委副书记、办事处主任张永海博士完成；

第四章　“两路”精神，由中央民族大学赵松山博士完成；

第五章　孔繁森精神，由中国藏学出版社副总编永红、汉编室助理编辑董天歌完成；

第六章　山南红色文化精神资源，由黄维忠、中国藏学研究中心当代研究所助理研究员杨力源共同完成；

第七章　山南红色文化物质资源，由黄维忠、中央民族大学象毛措博士共同完成；

第八章　红色文化在山南的实践，由黄维忠完成；

附　录　由黄维忠汇编。

图书在版编目（CIP）数据

山南红色文化/黄维忠，赵松山，象毛措等编著．—北京：中国藏学出版社，2024.1
（西藏山南社会经济文化调查研究丛书/苏发祥主编）
ISBN 978-7-5211-0494-3

Ⅰ.①山…　Ⅱ.①黄…　②赵…　③象…　Ⅲ.①革命史-山南　Ⅳ.①K297.53

中国国家版本馆 CIP 数据核字（2023）第 256996 号

山南红色文化

黄维忠　赵松山　象毛措等　编著

责任编辑　永红　傅晓莉
出版发行　中国藏学出版社
印　　刷　中国电影出版社印刷厂
印　　次　2024 年 3 月第 1 版第 1 次印刷
开　　本　787×1092 毫米　1/16
印　　张　23.5
字　　数　338 千字
印　　数　2600 册
书　　号　ISBN 978-7-5211-0494-3
定　　价　78.00 元